PAUL PFAFF

Kommentar zur steuerlichen Selbstanzeige

AF822520

Kommentar zur steuerlichen Selbstanzeige

Von

Dr. PAUL PFAFF
Regierungsdirektor

Akademie-Bibliothek
Bochum

Zugangs-Nr.	317.83
Systematik	R250
Verfasser	Pfa

DUNCKER & HUMBLOT / BERLIN

CIP-Kurztitelaufnahme der Deutschen Bibliothek

Pfaff, Paul

Kommentar zur steuerlichen Selbstanzeige. —
1. Aufl. — Berlin : Duncker & Humblot, 1977.
ISBN 3-428-03866-5

Alle Rechte vorbehalten
© Duncker & Humblot, Berlin 41
Gedruckt 1977 bei Berliner Buchdruckerei Union GmbH., Berlin 61
Printed in Germany

ISBN 3 428 03866 5

VORWORT

Der neuartige Kommentar bringt eine vollständige Zusammenfassung der Themen über die Selbstanzeige. Die Bestimmungen der §§ 371 und 378 AO stehen im Achten Teil der Abgabenordnung unter Straf- und Bußgeldvorschriften und Straf- und Bußgeldverfahren. Da das Institut der Selbstanzeige dem materiellen Straf- und Bußgeldrecht zuzuordnen ist, war zum besseren Verständnis der Materie auch auf Straf-(Bußgeld-)Vorschriften und Verfahrensvorschriften einzugehen. Berücksichtigt wurde dabei die umfangreiche Rechtsprechung, insbesondere zur Selbstanzeige. Dabei sind Entscheidungen teils mit Begründung wiedergegeben. Auch der ausführliche Schrifttumsnachweis soll dem Leser nicht nur die Einarbeitung in Spezialprobleme ermöglichen, sondern zur Rechtsfindung mit beitragen.

Bei der Auswahl und Behandlung des Stoffes ist besonderer Wert darauf gelegt worden, nicht nur die Erfordernisse der Verwaltung zu beachten, sondern auch den Interessen anderer Berufe Rechnung zu tragen. Für Angehörige der Finanzverwaltung, insbesondere der Bußgeld- und Strafsachenstelle, auch für Strafrichter, Staatsanwälte, Rechtsanwälte, Steuerberater und Steuerbevollmächtigte, die auf diesem Gebiete tätig sind, dürfte das Buch hilfreich sein. Der Steuerpflichtige, der nicht allzu sehr mit der Materie vertraut ist, erhält wichtige Anhaltspunkte, unter welchen Voraussetzungen Bestrafung (Ahndung) entfällt. Die übersichtliche Zusammenstellung und die klare Darstellung der Vorschriften verschafft ihm die Möglichkeit, sich in Kürze in die Materie einzuarbeiten.

Als Leiter einer Bußgeld- und Strafsachenstelle bin ich auch mit der praktischen Arbeit gut vertraut. Mit meinen Ausführungen hoffe ich wichtige Hinweise für Interessierte gegeben zu haben.

Berlin, Frühjahr 1977

Paul Pfaff

INHALTSVERZEICHNIS

Teil 1

SELBSTANZEIGE BEI STEUERHINTERZIEHUNG NACH § 371 AO

Teil 2

SELBSTANZEIGE BEI LEICHTFERTIGER STEUERVERKÜRZUNG NACH § 378 ABS. 3 AO

ABKÜRZUNGSVERZEICHNIS

ABl.	Amtsblatt
Abs.	Absatz
Abschn.	Abschnitt
Abt.	Abteilung
abw.	abweichend
ÄndG	Änderungsgesetz
a. F.	alte Fassung
AG	Amtsgericht, Aktiengesellschaft
Altern.	Alternative
a. M.	anderer Meinung
Anm.	Anmerkung
AO	Abgabenordnung (AO 1977) v. 16. 3. 1976 (BStBl. I S. 197; BGBl. I S. 613; GVBl. Bln. 1976 S. 582)
AO a. F.	Reichsabgabenordnung (RAO)
AOStrafÄndG (1.)	Gesetz zur Änderung strafrechtlicher Vorschriften der Reichsabgabenordnung und anderer Gesetze v. 10. 8. 1967 (BGBl. I S. 877)
(2.)	Zweites Gesetz zur Änderung strafrechtlicher Vorschriften der Reichsabgabenordnung und anderer Gesetze v. 12. 8. 1968 (BGBl. I S. 953)
arg.	dies folgt aus
Art.	Artikel
Aufl.	Auflage
B	Zeitschrift „Der Betrieb“ (Wochenschrift für Betriebswirtschaft, Steuerwesen, Wirtschaftsrecht, Arbeitsrecht, Verlag: Handelsblatt GmbH, Düsseldorf, Kreuzstraße 21)
BayObLG	Bayerisches Oberstes Landgericht
BayObLGSt 1970 S. 123	Entscheidungen des Bayerischen Obersten Landgerichts in Strafsachen, 1970 Seite 123
BayVerwBl.	Bayerisches Verwaltungsblatt
BB	Zeitschrift „Der Betriebsberater“ (Zehntagedienst für Wirtschaft, Steuer- und Sozialrecht, Verlag: Verlagsgesellschaft „Recht und Wirtschaft“ mbH, Heidelberg, Häusserstr. 14)
BBK	Buchführung, Bilanz, Kostenrechnung (Verlag: Neue Wirtschafts-Briefe, Herne/Berlin)
Bd.	Band
BdF	Bundesminister der Finanzen
Bem.	Bemerkung
Berl.	Berliner
Beschl.	Beschluß

Bespr.	Besprechung
betr.	betreffend
BFH Bd. 11 S. 100	Bundesfinanzhof und Sammlung der Entscheidungen und Gutachten des Bundesfinanzhofs, Band 11 Seite 100
BGB	Bürgerliches Gesetzbuch v. 18. 8. 1896 (RGBl. S. 604), Änderungen in BGBl. 1969 I S. 1513; 1974 I S. 568
BGBl. I, II, III	Bundesgesetzblatt, Teil I, II, III (Verlag: Bundesanzeiger Verlagsgesellschaft mbH, Köln, Breitestraße 70)
BGH	Bundesgerichtshof
BGHSt Bd. 11 S. 100	Entscheidungen des Bundesgerichtshofs in Strafsachen, Band 11 Seite 100 (Verlag: Carl Heymanns Verlag KG, Köln, Gereonstraße 18—32)
BlStA	Blätter für Steuerrecht, Sozialversicherung und Arbeitsrecht (Verlag: Hermann Luchterhand Verlag, Neuwied/Rhein, Heddesdorferstraße 31)
BMF	Bundesminister(ium) der Finanzen
Bp	Betriebsprüfung
BpO(St)	Allgemeine Verwaltungsvorschrift für die Betriebsprüfung — Betriebsprüfungsordnung(Steuer) — v. 23. 12. 1965 (BAnz Nr. 245, Beil; BStBl. 1966 I S. 46)
BranntwMonG	Gesetz über das Branntweinmonopol v. 8. 4. 1922 (RGBl. I S. 335, 405)
B-R-K	s. Literaturübersicht
BStBl. I, II, III	Bundessteuerblatt, Teil I—III, ab 1. 1. 1968 Teil I und II (Verlag: Wilhelm Stollfuß, Bonn, Dechenstraße 7—11)
BT-Drucks. V/1812 S. 24	Drucksache des Bundestages — 5. Wahlperiode — Nr. 1812 Seite 24
BVerfG	Bundesverfassungsgericht
BVerfGE Bd. 11 S. 100	Entscheidungen des Bundesverfassungsgerichts, Band 11 Seite 100 (Verlag: J. C. B. Mohr, Tübingen, Wilhelmstr. 18)
BVerwG	Bundesverwaltungsgericht
BVerwGE Bd. 11 S. 100	Entscheidungen des Bundesverwaltungsgerichts, Band 11 Seite 100 (Verlag: Carl Heymanns Verlag KG, Köln, Gereonstraße 18—32)
bzw.	beziehungsweise
DGStZ	Zeitschrift „Deutsche Gemeindesteuer-Zeitung" (Monatsschrift für das gesamte Gemeindesteuerwesen einschl. Eigenbetriebe, Verlag: Wilhelm Stollfuß, Bonn, Dechenstraße Nr. 7—11)
DRiZ	Zeitschrift „Deutsche Richterzeitung" (Verlag: Carl Heymanns Verlag KG, Köln, Gereonstraße 18—32)
DStR	bis 1961: Zeitschrift „Deutsche Steuerrundschau", ab 1962: Zeitschrift „Deutsches Steuerrecht" (Verlag: C. H. Beck Verlagsbuchhandlung, München, Wilhelmstraße 9)
DStZ/A	Zeitschrift „Deutsche Steuerzeitung" — Ausgabe A — wie DStZ/B
DStZ/B	Zeitschrift „Deutsche Steuerzeitung" — Ausgabe B — Eilnachrichten (Verlag: Industrie Verlag Carlheinz Gehlsen

	vorm. Spaeth & Linde, Heidelberg, Industriestraße 63; ab 1. 1. 1975 Verlag: Wilhelm Stollfuß, Bonn, Dechenstraße Nr. 7—11)
DVBl	Zeitschrift „Deutsches Verwaltungsblatt" (Verlag: Carl Heymanns Verlag KG, Köln, Gereonstraße 18—32)
EAO 1974	Entwurf einer Abgabenordnung 1974 (BT-Drucks. VI/1982)
EAO 1977	Einführungserlaß zur Abgabenordnung 1977 (BMF-Schreiben IV A 7-50015-30/76 v. 1. 10. 1976, BStBl. I S. 576)
EGAO 1977	Einführungsgesetz zur Abgabenordnung 1977 v. 14. 12. 1976 (BGBl. I S. 3341)
EFG	Entscheidungen der Finanzgerichte (Verlag: Wilhelm Stollfuß, Bonn, Dechenstraße 7—11)
EG	Europäische Gemeinschaft, Einführungsgesetz
EGStGB	Einführungsgesetz zum Strafgesetzbuch v. 2. 3. 1974 (BStBl. I S. 364 ff., 381; BGBl. 1974 I S. 469)
EStG	Einkommensteuergesetz
Erl.	Erlaß
EStZ	Entscheidungen zum Steuer- und Zollstrafrecht, Coring/Vogel (Verlag: Verlagsgesellschaft „Recht und Wirtschaft" mbH, Heidelberg, Häusserstraße 14)
F.	Fach
ff.	folgende
FG	Finanzgericht
FGO	Finanzgerichtsordnung v. 6. 10. 1965 (BGBl. I S. 1477), Änderungsgesetze in BGBl. 1968 I S. 953; 1974 I S. 565
FinBeh	Finanzbehörde
FinMin	Finanzminister(ium)
FR	Zeitschrift „Finanzrundschau" (Verlag: Dr. Otto Schmidt KG, Köln, Ulmenallee 96—98)
GA	Zeitschrift „Goltdammers Archiv für Strafrecht" (Verlag: R. v. Decker's Verlag G. Schenck, Hamburg, Heimhuderstraße 53)
GBl.	Gesetzblatt
Ges.	Gesetz
GG	Grundgesetz für die Bundesrepublik Deutschland v. 23. 5. 1949 (BGBl. I S. 1)
GVBl. (Bayern)	Bayerisches Gesetz- und Verordnungsblatt — Amtliches Nachrichtenblatt der Bayerischen Landesregierung (München 22, Prinzregentenstraße 7)
GVBl. Bln.	Gesetz- und Verordnungsblatt für Berlin (Verlag: Kulturbuchverlag GmbH, Berlin 30, Passauer Straße 4)
Halbs.	Halbsatz
hess.	hessisch
HFR	Zeitschrift „Höchstrichterliche Finanzrechtsprechung" (Verlag: Wilhelm Stollfuß, Bonn, Dechenstraße 7—11)
H-H-Sp	s. Literaturübersicht
h. L.	herrschende Lehre
h. M.	herrschende Meinung

i. d. F.	in der Fassung
Inf	Zeitschrift „Die Information" (Verlag: Information Verlagsgesellschaft mbH u. Co KG, Düsseldorf, Arnoldstraße Nr. 10)
i. S.	im Sinne
iVm	in Verbindung mit
JR	Zeitschrift „Juristische Rundschau" (Verlag: Walter de Gruyter & Co KG, Berlin, Genthiner Straße 13)
JuS	Juristische Schulung (Verlag: C. H. Beck, München/Frankfurt)
JW	Juristische Wochenschrift, dann Deutsches Recht, vereinigt mit Juristischer Wochenschrift
JZ	Zeitschrift „Juristenzeitung" (Verlag: J. C. B. Mohr, Tübingen, Wilhelmstraße 18)
KG	Kammergericht oder Kommanditgesellschaft
KörpStG	Körperschaftsteuergesetz
KStR	Kurze Steuer- und Rechtsnachrichten (Verlag: Dr. Carl Wurm, Straubing, Bahnhofstraße 9)
LG	Landgericht
Liefg.	Lieferung
LM	Entscheidungen des Bundesgerichtshofs im Nachschlagewerk des Bundesgerichtshofs von Lindenmaier/Möhring (Verlag: C. H. Beck Verlagsbuchhandlung, München, Wilhelmstraße 9)
LStDV	Lohnsteuerdurchführungsverordnung
MdF	Minister(ium) der Finanzen
MDR	Zeitschrift „Monatsschrift für Deutsches Recht" (Verlag: Dr. Otto Schmidt KG, Köln, Ulmenallee 96—98)
NdsRpfl.	Zeitschrift „Niedersächsische Rechtspflege" (Pohl-Druckerei und Verlagsgesellschaft Otto Pohl, Celle)
NJW	Zeitschrift „Neue Juristische Wochenschrift" (Verlag: C. H. Beck Verlagsbuchhandlung, München, Wilhelmstraße 9 / Frankfurt, Palmengarten 14)
Nr.	Nummer
NRW	Nordrhein-Westfalen
NSt	Neues Steuerrecht von A bis Z (Verlag: Erich Schmidt, Berlin/Bielefeld/München)
n. v.	nicht veröffentlicht
NWB	Neue Wirtschaftsbriefe für Steuer- und Wirtschaftsrecht (Verlag: Neue Wirtschaftsbriefe GmbH, Herne, Friedrichstraße 16—20)
OFD	Oberfinanzdirektion
OHG	Offene Handelsgesellschaft
OLG	Oberlandesgericht
OR-Geschäft	Geschäft ohne Rechnung
OWiG	Gesetz über Ordnungswidrigkeiten v. 24. 5. 1968 (BGBl. I S. 481)

R.	Rechtspruch
RAO	Reichsabgabenordnung v. 13. 12. 1919 (RGBl. S. 1993) i. d. F. v. 22. 5. 1931 (RGBl. I S. 161)
RdF	Reichsminister der Finanzen
Rdnr.	Rundnummer
Rev.	Revision
RFH	Reichsfinanzhof
RFH Bd. 11 S. 100	Amtliche Sammlung der Entscheidungen des Reichsfinanzhofs, Band 11 Seite 100
RG	Reichsgericht
RGBl. I, II	Reichsgesetzblatt, Teil I, II
RGSt Bd. 11 S. 100	Entscheidungen des Reichsgerichts in Strafsachen, Band 11 Seite 100
Rhld-Pfalz	Rheinland-Pfalz
rkr.	rechtskräftig
Rspr.	Rechtsprechung
RStBl.	Reichssteuerblatt
RWP-Bl.	Blattei-Handbuch „Rechts- und Wirtschaftspraxis“ (Verlag: Forkel Verlag, Stuttgart)
s.	siehe
S.	Seite oder Satz
SchlHA	Zeitschrift „Schleswig-Holsteinische Anzeigen“ (Druck: J. J. Augustin, Glückstadt)
Schr.	Schreiben
Sen.	Senator
Sen. f. Fin	Senator für Finanzen
Slg.	Sammlung
sog.	sogenannt
Sp.	Spalte
StA	Staatsanwalt(schaft)
StÄndG	Steueränderungsgesetz
StB	Zeitschrift „Der Steuerberater“ (Verlag: Verlagsgesellschaft „Recht und Wirtschaft“ mbH, Heidelberg, Häusserstr. 14)
StberG	Steuerberatungsgesetz v. 24. 6. 1975 (BGBl. I S. 1509)
Stbg	Zeitschrift „Die Steuerberatung“ (Verlag: Wilhelm Stollfuß, Bonn, Dechenstraße 7—11)
StBp	Zeitschrift „die steuerliche Betriebsprüfung“ (Verlag: Erich Schmidt, Berlin/Bielefeld/München, Berlin 30, Genthiner Straße 30)
std.	ständig
StEK	Steuer-Erlaß-Kartei, 1.—3. Aufl., 1962/68
StGB	Strafgesetzbuch
StP	Zeitschrift „Der Steuerpraktiker“
Stpfl.	Steuerpflichtiger
StPO	Strafprozeßordnung
StQ	Die Quintessenz des steuerlichen Schrifttums (Verlag: Dr. Otto Schmidt KG, Köln, Ulmenallee 96—98)

str.	streitig
StRK	Steuerrechtsprechung in Karteiform (Verlag: Dr. Otto Schmidt KG, Köln, Ulmenallee 96—98)
StrRG	Erstes Gesetz zur Reform des Strafrechts v. 25. 6. 1969
1.	(BGBl. I S. 645)
2.	Zweites Gesetz zur Reform des Strafrechts v. 4. 7. 1969 (BGBl. I S. 717)
StSäumnG	Steuersäumnisgesetz v. 13. 7. 1961 (BGBl. I S. 981), geändert durch Art. 3 des 2. AOStrafÄndG v. 12. 8. 1968 (BGBl. I S. 953)
StW	Zeitschrift „Steuer und Wirtschaft“ (Verlag: Dr. Otto Schmidt KG, Köln, Ulmenallee 96—98)
StWa	Zeitschrift „Steuerwarte“ (Verlag: Steuerbeamten Verlag, Düsseldorf, Mozartstraße 9)
T-K	s. Literaturübersicht
TStE	Taschenlexikon steuerlicher Entscheidungen (Verlag: Erich Schmidt, Bielefeld)
Tz.	Textziffer
u. a.	unter anderem
Urt(e).	Urteil(e)
UStG	Umsatzsteuergesetz — Mehrwertsteuergesetz — i. d. F. v. 29. 5. 1967 (BGBl. I S. 545)
UStR	Zeitschrift „Umsatzsteuer-Rundschau“ (Verlag: Dr. Otto Schmidt KG, Köln, Ulmenallee 96—98)
v.	vom
Vfg.	Verfügung
vgl.	vergleiche
VwZG	Verwaltungszustellungsgesetz v. 3. 7. 1952 (BGBl. I S. 379)
WiGBl.	Gesetzblatt der Verwaltung des Vereinigten Wirtschaftsgebietes
WK	Wirtschaftskommentar
WpG	Zeitschrift „Die Wirtschaftsprüfung“ (Verlag: Verlagsbuchhandlung des Instituts der Wirtschaftsprüfer GmbH, Düsseldorf, Cecilienallee 36)
Wpr	Zeitschrift „Wirtschaftsprüfer“
WT	Zeitschrift „Wirtschaftstreuhänder“
ZfZ	Zeitschrift „Zeitschrift für Zölle und Verbrauchsteuern“ (Verlag: Wilhelm Stollfuß, Bonn, Dechenstraße 7—11)
Ziff.	Ziffer
zit.	zitiert

Teil 1

Selbstanzeige bei Steuerhinterziehung nach § 371 AO

GESETZESTEXT

§ 371 AO lautet:

(1) Wer in den Fällen des § 370 unrichtige oder unvollständige Angaben bei der Finanzbehörde berichtigt oder ergänzt oder unterlassene Angaben nachholt, wird insoweit straffrei.

(2) Straffreiheit tritt nicht ein, wenn

1. vor der Berichtigung, Ergänzung oder Nachholung
   a) ein Amtsträger der Finanzbehörde zur steuerlichen Prüfung oder zur Ermittlung einer Steuerstraftat oder einer Steuerordnungswidrigkeit erschienen ist oder
   b) dem Täter oder seinem Vertreter die Einleitung des Straf- oder Bußgeldverfahrens wegen der Tat bekanntgegeben worden ist oder
2. die Tat im Zeitpunkt der Berichtigung, Ergänzung oder Nachholung ganz oder zum Teil bereits entdeckt war und der Täter dies wußte oder bei verständiger Würdigung der Sachlage damit rechnen mußte.

(3) Sind Steuerverkürzungen bereits eingetreten oder Steuervorteile erlangt, so tritt für einen an der Tat Beteiligten Straffreiheit nur ein, soweit er die zu seinen Gunsten hinterzogenen Steuern innerhalb der ihm bestimmten angemessenen Frist entrichtet.

(4) Wird die in § 153 vorgesehene Anzeige rechtzeitig und ordnungsmäßig erstattet, so wird ein Dritter, der die in § 153 bezeich-

neten Erklärungen abzugeben unterlassen oder unrichtig oder unvollständig abgegeben hat, strafrechtlich nicht verfolgt, es sei denn, daß ihm oder seinem Vertreter vorher die Einleitung eines Straf- oder Bußgeldverfahrens wegen der Tat bekanntgegeben worden ist. Hat der Dritte zum eigenen Vorteil gehandelt, so gilt Absatz 3 entsprechend.

A. EINFÜHRUNG IN DIE VORSCHRIFT, RECHTSENTWICKLUNG UND RECHTSGRUNDLAGEN

Die gesetzgebenden Organe haben sich mehrfach mit der Materie der Selbstanzeige befaßt.

Bevor mit § 374 AO i. d. F. v. 13. 12. 1919 (RGBl. S. 1993) erstmalig eine allgemeine Vorschrift über Straffreiheit in das Steuerstrafrecht eingeführt wurde, war die Selbstanzeige in zahlreichen voneinander unterschiedlichen Einzelgesetzen der Länder und des Reiches geregelt. Dabei fanden die Voraussetzungen und Grenzen der Selbstanzeige meist in objektiven Tatumständen (Berichtigung, Nachzahlung, Anzeige, Einleitung) und weniger in subjektiven Vorstellungen des Täters ihre Bezugspunkte (Franzen/Gast, § 395 AO a. F., Tze. 1, 2; Kohlmann, § 395 AO a. F., Rdnrn. 8—12; List, S. 15 ff.). An positiven Handlungen forderte § 374 AO 1919 von dem Täter die Berichtigungserklärung und die Nachzahlung der verkürzten Steuern mit Nachzahlungsfrist. Die negativen Wirksamkeitsvoraussetzungen enthielten objektiv die Anzeige und die Einleitung sowie subjektiv die Entdeckungsgefahr. § 374 AO 1919 wurde als § 410 AO (i. d. F. d. Ges. v. 22. 5. 1931, RGBl. I S. 161) wie folgt bekanntgemacht:

„(1) Wer in den Fällen der §§ 396, 402, 407—409, bevor er angezeigt oder eine Untersuchung gegen ihn eingeleitet ist (§ 441 Abs. 2), unrichtige oder unvollständige Angaben bei der Steuerbehörde, ohne dazu durch eine unmittelbare Gefahr der Entdeckung veranlaßt zu sein, berichtigt oder ergänzt oder unterlassene Angaben nachholt, bleibt insoweit straffrei. Sind in den Fällen der §§ 396, 407 Steuerverkürzungen bereits eingetreten oder Steuervorteile gewährt oder belassen, so tritt die Straffreiheit nur ein, wenn der Täter die Summe, die er schuldet, nach ihrer Festsetzung innerhalb der ihm bestimmten Frist entrichtet; das gleiche gilt im Falle des § 402.

(2) Wird die im § 117 vorgeschriebene Anzeige rechtzeitig und ordnungsgemäß erstattet, so werden diejenigen, welche die dort bezeichneten Erklärungen abzugeben unterlassen oder unrichtig oder unvollständig abgegeben haben, dieserhalb nicht strafrechtlich verfolgt, es sei denn, daß vorher gegen sie Strafanzeige erstattet oder eine Untersuchung eingeleitet worden ist."

Absatz 1 des § 410 AO 1931 erfuhr gem. Art. I Nr. 19 des Ges. v. 4.7.1939 (RGBl. I S. 1181) eine Neufassung. Der Anwendungsbereich wurde auf die Vergehen des Bannbruchs (§ 401 a AO) und des gewerbsmäßigen, bandenmäßigen und gewaltsamen Schmuggels (§ 401 b AO) ausgedehnt. Die strafbefreiende Wirkung der Selbstanzeige war jeweils ausgeschlossen, wenn der Täter bereits angezeigt oder die Untersuchung gegen ihn eingeleitet war oder wenn „eine unmittelbare Gefahr der Entdeckung" ihn zur Selbstanzeige veranlaßt hatte. Der § 410 AO 1939 hatte folgenden Wortlaut:

„(1) Wer in den Fällen der §§ 396, 401 a, 401 b und 402, bevor er angezeigt oder eine Untersuchung gegen ihn eingeleitet ist (§ 441 Abs. 2), unrichtige oder unvollständige Angaben bei der Steuerbehörde, ohne dazu durch eine unmittelbare Gefahr der Entdeckung veranlaßt zu sein, berichtigt oder ergänzt oder unterlassene Angaben nachholt, bleibt insoweit straffrei. Sind in den Fällen der §§ 396, 401 b und 402 Steuerverkürzungen bereits eingetreten oder Steuervorteile gewährt oder belassen, so tritt die Straffreiheit nur ein, wenn der Täter die Summe, die er schuldet, nach ihrer Festsetzung innerhalb der ihm bestimmten Frist entrichtet.

(2) Wird die im § 117 vorgeschriebene Anzeige rechtzeitig und ordnungsgemäß erstattet, so werden diejenigen, welche die dort bezeichneten Erklärungen abzugeben unterlassen oder unrichtig oder unvollständig abgegeben haben, dieserhalb nicht strafrechtlich verfolgt, es sei denn, daß vorher gegen sie Strafanzeige erstattet oder eine Untersuchung eingeleitet worden ist."

Nach der Neufassung des § 410 AO durch Abschn. II § 4 des 2. Ges. zur vorläufigen Neuordnung von Steuern — 2. StNeuOG — v. 20. 4. 1949 (WiGBl. S. 69) wurde ab 25. 5. 1949 die Straffreiheit nur noch versagt, wenn dem Täter bereits die Einleitung der Untersuchung gegen ihn durch die Steuerbehörde eröffnet worden war. Die unmittelbare Gefahr der Entdeckung bewirkte nicht mehr den Verlust der Straffreiheit. Mit diesem milderen Gesetz sollte vor allem eine Erhöhung der Zahl der dem Staat zu neuen Einnahmen verhelfenden Selbstanzeigen erreicht werden und so auch eine Hebung der in der Nachkriegszeit stark abgesunkenen Steuermoral. Das Ziel wurde aber nicht erreicht. Die Steuersünder warteten mit der Selbstanzeige aber meist solange, bis sie mit der Einleitung eines Verfahrens rechnen mußten (vgl. Berger, BB 1951 S. 919; Kosin, DStZ/A 1952 S. 367; Mattern, DStZ/A 1950 S. 134; NJW 1951 S. 939). Das Gesetz lautete:

„(1) Wer in den Fällen der §§ 396, 401 a, 401 b und 402, bevor ihm die Einleitung einer Untersuchung gegen ihn durch die Steuerbehörde eröffnet worden ist, unrichtige oder unvollständige Angaben bei der Steuerbehörde berichtigt oder ergänzt oder unterlassene Angaben nachholt, bleibt insoweit straffrei. Sind in den Fällen der §§ 396, 401 b und 402 Steuerverkürzungen bereits eingetreten oder Steuervorteile gewährt oder belassen, so tritt Straffreiheit nur ein, wenn der Täter die Summe, die er schuldet, nach ihrer Festsetzung innerhalb der ihm bestimmten Frist entrichtet.

(2) Wird die im § 117 vorgesehene Anzeige rechtzeitig und ordnungsmäßig erstattet, so werden diejenigen, welche die dort bezeichneten Erklärungen abzugeben haben, dieserhalb nicht strafrechtlich verfolgt, es sei denn, daß ihnen vorher die Einleitung einer Untersuchung durch die Steuerbehörde eröffnet worden ist."

Die bundeseinheitliche Fassung des § 410 AO erfolgte durch Art. I Nr. 1 des Ges. v. 7. 12. 1951 (BGBl. I S. 941). Das Gesetz erfuhr mit Wirkung vom 1. 1. 1952 insoweit eine Änderung, als die negativen Wirksamkeitsvoraussetzungen der Selbstanzeige in objektiver und subjektiver Hinsicht wesentlich verschärft wurden. Einmal durfte dem Täter noch nicht eröffnet sein, daß gegen ihn eine steuerstrafrechtliche Untersuchung bereits eingeleitet war, und es durfte im Zeitpunkt der Selbstanzeige auch nicht ein Prüfer der Finanzbehörde zur steuerlichen und steuerstrafrechtlichen Prüfung erschienen sein. Zum anderen durfte der Täter für den Fall, daß die Tat bereits ganz oder teilweise entdeckt war, im Zeitpunkt der Erstattung der Selbstanzeige hiervon nichts wissen oder bei verständiger Würdigung der Sachlage hiermit auch nicht rechnen müssen. Der Tatbestand des Schmuggels ist aus dem Kreis der selbstanzeigefähigen Delikte herausgenommen worden. Das Gesetz lautete:

„(1) Wer in den Fällen der §§ 396 und 401 a unrichtige oder unvollständige Angaben bei der Steuerbehörde berichtigt oder ergänzt oder unterlassene Angaben nachholt, bleibt insoweit straffrei. Dies gilt nicht, wenn ein Prüfer der Finanzbehörde zur steuerlichen oder steuerstrafrechtlichen Prüfung erschienen ist oder wenn dem Täter oder seinem Vertreter die Einleitung einer steuerstrafrechtlichen Untersuchung eröffnet worden ist.

(2) Straffreiheit tritt nicht ein, wenn der Täter im Zeitpunkt der Berichtigung, Ergänzung oder Nachholung wußte oder bei verständiger Würdigung der Sachlage damit rechnen mußte, daß die Tat ganz oder zum Teil bereits entdeckt war.

(3) Sind in den Fällen des § 396 Steuerverkürzungen bereits eingetreten oder Steuervorteile gewährt oder belassen, so tritt die Straffreiheit nur ein, wenn der Täter die Summe, die er schuldet, nach ihrer Festsetzung innerhalb der ihm bestimmten Frist entrichtet.

(4) Einleitung der steuerstrafrechtlichen Untersuchung im Sinne von Absatz 1 ist jede Maßnahme des Finanzamts einschließlich seiner Hilfsstellen, der Oberfinanzdirektion, der Staatsanwaltschaft, der Gerichte oder der mit der Sache befaßten Beamten dieser Behörden, durch die der Entschluß, steuerstrafrechtlich gegen den Beschuldigten einzuschreiten, äußerlich erkennbar betätigt worden ist. Die Einleitung der Untersuchung ist dem Beschuldigten in dem Zeitpunkt eröffnet, in dem ihm eine gegen ihn gerichtete Maßnahme der im Satz 1 bezeichneten Art amtlich mitgeteilt wird.

(5) Wird die im § 117 vorgesehene Anzeige rechtzeitig und ordnungsmäßig erstattet, so werden diejenigen, welche die dort bezeichneten Erklärungen abzugeben unterlassen oder unrichtig oder unvollständig abgegeben haben, dieserhalb strafrechtlich nicht verfolgt, es sei denn, daß ihnen vorher die Einleitung einer Untersuchung eröffnet worden ist."

Art. 6 Nr. 2 des StÄndG v. 14. 5. 1965 (BGBl. I S. 377) ersetzte in Abs. 3 die Worte „die Summe, die er schuldet" durch die Worte „die verkürzten Steuern".

Durch Art. 1 Nr. 5 des 1. AOStrafÄndG v. 10. 8. 1967 (BGBl. I S. 877) wurde § 410 Abs. 4 AO im Hinblick auf § 432 Abs. 1 AO gestrichen und § 410 Abs. 1 S. 2 und Abs. 4 AO dem Wortlaut des § 432 Abs. 1 AO angepaßt.

§ 410 AO ist durch Art. 1 Nr. 8 des 2. AOStrafÄndG v. 12. 8. 1968 (BGBl. I S. 953) redaktionell umgestaltet und als § 395 AO eingeführt worden. Diese Bestimmung wurde mit der Überschrift „Selbstanzeige bei Steuerhinterziehung" versehen und teilweise neugefaßt. Nach Abs. 1, der die strafbefreiende Wirkung der Selbstanzeige sachlich auf die Fälle der Steuerhinterziehung (§ 392 AO) beschränkte, erfolgte Streichung des Tatbestands des Bannbruchs; die Bezeichnung „Steuerbehörde" wurde in „Finanzbehörde" umbenannt. In Abs. 2 sind sämtliche Fälle verspäteter Selbstanzeige zusammengefaßt worden. In Abs. 3 wurde hinter den Worten „die verkürzten Steuern" der Satz, „die er schuldet" wieder eingefügt. Das Gesetz lautete:

„(1) Wer in den Fällen des § 392 unrichtige oder unvollständige Angaben bei der Finanzbehörde berichtigt oder ergänzt oder unterlassene Angaben nachholt, wird insoweit straffrei.

(2) Straffreiheit tritt nicht ein, wenn

1. vor der Berichtigung, Ergänzung oder Nachholung
   a) ein Amtsträger der Finanzbehörde zur steuerlichen Prüfung oder zur Ermittlung eines Steuervergehens oder einer Steuerordnungswidrigkeit erschienen ist oder
   b) dem Täter oder seinem Vertreter die Einleitung eines Straf- oder Bußgeldverfahrens wegen der Tat bekannt gegeben worden ist oder
2. der Täter im Zeitpunkt der Berichtigung, Ergänzung oder Nachholung wußte oder bei verständiger Würdigung der Sachlage damit rechnen mußte, daß die Tat ganz oder zum Teil entdeckt war.

(3) Sind Steuerverkürzungen bereits eingetreten oder Steuervorteile gewährt oder belassen, so tritt die Straffreiheit nur ein, wenn der Täter die verkürzten Steuern, die er schuldet, nach ihrer Festsetzung innerhalb der ihm bestimmten Frist entrichtet.

(4) Wird die in § 117 vorgesehene Anzeige rechtzeitig und ordnungsgemäß erstattet, so werden diejenigen, welche die dort bezeichneten Erklärungen abzugeben unterlassen oder unrichtig oder unvollständig abgegeben haben, dieserhalb strafrechtlich nicht verfolgt, es sei denn, daß ihnen vorher die Einleitung eines Straf- oder Bußgeldverfahrens bekanntgegeben worden ist."

Nach dem EGStGB v. 2. 3. 1974 (BGBl. I S. 469) sind ab 1. 1. 1975 in § 395 Abs. 2 Nr. 1 Buchst. a) die Worte „eines Steuervergehens" durch die Worte „eine Steuerstraftat" ersetzt worden (Art. 161 Nr. 3, Art. 326 Abs. 1).

Nach § 371 der am 1. 1. 1977 in Kraft getretenen neuen Abgabenordnung (AO 1977; die Reichsabgabeordnung, RAO, ist außer Kraft getreten, EGAO 1977, Art. 97 Nr. 1), BStBl. 1976 I S. 157; BGBl. 1976 I S. 613; GVBl. Berlin 1976 S. 582 gelten die Abs. 1 und 2 des § 395 AO a. F., abgesehen von einigen Änderungen in der Sache, grundsätzlich weiter. Im Falle der Nachzahlung der hinterzogenen Steuer wird in Abs. 3 des § 371 AO darauf abgestellt, ob der Täter, der Anstifter oder der Gehilfe die Steuern zu seinen Gunsten hinterzogen hat. Von der Strafverfolgung ist dann abzusehen, wenn die verkürzten Steuern in angemessener Frist nachgezahlt worden sind. Abs. 4 entspricht im wesentlichen dem § 395 Abs. 4 AO a. F. Bezweckt wird der Schutz des Dritten vor Strafverfolgung.

Die AO 1977 hat auch erhebliche Änderungen gebracht. So in § 371 Abs. 2 Nr. 1 a zu den Fragen der „steuerlichen Prüfung", s. das Institut der „Außenprüfung“ (§§ 193 bis 207), vorher „Betriebsprüfung“, und der „Ermittlung einer Steuerstraftat oder einer Steuerordnungswidrigkeit“, s. Ermittlungsverfahren (§§ 385 ff.) sowie des Steuer-(Zoll-)straf- und Ordnungswidrigkeitenrechts (§§ 370, 372 bis 374 und §§ 378 bis 383). Von Bedeutung ist auch das Institut der Steuerfestsetzung unter dem Vorbehalt der Nachprüfung (§ 164). Der früher verwendete Begriff der Steueraufsicht ist im Gesetz nur insoweit übernommen worden, als er die besondere Steueraufsicht betrifft (vgl. §§ 209 bis 216). Er wird nicht mehr verwendet im Bereich der Außenprüfung und der Erforschung noch unbekannter Steuerfälle.

B. RECHTSPRECHUNG UND SCHRIFTTUM

I. Allgemeines

1. Begriff der Selbstanzeige

Den Begriff „Selbstanzeige“ verwendete die RAO erstmals seit dem 2. AOStrafÄndG v. 12. 8. 1968 (BGBl. I S. 953) als Überschrift. Es sollte der materielle Gehalt des § 395 AO a. F. umschrieben werden, wenngleich dies nicht vollständig erfolgte. Die Straffreiheit war noch von einer fristgerechten Nachzahlung der hinterzogenen Steuern abhängig (Abs. 3).

Es wird nicht verlangt, daß der Täter sich gegenüber der Finanzbehörde selbst anzeigt, sich also einer strafbaren Handlung bezichtigt. Die Anzeigeerstattung nach § 371 Abs. 1 AO ist auch durch einen besonders beauftragten Vertreter möglich (s. zu IV 2 a). Es gibt keine Pflicht zur Selbstanzeige (Seltmann, StB 1972 S. 234). Die Erklärung des Täters kann in neutraler Form abgefaßt sein und braucht keinerlei Hinweis auf die strafrechtliche Seite der berichtigten, ergänzten oder nachgeholten Erklärung zu enthalten.

An Stelle des Begriffs „Selbstanzeige“ gab es mehrere Bezeichnungen, so „Wiedergutmachung“ (Terstegen, StW 1954 S. 383). Dagegen spricht, daß eine völlige Wiedergutmachung trotz § 4 a StSämnG a. F. (jetzt § 235 AO) nicht möglich ist (Mattern, DStR 1954 S. 456) und eine Wiedergutmachung ohne Selbstanzeige nicht zur Straffreiheit führt. Nicht zutreffend war auch die Bezeichnung „tätige Reue“, da es auf das ethische Motiv der Reue bei der Selbstanzeige nicht ankommt; entsprechend auch bei dem früheren § 46 StGB (jetzt § 24 StGB); vgl. RG, Urt. v. 4. 1. 1927 — I 612/26, RGSt Bd. 61 S. 115, 117 = Slg. Henneberg, Teil A, Stichwort: „Selbstanzeige, Adressat“, S. 1; „Selbstanzeige, Motiv“, S. 2 = EStZ, Coring/Vogel, § 410 AO a. F., Nr. 5 = StQ, AO, 1973, §§ 391—449 a. F., Nr. 487; auch Barske/Gapp, S. 83; Leise, WT 1961 S. 230; a. M. Susat, DStR 1951 S. 397:

Unterscheidung zwischen „sittlicher und egoistischer“ Reue. Die Bezeichnung „Selbstberichtigung“ (OLG Frankfurt, Urt. v. 16. 12. 1953 — 2 Ss 755/53, Slg. Henneberg, Teil A, Stichwort: „Selbstanzeige, Adressat“, S. 3; „Selbstanzeige, Materiallieferung“, S. 7 = EStZ, Coring/Vogel, § 410 AO a. F., Nr. 33 hatte sich ebenfalls nicht durchgesetzt (so auch Franzen/Gast, § 395 AO a. F., Tz. 8) und ist auch überholt.

2. Selbstanzeige als persönlicher Strafaufhebungsgrund

Wirkung

a) Strafaufhebung, keine Strafausschließung

Die Selbstanzeige bildet nach der h. M. in Rspr. und Schrifttum einen Strafaufhebungsgrund (OLG Frankfurt, Urt. v. 2. 4. 1952 — 2 Ss 105/52, DStZ/B 1952 S. 247 = BB 1952 S. 484 = DStR 1953 S. 361 = EStZ, Coring/Vogel, § 410 AO a. F., Nr. 23 = Slg. Henneberg, Teil A, Stichwort: „Selbstanzeige, Fristsetzung“, S. 2; v. 18. 10. 1961 — 1 Ss 854/61, BB 1962 S. 126 = NJW 1962 S. 974 = DStZ/B 1963 S. 83 = EStZ, Coring/Vogel, § 410 AO a. F., Nr. 44 = Slg. Henneberg, Teil A, Stichwort: „Selbstanzeige, Entdeckungsgefahr“, S. 4; „Selbstanzeige, Strafaufhebungsgrund“, S. 1; „Selbstanzeige, Umfang“, S. 4; BayObLG, Urt. v. 7. 10. 1953 — 1 St 41/53, EStZ, Coring/Vogel, § 410 AO a. F., Nr. 32; v. 24. 1. 1963 — RReg 4 St 365/62, DStZ/B 1963 S. 112 = StRK, § 410 AO a. F., R. 9; v. 24. 2. 1972 — RReg 4 St 135/71, BB 1972 S. 524 = MDR 1972 S. 902 = KStR, AO, 1972, Abt. 99 S. 3821 = StQ, AO, 1973, §§ 391—419 a. F., Nr. 490 = Slg. Henneberg, Teil A, Stichwort: „Selbstanzeige, Entdeckungsgefahr“, S. 26; v. 27. 4. 1972 — RReg 4 St 26/72, DStZ/B 1972 S. 287 = Slg. Henneberg, Teil A, Stichwort: „Selbstanzeige, Beauftragte“, S. 9; „Selbstanzeige, Nachzahlung, Unterlassung“, S. 3; BGH, Urt. v. 8. 10. 1957 — 1 StR 150/57, EStZ, Coring/Vogel, § 410 AO a. F., Nr. 41 = GA 1959 S. 57 = Slg. Henneberg, Teil A, Stichwort: „Selbstanzeige, Strafaufhebungsgrund“, S. 1; FG Niedersachsen, Urt. v. 27. 8. 1963 — V 30/62, rkr. DStZ/B 1963 S. 402 = DStR 1964 S. 36 = StQ, AO, 1974, §§ 392—449 a. F., Nr. 518; auch OFD Frankfurt, Vfg. v. 7. 2. 1962 — S 1260 A, BB 1962 S. 1028; Barske/

Gapp, S. 85; Coring, DStR 1963 S. 373; Hartung, §§ 410, 411 AO a. F., Anm. III; Henneberg, Inf 1972 S. 275; BB 1973 S. 1301; H-H-Sp, § 395 a. F., Sp. 5; Kulla, StWa 1965 S. 56; Leise, WK, § 395 AO a. F., Anm. 11; List, S. 53; Lohmeyer, NJW 1961 S. 246; FR 1962 S. 498; Inf 1964 S. 23; FR 1965 S. 485; DStR 1970 S. 559; Mattern, DStZ/A 1950 S. 138; NJW 1951 S. 941; Pfaff, DStR 1970 S. 554; Stuber, DStZ/A 1960 S. 107; Troeger, S. 191; Troeger/Meyer, S. 254). Der schon entstandene Strafanspruch wird durch eine gesetzesgerechte Selbstanzeige rückwirkend wieder beseitigt (arg. „wird straffrei"). Vorherige Anzeige ist wirkungslos (BGH, Urt. v. 20. 7. 1965 — 1 StR 95/65, ZfZ 1966 S. 23 = DStR 1966 S. 150). S. auch zu VIII 3 a).

Der Ausdruck „Strafausschließungsgrund" (RG, Urt. v. 11. 5. 1922 — III 142/22, RGSt Bd. 56 S. 385 = EStZ, Coring/Vogel, § 410 AO a. F., Nr. 2 = Slg. Henneberg, Teil A, Stichwort: „Selbstanzeige, Beauftragte", S. 1; „Selbstanzeige, Berichtigungserklärung, Anforderungen", S. 1; „Selbstanzeige, Motiv", S. 1; „Selbstanzeige, Versuch", S. 1; v. 8. 1. 1942 — 5 D 430/41, EStZ, Coring/Vogel, § 410 AO a. F., Nr. 18 = Slg. Henneberg, Teil A, Stichwort: „Selbstanzeige, Beauftragte", S. 3 = RStBl. 1942 S. 35 = StQ, AO, 1969, §§ 391—449 a. F., Nr. 278; Gutachten v. 4. 12. 1933 — Gr. S. D. 7/33, RStBl. 1934 S. 24; OLG Schleswig, Urt. v. 22. 8. 1951 — Ss 165/51, EStZ, Coring/Vogel, § 410 AO a. F., Nr. 21 = Slg. Henneberg, Teil A, Stichwort: „Selbstanzeige, Materiallieferung", S. 1; OLG Düsseldorf, Urt. v. 26. 3. 1953 — Ss 72/53 — 132, EStZ, Coring/Vogel, § 410 AO a. F., Nr. 28 = Slg. Henneberg, Teil A, Stichwort: „Selbstanzeige, Fristsetzung", S. 4; OLG Celle, Urt. v. 27. 4. 1953 — 1 Ws 58/51, DStZ/B 1953 S. 516 = EStZ, Coring/Vogel, § 410 AO a. F., Nr. 29 = Slg. Henneberg, Teil A, Stichwort: „Selbstanzeige, Strafaufhebungsgrund", S. 1; OLG Bremen, Urt. v. 27. 11. 1957 — Ss 83/57, EStZ, Coring/Vogel, § 410 AO a. F., Nr. 42 = Slg. Henneberg, Teil A, Stichwort: „Selbstanzeige, Fristsetzung", S. 6 = ZfZ 1958 S. 84; Hess. FG, Urt. v. 8. 2. 1973 — VI 137/71, EFG 1973 S. 389; auch Firnhaber, S. 37; Kopacek, Steuerstrafrecht, NSt 1970, Stichwort: „Steuerstrafverfahren" (D II) 1; Suhr, NWB, 1969 F. 13 S. 366; Vogt, FR 1951 S. 44) entspricht nicht dem allgemeinen strafrechtlichen Sprachgebrauch, nach dem Strafausschließungsgründe bereits die Entstehung des Strafanspruchs verhindern, einen Strafanspruch nicht zur Entstehung kommen lassen.

Der Strafaufhebungsgrund setzt voraus, daß in der Person des Täters nach Begehung der Tat Umstände eintreten, die seiner Bestrafung entgegenstehen. Die Umstände, die zur Straflosigkeit führen, sind im Falle der Selbstanzeige nicht schon zur Zeit der Tat gegeben, sondern treten erst nach der Tat ein. Zu den Strafaufhebungsgründen gehören auch der Rücktritt vom Versuch (§ 24 StGB) und die Amnestie.

b) Persönliche Wirkung

(1) Täter, Teilnehmer

Die Selbstanzeige kommt nur dem Täter oder Teilnehmer (Anstifter, Gehilfen) zugute, der die persönlichen Leistungen erbringt; sie wirkt nicht gegenüber Dritten.

Bei jedem Täter oder Teilnehmer sind die Voraussetzungen selbständig zu prüfen (Peters, JR 1949 S. 499).

S. weiteres zu IV 1; VI 1 a) (2).

(2) Kapitalgesellschaft

Die Selbstanzeige einer Gesellschaft mit beschränkter Haftpflicht (GmbH) verschafft dem Geschäftsführer keine Straffreiheit wegen der von ihm begangenen Einkommensteuerverkürzung, da § 410 AO (jetzt § 371 AO) nur einen persönlichen Strafaufhebungsgrund begründet (BGH, Urt. v. 8. 10. 1957 — 1 StR 150/57, EStZ, Coring/Vogel, § 410 AO a. F., Nr. 41 = GA 1959 S. 57 = Slg. Henneberg, Teil A, Stichwort: „Selbstanzeige, Strafaufhebungsgrund", S. 1).

3. Kein Einfluß auf Unrechts- und Schuldgehalt

Der Unrechts- und Schuldgehalt der Tat wird durch die Selbstanzeige nicht berührt; auf die inneren Beweggründe kommt es nicht an. Der Vorsatz oder die Verbotskenntnis des Täters braucht sich auf die Voraussetzungen des § 371 AO nicht zu beziehen. Es kommt nur auf ihr objektives Vorhandensein an; ein Irrtum ist in dieser Beziehung unbeachtlich (Jescheck, AT, S. 418; Kohlmann, § 395 AO a. F., Rdnr. 5). S. Auch zu VI 1 d) e).

II. Zweck und Rechtfertigung

Die Gründe, die in § 371 AO zu der weitgehenden erheblich in den Wirkungsbereich der Strafandrohung eingreifenden Regelung der Selbstanzeige geführt haben, sind in erster Linie in der steuerpolitischen Zielrichtung und in den kriminologisch äußerst ungünstigen Bedingungen des Steuerstrafrechts zu suchen. Ob die Selbstanzeige dabei auch moralfördernde Wirkung hat, wird nicht einhellig beantwortet, wenngleich dies zu bejahen ist.

1. Steuerpolitische Zielrichtung

a) Mitwirkung des Täters

Die Vorschrift des § 371 AO, die Straffreiheit auch für eine vollendete Straftat verschafft, ist eine einzigartige Erscheinung im deutschen Strafrechtssystem (s. weiteres zu III 1 b)). Diese Sonderregelung ist aber aus den besonderen Verhältnissen im Steuerstrafrecht gerechtfertigt (Mattern, DStR 1954 S. 459; Susat, DStR 1951 S. 397).

Da der Staat auch nach der Vollendung einer Steuerstraftat ein berechtigtes Interesse daran hat, den Steueranspruch zu erfahren und in der richtigen Höhe festzusetzen oder einen gewährten oder belassenen ungerechtfertigten Steuervorteil zurückzunehmen, kommt der Vorschrift über die Selbstanzeige eine erhebliche steuerpolitische Bedeutung zu. Ohne das Rechtsinstitut der Selbstanzeige könnte der Staat als Steuergläubiger nicht mit der Mitwirkung des Täters rechnen. Die Straffreiheit soll anregen, die Steuerangelegenheiten offen darzulegen (Herdemerten, DStR 1970 S. 199).

b) Eröffnen von Steuerquellen

§ 371 AO ist von dem Bestreben des Staates bestimmt, tunlichst in den Besitz aller ihm geschuldeten Steuern zu gelangen, deren er bedarf, um seine Aufgabe zu erfüllen. Dazu dient ihm als ein Mittel die Zusicherung von Straffreiheit für Steuerverfehlungen.

Wer aus eigenem Antrieb bisher verborgene Steuerquellen zum Fließen bringt oder — nüchtern ausgedrückt — die Vereinnahmung zu wenig gezahlter Steuern herbeiführt oder wenigstens dazu beiträgt, daß dies geschieht, dem gegenüber kann strafrechtlich Nachsicht geübt werden (so RG, Urt. v. 10. 6. 1942 — III 14/42, RStBl. 1942 S. 865; OLG Frankfurt, Urt. v. 12. 9. 1952 — 2 Ss 384/52, EStZ, Coring/Vogel, § 410 AO a. F., Nr. 25 = BB 1952 S. 1006; BGH, Urt. v. 11. 11. 1958 — 1 StR 370/58, BStBl. 1959 I S. 18 = DStZ/B 1959 S. 38 = ZfZ 1959 S. 78 = BB 1959 S. 104 = MDR 1959 S. 141 = NJW 1959 S. 205 = FR 1959 S. 479 = StQ, AO, 1965, §§ 391—477 a. F., Nr. 28 = StRK, § 410 AO a. F., R. 5; auch Kühn/Kutter, § 395 a. F., Anm. 1; Lohmeyer, StW 1967 S. 272; Mattern, DStR 1952 S. 77; kritisch: Kopacek, NJW 1970 S. 2099; Terstegen, S. 119).

2. Kriminalpolitische Erwägung

Der Gesetzgeber hat ein besonderes Interesse daran, auch solche Steuerquellen zu erschließen, die ihm bisher unbekannt geblieben sind und deren Entdeckung vielleicht wenig wahrscheinlich ist. Er ist nicht gehindert, diesem Bestreben in der Erfassung unbekannt gebliebener Steuerquellen durch weitgehende Gewährung von Straffreiheit Rechnung zu tragen, auch wenn dies zu einer scheinbaren Benachteiligung anderer Steuerpflichtiger führt, deren gesetzwidriges Verhalten möglicherweise durch besondere Überwachungsmaßnahmen der Finanzbehörden sehr schnell entdeckt wird. Darin liegt weder eine Verletzung des Gleichheitsgrundsatzes noch wird dadurch die Möglichkeit begründet, den Tatbestand des § 410 Abs. 1 AO a. F. (jetzt § 371 Abs. 1 AO) anders auszulegen (BayObLG, Urt. v. 7. 10. 1953 — 1 St 41/53, NJW 1954 S. 244; OLG Hamburg, Urt. v. 16. 12. 1965 — 2 b Ss 23/65, NJW 1966 S. 846).

3. Rückkehr zur Steuerehrlichkeit, Steuermoral

Nach Meinung des OLG Frankfurt, Urt. v. 10. 10. 1961 — 1 Ss 854/61, DStZ/B 1961 S. 83 = BB 1962 S. 126 = NJW 1962 S. 974 = EStZ, Coring/Vogel, § 410 AO a. F., Nr. 44 stellt die Steuerhinterziehung ein gemeinschaftsfeindliches Verhalten dar, in dem sich der einzelne auf besonders verwerfliche — sittenwidrige — Weise unter

Verstoß gegen seine staatspolitischen Pflichten durch Unredlichkeit Vorteile der Allgemeinheit erschleicht. Sinn und Zweck der Selbstanzeige ist es, dem straffällig gewordenen Steuersünder seine Rückkehr zur Steuerehrlichkeit zu ermöglichen. Das Besondere daran ist, daß diese Rückkehr zur Steuerehrlichkeit nicht nur mit einer Ermäßigung, sondern mit einem Erlaß der Strafe des Steuerpflichtigen honoriert wird. Daher läßt ihn das Gesetz straflos, wenn er die Finanzbehörde durch Berichtigung, Ergänzung oder Nachholung seiner Angaben in die Lage versetzt, ihn so zur Steuer zu veranlagen, als hätte er die Steuererklärung von vornherein ordnungsgemäß abgegeben (BGH, Urt. v. 13. 11. 1952 — 3 StR 398/52, BGHSt Bd. 3 S. 373 = BStBl. 1953 I S. 107 = BB 1953 S. 225 = DStR 1953 S. 292 = B 1957 S. 139 = EStZ, Coring/Vogel, § 410 AO a. F., Nr. 26 = StRK, § 410 AO a. F., R. 1; auch Franzen/Gast, § 395 AO a. F., Tz. 14; Kopacek, DStR 1965 S. 106, 201; Mattern, NJW 1951 S. 938, Vogel, FR 1959 S. 479).

Die Straffreiheit soll auch erreichen, daß der Steuerpflichtige nunmehr in der Erfüllung der steuerlichen Pflichten ehrlich ist. Insofern dient die Regelung der Selbstanzeige zugleich der Steuermoral. Die Steuerwilligkeit, auf der die Steuermoral auch aufbaut, soll durch die rechtliche Möglichkeit der strafbefreienden Selbstanzeige gefördert werden. Von diesem Gesichtspunkt aus ist es für den Steuerpflichtigen, der Selbstanzeige erstattet, selbstverständlich, daß er insbesondere auch die — schuldhaft — verkürzten Steuerbeträge gemäß § 371 Abs. 3 AO (in den Fällen der leichtfertigen Steuerverkürzung gemäß § 378 Abs. 3 S. 2 AO iVm § 371 Abs. 3 AO) fristgemäß entrichtet. Diese fristgemäße Nachentrichtung hat das Gesetz nicht umsonst als erforderlichen Teil der Selbstanzeige ausdrücklich mit aufgenommen (OLG Frankfurt, Urt. v. 2. 4. 1952 — 2 Ss 105/52, EStZ, Coring/Vogel, § 410 AO a. F., Nr. 23; v. 17. 11. 1960 — 1 Ss 724/60, ZfZ 1961 S. 88 = BB 1961 S. 628 = EStZ, Coring/Vogel, § 411 AO a. F., Nr. 4 = Slg. Henneberg, Teil A, Stichwort: „Selbstanzeige, Materiallieferung“, S. 9 = StQ, AO, 1965, §§ 391—477 a. F., Nr. 28; auch Ehlers, StP 1951 S. 323; kritisch Bremer, StP 1951 S. 381; Quenzer, StW 1953 S. 668). Weiteres s. zu VIII 3.

Die angelsächsischen Länder weisen eine sehr hohe Steuermoral auf; dergl. die skandinavischen Länder. In der Schweiz (vgl. Koch, FR 1968 S. 207, 499) und Österreich scheint das nicht in dem gleichen Maße der Fall zu sein.

4. Wiederherstellung des Steuerfriedens

Ein weiterer Zweck der Selbstanzeige kann darin gesehen werden, daß sie manchen Steuersünder von „starker innerlicher Belastung, Angst und Unruhe, ja Gewissensnot“ befreit und dadurch der „Wiederherstellung des Steuerfriedens“ dient (so Ehlers/Lohmeyer, S. 41). Wenn auch diese Klimaverbesserung eine begrüßenswerte Nebenfolge einer Selbstanzeige sein mag, so ist doch der Hauptzweck der Regelung der Selbstanzeige das fiskalische Interesse an der Aufdeckung von Steuern (Kohlmann, § 395 AO a. F., Rdnr. 16).

III. Anwendungsbereich

1. Selbstanzeigefähige Steuerstraftat der Steuerhinterziehung (§ 370 AO), Monopolhinterziehung

Die Selbtsanzeigevorschrift des § 371 AO beschränkt in Absatz 1 die strafbefreiende Wirkung sachlich auf die Fälle der Steuerhinterziehung des § 370 AO (s. weiteres zu 2). Diese Bestimmung lautet:

„(1) Mit Freiheitsstrafen bis zu 5 Jahren oder mit Geldstrafe wird bestraft, wer

1. den Finanzbehörden oder anderen Behörden über steuerlich erhebliche Tatsachen unrichtige oder unvollständige Angaben macht,
2. die Finanzbehörden pflichtwidrig über steuerlich erhebliche Tatsachen in Unkenntnis läßt oder
3. pflichtwidrig die Verwendung von Steuerzeichen oder Steuerstemplern unterläßt

und dadurch Steuern verkürzt oder für sich oder einen anderen nicht gerechtfertigte Steuervorteile erlangt.

(2) Der Versuch ist strafbar.

(3) In besonders schweren Fällen ist die Strafe Freiheitsstrafe von sechs Monaten bis zu zehn Jahren. Ein besonders schwerer Fall liegt in der Regel vor, wenn der Täter

1. aus grobem Eigennutz in großem Ausmaß Steuern verkürzt oder nicht gerechtfertigte Steuervorteile erlangt,
2. seine Befugnisse oder seine Stellung als Amtsträger mißbraucht,
3. die Mithilfe eines Amtsträgers ausnutzt, der seine Befugnisse oder seine Stellung mißbraucht, oder
4. unter Verwendung nachgemachter oder verfälschter Belege fortgesetzt Steuern verkürzt oder nicht gerechtfertigte Steuervorteile erlangt.

(4) Steuern sind namentlich dann verkürzt, wenn sie nicht, nicht in voller Höhe oder nicht rechtzeitig festgesetzt werden; dies gilt auch dann, wenn die Steuer vorläufig oder unter Vorbehalt der Nachprüfung festgesetzt wird oder eine Steueranmeldung einer Steuerfestsetzung unter Vorbehalt der Nachprüfung gleichsteht. Steuervorteile sind auch Steuervergütungen; nicht gerechtfertigte Steuervorteile sind erlangt, soweit sie zu Unrecht gewährt oder belassen werden. Die Voraussetzungen der Sätze 1 und 2 sind auch dann erfüllt, wenn die Steuer, auf die sich die Tat bezieht, aus anderen Gründen hätte ermäßigt oder der Steuervorteil aus anderen Gründen hätte beansprucht werden können.

(5) Die Tat kann auch hinsichtlich solcher Waren begangen werden, deren Einfuhr, Ausfuhr oder Durchfuhr verboten ist.

(6) Die Absätze 1 bis 5 gelten auch dann, wenn sich die Tat auf Eingangsabgaben bezieht, die von einem anderen Mitgliedstaat der Europäischen Gemeinschaft verwaltet werden oder die einem Mitgliedstaat der Europäischen Freihandelsassoziation oder einem mit dieser assoziierten Staat zustehen. Sie gelten unabhängig von dem Recht des Tatortes auch für Taten, die außerhalb des Geltungsbereiches dieses Gesetzes begangen werden."

Gegenüber der Steuerhinterziehung des § 392 AO (i. d. F. d. 2. AO StrafÄndG u. auch EGStGB) gibt es Abweichungen. Die Neufassung des ab 10. 3. 1974 / 1. 1. 1975 geltenden § 392 AO (Art. 161, Nr. 2 EGStGB) lautete:

„(1) Wer zum eigenen Vorteil oder zum Vorteil eines anderen nicht gerechtfertigte Steuervorteile erschleicht oder bewirkt, daß Steuereinnahmen verkürzt werden, wird mit Freiheitsstrafe bis zu fünf Jahren oder mit Geldstrafe bestraft.

(2) Steuerhinterziehung begeht auch, wer Sachen, für die ihm Steuerbefreiung oder Steuervorteile gewährt sind, zu einem Zweck verwendet, der der Steuerbefreiung oder dem Steuervorteil, die er erlangt hat, nicht entspricht und es zum eigenen Vorteil oder zum Vorteil eines anderen unterläßt, dies dem Finanzamt vorher rechtzeitig anzuzeigen.

(3) Es genügt, daß infolge der Tat ein geringerer Steuerbetrag festgesetzt oder ein Steuervorteil zu Unrecht gewährt oder belassen ist; ob der Betrag, der sonst festgesetzt wäre, aus anderen Gründen hätte ermäßigt werden müssen oder der Vorteil aus anderen Gründen hätte beansprucht werden können, ist für die Bestrafung ohne Bedeutung.

(4) Steuerhinterziehung kann auch hinsichtlich solcher Waren begangen werden, deren Einfuhr, Ausfuhr oder Durchfuhr verboten ist.

(5) Die Absätze 1 bis 4 gelten auch dann, wenn sich die Tat auf Eingangsabgaben bezieht, die von einem anderen Mitgliedstaat der Europäischen Gemeinschaften verwaltet werden oder die einem Mitgliedstaat der Europäischen Freihandelsassoziation oder einem mit dieser assoziierten Staat zustehen. Sie gelten, unabhängig von dem Recht des Tatorts, auch für Taten, die außerhalb des Geltungsbereiches dieses Gesetzes begangen werden.“

Kurz die Abweichungen: Absatz 1 des § 370 AO weicht vom § 392 Abs. 1 AO (i. d. F. d. EGStGB) in der Umschreibung des Tatbestandes der Steuerhinterziehung vor allem dadurch ab, daß er eindeutig festlegt, welche Handlung oder Unterlassung vorliegen muß, damit der Erfolg der Tat, die Verkürzung von Steuern oder die Erlangung von Steuervorteilen, tatbestandsmäßig verwirklicht wird. Die Tathandlung besteht darin, daß den zuständigen Behörden über steuerlich erhebliche Tatsachen unrichtige oder unvollständige Angaben gemacht werden oder daß diese Behörden pflichtwidrig über derartige Tatsachen in Unkenntnis gelassen werden oder daß pflichtwidrig die Verwendung von Steuerzeichen oder Steuerstemplern unterlassen wird (s. auch § 369 Abs. 1 Nr. 3 AO; dazu Pfaff, § 391 AO a. F., Einleger, Anm. b)). Hierdurch wird dem Verfassungsgrundsatz des Artikels 103 Abs. 2 GG besser Genüge getan als bisher durch § 392 AO, für den die Rechtsprechung das ungeschriebene Tatbestandsmerkmal der „Steuerunehrlichkeit“ entwickelt hat, um die in Betracht kommenden Tathandlungen hinreichend bestimmt einzugrenzen. Einbezogen werden auch unrichtige oder unvollständige Angaben gegenüber anderen Behörden als Finanzbehörden. Dies ist deshalb erforderlich, weil die anderen Behörden für eine steuerlich erhebliche Entscheidung zuständig sein können, die durch unrichtige oder unvollständige Angaben beeinflußt werden kann (vgl. z. B. §§ 82, 83, 92 bis 96 des Wohnungsbau- und Familienheimgesetzes).

Nach dem 2. AOStrafÄndG wurde für die Steuerhinterziehung Geldstrafe allein oder Freiheitsstrafe und Geldstrafe angedroht. Hieran wurde nicht festgehalten. Der Richter soll wahlweise Freiheitsstrafe oder Geldstrafe verhängen können. Er hat außerdem die Möglichkeit, nach § 41 StGB eine Geldstrafe neben Freiheitsstrafe zu verhängen, wenn die dort genannten Voraussetzungen gegeben sind. Aus dem Begriff „sich bereichern“ wie auch aus dem alternativen Merkmal „zu bereichern versucht“ folgt, daß diese Vorschrift ein finales Handeln voraussetzt. Die Beachtung der persönlichen und wirtschaftlichen Verhältnisse des Täters ist auch ein besonders gewichtiger Gesichtspunkt im Rahmen der gesamten Strafzumessungserwägungen. Die Erweiterung durch § 41 StGB war erforderlich, um etwa Sonderregelungen im Nebenstrafrecht entbehrlich zu machen, so bei der Bekämpfung schwerwiegender Fälle der Wirtschaftskriminalität. Bei der Steuerhinterziehung sind die Voraussetzungen oft gegeben, da sie vielfach zum eigenen Vorteil begangen wird, also zu einer Bereicherung des Täters führt, und da nach den persönlichen und wirtschaftlichen Verhältnissen des Tätertyps eine Geldstrafe neben Freiheitsstrafe auch angebracht sein wird. In den Fällen der Steuerhinterziehung wird es nicht so oft der Fall sein, daß die kumulative Geldstrafe die Resozialisierung des Täters gefährden kann.

Der Höchstbetrag der Freiheitsstrafe beträgt wie bisher fünf Jahre, falls nicht nach Absatz 3 ein besonders schwerer Fall vorliegt. Auf eine besondere Bestimmung über die Anzahl der im Zusammenhang mit einer Geldstrafe im Höchstfall zulässigen Tagessätze und über den Höchstbetrag des einzelnen Tagessatzes wurde verzichtet. Zunächst waren 720 Tagessätze mit einem Höchstbetrag für den einzelnen Tagessatz von 5000 DM vorgesehen (§ 353 Abs. 1 EAO 1974). Nachdem durch das Einführungsgesetz zum Strafgesetzbuch der Höchstbetrag des einzelnen Tagessatzes auf 10 000 DM festgelegt worden ist, ist es nicht erforderlich, bei der Steuerhinterziehung eine von § 40 StGB abweichende Regelung über die Zahl der im Höchstfall zu verhängenden Tagessätze zu treffen. Die Vorschrift des § 370 Abs. 1 AO entspricht insoweit dem früheren § 392 Abs. 1 AO in der Fassung des Artikels 161 Nr. 1 EGStGB vom 2. März 1974 (BGBl. I S. 469, 582). S. hierzu Pfaff, § 392 AO a. F., Einleger, Anm. b).

Absatz 2, wonach der Versuch der Steuerhinterziehung strafbar ist, entspricht dem früheren § 393 Abs. 1 AO (i. d. F. d. 2. AOStrafÄndG). Abs. 2 dieser Bestimmung ist nicht übernommen worden. Das Unternehmen der Irreführung der Bewertungsstellen anläßlich der Einheitsbewertung ist auch ohne diese Vorschrift als Versuch der Steuerhinterziehung anzusehen.

Absatz 3 führt erstmalig auch für die Steuerhinterziehung eine Strafverschärfung für besonders schwere Fälle ein, wie sie für den vergleichbaren Fall des Betruges bereits seit Jahrzehnten besteht. In besonders schweren Fällen ist die Strafe Freiheitsstrafe von sechs Monaten bis zu zehn Jahren. Mit dieser Strafverschärfung soll deutlich gemacht werden, daß die Steuerhinterziehung hinsichtlich ihrer Gefährlichkeit nicht geringer zu bewerten ist als der Betrug.

Entsprechend der neueren Gesetzespraxis werden die besonders schweren Fälle durch Regelbeispiele gekennzeichnet. Dadurch wird dem Richter die Rechtsanwendung erleichtert. Die Aufzählung bedeutet aber nicht, daß ein besonders schwerer Fall nur bei Vorliegen eines Regelbeispiels angenommen werden darf. Andererseits liegt nicht immer ein besonders schwerer Fall vor, wenn die Voraussetzungen eines Regelbeispiels erfüllt sind.

Im einzelnen werden vier Beispiele aufgezählt, bei deren Vorliegen in der Regel ein besonders schwerer Fall angenommen wird. Die Nummer 2 (Mißbrauch der Befugnisse oder der Stellung als Amtsträger) dürfte einem besonders schweren Fall des Betruges gleichkommen. Im übrigen sind die Besonderheiten der Steuerhinterziehung berücksichtigt worden. Dazu gehören die Steuerhinterziehung aus grobem Eigennutz in großem Ausmaß (Nummer 1), die Ausnutzung der Mithilfe eines Amtsträgers, der seine Amtsstellung mißbraucht (Nummer 3) und die fortgesetzte Steuerverkürzung unter Verwendung nachgemachter oder verfälschter Belege (Nummer 4).

Absatz 4 entspricht im wesentlichen dem bisherigen § 392 Abs. 3 AO (i. d. F. d. 2. AOStrafÄndG). Satz 1 regelt den Eintritt der Steuerverkürzung für besonders wichtige Fälle. Klarer als im früheren Recht wird herausgestellt, daß die Verkürzung in diesen Fällen bewirkt ist, wenn die Steuer infolge der Tat nicht, nicht in voller Höhe oder nicht rechtzeitig festgesetzt wird. Eine Änderung gegenüber dem früheren Recht tritt dadurch jedoch nicht ein. Ausdrücklich wird bestimmt, daß eine vorläufige Steuerfestsetzung, eine Steuerfestsetzung unter Vorbehalt der Nachprüfung oder eine der Steuerfestsetzung gleichstehende

Steueranmeldung für den Eintritt der Steuerverkürzung genügt. Dies ist deshalb gerechtfertigt, als auch durch eine noch nicht endgültige Steuerfestsetzung zumindest eine vorübergehende Steuerverkürzung eintritt. S. dazu b) (1) aa) aa 2).

Satz 2 stellt klar, daß zu den Steuervorteilen im Sinne der Vorschriften über die Steuerhinterziehung auch die Steuervergütungen gehören. Bisher bestanden hier unterschiedliche Auffassungen. Satz 3 entspricht dem früheren § 392 Abs. 3 Halbsatz 2 (i. d. F. d. 2. StrafÄndG). Er bestimmt, daß eine Steuerverkürzung oder ein ungerechtfertigter Steuervorteil nicht dadurch ausgeglichen werden kann, daß die Steuer aus anderen Gründen hätte ermäßigt werden müssen oder der Steuervorteil aus anderen Gründen hätte beansprucht werden können. Es handelt sich um eine der Vorschriften, die geschaffen worden sind, um die bestehende Rechtsprechung ausdrücklich in den Gesetzeswortlaut aufzunehmen (vgl. RG, Urt. v. 14. 10. 1912 — III 300/12, RGSt Bd. 46 S. 237).

Absatz 5 entspricht wie bisher dem § 392 Abs. 4 AO (i. d. F. d. 2. StrafÄndG).

Absatz 6, der die Verkürzung von Eingangsabgaben eines anderen Mitgliedstaates der EG unter bestimmten Voraussetzungen unter Strafe stellt, hat seine Parallele in § 392 Abs. 5 AO (i. d. F. d. EGStGB). Der Anwendungsbereich der Bestimmung wurde erweitert auf Eingangsabgaben, die einem Mitgliedstaat der Europäischen Freihandelsassoziation (EFTA) oder einem mit dieser assoziierten Staat (z. B. Finnland) zustehen, weil die Freihandelsabkommen zwischen der EG und den EFTA-Staaten die beteiligten Staaten verpflichten, Sanktionen gegen denjenigen anzuwenden, der eine sachlich falsche Erklärung abgibt, die die Gewährung der Vorzugsbehandlung bewirkt (s. Artikel 17 des Protokolls Nr. 3 zum Abkommen EG—Österreich, ABl. der EG Nr. L 300/1 vom 31. Dezember 1972 und Artikel 6 des Beschlusses Nr. 4/73 des Gemischten Ausschusses EG—Österreich, ABl. der EG Nr. L 160/6 vom 18. Juni 1973). Eine derartige Verpflichtung haben die beteiligten Staaten übernommen, da die Erklärungen des Ausführers über die Präferenzberechtigung der Ware im Ausfuhrstaat abgegeben werden und im Einfuhrstaat zur Gewährung einer

Zollvergünstigung führen. Im Einfuhrstaat kann der Ausführer jedoch in aller Regel nicht belangt werden. Eine Ahndung im Ausfuhrstaat ist daher im Interesse aller Vertragspartner unerläßlich, um eine mißbräuchliche Ausnutzung der Freihandelsabkommen auszuschließen.

Da das Rechts- und Verwaltungssystem der EFTA-Staaten mit dem der EG-Mitgliedstaaten vergleichbar ist, erscheint es auch zweckmäßig, Steuerhinterziehung zum Nachteil eines EFTA-Staates als Straftat zu ahnden.

Nicht übernommen wurde § 392 Abs. 2 AO (i. d. F. d. 2. AO StrafÄndG). Diese Vorschrift behandelte die Steuerhinterziehung durch zweckwidrige Verwendung steuerbegünstigter Sachen. Angesichts der Anzeigepflichten nach § 153 Abs. 2 und 3 AO wurde die Vorschrift für entbehrlich gehalten. Wer diesen Anzeigepflichten vorsätzlich zuwiderhandelt und dadurch Steuern verkürzt, begeht eine Steuerhinterziehung nach § 370 Abs. 1 AO. S. dazu IX 2.

Eine selbstanzeigefähige Zollstraftat ist die Monopolhinterziehung (§ 122 BranntwMonG i. d. F. d. EGAO 1977, Art. 26); vgl. H-H-Sp, § 395 a. F., Sp. 24; List, S. 19; Pfaff, § 395 AO a. F., Tz. 17; Troeger/Meyer, S. 125.

a) Verübte Straftat, Abgabefrist

§ 371 Abs. 1 AO bestimmt: „Wer in den Fällen des § 370 unrichtige oder unvollständige Angaben bei der Finanzbehörde berichtigt oder ergänzt oder unterlassene Angaben nachholt, wird insoweit straffrei." Hiernach gewährt die Vorschrift Straffreiheit nur für eine zuvor bereits verübte Straftat. Für eine künftig erst zu verübende Tat gewährt § 371 AO dagegen keine Straffreiheit (Lohmeyer, FR 1968 S. 126).

Die in § 370 AO bezeichnete Steuerstraftat der Steuerhinterziehung muß, wenn die Selbstanzeige erstattet wird, schon vollendet, wenigstens aber versucht worden sein, Abs. 2 (dazu bereits BGH, Urt. v. 20. 7. 1965 — 1 StR 95/65, ZfZ 1966 S. 23 = BB 1966 S. 107 = DStR 1966 S. 150). Die Unterscheidung ist auch für die Nachzahlung der verkürzten Beträge von Bedeutung (s. zu VIII 3 a)).

In welchem Stadium sich der Tatbestand der Steuerhinterziehung befindet, ob Vollendung oder nur Versuch, hängt von der Frist für die Abgabe der Steuererklärung ab. In der Vergangenheit hatte sich eingebürgert, daß die Frist zur Abgabe der Steuererklärungen in eine allgemeine Frist und in eine Frist für die Abgabe der Steuererklärungen durch die steuerberatenden Berufe unterteilt worden ist (s. die gleichlautenden Erlasse der obersten Finanzbehörden der Länder vom 25. 4. 1975, BStBl. I S. 626). Die allgemeine Erklärungsfrist lief im allgemeinen am 31. Mai ab, während den steuerberatenden Berufen generell Fristverlängerungen bis zum 30. September oder noch länger gewährt worden sind. Die neue Abgabenordnung enthält keine Frist mehr für die Abgabe der Steuererklärungen, sondern überläßt dies den Einzelsteuergesetzen oder den dazu ergangenen Durchführungsverordnungen. So bestimmt § 56 EStDV 1975, daß die jährlichen Steuererklärungen spätestens an dem von den obersten Finanzbehörden der Länder mit Zustimmung des Bundesministers der Finanzen bestimmten Zeitpunkt abzugeben sind. Der Forderung der Deutschen Steuer-Gewerkschaft nach einer unverlängerbaren Erklärungsfrist zum 1. Juli des auf den Veranlagungszeitraum folgenden Jahres und eine automatische Fälligkeit der Steuer zum 1. August wurde nicht entsprochen. Die für die Zukunft vorgesehene Frist zur Abgabe der Steuererklärung, die in das Ermessen der obersten Finanzbehörden gestellt wird, ist flexibel genug, um einerseits die Interessen der Steuerpflichtigen und ihrer Berater und andererseits die Interessen der Finanzverwaltung nach einer zeitnäheren Besteuerung zu berücksichtigen. Die Vorschrift über die Steuerfestsetzung unter Nachprüfungsvorbehalt (§ 164 AO) in Verbindung mit der Neuorganisation der Finanzämter (s. dazu Grundsätze zur Neuorganisation der Finanzämter und zur Neuordnung des Besteuerungsverfahrens — GNOFÄ — v. 16. 2. 1976, BStBl. I S. 88) werden jedoch zwangsläufig dazu führen, daß die Finanzverwaltung auf eine zeitnähere Abgabe der Steuererklärungen hinwirken muß. Verlängerungen der Steuererklärungsfristen können gem. § 109 AO iVm § 120 Abs. 2 Nr. 4 AO von einer Auflage abhängig gemacht werden. Gedacht werden könnte z. B. daran, die Fristverlängerung davon abhängig zu machen, daß mit der Abgabe der Erklärung eine Abschlußzahlung zu leisten ist (a. A. für das bisher geltende Recht, BFH, BStBl. 1954 II S. 244).

Bei den Ausführungen über Vollendung und Versuch der Steuerverkürzung ist von den bisherigen Abgabeterminen ausgegangen worden.

b) Vollendung

Für den Zeitpunkt der Vollendung der Verkürzung kommt es darauf an, ob es sich bei der Steuerart um eine Veranlagungssteuer oder um eine Fälligkeitssteuer handelt. Dabei unterscheidet man zwischen Tätigkeitsdelikten und Unterlassungsdelikten.

(1) Tätigkeitsdelikte

aa) Veranlagungssteuer

Veranlagungssteuern sind solche, die in einem förmlichen Veranlagungsverfahren durch die Finanzbehörde festgesetzt werden (so die Einkommen-, Körperschaft-, Gewerbe-, Vermögensteuer).

aa1) Festsetzung eines geringeren Steuerbetrags und Bekanntgabe

Die Tat ist vollendet, wenn auf Grund einer unrichtigen Erklärung ein geringerer Steuerbetrag durch Steuerbescheid festgesetzt und an den Steuerpflichtigen bekanntgegeben worden ist (RG, Urt. v. 8. 10. 1925 — II 214/25, RGSt Bd. 59 S. 401; BGH, Urt. v. 3. 6. 1954 — 3 StR 302/52, BGHSt Bd. 7 S. 336 = BStBl. 1955 I S. 359 = EStZ, Coring/Vogel, § 410 AO a. F., Nr. 35 = Slg. Henneberg, Teil A, Stichwort: „Selbstanzeige, Nachzahlung" S. 3 = ZfZ 1955 S. 275 = DStR 1955 S. 444 = BB 1955 S. 823 = B 1955 S. 888; auch OFD Frankfurt, Erl. v. 13. 10. 1952, DStZ/B 1952 S. 497).

Wird der Steuerbescheid — wie meist — durch die Post übermittelt, gilt die Bekanntgabe nach § 122 Abs. 2 AO mit dem dritten Tag nach Aufgabe zur Post als bewirkt. Weiteres EAO 1977 zu §§ 155, 122.

Die Rechtskraft des Bescheids gehört nicht zur Vollendung (Suhr/Naumann, S. 181).

aa2) Steuerfestsetzung unter Vorbehalt der Nachprüfung, vorläufige Steuerfestsetzung

aa21) Alter Rechtszustand

Vorläufige Steuerfestsetzung (100 AO a. F.)

Umstritten war die Frage, ob die Vollendung einer Steuerverkürzung bereits bei Bekanntgabe eines vorläufigen Steuerbescheids (§ 100 AO a. F.) eintritt.

Die Rechtsprechung glaubte, daß bei vorläufiger Steuerfestsetzung nicht versuchte, sondern vollendete Steuerverkürzung vorliegt (so BGH, Urt. v. 1. 11. 1966 — 5 StR 479/66, DStZ/B 1967 S. 32; auch schon RG, Urte. v. 19. 2. 1925 — III 896/24, RGSt Bd. 59 S. 90; v. 2. 5. 1927 — II 21/27, RGSt Bd. 61 S. 264; AG (Schöffengericht) Berlin-Tiergarten, Urt. v. 28. 2. 1964 — 231 — 212/62, DStZ/B 1964 S. 336; a. M. KG Berlin, Urt. v. 9. 5. 1934 — 2 Ss 92/34, JW 1934 S. 1743). Das Schrifttum hatte sich überwiegend dieser Meinung angeschlossen (Bauerle, S. 29; Barske/Gapp, S. 61; Franzen, DStR 1965 S. 187; Franzen/Gast, § 392 AO a. F., Tz. 25; Henke, DStR 1965 S. 697; Kopacek, DStZ/A 1961 S. 90; Kötting, DStZ/A 1967 S. 285; Lohmeyer, BlStA 1962 S. 340; NWB, 1964, F. 13 S. 277; Stbg 1968 S. 129; Loose, DSt/A 1965 S. 153; Suhr/Naumann, S. 229; Terstegen, S. 48; Troeger/Meyer, S. 48; Ulmer, FR 1965 S. 247; v. Witten, DStZ/A 1954 S. 232; a. M. Giese/Plath, WK, § 396 AO a. F., Anm. 5; Hartung, § 396 AO a. F., Anm. VIII 1 a). Hielt das Finanzamt die Steuererklärung für zutreffend und veranlagte es vorläufig, lag vollendete Verkürzung vor. Hatte die Behörde die Erklärung aber überhaupt nicht geprüft, kam bei vorläufiger Veranlagung nur Versuch der Steuerhinterziehung in Betracht — unvollendete Handlung —, ebenso, wenn das Finanzamt Zweifel hegte und deshalb vorläufig veranlagte (vgl. BGH, Urt. v. 20. 7. 1965 — 1 StR 95/65, ZfZ 1966 S. 23 = BB 1966 S. 107 = DStR 1966 S. 150 = NWB, 1967, F. 13 S. 319).

aa22) Neuer Rechtszustand

1. Steuerfestsetzung unter Vorbehalt der Nachprüfung (§ 164 AO)

Die Vorschrift des § 164 AO über die Steuerfestsetzung unter Vorbehalt der Nachprüfung ist eine der zentralen Vorschriften der neuen AO. Sie dient der Beschleunigung der ersten Steuerfestsetzung. Sie soll eine rasche erste Steuerfestsetzung dadurch ermöglichen, daß die Steuer ohne besondere Prüfung allein auf Grund der Angaben des Steuerpflichtigen festgesetzt wird, wobei die spätere Überprüfung vorbehalten bleibt (Abs. 1 Satz 1). Die Vorschrift verallgemeinert die bisher in § 100 Abs. 2 AO enthaltene Regelung über die vorläufige Steuerfestsetzung und dehnt diese insofern aus, als die Berechtigung zur Steuerfestsetzung unter dem Vorbehalt der Nachprüfung von keiner anderen Voraussetzung als der noch nicht abgeschlossenen Überprüfung abhängig ist. Nach § 100 Abs. 2 AO a. F. war eine vorläufige Steuerfestsetzung zugelassen, wenn der Steuerpflichtige der Betriebsprüfung unterlag oder wenn das Finanzamt den Inhalt einer abgegebenen Steuererklärung der vorläufigen Festsetzung unverändert zugrunde legte. Absatz 1 Satz 1 des § 164 AO stellt demgegenüber ausdrücklich klar, daß die Steuerfestsetzung unter dem Vorbehalt der Nachprüfung keiner Begründung bedarf.

Ein weiterer wichtiger Unterschied zwischen der vorläufigen Steuerfestsetzung nach § 100 Abs. 2 AO a. F. und der Steuerfestsetzung unter Vorbehalt der Nachprüfung besteht darin, daß der vorläufigen Steuerfestsetzung die endgültige Steuerfetsetzung oder die Endgültigkeitserklärung zu folgen hat, während bei der Steuerfestsetzung unter Vorbehalt der Nachprüfung weder eine endgültige Steuerfestsetzung noch eine Endgültigkeitserklärung erforderlich ist. Der Vorbehalt der Nachprüfung gibt jederzeit das Recht, die Steuerfestsetzung zu berichtigen. Die Finanzbehörde ist jedoch nicht verpflichtet, alle Steuerfälle zum Zwecke der endgültigen Erledigung nachzuprüfen. Sie erhält die Möglichkeit, die Überprüfung entsprechend der zur Verfügung stehenden Zeit und der zur Verfügung stehenden Arbeitskräfte mit dem Ziele möglichst großer Effektivität zu organisieren.

Durch die Steuerfestsetzung unter Vorbehalt der Nachprüfung wird die materielle Bestandskraft in großem Umfang eingeschränkt. Dieser Umstand wirkt sich jedoch nicht nur einseitig zum Nachteil des Steuerpflichtigen aus. Auch der Steuerpflichtige kann jederzeit innerhalb der Festsetzungsfrist die Berichtigung der Vorbehaltsfestsetzung zu seinen Gunsten beantragen, auch wenn die Rechtsbehelfsfrist längst abgelaufen ist.

Die gegenüber dem früheren Recht kürzere Frist für die Festsetzung von Steuern (vgl. § 169 AO) steht in engem Zusammenhang mit der Steuerfestsetzung unter Vorbehalt der Nachprüfung. Hinzuweisen ist auch auf den in § 176 AO vorgenommenen Ausbau des Vertrauensschutzes.

Der Klarstellung dient der Satz 2 des Absatzes 1, wonach die Festsetzung von Vorauszahlungen stets eine Festsetzung unter Vorbehalt der Nachprüfung ist. Diese Festsetzung hat schon ihrer Natur nach vorläufigen Charakter.

Ist die Steuerfestsetzung unter Vorbehalt der Nachprüfung unrichtig, so kann sie nach Absatz 2 Satz 1 solange jederzeit aufgehoben oder geändert werden, als der Vorbehalt wirksam ist. Auch der Steuerpflichtige kann die Aufhebung oder Änderung begehren. Nach § 171 Abs. 3 AO läuft die Festsetzungsfrist nicht ab, bevor über den Antrag des Steuerpflichtigen entschieden worden ist. Es soll sichergestellt werden, daß der Ablauf der Festsetzungsfrist nicht unnötig verzögert wird.

2. Vorläufige Steuerfestsetzung, Aussetzung der Steuerfestsetzung (§ 165 AO)

Die Vorschrift des § 165 AO entspricht im wesentlichen §§ 100 Abs. 1 und 225 AO a. F. Es besteht durchaus ein Bedürfnis, auch neben der Steuerfestsetzung unter Vorbehalt der Nachprüfung die Aussetzung der Steuerfestsetzung oder eine vorläufige Steuerfestsetzung für den Fall zuzulassen, daß ungewiß ist, ob und inwieweit die Voraussetzungen für die Entstehung einer Steuerschuld eingetreten sind. Die Steuerfestsetzung unter Vorbehalt der Nachprüfung kann in diesen Fällen die Aussetzung der Steuerfestsetzung oder die vorläufige Steuerfestsetzung nicht voll ersetzen. Die vorläufige Steuerfestsetzung ermöglicht es zum Beispiel, die Steuerfestsetzung wegen nur eines Punktes, hinsichtlich dessen Ungewißheit besteht, offenzuhalten. Dabei sind Umfang und Grund der Vorläufigkeit anzugeben.

Bei der Vorbehaltsfestsetzung wirkt dagegen der Vorbehalt stets in vollem Umfang der Steuerfestsetzung. Bei Aussetzung oder vorläufiger Veranlagung gilt die Ablaufhemmung des § 171 Abs. 8 AO, die auf die besondere Situation abstellt, die bei der Ungewißheit über die Besteuerungsgrundlagen besteht. Dazu Burhoff, NWB 1976 F. 2 S. 2912.

Erfolgt vorläufige Steuerfestsetzung nach § 165 AO oder Steuerfestsetzung unter dem Vorbehalt der Nachprüfung (§ 164 AO) oder Einreichung einer Steueranmeldung (§ 168 S. 1 AO), so ist die Verkürzung vollendet. Dazu EAO 1977 zu § 370 Nr. 6. Das Institut der Steuerfestsetzung unter dem Vorbehalt der Nachprüfung ermöglicht eine rasche Steuerfestsetzung auf Grund der Angaben des Steuerpflichtigen unter Einsatz der Datenverarbeitungsanlagen und dient so in besonderem Maße der Gleichmäßigkeit und damit der Gerechtigkeit der Besteuerung. Die genaue Überprüfung des Steuerfalles kann innerhalb der Festsetzungsfrist erfolgen.

bb) Fälligkeitssteuer

bb1) Zeitpunkt der Vollendung

Fälligkeitssteuern muß der Steuerpflichtige selbst berechnen und auf Grund einer (Vor-)Anmeldung ohne eine Zahlungsaufforderung des Finanzamts an gesetzlich bestimmten Kalendertagen entrichten. Zu den Fälligkeitssteuern gehören vornehmlich die von den Arbeitnehmern einbehaltenen Lohnsteuern (§ 41 a EStG) und die Vorauszahlungen auf die Umsatzsteuer (§ 18 UStG).

Zur Festsetzung von Vorauszahlungen s. zu aa) aa2) aa22).

In der Regel treffen bei den Fälligkeitssteuern Versuch und Vollendung zusammen. Das gilt auch beim Handeln durch Unterlassen (s. zu (2) bb); c) (2) bb)). Anders ist es, wenn die (Vor-)Anmeldung beim Finanzamt vorzeitig abgegeben wird (Franzen/Gast, § 393 AO a. F., Tz. 26).

bb2) Abgabe einer unrichtigen (Vor-)Anmeldung

bb21) Umsatzsteuer-Voranmeldung

Eine Umsatzsteuerverkürzung ist bereits mit der Abgabe einer unrichtigen Voranmeldung und der Zahlung einer niedrigeren als der geschuldeten Steuer eingetreten und die Tat auch vollendet (BGH,

Urte. v. 9. 6. 1953 — 1 StR 206/53, GA 1953 S. 150; v. 28. 11. 1957 — 4 StR 180/57, ZfZ 1958 S. 145; OLG Braunschweig, Urt. v. 12. 10. 1951 — Ss 64/51, DStZ/B 1952 S. 83; auch Buschmann/Luthmann, S. 72; Hartung, § 396 AO a. F., Anm. II 2 c; Suhr, NWB, 1970, F. 13 S. 427).

bb22) Lohnsteuer-Anmeldung

Die Tat ist vollendet, wenn die Verkürzung eingetreten ist. So, wenn eine unrichtige Lohnsteueranmeldung abgegeben und zu wenig Lohnsteuer abgeführt worden ist (RG, Urt. v. 23. 5. 1938 — 3 D 257/38, RGSt Bd. 72 S. 186; BayObLG, Urt. v. 18. 6. 1964 — RReg 4 St 97/64, NJW 1964 S. 2171; auch Lohmeyer, FR 1965 S. 329).

Steueranmeldung und Wirkung, s. §§ 167, 168 AO; dazu auch EAO 1977 zu §§ 167, 240 sowie Muuß, NWB 1976, F. 2 S. 2955, 2962. S. auch zu aa) aa2) u. VI 1 f.).

cc) Vorteilserschleichung

Abgabe eines unrichtigen Stundungsantrages

Mit der Bewilligung der unter Angabe von falschen Darlegungen erfolgten Stundung (§ 222 AO) und der Bekanntgabe ist die Vorteilserschleichung nach Abs. 1 des § 370 AO vollendet (OLG Hamm, Urt. v. 4. 5. 1962 — 1 Ss 218/62, EStZ, Coring/Vogel, § 396 AO a. F., Nr. 91 = DStZ/B 1963 S. 82; Hartung, § 396 AO a. F., Anm. V; Suhr, NWB 1959 F. 13 S. 180). Weiteres über ungerechtfertigte Vorteilserschleichung, s. Pfaff, § 392 AO, a. F., Tze. 110 ff.

S. auch zu (2) cc); c) (1) cc) u. VI 1 g).

(2) Unterlassungsdelikte

aa) Veranlagungssteuer

aa1) Abschluß der Veranlagungsarbeiten

Hält der Steuerpflichtige die Finanzbehörde über seine Steuerpflicht dadurch im unklaren, daß er entgegen der gesetzlichen Verpflichtung keine Steuererklärung abgibt, so tritt die Vollendung der Verkürzung erst in dem Zeitpunkt ein, zu dem die Veranlagung — auch der anderen Steuerpflichtigen — nach dem Geschäftsgang im allgemeinen abgeschlossen ist. Bis zu diesem Zeitpunkt kann die Tat nur versucht worden sein, was bei der leichtfertigen Steuerverkürzung (§ 378 AO) entfällt (so std. Rspr., vgl. RG, Urte. v. 1. 7. 1926 — II 247/26, RGSt Bd. 60 S. 307 = EStZ, Coring/Vogel, § 402 AO a. F., Nr. 6; v. 26. 9. 1932 — II 625/32, RGSt Bd. 66 S. 359; BGH, Urte. v. 9. 10. 1953 — 1 StR 448/53, EStZ, Coring/Vogel, § 396 AO a. F., Nr. 48; v. 1. 3. 1956 — 3 StR 462/55, BStBl. 1956 I S. 441 = StRK, § 396 AO a. F., R. 27 = JR 1956 S. 383 = BB 1957 S. 317; BayObLG, Urt. v. 11. 12. 1957 — RReg 1 St 336/57, ZfZ 1958 S. 56; OLG Frankfurt, Urt. v. 30. 3. 1960 — 1 Ss 193/60, BB 1960 S. 543 = NJW 1960 S. 1684; OLG Hamm, Urte. v. 6. 12. 1962 — 2 Ss 935/62, DStZ/B 1963 S. 162 = FR 1963 S. 301 = BB 1963 S. 459 = DStZ/B 1964 S. 178; v. 28. 2. 1964 — 1 Ss 1576/63, EStZ, Coring/Vogel, § 402 AO a. F., Nr. 73 = B 1964 S. 872; abw. OLG Hamburg, Urt. v. 16. 12. 1965 — 2 b Ss 23/65, NJW 1966 S. 844 = BlStA 1967 S. 81: Die Steuerverkürzung ist bereits vollendet, wenn mehr als 90 % der Steuererklärungen vom Finanzamt bereits bearbeitet worden sind; KG Berlin, Urt. v. 17. 6. 1973 — (2) Ss 47/73 (20/73), n. v.: Es kommt auf den jeweiligen Steuerbezirk des Finanzamts an. Mit std. Rspr. auch die h. M. im Schrifttum, so Hartung, § 396 AO a. F., Anm. VIII I b; Franzen/Gast, § 392 AO a. F., Tz. 25; Schirp, StB 1963 S. 142; Suhr/Naumann, S. 184; Troeger, S. 102; abw. Schulze, DStR 1964 S. 385; Depiereux, DStR 1970 S. 553: Versuch, da bis zur nachfolgenden Schätzung der Steuerpflichtige bei Abgabe der Erklärung spätestens als letzter veranlagt worden wäre.

Beispiel:

A hat für 1972 keine Einkommensteuererklärung abgegeben. Fristverlängerung war nicht gewährt. Der Versuch beginnt mit Ablauf des 31. 5. 1973 (Abgabetermin). Die Veranlagungsarbeiten für das Jahr 1972 waren erst am 10. 8. 1974 allgemein abgeschlossen. Erst zu diesem Zeitpunkt ist Vollendung der Verkürzung eingetreten.

aa2) Schätzung vor Abschlußveranlagung

Das Finanzamt wird unter Umständen vor Abschluß der allgemeinen Veranlagungsarbeiten die Besteuerungsgrundlagen schätzen. Dabei kann bereits objektiv ein Versuch oder eine Vollendung der Steuerhinterziehung vorliegen.

Ist die Schätzung — wie so oft — zu hoch, so liegt Versuch einer Steuerhinterziehung (§ 370 Abs. 2 AO) vor; denn der Erfolg ist durch die Veranlagung vereitelt worden (OLG Celle, Urt. v. 10. 12. 1964 — 1 Ss 414/64, MDR 1965 S. 504; auch Lohmeyer, FR 1965 S. 330; NWB, 1966, F. 13 S. 298; Inf 1967 S. 130; a. M. Suhr, S. 90). Ist die Schätzung zu niedrig ausgefallen, so ist die Steuerverkürzung, wie bei Abgabe einer unrichtigen Erklärung mit der Bekanntgabe des Steuerbescheids vollendet (BGH, Urt. v. 3. 6. 1954 — 3 StR 302/53, BGHSt Bd. 7 S. 336 = StRK, § 396 AO a. F., R. 21 = EStZ, Coring/Vogel, § 410 AO a. F., Nr. 35 = Slg. Henneberg, Teil A, Stichwort: „Selbstanzeige, Nachzahlung“ S. 3 = StWa 1955 S. 171 = ZfZ 1955 S. 275 = DStR 1955 S. 444 = BB 1955 S. 823 = B 1955 S. 888; BayObLG, Urt. v. 27. 5. 1964 — RReg 4 St 97/64, ZfZ 1964 S. 382 = B 1964 S. 1142 = NJW 1964 S. 2171).

Bei angemessener Schätzung liegt Versuch der Steuerhinterziehung vor. Der Steuerpflichtige war verpflichtet, während der Abgabefrist die Steuererklärung abzugeben.

Die Verpflichtung zur Abgabe einer Steuererklärung wird nicht dadurch berührt, daß die Finanzbehörde die Besteuerungsgrundlagen geschätzt hat (§ 149 S. 4 AO). Wenn die Finanzbehörde wegen Nichtabgabe der Erklärungen von ihrem in § 162 AO vorgesehenen Recht zur Schätzung der Besteuerungsgrundlagen Gebrauch macht, besteht das Interesse der Finanzbehörde an der Abgabe der Steuererklärung fort, weil sich die Möglichkeit einer zu niedrigen Schätzung nicht ausschließen läßt.

bb) Fälligkeitssteuer

bb1) Zeitpunkt der Vollendung

Bei den Fälligkeitssteuern entscheidet für die Vollendung der Verkürzung der Zeitpunkt, der vom Gesetz zur Entrichtung der Steuer vorgesehen ist. Wird die Frist nicht eingehalten und die Erklärung nicht abgegeben, so ist die Vollendung der Tat eingetreten. Gleichgültig ist, wann der geschuldete Betrag nebst Zuschlägen nachträglich entrichtet wird (vgl. RG, Urte. v. 22. 5. 1924 — II 183/24, RGSt Bd. 58 S. 188; v. 22. 4. 1926 — II 139/26, RGSt Bd. 60 S. 185; BayObLG, Urt. v. 27. 5. 1964 — RReg 4 St 39/64, EStZ, Coring/Vogel, § 402 AO a. F., Nr. 74 = ZfZ 1964 S. 382 = BB 1964 S. 950 = B 1964 S. 1840 = NJW 1964 S. 2172 = DStZ/B 1965 S. 74; auch Fischer, DStZ/A 1965 S. 375; Henke, DStZ/A 1966 S. 88; Reinisch, DStZ/A 1966 S. 72). S. dazu auch (1) bb) bb1).

bb2) Nichtabgabe einer (Vor-)Anmeldung

bb21) Umsatzsteuer-Voranmeldung, Schätzung

Gibt der Steuerpflichtige pflichtwidrig überhaupt keine Umsatzsteuer-Voranmeldung ab und zahlt er auch nichts, so ist die Verkürzung bereits zum gesetzlichen Fälligkeitszeitpunkt vollendet eingetreten (BGH, Urte. v. 24. 9. 1953 — 4 StR 249/53, StRK, § 396 AO a. F., R. 13 = BB 1953 S. 76 = NJW 1953 S. 1841 = ZfZ 1954 S. 21 = JZ 1954 S. 432; v. 20. 12. 1954 — 3 StR 833/53, BStBl. 1955 I S. 365 = EStZ, Coring/Vogel, § 402 AO a. F., Nr. 47; v. 1. 3. 1956 — 3 StR 462/55, BStBl. 1956 I S. 441 = StRK, § 396 AO a. F., R. 27 = ZfZ 1956 S. 20 = JR 1956 S. 383 = BB 1957 S. 317; v. 18. 11. 1957 — 5 StR 180/57, EStZ, Coring/Vogel, § 402 AO a. F., Nr. 67 = ZfZ 1958 S. 145 = GA 1959 S. 50; OLG Braunschweig, Urt. v. 12. 10. 1951 — Ss 64/51, DStZ/B 1952 S. 83; OLG Frankfurt, Urt. v. 12. 10. 1955 — 1 Ss 1297/54, DStZ/B 1956 S. 150; OLG Hamm, Urt. v. 28. 2. 1964 — 1 Ss 156763, EStZ, Coring/Vogel, § 402 AO a. F., Nr. 73 = B 1964 S. 872 = NWB, 1966, F. 13 S. 300; OLG Hamburg, Urt. v. 27. 1. 1970 — 2 Ss 191/70, NJW 1970 S. 1385; auch Depiereux, DStR 1970 S. 151; Franzen, DStR 1965 S. 191; Suhr, NWB, 1970 F. 13 S. 427).

Eine vom Finanzamt wegen Nichtabgabe einer Umsatzsteuer-Voranmeldung durchgeführte Schätzung der Besteuerungsgrundlagen (vgl. § 162 AO) beseitigt nicht den Tatbestand der Steuerverkürzung, auch nicht eine nachträgliche Fristverlängerung. Die Verkürzung ist mit Ablauf des zehnten Tages nach dem Anmeldungszeitraum begangen (RG, Urt. v. 22. 4. 1926 — II 139/26, RGSt Bd. 60 S. 182; BayObLG, Urt. v. 30. 1. 1959 — RReg 4 St 196/57, DStZ/B 1961 S. 124; Suhr, S. 89).

bb22) Lohnsteuer-Anmeldung

Die Lohnsteuerhinterziehung ist vollendet, wenn die Verkürzung eingetreten ist. Das ist der Zeitpunkt, in dem trotz Fristablaufs keine Steuer-Anmeldung abgegeben und keine Lohnsteuer abgeführt wird (BayObLG, Urt. v. 18. 6. 1964 — RReg 4 St 97/64, ZfZ 1964 S. 382 = B 1964 S. 1142 = NJW 1964 S. 2171; auch Lohmeyer, FR 1965 S. 329).

S. auch zu (1) aa) aa2).

cc) Vorteilserschleichung

Die Vollendung bei Erschleichen eines ungerechtfertigten Steuervorteils ist erfolgt, wenn dieser wirksam belassen worden ist (RG, Urt. v. 8. 10. 1925 — II 214/25, RGSt Bd. 59 S. 401; BGH, Urt. v. 3. 6. 1954 — 3 StR 302/53, BGHSt Bd. 7 S. 336 = StRK, § 396 AO a. F., R. 21 = BStBl. 1955 I S. 359 = EStZ, Coring/Vogel, § 410 AO a. F., Nr. 35 = Slg. Henneberg, Teil A, Stichwort: „Selbstanzeige, Nachzahlung", S. 3 = StWa 1955 S. 171 = ZfZ 1955 S. 275 = DStR 1955 S. 444 = BB 1955 S. 823 = B 1955 S. 888). S. auch zu (1) cc); c) (1) cc) u. VI 1 g).

c) Versuch

(1) Tätigkeitsdelikte

aa) Veranlagungssteuer

aa1) Abgabe einer unrichtigen Steuererklärung, keine Bekanntgabe

In der Zeit zwischen Abgabe der unrichtigen Steuererklärung und der Bekanntgabe des Bescheides liegt der Versuch der Steuerhinterziehung (§ 370 Abs. 2 AO). Die Ausführung der Tat beginnt mit der Abgabe der unrichtigen Erklärung. Der Versuch ist mit Einreichung der unrichtigen Steuererklärung beim Finanzamt vollendet (sog. beendeter Versuch, s. auch zu X 1 b) (2) bb)); vgl. dazu RG, Urt. v. 8. 10. 1925 — II 214/25, RGSt Bd. 59 S. 401; BGH, Urt. v. 3. 6. 1954 — 3 StR 302/52, BGHSt Bd. 7 S. 336 = StRK, § 396 AO a. F., R. 21 = BStBl. 1955 I S. 359 — EStZ, Coring/Vogel, § 410 AO a. F., Nr. 35 = Slg. Henneberg, Teil A, Stichwort: „Selbstanzeige, Nachzahlung", S. 3 =

StWa 1955 S. 171 = ZfZ 1955 S. 275 = DStR 1955 S. 444 = BB 1955 S. 823 = B 1955 S. 888; BayObLG, Urt. v. 4. 12. 1958 — RReg 4 St 363/58, DStZ/B 1961 S. 122; auch Ehlers/Lohmeyer, S. 11, 31; Leise WK, § 393 AO a. F., Anm. 2 C II; Suhr, NWB, 1959, F. 13 S. 172; 1970, S. 13 S. 428).

aa2) Zweifel an Richtigkeit

aa21) Bekanntgabe des Bescheids

Es gibt Fälle, in denen der Versuch der Steuerhinterziehung (§ 370 Abs. 2 AO) begangen ist, obwohl die Steuer festgesetzt und bekanntgegeben worden ist.

Beispiel:

Beim Sachbearbeiter des Finanzamts erschien im Mai 1977 die Angestellte eines Steuerberaters, um die Steuererklärung für den Steuerpflichtigen X für 1976 abzugeben. Sie bemerkte dazu, die Steuererklärung stimme nicht, in der Bilanz seien die Verbindlichkeiten zu hoch ausgewiesen. Sie sage dies aus eigenem Entschluß, um sich nicht etwa mitschuldig zu machen, da sie an der Bilanz mitgearbeitet habe.

Der Sachbearbeiter trug dies seinem Sachgebietsleiter vor. Dieser wies ihn an, die Steuer nach Erklärung festzusetzen. Dazu erwähnte er, daß der Steuerpflichtige demnächst durch die Außenprüfung zu prüfen sei.

Die Prüfung fand statt. Sie stellte fest, daß der Bilanzposten „Verbindlichkeiten" um 20 000 DM zu hoch sei, da er Kaufpreisschulden in dieser Höhe, die aber erst im Jahre 1977 entstanden seien, enthalte. Die Veranlagung 1976 wurde aus diesem Grunde und wegen anderer neuer Tatsachen berichtigt und gegen den Steuerberater das Strafverfahren wegen Steuerhinterziehung eingeleitet.

Der Steuerberater verteidigte sich u. a. damit, er habe aus Billigkeitsgründen die in 1977 entstandenen Kaufpreisschulden in die Bilanz für 1976 genommen, um Einnahmen von 30 000 DM auszugleichen.

Es liegt nur eine versuchte Steuerhinterziehung vor. Denn das Finanzamt ist nicht getäuscht worden, da die Angestellte entsprechende Mitteilung gemacht hat. Dadurch hat das Verhalten des Steuerberaters nicht mehr zu einer endgültigen Falschveranlagung und damit zu einer vollendeten Steuerverkürzung führen können. Der beabsichtigte Erfolg ist nicht eingetreten.

aa22) Vorläufiger Steuerbescheid
S. zu b) (1) aa) aa2)

bb) Fälligkeitssteuer
Abgabe einer unrichtigen (Vor-)Anmeldung

In der Regel treffen bei den Fälligkeitssteuern Versuch und Vollendung der Tat zusammen. S. zu b) (1) bb).

S. auch zu VI 1 f.).

cc) Vorteilserschleichung
Abgabe eines unrichtigen Antrags

Der Versuch ist gegeben, sobald der unrichtige oder unvollständige Antrag auf Stundung (§ 222 AO) oder Erlaß (§ 227 AO) beim Finanzamt eingegangen ist.

S. auch zu b) (1) cc), (2) cc) u. VI 1 g).

(2) Unterlassungsdelikte

aa) Veranlagungssteuer
Nichtabgabe einer Steuererklärung, Schätzung

Wird bei Veranlagungssteuern die Abgabe der Steuererklärung unterlassen, ist mit der Überschreitung des gesetzlichen Abgabetermins objektiv der Versuch der Steuerhinterziehung (§ 370 Abs. 2 AO) eingetreten. Denn die pflichtwidrige Unterlassung der Abgabe der Erklärung ist geeignet, den Erfolg, das Finanzamt über das Bestehen und die Höhe des Steueranspruchs zu täuschen, herbeizuführen.

Wird vor Abschluß der Veranlagungsarbeiten die Steuer auf Grund einer Schätzung höher festgestellt als tatsächlich geschuldet, liegt keine Vollendung, sondern Versuch der Steuerverkürzung vor; denn der erstrebte Erfolg ist durch die Veranlagung vereitelt worden. S. zu b) (2) aa) aa2).

bb) Fälligkeitssteuer
S. zu b) (2) bb).

Zur Abgrenzung des Versuchs zur Vorbereitungshandlung, Vollendung und auch Beendigung der Tat, s. Pfaff, § 393 AO a. F., Tze. 33 ff., 63 ff., 88 ff.

d) Teilnahme an der Steuerhinterziehung

§ 371 AO enthält keine Einschränkungen in der Richtung, daß die Vorschrift nur zu einer Straffreiheit des Haupttäters führen könne; sie kommt vielmehr, wenn die Voraussetzungen vorliegen, jedem Täter (Mittäter, § 25 Abs. 2 StGB) oder Teilnehmer (Anstifter, § 26 StGB; Gehilfen, § 27 StGB) zugute. S. weiteres zu IV 1 b)—d).

2. Nicht selbstanzeigefähige Steuer-(Zoll-)Straftaten

Der Katalog der zu 1 aufgeführten selbstanzeigefähigen Steuerstraftaten ist abschließend. § 371 AO ist auf andere Steuerstraf-(Zollstraf-)Taten auch nicht entsprechend anwendbar (Kohlmann, § 395 AO a. F., Rdnr. 32; Suhr/Naumann, S. 251). Unberührt bleibt aber der Aufhebungsgrund des § 24 StGB bei Rücktritt vom Versuch.

Die Anwendung des § 371 AO ist nicht möglich bei:

a) Begünstigung nach § 257 StGB iVm § 369 Abs. 1 Nr. 4 AO
Dazu Pfaff, § 395 AO a. F., Tz. 19; § 391 AO a. F., Einleger Anm. b) (6).

b) Bannbruch (§ 372 AO)
Vor dem 2. AOStrafÄndG v. 12. 8. 1968 (BGBl. I S. 953) war in der Selbstanzeige-Vorschrift des § 410 AO (i. d. F. d. Ges. v. 7. 12. 1951, BGBl. I S. 941) eine Verweisung auf § 401 a AO a. F. (Bannbruch) enthalten. § 371 AO enthält eine derartige Verweisung nicht (Kühn, § 396 a. F., Anm. 2; Pfaff, § 396 AO a. F., Tz. 37; Suhr, NWB, 1968 F. 13 S. 354).

c) Gewerbsmäßiger, gewaltsamer und bandenmäßiger Schmuggel (§ 373 AO)
Dieser Tatbestand ist schon wegen der Schwere der Taten von der Vergünstigung des § 371 AO bewußt ausgeschlossen worden (so Mießner, DStZ/B 1951 S. 545). Außerdem fehlt es auch an einer Verweisung (Franzen/Gast, § 395 AO a. F., Tz. 21; a. M. Troeger/Meyer, S. 254).

d) Steuerhehlerei (§ 374 AO)
Bei der Steuerhehlerei ist ein Berichtigen, Ergänzen oder Nachholen unrichtiger, unvollständiger oder nicht abgegebener An-

gaben, was § 371 AO erfordert, gar nicht möglich (vgl. RG, Urt. v. 26. 5. 1921 — III 49/21, RGSt Bd. 56 S. 6, 11; dazu Hartung, § 403 AO a. F., Anm. IV; H-H-Sp, § 395 a. F., Sp. 36; Leise, WK, § 398 AO a. F., Anm. 7; Lohmeyer, GA 1969 S. 262).
S. zu VII 1 c) (2) cc) cc1).

e) Allgemeinstraftaten mit Steuerstraftat
Die Selbstanzeige ist nicht möglich bei Allgemeinstraftaten, die mit einer Steuerstraftat zusammenhängen, z. B. Fälschung von Belegen (BGH, Urt. v. 11. 11. 1958 — 1 StR 370/57, BGHSt Bd. 12 S. 100 = StRK, § 410 AO a. F., R. 5 = BStBl. 1959 I S. 18 = DStZ/B 1959 S. 38 = ZfZ 1959 S. 78 = BB 1959 S. 104 = MDR 1959 S. 141 = NJW 1959 S. 205 = FR 1959 S. 479). Dazu auch VI 1 g).
Bei leichtfertiger Steuerverkürzung, s. Teil 2 zu B VIII 3 b).

IV. Person des Anzeigeerstatters

Nach § 371 AO bleibt straffrei, wer in den Fällen des § 370 AO (Steuerhinterziehung) unrichtige oder unvollständige Angaben bei der Finanzbehörde berichtigt oder ergänzt oder unterlassene Angaben nachholt. § 371 AO verwendet den Begriff „Täter", ohne ihn näher zu umreißen. Wie im Strafgesetzbuch fallen hierunter der eigentliche Täter i. e. S. und der Teilnehmer (Täter i. w. S.); so auch Leise, WK, § 395 AO a. F., Anm. 1 A. S. zu 1.

Der Täter kann sich bei der Abgabe der Selbstanzeige auch durch einen Dritten, so einen Bevollmächtigten, vertreten lassen. S. zu 2a).

1. Erstattung in eigener Person

Die Selbstanzeige ist ein persönlicher Strafaufhebungsgrund. Die Straffreiheit kommt nur demjenigen zugute, der die Selbstanzeige erstattet. Das gilt auch für die übrigen Täter und Teilnehmer. Haben sonach mehrere an derselben Tat mitgewirkt, so kann jeder Mittäter, Anstifter und Gehilfe Straffreiheit erlangen, wenn er selbst die unrichtigen oder unvollständigen Angaben berichtigt oder ergänzt oder unterlassene Angaben nachholt (s. auch zu III 1 d)).

Das Gesetz sagt, wer (Allein-)Täter, Mittäter und Teilnehmer (Anstifter, Gehilfe) ist.

a) (Allein-)Täter

(1) Unmittelbarer Täter

Als Täter wird bestraft, wer die Straftat selbst begeht (§ 25 Abs. 1 StGB). Der unmittelbare Täter verwirklicht den gesamten Tatbestand durch unmittelbare Betätigung.

(2) Mittelbarer Täter

Als Täter wird bestraft, wer die Straftat durch einen anderen begeht (§ 25 Abs. 1 StGB). Der mittelbare Täter begeht die Tat durch eine als Werkzeug dienende Mittelsperson.

(3) Nebentäter

S. zu c).

b) Mittäter

Begehen mehrere die Straftat gemeinschaftlich, so wird jeder als Täter bestraft (Mittäter), § 25 Abs. 2 StGB.

Mittäterschaft ist die vorsätzlich gemeinschaftliche Ausführung einer strafbaren Handlung (RG, Urt. v. 23. 1. 1924 — I 54/24, RGSt Bd. 58 S. 279). Täter ist jeder Mittäter zugleich, indem er gemeinsam mit dem Mittäter handeln oder einen Teil der Handlung durch ihn ausführen läßt, und zwar auf Grund eines gemeinschaftlichen Entschlusses.

c) Nebentäter (Mehrtäter)

Selbstanzeige kann der Nebentäter (Mehrtäter) erstatten, der unabhängig von einem anderen Täter neben diesem die Tatbestandsmerkmale der Straftat erfüllt.

Nebentäterschaft liegt vor, falls mehrere Personen, ohne in bewußtem und gewolltem Zusammenhang zu handeln, durch die Gesamtheit ihrer Handlungen eine Tat vollenden (BGH, Urt. v. 2. 3. 1956 — 1 StR 10/55, MDR 1957 S. 926). So wenn sie einem anderen, ohne gemeinschaftlich zu handeln, gleichzeitig eine unmittelbar tödliche Verletzung beibringen. Hier hat jeder selbständig den Mord begangen, nicht sämtliche in Mittäterschaft (RG, Urte. v. 20. 1. 1888 — Rep 2860/88, RGSt Bd. 19 S. 145; v. 11. 8. 1920 — III 1020/20, RGSt Bd. 55 S. 79).

d) Teilnehmer

(1) Anstifter

Als Anstifter wird gleich einem Täter bestraft, wer vorsätzlich einen anderen zu dessen vorsätzlich begangener rechtswidriger Tat bestimmt hat (§ 26 StGB).

Anstifter ist, wer, ohne mittelbarer Täter zu sein, zur Tat dadurch drängt, daß er den fremden Tatentschluß vorsätzlich herbeiführt (RG, Urt. v. 23. 12. 1929 — III 778/29, RGSt Bd. 63 S. 275; BGH, Urt. v. 6. 7. 1956 — 2 StR 87/55, BGHSt Bd. 9 S. 370).

(2) Gehilfe

Als Gehilfe wird bestraft, wer vorsätzlich einem anderen zu dessen vorsätzlich begangener rechtswidriger Tat Hilfe geleistet hat (§ 27 StGB).

Gehilfe ist, wer den fremden, vorsätzlichen Tatentschluß vorsätzlich unterstützt (RG, Urt. v. 15. 4. 1929 — III 147/29, RGSt Bd. 63 S. 133).

Bei leichtfertiger Steuerverkürzung, s. Teil 2 zu B III 1.

2. Erstattung durch Dritte, Bevollmächtigter

a) Mit Auftrag

(1) Mit Erkennbarkeit

Es ist anerkannt, daß die Selbstanzeige nicht persönlich erstattet sein muß. Jeder Täter oder Teilnehmer kann einen anderen damit beauftragen. Nur genügt es nicht, daß ein anderer, der früher, *vor* der Straftat, rechtsgeschäftlicher Vertreter des Steuerpflichtigen geworden ist, die Berichtigung vornimmt. Vielmehr bedarf es dazu eines Tätigwerdens, gerichtet auf Unschädlichmachung der unrichtigen Steuererklärung (RG, Urt. v. 11. 5. 1922 — III 142/22, RGSt Bd. 56

S. 385 = EStZ, Coring/Vogel, § 410 AO a. F., Nr. 2 = Slg. Henneberg, Teil A, Stichwort: „Selbstanzeige, Beauftragte“, S. 1; „Selbstanzeige, Berichtigungserklärung, Anforderungen“, S. 1; „Selbstanzeige, Motiv“, S. 1; BGH, Urte. v. 11. 5. 1952 — 5 StR 172/52, BB 1953 S. 78; v. 13. 11. 1952 — 3 StR 398/52, BGHSt Bd. 3 S. 373 = BStBl. 1953 I S. 107 = EStZ, Coring/Vogel, § 410 AO a. F., Nr. 27 = StRK, § 410 AO a. F., R. 1 = ZfZ 1953 S. 84 = DStZ/B 1953 S. 160 = BB 1953 S. 225 = DStR 1953 S. 292 = NJW 1953 S. 475 = B 1957 S. 139). Es ist nach Begehung der Straftat ein spezieller Auftrag zur Erstattung der Selbstanzeige erforderlich (so auch Leise, WT 1961 S. 231; Lohmeyer, DStR 1964 S. 446; StB 1970 S. 63; Wpr 1970 S. 308; ZfZ 1972 S. 173; Mattern, DStZ/A 1950 S. 137; DStZ/A 1953 S. 114).

Zu Bevollmächtigte und Beistände, s. § 80 AO.

(2) Ohne Erkennbarkeit, verdeckte Stellvertretung

Eine Selbstanzeige kann auch im Falle der verdeckten Stellvertretung wirksam abgegeben werden. Es ist kein Grund ersichtlich, warum der, der tatsächlich und seinem Willen gemäß bewirkt, daß die fehlerhafte Angabe bei der Finanzbehörde berichtigt oder ergänzt wird, der Straffreiheit nach § 371 AO nicht teilhaftig werden soll. Bewirkt der Täter, sei es persönlich, sei es durch einen anderen, daß die Finanzbehörde die hinterzogene Steuer ohne größere Nachforschung errechnen kann, so hat er alles im Sinne des Gesetzes getan. Es ist dabei unerheblich, ob seine Erklärung auch nach außen erkennbar als Erklärung des Täters abgegeben erscheint. Der Täter, der den wahren Sachverhalt mitteilt, hat die fehlerhafte Angabe berichtigt, ergänzt oder nachgeholt. Er hat demnach wirksam Selbstanzeige erstattet. Dies gilt auch dann, wenn er die Unterschrift unter dem den wahren Sachverhalt schildernden Schreiben vergessen hat oder wenn er mit einem falschen Namen unterschrieben haben sollte. Unschädlich ist es, wenn der Täter einen anderen veranlaßt, die fehlerhaften Angaben zu berichtigen, der Beauftragte aber nicht zu erkennen gibt, daß er im Namen des Täters handelt (BayObLG, Urt. v. 7. 10. 1953 — 1 St 41/53, EStZ, Coring/Vogel, § 410 AO a. F., Nr. 32 = StRK, § 410 AO a. F., R. 8 = Slg. Henneberg, Teil A, Stichwort: „Selbstanzeige, Beauftragte", S. 5 = BB 1954 S. 152 = NJW 1954 S. 244; auch Lohmeyer, Stbg 1972 S. 15 = StQ, AO, 1972, §§ 391—449 a. F., Nr. 456).

S. auch zu VI 1 a) (2) bb) bb2).

(3) Form

Der Auftrag an den Bevollmächtigten bedarf keiner Form. Mündliche Erteilung genügt.

b) Ohne Auftrag

(1) Täter

Eine Selbstanzeige, die der Dritte für den Täter ohne vorherigen besonderen Auftrag erstattet hat, ist wirkungslos, auch wenn der Täter der Selbstanzeige nachträglich zustimmt. Die Bestimmungen über die Geschäftsführung ohne Auftrag nach §§ 677 ff. BGB sind nicht anwendbar, weil eine Selbstanzeige angesichts ihrer Bedeutung für den Täter immer eine persönliche Leistung des Erstattenden darstellen muß (RG, Urt. v. 11. 5. 1922 — III 142/22, RGSt Bd. 56 S. 387 = EStZ, Coring/Vogel, § 410 AO a. F., Nr. 2 = Slg. Henneberg, Teil A, Stichwort: „Selbstanzeige, Beauftragte", S. 1; „Selbstanzeige, Berichtigungserklärung, Anforderungen", S. 1; BGH, Urt. v. 11. 9. 1952 — 5 StR 172/52, BB 1953 S. 78; auch Leise, WK, § 395 AO a. F., Anm. 1 D; Lohmeyer, Stbg 1972 S. 15 = StQ, AO, 1972, §§ 391 bis 449 a. F., Nr. 456; ZfZ 1972 S. 173; Suhr, NWB, 1959, F. 13 S. 205; Troeger/Mayer, S. 257).

Beispiel:

Der steuerliche Berater A erstattet für den gerade auf einer Geschäftsreise befindlichen B während dessen Abwesenheit ohne besonderen Auftrag und ohne dessen Kenntnis eine Selbstanzeige nach § 371 AO. Noch vor Rückkehr des B erscheint der Steuerprüfer zur Durchführung einer Prüfung. Die Selbstanzeige ist auch dann unwirksam, wenn B sie nach seiner Rückkehr genehmigt.

(2) Mittäter, Teilnehmer

Auch hier sind, wie zu (1) die §§ 677 ff. BGB (Geschäftsführung ohne Auftrag) nicht anwendbar. Selbstanzeige des Mittäters ist selbst bei Genehmigung durch den anderen Mittäter für diesen nicht rechtswirksam (BGH, Urt. v. 3. 6. 1954 — 3 StR 302/53, BGHSt Bd. 7 S. 336 = LM, § 402 AO a. F., Nr. 3 = EStZ, Coring/Vogel, § 410 AO a. F., Nr. 35 = StRK, § 396 AO a. F., R. 21 = Slg. Henneberg, Teil A, Stichwort: „Selbstanzeige, Nachzahlung", S. 3 = StWa 1955 S. 171 = ZfZ 1955 S. 275 = BStBl. 1955 I S. 359 = DStR 1955 S. 444 = BB 1955 S. 823 = B 1955 S. 888; a. M. Franzen/Gast, § 395 AO a. F., Tz. 60). Das gilt auch für den Teilnehmer.

Bei leichtfertiger Steuerverkürzung, s. Teil 2 zu B III 2.

c) *Prüfung zur Anzeige*

Der steuerliche Berater (so Steuerbevollmächtigter, Steuerberater) ist als Organ der steuerlichen Rechtsfindung Parteivertreter. Er hat der Finanzverwaltung gegenüber keine Pflichten zu erfüllen. Ihn treffen insbesondere nicht die Pflichten, die seinem Mandanten der Verwaltung gegenüber obliegen. Art und Umfang des ihm erteilten Auftrags ist der Vertragsgestaltung zwischen ihm und dem Mandanten überlassen. Danach bestimmt sich auch seine strafrechtliche Verantwortung. Einen allgemeinen Rechtssatz des Inhalts, daß dem steuerlichen Berater an sich dieselbe Pflicht obliege, wie dem Steuerpflichtigen selbst, kennt das Gesetz nicht (RG, Urt. v. 7. 7. 1924 — 3 D 319/24, JW 1924 S. 1879). Es ist aber zu empfehlen, *vor* Beginn einer Außenprüfung den Steuerpflichtigen zu einer „Gewissensprüfung" anzuregen und ihm für den Fall steuerstrafrechtlicher Unregelmäßigkeiten zur Erstattung einer Selbstanzeige zu raten (Maaßen, S. 113). Sofern nur leichtfertige Steuerverkürzung (§ 378 AO) in Frage steht, wird der Berater auch noch *während* der Prüfung auf die Abgabe einer Selbstanzeige hinzuwirken haben (s. zu VII 1 a (2) sowie Teil 2 zu B V 1 b) (1) bb)). Das Gleiche gilt, wenn ihm ein Sachverhalt bekannt wird, der eine Nachmeldung nach § 153 AO erforderlich macht. Weiteres zu VI 3 c); IX 2 sowie Teil 2 zu B VII.

Hat der steuerliche Berater durch eigenes Tun oder Unterlassen an der Steuerverfehlung mitgewirkt, ist er etwa Mittäter, so hat er für sich Selbstanzeige zu erstatten, um Straffreiheit zu erlangen. Die Anzeige auch für den Steuerpflichtigen zu erstatten, dazu ist er ohne Auftrag weder verpflichtet noch berechtigt. Die Tatsache, daß dem steuerlichen Berater die Steuerverfehlung nachträglich bekannt wird, macht ihn weder zum (Mit-)Täter noch zum Gehilfen, wenn sich der Steuerpflichtige weigert, Selbstanzeige zu erstatten. Die Frage der persönlichen Selbstanzeige des steuerlichen Beraters stellt sich infolgedessen im Normalfall nicht.

S. auch zu VI 1 b).

3. Personenkreis nach § 371 Abs. 4 AO

S. dazu IX.

Bei leichtfertiger Steuerverkürzung, s. Teil 2 zu B III 3.

V. Adressat der Selbstanzeige

Die Vorschrift des § 371 Abs. 1 AO schreibt vor, daß die Abgabe der strafbefreienden Erklärungen bei der Finanzbehörde zu erfolgen hat. Es kommt somit wesentlich auf die Zuständigkeit der Behörde an, um strafbefreiende Wirkung zu erreichen.

1. Zuständigkeit

a) Finanzbehörde

Die Selbstanzeige ist nur wirksam, wenn sie bei der Finanzbehörde erfolgt. Bei einer Zollstraftat ist die Zuständigkeit des Hauptzollamts gegeben.

Die Frage, bei welcher Stelle des Finanzamts bzw. bei welcher Behörde die Selbstanzeige zu erstatten ist bzw. erstattet werden kann, ist in Rechtsprechung und Lehre umstritten. Die eine Auffassung besagt, daß die wirksame Erstattung von Selbstanzeigen nur bei den „zuständigen Steuerdienststellen", d. h. bei den Stellen zuzulassen sind, bei denen die Angaben zu machen gewesen wären, wenn der Täter steuerehrlich gehandelt hätte (so OLG Bremen, Urt. v. 31. 1. 1951 — Ss 100/50, EStZ, Coring/Vogel, § 410 AO a. F., Nr. 19 = DStZ/B 1951 S. 213 = BB 1951 S. 298; OLG Frankfurt, Urt. v.

17. 11. 1960 — 1 Ss 724/60, ZfZ 1961 S. 88 = BB 1961 S. 628; Hartung, §§ 410, 411 AO a. F., Anm. III 3; Kühn, § 395 AO a. F., Anm. 4). Hübschmann/Hepp/Spitaler, § 395 a. F., Sp. 9 stellen es auf die zuständige Stelle des Finanzamts ab. Franzen/Gast, § 395 AO a. F., Tz. 61 ff. plädieren dafür, daß der Eingang der Selbstanzeige „bei jeder Behörde, die Steuern verwaltet", zur Sicherstellung der Rechtzeitigkeit ausreiche; die Unübersichtlichkeit der Behördengliederung könne dem berichtigungswilligen Steuerpflichtigen nicht nachteilig sein. Die Behörde sei gehalten, die Selbstanzeige an die zuständige Stelle weiterzuleiten (so auch Berger, BB 1952 S. 105; Ehlers/Lohmeyer, S. 45; Suhr/Naumann, S. 254). Es soll sogar genügen, wenn die Selbstanzeige einem Gericht oder der Staatsanwaltschaft gegenüber abgegeben wird, da diese durch ihre Mitwirkung ebenfalls berufen seien, den Eingang der Steuern sicherzustellen (so FG Düsseldorf, Urt. v. 30. 8. 1957 — IV 35/57 A, rkr., DStZ/B 1957 S. 518). Selbstanzeige sollen weiter bei den Betriebsprüfungs- (jetzt Außenprüfungs-)Stellen sowie den Steuerfahndungs-(Zollfahndungs-)Stellen angebracht werden können (so OLG Celle, Urt. v. 18. 5. 1957 — 1 Ss 125/56, DStZ/B 1957 S. 517; auch Terstegen, S. 121). Zur Steuerfahndung (Zollfahndung), vgl. § 208 AO.

Mit Hübschmann/Hepp/Spitaler, § 395 a. F., Sp. 9 ist zutreffend die Selbstanzeige-Handlung bei dem sachlich und örtlich zuständigen Finanzamt, so an Amtsstelle oder bei dem mit der Sache befaßten Beamten, abzugeben. Werden die Angaben des Steuerpflichtigen am gleichen Ort des Finanzamtes anderen Behörden mit den gleichen oder gleichartigen Staatsaufgaben (anderes Finanzamt, Stadtsteueramt, Gericht, Staatsanwaltschaft, Polizei) übergeben und leitet diese Stelle die Anzeige an das für die steuerliche Auswirkung zuständige Finanzamt weiter, so kommt es für die Wirksamkeit der Selbstanzeige auf den Eingang bei dem zuständigen Finanzamt an (so auch Leise, WK, § 395 AO a. F., Anm. 6). S. auch zu VI 3 b) (4) aa) aa2).

Beispiel:

A hat infolge der Abgabe einer falschen Erklärung Grunderwerbsteuer hinterzogen. Er erstattet Selbstanzeige beim Finanzamt Berlin-Tiergarten. In Wirklichkeit ist die Verwaltung und Erhebung der Grunderwerbsteuer für sämtliche Finanzamts-Bezirke des Stadtbereiches Berlin dem Hauptfinanzamt für Erbschafts- und Verkehrssteuern übertragen worden. Geht die weitergeleitete Selbstanzeige beim Hauptfinanzamt für Erbschafts- und Verkehrssteuern ein, so gilt die Selbstanzeige als wirksam bei der Finanzbehörde eingegangen.

Bei Mitteilungen an die Außenprüfer (Betriebsprüfer), Steuer- und Zollfahnder, s. zu 2.

Zur Finanzbehörde i. S. der AO 1977 s. auch zu VII 1 b) (2) sowie Finanzbehörde für die Verfolgung von Steuerzuwiderhandlungen, s. zu VII 2 c).

b) Zugang, Beweislast

Bei der Finanzbehörde ist die Selbstanzeige erst wirksam erfolgt, wenn sie bei ihr eingegangen ist. Die bloße Absendung des Schreibens genügt nicht. Mit Bezug auf den rechtsähnlichen Fall des § 158 StGB, betreffend Berichtigung einer falschen Angabe, hat bereits das Reichsgericht in dem Urteil Rep III 158/95 vom 5. 4. 1895, RGSt Bd. 27 S. 148 ausgesprochen, zur Erreichung des Zwecks des Gesetzes, den Täter durch Zusicherung der Straflosigkeit zu einem Rechtsnachteile abwendenden Widerruf zu bewegen, sei es von entscheidender Bedeutung, daß der Widerruf zur Kenntnis derjenigen amtlichen Stelle gebracht werde, bei der die falsche Aussage, wenn sie nicht widerrufen wäre, ihre rechtliche Wirksamkeit äußern würde. Erforderlich ist daher, daß der Widerruf der gedachten Stelle *zugeht*, vgl. § 130 Abs. 3 BGB (vgl. RG, Urt. v. 15. 11. 1926 — II 826/26, RGSt Bd. 61 S. 10 = EStZ, Coring/Vogel, § 410 AO a. F., Nr. 4 = Slg. Henneberg, Teil A, Stichwort: „Selbstanzeige, Materiallieferung“, S. 1; BayObLG, Urt. v. 7. 10. 1953 — 1 St 41/53, EStZ, Coring/Vogel, § 410 AO a. F., Nr. 32 = Slg. Henneberg, Teil A, Stichwort: „Selbstanzeige, Beauftragte“, S. 5 = StRK, § 410 AO a. F., R. 8 = BB 1954 S. 152 = NJW 1954 S. 244; OLG Frankfurt, Urt. v. 17. 11. 1960 — 1 Ss 724/60, EStZ, Coring/Vogel, § 411 AO a. F., Nr. 4 = Slg. Henneberg, Teil A, Stichwort: „Selbstanzeige, Materiallieferung“, S. 9 = StQ, AO, 1965, §§ 391—477 a. F., Nr. 28 = ZfZ 1961 S. 88 = BB 1961 S. 628; RFH, Urt. v. 27. 6. 1928 — VI A 580/28, RFH Bd. 24 S. 33; auch Kohlmann, § 395 AO a. F., Rdnr. 80; List, S. 30; Troeger, S. 190).

Die Beweislast für den Eingang der Anzeige trägt der Anzeigende (Bauerle, S. 121; Pfaff, DStR 1970 S. 554). Ist die Selbstanzeige nicht (rechtzeitig) eingegangen, so ist die Straffreiheit ohne Rücksicht darauf verwirkt, wer die Fehlerhaftigkeit der Anzeige verschuldet hat (BayObLG, Urt. v. 7. 10. 1953 — 1 St 41/53, s. ebenda).

c) Amtlicher Verkehr

Zu der Frage, ob es für die Rechtswirksamkeit einer Selbstanzeige genügt, wenn diese in Form einer „privaten Mitteilung" dem zuständigen Sachbearbeiter oder Sachgebietsleiter des Finanzamts erstattet wird, hat das Reichsgericht im Urteil III 1178/23 vom 4. 2. 1924, RGSt Bd. Bd. 58 S. 83 ausführlich Stellung genommen. In diesem dem Urteil zugrundeliegenden Fall hat der Steuerpflichtige seinen Bruder beauftragt, bei der Finanzbehörde eine Selbstanzeige zu erstatten. Dieser hatte einen Regierungsrat auf der Straße um eine private Besprechung ersucht, die von dem Beamten nur unter dieser Voraussetzung gewährt wurde. Der Bruder des Steuerpflichtigen hat damit einen unrichtigen Weg eingeschlagen, so daß es zu einer berichtigenden Erklärung bei der Finanzbehörde nicht gekommen ist. Nach der Feststellung des Reichsgerichts treffen die Folgen einer solchen Handlungsweise den Steuerpflichtigen, dem eine Straffreiheit nicht gewährt werden kann. Einer Selbstanzeige, die nicht zur amtlichen Kenntnis bestimmt ist, kann eine Beachtlichkeit im Sinne des Gesetzes nicht zuerkannt werden (auch Suhr, NWB, 1969 F. 13 S. 370). S. auch zu VI 1 d).

d) Form

Eine besondere Form schreibt das Gesetz für die Selbstanzeigeerklärung nicht vor. Sie kann mündlich (OLG Hamm, Urt. v. 24. 5. 1961 — 3 Ss 354/61, B 1961 S. 968), schriftlich oder zu Protokoll bei der zuständigen Finanzbehörde abgegeben werden. Die Schriftform empfiehlt sich zur Vermeidung von Zweifeln.

Die schriftliche Erklärung braucht nicht unterschrieben zu sein. Nach Meinung des BayObLG, Urt. v. 7. 10. 1953 — 1 St 41/53, EStZ, Coring/Vogel, § 410 AO a. F., Nr. 32 = Slg. Henneberg, Teil A, Stichwort: „Selbstanzeige, Beauftragte", S. 5 = StRK, § 410 AO a. F.,

R. 8 = BB 1954 S. 152 = NJW 1954 S. 244 ist es auch unschädlich, wenn die Selbstanzeige „aus unerfindlichen Gründen“ mit falschem Namen unterzeichnet worden ist. Dazu auch zu IV 2 a) (2).

Weiteres zu VI 1 c) (2).

2. Unzuständigkeit

Finanzamt an einem anderen Orte, Außenprüfer

Wird die Selbstanzeige bei dem Finanzamt eines anderen Ortes abgegeben, so fehlt es an einem Eingang bei der zuständigen Finanzbehörde. Anders, wenn die Anzeige rechtzeitig dort eingeht (H-H-Sp, § 395 a. F., Spe. 10, 11). Auch zu 1 a).

Beispiel:

A gibt die Selbstanzeige beim Finanzamt Kronach ab. Zuständig wäre das Finanzamt Lichtenfels. Geht die weitergeleitete Selbstanzeige beim Finanzamt Lichtenfels ein, so ist die Selbstanzeige wirksam eingegangen.

Das OLG Frankfurt, Urt. v. 16. 12. 1953 — 2 Ss 755/53, EStZ, Coring/Vogel, § 410 AO a. F., Nr. 33 = Slg. Henneberg, Teil A, Stichwort: „Selbstanzeige, Adressat“, S. 3; „Selbstanzeige, Materiallieferung“, S. 7 meint, der Steuerpflichtige könne sich des Betriebsprüfers (jetzt Außenprüfers) lediglich als Bote bedienen (so auch LG Wuppertal, Urt. v. 6. 10. 1952 — 2 Ms (Ns) 46/51, 183 VI, BB 1953 S. 136). Der Prüfer kann Maßnahmen treffen, die die Einleitung des Steuerstrafverfahrens bedeuten. Über die Wirksamkeit der Selbstanzeige entscheidet erst die zuständige Stelle des Finanzamts. S. auch Teil 2 zu B V 1 b) (1) aa) aa1).

Zur Außenprüfung (Betriebsprüfung) vgl. §§ 193 ff. AO; Einleitung des Strafverfahrens (§ 397 AO), s. zu VII 2 c) (2) aa).

VI. Die einzelnen Selbstanzeigehandlungen (Abs. 1)

Nach Absatz 1 des § 371 AO wird straffrei, wer in den Fällen des § 370 AO unrichtige oder unvollständige Angaben bei der Finanzbehörde berichtigt oder ergänzt oder unterlassene Angaben nachholt.

Zu den Fällen der Steuerhinterziehung des § 370 AO, s. zu III 1 und zur Finanzbehörde, s. zu V 1 a).

Es gibt drei Selbstanzeigehandlungen, und zwar die

1. (Teil-)Berichtigung

a) Berichtigung

(1) Voraussetzungen der Berichtigung durch den Steuerpflichtigen

Begriff,
Grundsatz der Richtigkeit und Vollständigkeit,
Einschränkungen

Nach § 371 Abs. 1 AO bleibt derjenige, der im Falle des § 370 AO unrichtige oder unvollständige Angaben bei der Finanzbehörde berichtigt oder ergänzt oder unterlassene Angaben nachholt, insoweit straffrei. „Berichtigen“ heißt: unrichtige Angaben durch richtige ersetzen. Zu den Begriffen „Ergänzung, s. zu 2 a) und „Nachholung“, s. zu 3 a).

aa) Eigene Tätigkeit, Materiallieferung

Gerichtsentscheidungen

1. Die angeklagten Eheleute hatten für die Jahre 1927 bis 1931, um Vermögen- und Einkommensteuer hinterziehen zu können, in ihren Steuererklärungen ihr Kapitalvermögen und das Zinsaufkommen davon verschwiegen. Mit Schreiben vom 15. 10. 1931 hatten sie dem Finanzamt einen Teil ihres Vermögens offenbart, den Rest aber weiter vorsätzlich verschwiegen. Angegeben war u. a. ein Guthaben bei der Spar- und Darlehenskasse St. von 11 300,— RM, nach Abzug der laufenden Schulden und ein weiteres Guthaben bei derselben Kasse von 6000,— RM. Die Angeklagten sind wegen fortgesetzter Vermögensteuerhinterziehung und wegen fortgesetzter Einkommensteuerhinterziehung verurteilt worden. Ihre Revisionen wandten sich dagegen, daß das Landgericht (LG) ihrem Schreiben vom 15. 10. 1931, mit dem sie einen Teil ihres verheimlichten Kapitalvermögens offengelegt haben, jede strafbefreiende Wirkung versagt habe.

Den Angeklagten kommt die Schutzbestimmung des § 410 RAO (jetzt § 371 AO) zugute. Das angegriffene Urteil läßt jede Erörterung darüber vermissen, welche Rechtsfolgen es nach § 410 RAO der Anzeige vom 15. 10. 1931 beimißt. Die zahlenmäßige Berechnung der Höhe der hinterzogenen Vermögensteuern scheint dafür zu sprechen, daß für das Jahr 1931 der nachträglich offengelegte Teil des Vermögens als nicht verheimlicht behandelt worden ist. Für die vorhergehenden Jahre ist das jedoch offenbar nicht geschehen. Das LG hätte aber prüfen müssen, ob der Anzeige auch für diese Zeit eine strafbefreiende Wirkung zukam. Den Voraussetzungen des § 410 RAO ist allerdings nicht schon dann genügt, wenn lediglich die Unrichtigkeit oder Unvollständigkeit früherer Steuererklärungen angezeigt wird. Die Entscheidung RGSt Bd. 59 S. 115, 117 hat ausgesprochen, auf Grund der neuen Angaben müsse die Steuerbehörde in der Lage sein, die Steuer richtig zu veranlagen oder die frühere Veranlagung zu berichtigen; es genüge nicht, daß der Behörde bloß die Möglichkeit verschafft werde, durch eigene Tätigkeit den wahren Sachverhalt aufzudecken. Das ist jedoch nicht dahin zu verstehen, daß die Anzeige sämtliche zahlenmäßigen Unterlagen derart erschöpfend enthalten müßte, daß das Finanzamt die Nach- oder Neuveranlagung auf der Stelle durchführen kann. Der Zweck des Gesetzes ist, dadurch, daß dem reuigen Steuerpflichtigen gegenüber Nachsicht geübt wird, dem Staat bisher verheimlichte Steuerquellen zu erschließen. Dieses Ziel des Gesetzes ist erreicht, sobald die verschwiegenen Vermögensstücke dem Finanzamt derart genau bezeichnet worden sind, daß ihm der Zugriff auf sie möglich ist, ohne daß es bei ihrer Erfassung auf den weiteren guten Willen des Steuerpflichtigen angewiesen ist oder daß es selbst über das Vorhandensein der Vermögensstücke noch langwierige Nachforschungen anstellen muß. Dagegen verliert der Steuerpflichtige die Wohltat des Gesetzes nicht schon dadurch, daß die zahlenmäßige Berechnung der Steuerschuld noch eine gewisse eigene Aufklärung durch das Finanzamt erfordert, so durch Anfragen an Stellen, die ihm gegenüber zur Auskunft verpflichtet oder zweifellos bereit sind. Etwas Gegenteiliges will nach Ansicht des Senats auch die oben genannte Entscheidung nicht sagen; anderenfalls würde er ihr nicht folgen können.

Die Anwendung dieser Grundsätze auf den vorliegenden Fall ergibt folgendes:

Die Anzeige enthält Bankkonten, deren Bewegungen auch für die vorhergehenden Jahre anscheinend jederzeit mit Leichtigkeit hätten festgestellt werden können. Das LG hätte daher prüfen müssen, ob in ihrer Angabe erkennbar auch die Offenlegung von Kapitalvermögen für die vorhergegangenen Jahre lag. Auf den Zweck, den der Steuerpflichtige mit der Anzeige verfolgt, kommt es nicht entscheidend an, sondern allein auf die Tatsache der Offenlegung.

In der neuen Verhandlung wird auch dazu Stellung zu nehmen sein, ob die Angeklagten mit dem Kapitalposten von nach Abzug der laufenden Schulden ... 11 300,— RM nicht lediglich diesen Überschuß, sondern erkennbar das ganze Guthaben offengelegt haben.

Die erörterten Anstände nötigen dazu, auch die Verurteilung wegen Hinterziehung von Einkommensteuern aufzuheben. Auch hier wird das LG zu prüfen haben, ob mit der nachträglichen Angabe von ersichtlich zinsbringend angelegten Vermögen erkennbar zugleich auch das Zinsaufkommen daraus offengelegt worden ist (RG, Urt. v. 9. 11. 1936 — 3 D 619/36, RGSt Bd. 70 S. 351 = EStZ, Coring/Vogel, § 410 AO a. F., Nr. 11 = Slg. Henneberg, Teil A, Stichwort: „Selbstanzeige, Berichtigungserklärung, Anforderungen", S. 3).

2. a) Der Angeklagte ist von der Anklage der vorsätzlichen oder fahrlässigen Steuerverkürzung freigesprochen, jedoch wegen einer in der Zeit von Mitte 1948 bis Mitte 1950 durch ungenaue Buchführung begangenen fortgesetzten Steuerordnungswidrigkeit zu einer Geldstrafe von 50 DM verurteilt worden. Mit der Revision, die eine Verletzung von Verfahrensvorschriften und des sachlichen Rechts rügt, greift das Finanzamt

als Nebenkläger das Urteil, soweit der Angeklagte freigesprochen worden ist, im vollen Umfange an. Hierüber hatte der BGH zu entscheiden (3 StR 39/52).

b) Die Angeklagten, ein Handelsvertreter und seine Ehefrau, sind beschuldigt, in den Jahren 1946 bis 1950 durch Abgabe zu niedriger Steuererklärungen vorsätzlich Umsatzsteuer-, Einkommensteuer- und Gewerbesteuer-Einnahmen verkürzt zu haben. Das Landgericht hat die Angeklagten ohne Prüfung der Schuldfrage mit der Begründung freigesprochen, daß sie mit strafbefreiender Wirkung Selbstanzeige erstattet haben. Auf die Revision hatte der BGH zu entscheiden (3 StR 398/52).

Der BGH hat in den beiden Urteilen vom 13. 11. 1952 — 3 StR 39/52, BStBl. 1953 I S. 109 = StRK, § 410 AO a. F., R. 2 = EStZ, Coring/Vogel, § 410 AO a. F., Nr. 26 = Slg. Henneberg, Teil A, Stichwort: „Selbstanzeige, Berichtigungserklärung, Anforderungen", S. 7 = BB 1953 S. 225 = B 1953 S. 247 = JZ 1953 S. 402 und vom 13. 11. 1952 — 3 StR 398/52 BGHSt Bd. 3 S. 373 = BStBl. 1953 I S. 107 = StRK, § 410 AO a. F., R. 1 = EStZ, Coring/Vogel, § 410 AO a. F., Nr. 27 = Slg. Henneberg, Teil A, Stichwort: „Selbstanzeige, Materiallieferung", S. 6 = ZfZ 1953 S. 84 = NJW 1953 S. 475 eingehend dargelegt, welchen Anforderungen eine Erklärung des Steuerpflichtigen genügen muß, damit sie als strafbefreiende Berichtigung (ebenso als Ergänzung — s. zu 2 b) (1) — oder Nachholung — s. zu 3 b) (1) — anerkannt werden kann. Der Steuerpflichtige muß hiernach, um Straffreiheit zu erlangen, eine gewisse Tätigkeit in der Richtung (oder Ergänzung) seiner früheren Angaben entfalten und hierdurch wesentlich dazu beitragen, daß die betreffende Steuer nachträglich richtig festgesetzt werden kann. Er muß seine Fehler nach Art und Umfang offenbaren und von seinem Standpunkt aus, so wie er die Sachlage beurteilt, mit seinen Auskünften und Unterlagen dem Finanzamt eine bisher verschlossene Steuerquelle offenbaren.

An den Inhalt einer Selbstanzeige dürfen jedoch andererseits keine zu hohen Anforderungen gestellt werden, wie der BGH ebenfalls dargelegt hat. Es kann nicht verlangt werden, daß das Finanzamt durch die Berichtigung in den Stand gesetzt wird, ohne weitere Aufklärungstätigkeit die nachzufordernde Steuer sofort festzusetzen. Es genügt vielmehr, daß die dem Finanzamt bisher infolge des Verhaltens des Steuerpflichtigen verschlossene Steuerquelle durch dessen eigene Tätigkeit offengelegt wird, so daß das Finanzamt auf dieser Grundlage ohne langwierige Nachforschungen den Sachverhalt aufklären und die Steuer berechnen kann. Das Gesetz mutet dem Steuerpflichtigen nicht zu, unter allen Umständen bestimmte Zahlen zwecks Berichtigung seiner früheren Angaben vorzulegen.

Diese Grundsätze ergeben sich aus dem Zweck des Gesetzes, welches Straffreiheit nicht als Belohnung für bessere Einsicht und eigene Aufklärungsarbeit des Steuersünders gewährt, sondern, um ihm einen Anreiz zur Aufdeckung bisher verschlossener Steuerquellen zu bieten.

3. Der Komplementär einer KG, die Ohne-Rechnungs-Geschäfte abgeschlossen und durchgeführt hatte, erstattete Selbstanzeige. Das Finanzamt sah sich auf Grund dieser Selbstanzeige zur Durchführung einer Betriebsprüfung (jetzt Außenprüfung) veranlaßt, bei der außer den von der Firma nachgemeldeten Umsätzen noch weitere nicht versteuerte Umsätze ermittelt wurden. Das Finanzamt forderte gegen Ende der Prüfung den Komplementär durch Beamte des Steuerfahndungsdienstes auf, die Namen derjenigen Geschäftsfreunde bekanntzugeben, mit denen das Unternehmen Ohne-Rechnungs-Geschäfte getätigt hat. Der BFH sah dieses Verlangen nicht als gerechtfertigt an:

Im Streitfall wendet der Beschwerdeführer sich gegen das Auskunftsverlangen als solches. Ein derartiges Verlangen muß aber mit den Grundsätzen von Recht und Billigkeit im Einklang stehen. Es kann — auch abgesehen von der Frage einer etwaigen Existenzgefährdung — zweifelhaft sein, ob es mit diesen Grundsätzen vereinbar ist, auch von einem Steuerpflichtigen, der Selbstanzeige nach § 410 RAO (jetzt § 371 AO) erstattet hat, die Angabe der Geschäftspartner im Steueraufsichtsverfahren zu verlangen. Denn der Steuerpflichtige braucht nach § 410 Abs. 1 RAO grundsätzlich nur seine eigenen unrichtigen oder unvollständigen Angaben zu berichtigen und die erforderlichen Unterlagen zu liefern (Materiallieferung). Es erscheint daher auch im Hinblick auf den steuerpolitischen Zweck des § 410 RAO zweifelhaft, ob die Finanzämter in solchen Fällen von dem Steuerpflichtigen nach Erstattung der Selbstanzeige unter Anwendung von Zwangsmitteln die Angabe der Geschäftspartner verlangen können, mit denen die Ohne-Rechnungs-Geschäfte getätigt sind, die zu der berichtigten Steuerverkürzung geführt haben (BFH, Urt. v. 24. 11. 1954 — II 231/52 U, StRK, § 201 AO a. F., R. 4 = EStZ, Coring/Vogel, § 410 AO a. F., Nr. 38 = Slg. Henneberg, Teil A, Stichwort: „Selbstanzeige, Auskunftsrecht des Finanzamts", S. 1). Zur Benennung von Gläubigern und Zahlungsempfängern, vgl. § 160 AO. S. auch § 103 AO.

4. Die Angeklagten waren, der eine als geschäftsführender Gesellschafter, der andere als Prokurist einer Kommandit-(der Mutter-)gesellschaft, beide ferner als Prokuristen einer der Tochtergesellschaften mit eigener Rechtspersönlichkeit, für das Steuerwesen beider Gesellschaften verantwortlich. Die Muttergesellschaft erwarb in den Jahren 1955 bis 1957 Grundstücke zu stopwidrigen Preisen, bewertete sie in den Bilanzen jedoch nur mit dem notariell beurkundeten geringeren Preis. Den Überpreis ließ sie als (vorgebliches) Kaufgeld für Aufwuchs und Zubehör auf Grund angeblicher vertraglicher Verpflichtung von der Tochtergesellschaft bezahlen. Diese verbuchte den Betrag alsbald gewinnmindernd über ein Unkostenkonto. Da beide Gesellschaften bilanzentsprechende Steuererklärungen abgaben, hatte das erstinstanzliche Gericht die Angeklagten nach dem wechselnden Umfang ihrer Beteiligung für schuldig befunden, Körperschaftsteuer und Gewerbesteuer bei der Tochtergesellschaft sowie Einkommensteuer zum Vorteil der Gesellschafter der Muttergesellschaft hinterzogen zu haben. Sie hat sie aber auf Grund der Selbstanzeige nach § 410 RAO (jetzt § 371 AO) freigesprochen.

Rechtsfehler führten aus mehreren Gründen jedoch zur Aufhebung des Urteils durch den BGH. Ist der Gewinn einer Tochtergesellschaft dadurch zu Unrecht gemindert worden, daß diese für Grundstücke, die von der Muttergesellschaft nach dem Kaufvertrag nur zum Stopp-Preis erworben und dann auch lediglich zu diesem Preis aktiviert worden sind, an die Veräußerer Mehrbeträge gezahlt und sie als Betriebsausgaben (Aufwuchs, Zäune usw.) verbucht hat, so gehört, wenn die Körperschaftsteuer der Tochtergesellschaft vorsätzlich verkürzt worden ist, zu einer strafbefreienden Selbstanzeige, daß der Sachverhalt vollständig aufgedeckt wird, so daß das Finanzamt in der Lage ist, ohne langwierige Nachforschungen und ohne Angewiesensein auf die gutwillige Mithilfe des Anzeigenden die Steuerverkürzungen festzustellen und nachzufordern. Das Finanzamt kann nicht rechtswirksam auf Angaben zur Selbstanzeige verzichten, die das Gesetz verlangt. Steuerhinterziehung kann nicht bloß durch Unterzeichnen unrichtiger Steuererklärungen, sondern schon durch Mitwirken bei den diesen zugrunde liegenden unrichtigen Bilanzen begangen werden; der Tatvorsatz muß indes bei Ausführung der strafbaren Handlung gegeben sein (BGH, Urt. v. 20. 7. 1965 — 1 StR 95/65, StRK, § 410 AO a. F., R. 9 = Slg. Henneberg, Teil A, Stichwort: „Selbstanzeige, Umfang", S. 4 = ZfZ 1966 S. 23 = BB 1966 S. 107 = DStR 1966 S. 150 = NWB, 1967, F. 13 S. 319). S. auch zu 3 b) (5) dd).

5. Der jeweilige Angeklagte ist unter dem Gesichtspunkt der Selbstberichtigung im Sinne des § 410 RAO (jetzt § 371 AO) freigesprochen worden.

   a) Eine Berichtigung im Sinne des § 410 RAO braucht nach allgemeiner Rechtsansicht nicht unbedingt ein vollständiges und zahlenmäßig genaues Ergebnis zu enthalten (so schon RG, Urt. v. 9. 11. 1936 — 3 D 619/36, — s. zu 1. —). Um dem gesetzgeberischen Zweck gerecht zu werden, verborgene Steuerquellen möglichst zu erschließen, ist es ausreichend, daß das Finanzamt auf Grund der Berichtigung, ohne weiter noch auf den guten Willen des Täters angewiesen zu sein und ohne langwierige Ermittlungen, die Steuer festsetzen kann (OLG Frankfurt, Urt. v. 12. 9. 1952 — 2 Ss 384/52, EStZ, Coring/Vogel,

§ 410 AO a. F., Nr. 25 = Slg. Henneberg, Teil A, Stichwort: „Selbstanzeige, Berichtigungserklärung, Anforderungen", S. 6 = BB 1952 S. 1006).

b) Der straffällig Gewordene muß, wenn er Straffreiheit erlangen will, zur Wiedergutmachung eine persönliche Leistung erbringen. Er muß die unrichtigen, unvollständigen oder unterlassenen Angaben, durch die das Steuerdelikt verursacht worden ist, berichtigen (oder ergänzen oder nachholen). Wer also dem Finanzamt unrichtige Bilanzen oder Steuererklärungen vorgelegt hat, muß nunmehr die richtigen Bilanzen und Steuererklärungen einreichen. Für die Selbstanzeigehandlung reicht es nicht aus, wenn der Täter nur die Unrichtigkeit früherer Erklärungen anzeigt oder dem Finanzamt mitteilt, daß er bestimmte Pflichten nicht erfüllt hat. Er muß vielmehr dem Finanzamt nachträglich alle Unterlagen liefern, die es diesem ermöglicht, ohne weitere zeitraubende Ermittlungen die Steuern nunmehr in der zutreffenden Höhe festzusetzen (OLG Frankfurt, Urt. v. 16. 12. 1953 — 2 Ss 755/53, EStZ, Coring/Vogel, § 410 AO a. F., Nr. 33 = Slg. Henneberg, Teil A, Stichwort: „Selbstanzeige, Adressat", S. 3; „Selbstanzeige, Materiallieferung", S. 7).

6. Der Angeklagte zahlte seit Beginn seiner Tätigkeit in F im August 1952 bis Oktober 1958 keine Steuern. Er war weder steuerlich erfaßt, noch hatte er die Erfassung beantragt, obwohl er sich über seine Steuerzahlungspflicht klar war. Er hätte in der fraglichen Zeit mindestens 10 306,— DM Umsatzsteuer, 42 753,— DM Einkommensteuer, 3651,— DM Abgabe Notopfer Berlin und 982,— D-Mark Vermögensteuer entrichten müssen. Im Oktober 1958 wandte er sich an den Steuerberater A, der ihm zur Selbstanzeige riet. Im Auftrag des Angeklagten teilte A mit Schreiben vom 22. 10. 1958 dem zuständigen Finanzamt B mit, der Angeklagte betreibe seit längerer Zeit in F eine Praxis und sei bisher steuerlich nicht erfaßt. Er beantragte die Erfassung seines Auftraggebers und die Erteilung einer Steuernummer. Gleichzeitig bat er, die Erklärung als Selbstanzeige im Sinne des § 410 RAO (jetzt § 371

AO) zu betrachten. Nach Erteilung der Steuernummer werde er — A — sich sofort mit dem zuständigen Steuerbezirk wegen schnellstmöglicher Feststellung der Besteuerungsmerkmale ins Benehmen setzen. Am Vormittag des 22. 10. 1958 stieß der beim Finanzamt B beschäftigte Steuerinspektor C beim Blättern im Telefonbuch zufällig auf den Namen des Angeklagten, dessen Anfangsbuchstabe auf die Zugehörigkeit zu seinem Dezernat deutete. Er stellte fest, daß der Angeklagte nicht in der Kartei geführt wurde und beauftragte den bei ihm arbeitenden Verwaltungsangestellten D, sich wegen der Steuernummer des Angeklagten orientierungshalber mit ihm telefonisch in Verbindung zu setzen. Es bestand auch die Möglichkeit, daß der Angeklagte steuerlich bei einem anderen Finanzamt geführt wurde. D rief noch vormittags bei dem Angeklagten an, nannte Namen und Behörde und fragte nach der Steuernummer. Der Angeklagte erwiderte, er habe gerade Sprechstunde, werde aber so schnell wie möglich zurückrufen. Am 23. 10. 1958 rief er bei dem Finanzamt an und verwies auf das Schreiben seines Steuerberaters vom 22. 10. 1958. Am 3. 11. 1958 sprach A bei dem zuständigen Sachbearbeiter des Finanzamts vor. Am 6. 11. 1958 erschienen zwei Steuerprüfer des Finanzamts, die eine bis 17. 11. 1958 dauernde Betriebsprüfung bei dem Angeklagten vornahmen, bei der ihnen der Angeklagte, seine Ehefrau und A „behilflich" waren.

Das Schöffengericht hat den Angeklagten wegen fortgesetzter Steuerhinterziehung in drei Fällen, nämlich der Umsatzsteuer, der Einkommensteuer in Tateinheit mit der Entziehung der Abgabe Notopfer Berlin sowie der Vermögensteuer, zu einer Gefängnisstrafe und zu Geldstrafen verurteilt. Auf seine Berufung hat die Strafkammer (StrK) den Angeklagten freigesprochen.

Gegen dieses Urteil richteten sich die Revisionen des Oberstaatsanwaltes, denen der Generalstaatsanwalt beigetreten ist, sowie des Finanzamts als Nebenkläger. Sie rügten die Verletzung materiellen Rechtes in Anwendung des § 410 RAO. Sie führten nur hinsichtlich der Vermögensteuer zur Aufhebung des Urteils.

a) Bezüglich der Umsatzsteuer und Einkommensteuer einschließlich der Abgabe Notopfer Berlin ist die StrK zutreffend zu dem Ergebnis gelangt, daß dem Angeklagten der persönliche Strafaufhebungsgrund der Selbstanzeige nach § 410 RAO zur Seite steht. Sie erblickt ohne Rechtsfehler die Selbstanzeige in dem an das Finanzamt gerichteten Schreiben des Steuerberaters A v. 22. 10. 1958 iVm dessen Unterredung mit dem zuständigen Sachbearbeiter des Finanzamts v. 3. 11. 1958. Strafbefreiend konnte die Selbstanzeige jedoch nur wirken, wenn und soweit bisher verschwiegene, steuerlich erhebliche Tatbestände dem Finanzamt derart genau bezeichnet würden, daß ihm die entsprechende Besteuerung ermöglicht wurde und ohne daß die Behörde auf den weiteren guten Willen des Steuerpflichtigen angewiesen war oder über Art und Umfang der verschwiegenen Werte noch langwierige Ermittlungen anstellten mußte. Die Straflosigkeit des Täters tritt nur und in dem Maß ein, wie er unrichtige Angaben richtigstellt oder, soweit bisher keine Angaben gemacht worden sind, richtige und vollständige Angaben gemacht hat.

Dagegen verliert der Steuerpflichtige die Rechtswohltat der Selbstanzeige nicht schon dadurch, daß z. B. die zahlenmäßige Berechnung der nachzuentrichtenden Steuer noch gewisse eigene Aufklärungshandlungen durch das Finanzamt erfordert. Es ist also nicht erforderlich, wie die StRK mit Recht hervorhebt, daß die Anzeige sämtliche zahlenmäßige Unterlagen derart erschöpfend enthalten müßte, daß das Finanzamt die Nachversteuerung auf der Stelle vornehmen kann (RG, RGSt Bd. 70 S. 350 — s. zu 1 —; OLG Frankfurt, EStZ, Coring/Vogel, § 410 RAO, Nr. 25 — s. zu 5 a —; Hartung, Steuerstrafrecht, 3. Auflage 1962, §§ 410, 411 RAO, Anm. III 2). Diese Ansicht wird auch vom BGH geteilt, der ausgeführt hat, das Gesetz mute dem Steuerpflichtigen nicht zu, unter allen Umständen bestimmte Zahlen über die richtige Höhe der Umsätze und des Einkommens fertig vorzulegen. Es genüge vielmehr, daß der Steuerpflichtige durch seine Offenlegungs- und Aufklärungshilfe dem Finanzamt die Möglichkeit gibt, ohne schwierige weitere Nachforschungen die Nachveranlagung vorzunehmen (BGH, BStBl. 1953 I S. 109). Maßgeblich ist, ob der Steuerpflichtige neues Material für seine Besteuerung geliefert und so dem Finanzamt die Nachveranlagung ohne weitere Schwierigkeiten ermöglicht hat (BGH, BGHSt Bd. 3 S. 373 — zu beiden Urteilen s. zu 2 —). Legt man diese Maßstäbe an, so ist nach den getroffenen Feststellungen bezüglich der Umsatz- und Einkommensteuer einschließlich der Abgabe Notopfer Berlin eine in vollem Umfang strafbefreiende Berichtigung erfolgt.

A hatte dem Sachbearbeiter des Finanzamts am 3. 11. 1958 bereits die Angaben gemacht, die er unter dem 6. 11. 1958 schriftlich niederlegte. Für die bezeichneten Steuerarten waren in der Hauptsache die Umsatzzahlen (Betriebseinnahmen) des Angeklagten maßgeblich. Daß eine Selbstanzeige auch ohne besonderen Hinweis sich auf mehrere Steuerarten beziehen kann, nämlich auf alle diejenigen, die in Betracht kommen und für die die Angaben ausreichen, ist gesicherte Rechtsprechung (RG, RStBl. 1940 S. 649). Der StrK ist daher zu folgen, wenn sie insoweit ausführt, der Angeklagte habe den für die Strafbefreiung erforderlichen wesentlichen Beitrag zur Ermöglichung seiner zutreffenden nachträglichen Besteuerung geleistet.

b) Anders ist jedoch die Frage der Selbstanzeige hinsichtlich der Vermögensteuer zu beurteilen. Insoweit sind bisher keine für die Selbstanzeige in Frage kommenden Angaben gegenüber dem Finanzamt feststellbar, die einen Schluß auf Art und Gegenstände des zu versteuernden Vermögens zulassen. Gleichwohl ist bisher auch hinsichtlich der Vermögensteuer eine strafbefreiende Selbstanzeige noch nicht ausgeschlossen. Die StrK wird noch zu prüfen haben, ob die mündliche Erklärung des Steuerberaters am 3. 11. 1958 etwa über seine schriftliche Erklärung vom 6. 11. 1958 in diesem Punkt hinausgegangen ist und ob gegebenenfalls darin eine Selbstanzeige erblickt werden kann. Im Hinblick auf die von der StrK vertretene Rechtsauffassung kann nicht ausgeschlossen werden, daß sie dieser Frage keine ausreichende Bedeutung beigemessen hat. Das Urteil war deshalb hinsichtlich der Vermögensteuer aufzuheben (OLG Frankfurt, Urt. v. 18. 10. 1961 — 1 Ss

854/61, EStZ, Coring/Vogel, § 410 AO a. F., Nr. 44 = Slg. Henneberg, Teil A, Stichwort: „Selbstanzeige, Entdeckungsgefahr", S. 4; „Selbstanzeige, Strafaufhebungsgrund", S. 1; „Selbstanzeige, Umfang", S. 4 = BB 1962 S. 126 — NJW 1962 S. 974 = DStZ/B 1963 S. 83).

S. auch zu 8; ebenso zu c) (3) cc).

7. Da bei dem Angeklagten ein Prüfer der Finanzbehörde zur steuerlichen oder steuerstrafrechtlichen Prüfung noch nicht erschienen oder ihm die Einleitung einer steuerstrafrechtlichen Untersuchung noch nicht eröffnet worden war, würde der Angeklagte gemäß § 410 Abs. 1 RAO (jetzt § 371 Abs. 1 AO) lediglich dann straffrei werden, wenn er durch seine Eingabe vom 29. 10. 1955 unrichtige oder unvollständige Angaben berichtigte (oder ergänzte oder unterlassene Angaben nachholte). Es ist anerkannt, daß eine derartige Berichtigung, um die volle Wirkung des § 410 RAO zu äußern, der Wahrheit entsprechen und so vollständig sein muß, daß die Finanzbehörde, ohne weiter auf den guten Willen des Täters angewiesen zu sein und ohne langwierige Ermittlungen, die Angaben danach festsetzen oder ihre frühere Festsetzung berichtigen kann. Ebenso wird der Täter nicht straflos, wenn er die unterlassenen Angaben nicht so nachholt, wie sie richtig hätten gemacht werden müssen (vgl. BGH, BStBl. 1953 I S. 109 — s. zu 2 —; Hartung, Steuerstrafrecht, 3. Auflage 1962, §§ 410, 411 RAO, Anm. II 2).

Dazu, ob die Anzeige des Angeklagten vom 29. 10. 1955 diesen Erfordernissen entsprach, hat jedoch die Strafkammer nicht Stellung genommen. Ihr Urteil läßt eine nähere Darlegung des Inhalts der Anzeige vermissen und beschränkt sich auf die Feststellung, daß der Angeklagte die gezahlten Provisionen zur Nachverzollung angemeldet habe. Gerade wenn die damalige zollrechtliche Behandlung noch nicht unzweifelhaft war, bedurfte es einer Überprüfung, ob der Angeklagte Genügendes angegeben hat, um den Zolltatbestand darzutun. Der Umstand, daß der Angeklagte den Zollbetrag unter Vorbehalt gezahlt hat, vermag etwa fehlende Angaben nicht zu ersetzen. Die Zahlung des Mehrzolls ist nach

§ 410 Abs. 3 RAO (jetzt § 371 Abs. 3 AO) eine weitere Voraussetzung für die Erlangung von Straffreiheit bei einem vollendeten Zollvergehen (OLG Hamm, Urt. v. 26. 10. 1962 — 1 Ss 913/62, EStZ, Coring/Vogel, § 410 AO a. F., Nr. 46 = BB 1963 S. 459). S. auch zu i) (12).

8. Der Angeklagte ist selbständiger Kaufmann. In den Jahren 1957 und 1958 wurde er zur Umsatzsteuer nicht veranlagt, da sein Umsatz unter der Umsatzsteuerfreigrenze lag. Im Jahre 1959 eröffnete er drei Warenkioske, durch deren Betrieb sich sein Umsatz wesentlich über die Freigrenze erhöhte. Trotzdem gab er in der Zeit von April 1959 bis Oktober 1961 keine Umsatzsteuervoranmeldung ab und leistete keine Vorauszahlungen; er verkürzte dadurch die Umsatzsteuer im Jahre 1959 um 2925 DM im Jahre 1960 um 4578 DM und im Jahre 1961 um 2949 DM, insgesamt also um 10 452 DM.

Für das Jahr 1959 gab der Angeklagte trotz Aufforderung keine Einkommensteuererklärung ab. Während sich nach seinem bisherigen Einkommen eine Steuerschuld von 108 DM ergeben hätte, mußte er auf Grund der späteren Überprüfung für das Jahr 1959 zur Einkommensteuer in Höhe von 528 DM veranlagt werden.

Im November 1961 kam der Angeklagte von sich aus zum Finanzamt und erklärte dem zuständigen Beamten, er sei „zur Einkommensteuer zu hoch und zur Umsatzsteuer zu niedrig veranlagt worden“. Seinen Umsatz gab er dabei um 80 000 bis 100 000 DM an. Auf Grund einer danach durchgeführten Betriebsprüfung wurde er zur Umsatzsteuernachzahlung veranlagt. Das Amtsgericht verurteilte den Angeklagten wegen eines fortgesetzten Vergehens der Umsatzsteuerhinterziehung in Tateinheit mit einem versuchten Vergehen der Einkommensteuerhinterziehung zur Geldstrafe, ersatzweise zu Gefängnis. Auf die Berufung des Angeklagten hob das Landgericht das Erkenntnis des Amtsgerichts im Strafausspruch auf, verurteilte den Angeklagten zur Geldstrafe, ersatzweise zu Gefängnis, und verwarf im übrigen die Berufung als unbegründet. Die Revision des Angeklagten führte zur Aufhebung des angefochtenen Berufungsurteils.

Nach § 410 RAO (jetzt § 371 AO) bleibt derjenige, der im Falle des § 396 RAO (jetzt § 370 AO) unrichtige oder unvollständige Angaben bei der Steuerbehörde berichtigt oder ergänzt oder unterlassene Angaben nachholt, insoweit straffrei. Die Berichtigung muß, um diese Wirkung zu äußern, der Wahrheit entsprechen und so vollständig sein, daß die Steuerbehörde, ohne weiter auf den guten Willen des Täters angewiesen zu sein und ohne langwierige Ermittlungen, die Steuer danach festsetzen oder ihre frühere Steuerfestsetzung berichtigen kann (RG, Urt. v. 2. 3. 1925 — III 959/24, RGSt Bd. 59 S. 115, 118; BGH, BStBl. 1953 I S. 109 — s. zu 2 —; OLG Frankfurt, EStZ, Coring/Vogel, § 410 RAO, Nr. 44 — s. zu 6 —; Hartung, Steuerstrafrecht, 3. Auflage, 1962, §§ 410, 411 RAO, Anm. III 2).

a) Nach den bisherigen Feststellungen des Landgerichts käme eine Selbstanzeige des Angeklagten bezüglich der Einkommensteuer von vornherein nicht in Betracht. Nach diesen Feststellungen hat der Angeklagte dem Finanzamt erklärt, er sei zur Einkommensteuer zu hoch veranlagt worden, während er in Wahrheit für das in Betracht kommende Jahr 1959 eine Steuererklärung überhaupt nicht abgegeben hatte und demgemäß zur Einkommensteuer bis zur Mitteilung an das Finanzamt offenbar nicht veranlagt worden war; auch wenn er die nach dem bisherigen Einkommen zu veranlagende Steuer von 108 DM entrichtet hätte, wäre immer noch der Unterschiedsbetrag zu der nach der sog. Selbstanzeige veranlagten Steuer in Höhe von 528 DM, also ein Betrag von 420 DM geschuldet worden.

b) Aber auch hinsichtlich der Umsatzsteuer hätte nach der Auffassung des Senats die Erklärung des Angeklagten, er sei zur Umsatzsteuer zu niedrig veranlagt worden, sein Umsatz betrage 80 000 bis 100 000 DM jährlich, nicht der dargelegten, an eine strafbefreiende Selbstanzeige zu stellenden Anforderung genügt. Die Erklärung des Angeklagten enthielt lediglich einen allgemein gehaltenen Hinweis, der dem Finanzamt nahegelegte, den wahren Sachverhalt durch eigene Ermittlungen aufzudecken. Ein solcher Hinweis genügt nicht für die Anwendung des § 410 RAO

(BayObLG, Urt. v. 24. 1. 1963 — RReg 4 St 365/62, StRK, § 410 AO a. F., R. 9 = EStZ, Coring/Vogel, § 410 AO a. F., Nr. 47 = DStZ/B 1963 S. 112).

Weitere Urteile: BGH, Urte. v. 11. 9. 1952 — 5 StR 172/52, EStZ, Coring/Vogel, § 410 AO a. F., Nr. 24 = DStR 1952 S. 545 = DStZ/B 1953 S. 10 = FR 1953 S. 58; v. 24. 9. 1954 — 2 StR 683/53, BStBl. 1954 I S. 528 = StRK, § 410 AO a. F., R. 3 = EStZ, Coring/Vogel, § 410 AO a. F., Nr. 37 = Slg. Henneberg, Teil A, Stichwort: „Selbstanzeige, Berichtigungserklärung, Anforderungen", S. 9; v. 11. 11. 1958 — 1 StR 370/58, BGHSt Bd. 12 S. 100 = BStBl. 1959 I S. 18 = StRK, § 410 AO a. F., R. 5 = Slg. Henneberg, Teil A, Stichwort: „Selbstanzeige, Umfang", S. 2 = DStZ/B 1959 S. 38 = ZfZ 1959 S. 78 = BB 1959 S. 104 = MDR 1959 S. 141 = NJW 1959 S. 205 = FR 1959 S. 479 = StQ, AO, 1965, §§ 391—477 a. F., Nr. 28; OLG Schleswig, Urt. v. 22. 8. 1951 — Ss 165/51, EStZ, Coring/Vogel, § 410 AO a. F., Nr. 21 = Slg. Henneberg, Teil A, Stichwort: „Selbstanzeige, Materiallieferung", S. 1; OLG Hamm, Urt. v. 24. 5. 1961 — 3 Ss 354/61, EStZ, Coring/Vogel, § 411 AO a. F., Nr. 5 = Slg. Henneberg, Teil A, Stichwort: „Selbstanzeige, Materiallieferung", S. 11 = B 1961 S. 968; OLG Celle, Urt. v. 19. 12. 1963 — 1 Ss 402/63, EStZ, Coring/Vogel, § 411 AO a. F., Nr. 6 = Slg. Henneberg, Teil A, Stichwort: „Selbstanzeige, Materiallieferung", S. 13 = NJW 1964 S. 989 = DStZ/B 1965 S. 74; OLG Karlsruhe, Urt. v. 18. 4. 1974 — 1 Ss 8/74, StRK, § 395 AO a. F., R. 1).

Schrifttum

Grundsätzlich müssen die in einer Selbstanzeige gemachten Angaben vollständig und wahr sein. Straffreiheit tritt insoweit nicht ein, als die Selbstanzeige unvollständig ist. Es muß erwartet werden, daß der Täter seine Berichtigungserklärung so abgibt, wie dies bei ordnungsgemäßer Erfüllung seiner steuerrechtlichen Erklärungs- und Auskunftspflichten schon früher hätte geschehen müssen (Franzen/Gast, § 395 AO a. F., Tz. 34). Zu Mitwirkungspflichten, vgl. §§ 140 ff. AO. In der Anzeige müssen die verschwiegenen Vermögenswerte dem Finanzamt so genau bezeichnet werden, daß ihm der Zugriff auf sie ermöglicht wird, ohne daß es auf den weiteren guten Willen des

Steuerpflichtigen angewiesen ist oder über Art und Umfang der verschwiegenen Werte etwa noch seinerseits langwierige Ermittlungen anstellen muß. Das Zahlenmaterial ist so zu liefern, daß das Finanzamt auf dieser Grundlage anhand der beigebrachten Erklärungen oder Unterlagen die nachzufordernde Steuer festsetzen kann.

Das als Selbstanzeige zu wertende „Berichtigen" nach Abs. 1 des § 371 AO hat nach überwiegender Meinung des Schrifttums die gleiche Bedeutung wie zuvor bereits unter Gerichtsentscheidungen ausgeführt, indem man verlangt, der Täter müsse (wenigstens nach seiner Vorstellung) „neues steuerliches Material" (sog. Materiallieferungstheorie: Franzen/Gast, § 395 AO a. F., Tz. 33; Kühn/Kutter, § 395 a. F., Anm. 3; List, S. 22; Lohmeyer, StB 1963 S. 146; Mattern, DStZ/A 1950 S. 137; 353; Suhr/Naumann, S. 275; einschränkend Kohlmann, § 395 AO a. F., Rdnr. 68) liefern, und zwar in dem Sinne, daß er dem Finanzamt durch seine Aufklärungshilfe die Möglichkeit verschafft, ohne langwierige weitere Nachforschungen die Nach-(Neu-)Veranlagung vorzunehmen. Es muß die durch die bisherigen unwahren oder unvollständigen Angaben des Steuerpflichtigen den Blicken der Finanzbehörde verschlossene Steuerquelle durch eigene Aufklärungstätigkeit des Steuerpflichtigen dem Einblick des Finanzamts eröffnet werden (Leise, WK, § 395 AO a. F., Anm. 5). Die persönliche Leistung des Steuerpflichtigen hat in erster Linie darin zu bestehen, daß die Behörde instande gesetzt wird, nunmehr die geschuldete Steuer richtig festzusetzen (H-H-Sp, § 395 a. F., Sp. 5). Dem Steuerpflichtigen geht die Rechtswohltat der Selbstanzeige nicht dadurch verlustig, daß z. B. die zahlenmäßige Berechnung der nachzuentrichtenden Steuer noch gewisse eigene Aufklärungshandlungen durch das Finanzamt erfordert, z. B. Heranziehung früherer Steuervorgänge, Anfragen an Stellen, die zur Auskunftserteilung verpflichtet oder zweifellos bereit sind (vgl. dazu auch Hartung, §§ 410, 411 AO a. F., Anm. III 2; Lohmeyer, DStR 1964 S. 446; StW 1967 S. 272; Maaßen, FR 1954 S. 127; Mattern, NJW 1951 S. 940; DStR 1952 S. 77; 1954 S. 459; kritisch, Kopacek, NJW 1970 S. 2098).

Wenn auch das Gesetz dem Steuerpflichtigen nicht unter allen Umständen zumutet, bestimmte Zahlen über die richtige Höhe der Umsätze und des Einkommens zwecks Berichtigung seiner früheren Angaben der Finanzbehörde fertig vorzulegen und ihr so die alsbaldige Errechnung der nachzuholenden Steuern zu ermöglichen, so trägt doch zuletzt der Täter, und nicht die Finanzbehörde das Risiko (Troeger/Meyer, S. 257). Oft kann der Steuerpflichtige auch nicht sofort mit den Zahlenangaben aufwarten, die eine Berichtigungserklärung i. S. des § 371 Abs. 1 AO erfordert. Es ist daher zulässig, wenn der Täter dem Finanzamt den Tatbestand, den er berichtigen will, zunächst in Grundzügen mitteilt und zugleich um eine angemessene Frist zur Nachholung der genauen Zahlenangaben nachsucht (Suhr/Naumann, S. 276). Ergänzt und präzisiert der Täter seine erste Teilerklärung in der gebotenen Weise, so sind die verschiedenen Teilerklärungen als einheitliche Selbstanzeige zu werten (Kohlmann, § 395 AO a. F., Rdnr. 53). S. auch zu c) (3) bb).

Zur „Materiallieferung" bei der leichtfertigen Steuerverkürzung, s. Teil 2 zu B V 1 a) (1).

bb) Nicht Ordnungsmäßigkeit der Buchführung, Schätzung

Es besteht nicht immer Klarheit darüber, ob die Erstattung einer Selbstanzeige auch bei nicht ordnungsgemäßer Buchführung wirksam sein kann.

Das Schrifttum meint überwiegend, daß das Gesetz eine Berichtigung bei der Notwendigkeit einer Schätzung wegen nicht ordnungsgemäßer Buchführung nicht ausschließt; in Absatz 1 des § 371 AO wird lediglich die Berichtigung unrichtiger Angaben verlangt. Meldet der Steuerpflichtige geschätzte Gewinne und Umsätze nach und ergibt die Nachprüfung, daß die geschätzten Zahlen in etwa den tatsächlichen Verhältnissen entsprechen, dann hat der Steuerpflichtige seiner Berichtigungspflicht i. S. des Gesetzes voll genügt. Wie die Nachprüfung der Richtigkeit der Schätzung nach § 162 AO vorgenommen wird, etwa durch Nachkalkulation, Roh- oder Reingewinnschätzung, sei Sache des Finanzamts. Die Frage der Wirksamkeit der Selbstanzeige würde dadurch nicht berührt (so Franzen/Gast, § 395 AO a. F., Tz. 38; Hofstetter, StWa 1965 S. 169; Leise, WK, § 395 AO

a. F., Anm. 5; Suhr, NWB, 1969 F. 13 S. 380; StBp 1975 S. 83; Terstegen, S. 121; a. M. OLG Köln, Urt. v. 20. 12. 1957 — 2 Ss 426/57, 2 MsNs 13/55, Slg. Henneberg, Teil A, Stichwort: „Selbstanzeige, Berichtigungserklärung, Anforderungen", S. 9 = ZfZ 1959 S. 312; BayObLG, Urt. v. 24. 1. 1963 — RReg 4 St 365/62, StRK, § 410 AO a. F., R. 9 = EStZ, Coring/Vogel, § 410 AO a. F., Nr. 47 = DStZ/B 1963 S. 112; Lohmeyer, StB 1974 S. 210; Mattern, DStR 1954 S. 458: Ohne ordentliche Buchführung können richtige Angaben nicht gemacht werden).

Der BGH hat sich in seinem Urteil vom 5. 9. 1974 — 4 StR 369/74, StRK, § 395 AO a. F., R. 2 mit dieser strittigen Frage befaßt und sich dabei der herrschenden Meinung im Schrifttum angeschlossen. Aus den Gründen:

Das Landgericht (LG) hat den Angeklagten wegen fortgesetzter Lohnsteuerhinterziehung und wegen fortgesetzter Umsatzsteuerhinterziehung (§ 392 RAO — jetzt § 370 AO —, §§ 41, 44 LStDV, § 18 Abs. 2 UStG) zur Gesamtfreiheitsstrafe von 2 Jahren 6 Monaten und zur Gesamtgeldstrafe von 15 000 DM verurteilt. Der Angeklagte rügt Verletzung des Verfahrensrechts und des sachlichen Rechts.

Nach den Feststellungen sind die Voraussetzungen der Lohnsteuerhinterziehung an sich gegeben. Danach hat der Angeklagte als Geschäftsführer der persönlich haftenden Gesellschafterin einer GmbH & Co. KG in den Jahren 1969 bis 1972 rund 3 130 000 DM Lohnsteuern einbehalten, aber nur rund 1 190 000 DM angemeldet und abgeführt, so daß das Lohnsteueraufkommen um rund 1 940 000 DM verkürzt worden ist. Die Feststellungen ergeben ferner, daß der Angeklagte die Lohnsteuern vorsätzlich unvollständig angemeldet und abgeführt hat.

Den nach der Rspr. des BGH, BStBl. 1953 I S. 109 und BGHSt Bd. 3 S. 373 — s. zu aa) 2 — an eine Berichtigung zu stellenden Anforderungen genügt das Schreiben des Angeklagten vom 17. 1. 1973, das er ausdrücklich als Selbstanzeige gewertet wissen wollte. Der Angeklagte hat darin erklärt, daß seine Lohnsteueranmeldungen in den Jahren 1969 bis 1971 falsch gewesen seien. Gleichzeitig hat er diejenigen Beträge angegeben, die er nach seiner Meinung wirklich hätte abführen müssen. Die angegebenen Zahlen beruhen allerdings auf

Schätzungen. Der Angeklagte hat sich dabei aber nicht unbeträchtlich zu seinen Ungunsten verschätzt. Das LG meint nun, wegen dieser Ungenauigkeit könne das Schreiben des Angeklagten nicht als ordnungsgemäße Berichtigung angesehen werden, ferner fehlten Angaben darüber, welche Bruttolöhne im einzelnen in den betreffenden Jahren an die Arbeitnehmer gezahlt worden sind.

Leuchtet es schon an sich nicht ein, daß die Ungenauigkeit in den Zahlenangaben, die sich ja nur zum Nachteil des Angeklagten hätte auswirken können, wenn das Finanzamt die Zahlen nicht nachgeprüft hätte, es rechtfertigen soll, ihm die angestrebte Straffreiheit, soweit die Berichtigung reicht, zu versagen, so wird nach Meinung des Senats die Ansicht des LG auch den Vorschriften über Anmeldung und Abführung der Lohnsteuer nicht gerecht. Nach § 44 LStDV hat der Arbeitgeber die einbehaltenen Lohnsteuerbeträge für die näher bezeichneten, sich nach der Höhe der abzuführenden Steuern richtenden Zeiträume jeweils in einem Betrag anzumelden. Von ihm wird weder verlangt, daß er die Beträge nach Arbeitnehmern aufschlüsselt, noch daß er die gezahlten Bruttolöhne angibt. Auf Grund derartiger Angaben könnte das Finanzamt ohnehin nicht feststellen, ob die Lohnsteuern richtig einbehalten und vollständig abgeführt worden sind.

Braucht aber der Arbeitgeber die einbehaltenen Lohnsteuern für jeden Abführungszeitraum nur in einem Betrag anzumelden, so erfüllt er das Berichtigungserfordernis des § 395 RAO (jetzt § 371 AO), wenn er dem Finanzamt erklärt, daß er die für bestimmte Zeiträume einbehaltene Lohnsteuer nicht oder, wie hier, nicht vollständig angemeldet und abgeführt habe und wenn er diejenigen Beträge angibt, die er nach seiner Ansicht hätte abführen müssen. Er darf dabei nur nicht wiederum vorsätzlich oder leichtfertig zu niedrige Beträge angeben oder das Finanzamt sonst zu täuschen versuchen. Die Berichtigung soll wahr und vollständig sein. Die Straffreiheit wird aber nicht dadurch ausgeschlossen, daß auf Grund der berichtigten Angaben allein eine Steuerfestsetzung noch nicht möglich ist, wenn das Finanzamt das Fehlende ohne besondere Schwierigkeit ergänzen kann (RG, RGSt Bd. 70 S. 350 — s. zu aa) 1 —). Es darf dem Steuerpflichtigen nicht zum Nachteil gereichen, wenn er nach bestem Wissen und Gewissen nur geschätzte Beträge angibt und sich dabei zu seinem Nachteil oder nur geringfügig zu seinem Vorteil verschätzt. Es muß ihm dann Gelegenheit gegeben werden, die genauen Beträge festzustellen, wenn nicht das Finanzamt selbst sie ohne besondere Schwierigkeiten ermitteln kann (vgl. Hartung/Hübner in H-H-Sp, § 395, Sp. 8).

Daß der Angeklagte seine berichtigten Angaben nicht nach bestem Wissen und Gewissen gemacht hätte, dafür fehlt bisher jeder Anhalt. Er hat damit dem Finanzamt eine bis dahin verheimlichte Steuerquelle eröffnet und es ihm ermöglicht, ohne Schwierigkeiten und umfangreiche eigene Ermittlungen, etwa an Hand der Steuerkarten der Arbeitnehmer oder der Buchhaltung des Angeklagten oder auf Grund zusätzlicher vom Angeklagten geforderter Angaben, die hinterzogenen Lohnsteuern festzustellen und nachzufordern.

Nach den Ausführungen räumt der BGH dem Steuerpflichtigen sonach ausdrücklich das Recht ein, die nachzumeldenden Lohnsteuerbeträge auch im Schätzungswege zu ermitteln. Das Finanzamt würde auch dem steuerpolitischen Zweck des § 371 AO widersprechen, sollte es sich nunmehr „allzu kleinlich“ verhalten.

S. auch zu h) (1) bb); i) (3). Zur Schätzung bei leichtfertiger Steuerverkürzung, s. Teil 2 zu B V 1 b) (1) aa) aa1 Schrifttum.

(2) Voraussetzungen der Berichtigung durch den Teilnehmer (Täter)

aa) Wirkung des Handelns

aa1) Eigene Erklärung

V gab beim Finanzamt zu einer von ihm und dem Angeklagten verübten Verkürzung der Grunderwerbsteuer die folgende Erklärung ab: „Am 29. 3. 1950 habe ich von dem Angeklagten das Anwesen Stock Nr. 107 gekauft. Nach längeren Verhandlungen einigten wir uns auf einen Preis von 17 000 DM. Ich ließ mich aber dann von dem Angeklagten überreden, höchstens mit 12 000 DM zu verbriefen. Ich hatte weiter vereinbart, den Wert des Inventars mit 2000 DM anzugeben. Den Wert des gesamten Inventars schätze ich auf 1000 DM. Ich erstatte hiermit Selbstanzeige und bitte um Straffreiheit.“

Die Selbstanzeige ist ein persönlicher Strafaufhebungsgrund. Haben mehrere an derselben Tat mitgewirkt, so kann jeder (Mit-)Täter, Anstifter oder Gehilfe Straffreiheit erlangen, wenn er selbst die unrichtigen (oder unvollständigen) Angaben berichtigt (oder ergänzt) und dadurch die Finanzbehörde in die Lage versetzt, ohne langwierige größere Nachforschung den Sachverhalt vollends aufzuklären und die (hinterzogene) Steuer richtig zu errechnen. S. zu (1).

Nur dem, der die Selbstanzeige erstattet, kommt die Straffreiheit zugute, nicht auch den übrigen Teilnehmern, wenn sie nicht selbst die Voraussetzungen des § 410 RAO (jetzt § 371 AO) erfüllen (BayObLG, Urt. v. 7. 10. 1953 — 1 St 41/53, StRK, § 410 AO a. F., R. 8 = EStZ, Coring/Vogel, § 410 AO a. F., Nr. 32 = Slg. Henneberg, Teil A, Stichwort: „Selbstanzeige, Beauftragte", S. 5 = BB 1954 S. 152 = NJW 1954 S. 244; auch Hartung, §§ 410, 411 AO a. F., Anm. III 4; H-H-Sp, § 395 a. F., Sp. 6; Troeger, S. 189). S. auch zu III 1 d); IV 1.

aa2) Erklärung für Tatgenossen

Die Selbstanzeige wirkt für Mittäter und Teilnehmer dann, wenn und soweit der Täter die Anzeige zugleich in ihrem Auftrag erstattet hatte (Giese/Plath, WK, § 395 AO, a. F., Anm. 2; Kühn/Kutter, § 395 a. F., Anm. 3; Lohmeyer, DStR 1964 S. 336). Weiteres s. zu IV 2. a), b).

bb) Umfang und Inhalt der Erklärung

bb1) Anzeige an das Finanzamt

Nach § 371 AO braucht der Steuerpflichtige grundsätzlich nur seine eigenen unrichtigen Angaben zu berichtigen. Bei der Bezeichnung der Handlungen in § 371 AO hatte der Gesetzgeber offensichtlich nur solche im Auge gehabt, die der systematischen Ausgestaltung des Steuerrechts und des Steuerverfahrensrechts entsprechend geeignet sind, dem Finanzamt nachträglich die richtige Festsetzung des verkürzten Steueranspruchs oder die Rückgängigmachung des ungerechtfertigten Steuervorteils zu ermöglichen. Die nachträgliche Erfüllung dieser im Interesse der Besteuerung auferlegten Pflichten obliegt in der Regel nur dem Haupttäter und kann auch nur von ihm nachgeholt werden. Der Teilnehmer (Anstifter, Gehilfe) wird oft nicht in der Lage sein, die vom Haupttäter dem Finanzamt eingereichten falschen Bilanzen und falschen Steuererklärungen einschließlich Voranmeldungen zu berichtigen, da ihm der Gesamtüberblick über die beim Haupttäter vorliegenden steuerlichen Tatbestände fehlt. Eine Anstiftung oder Beihilfe kann auch durch jede Handlung, nicht etwa nur durch die Verletzung von steuerlichen Pflichten begangen werden. Es genügt daher für die Selbstanzeige des Anstifters und des Gehilfen inhaltlich, wenn sie dem Finanzamt anzeigen, durch welche Handlung sie Anstiftung oder Beihilfe zu einer Haupttat des Dritten (Haupttäters) geleistet haben, um dadurch das Finanzamt in die Lage zu versetzen, die betreffenden steuerlichen Tatbestände zu ermitteln und die Steueransprüche festzusetzen bzw. gewährte oder belassene Steuervorteile rückgängig zu machen (Hofstetter, StWa 1965 S. 173; Troeger/Meyer, S. 260).

bb2) Veranlassung zur Berichtigung der Haupttat

Anstifter

Vor dem 1. 7. 1960 vereinbarten die Vertragspartner in Gegenwart des Angeklagten, der als Makler den Vertrag vermittelt hatte, den Verkauf/Kauf eines Grundstücks zum Preis von 60 000 DM. Der Angeklagte teilte jedoch eigenmächtig dem Notar als Gesamtpreis nur 50 000 DM mit und wies die Verkäuferin bei der unrichtigen Beurkundung auf die hierfür eintretende Steuerersparnis hin, worauf auch die Verkäuferin den Vertrag unterschrieb. Vom Finanzamt auf die Möglichkeit, den Kaufpreis richtigzustellen, schriftlich hingewiesen, wandte sich der Ehemann der Verkäuferin ratsuchend an den Angeklagten. Dieser riet ihm und der Verkäuferin nach Rücksprache mit seinem Rechtsanwalt zur Selbstanzeige. Der Kaufpreis wurde sodann von der Verkäuferin und Käuferin beim Finanzamt richtig angegeben.

Die Vertragspartner erlangten Straffreiheit nach § 410 RAO (jetzt § 371 AO). Dem Makler wurde sie vom Finanzamt versagt, da er für sich, für seinen Tatbeitrag (Anstiftung und Vorteilsbeihilfe), keine Selbstanzeige gemäß § 410 RAO erstattet hatte.

§ 410 RAO erklärt seinem Wortlaut nach denjenigen für straffrei, der seine unrichtigen Angaben bei der Finanzbehörde berichtigt. Für den Fall des Anstifters, der selbst gegenüber dem Finanzamt keine unrichtigen Angaben gemacht hat, bedarf die Vorschrift der Auslegung.

Ebenso wie seine Straftat nur darin besteht, daß er einen anderen veranlaßt hat, unrichtige Angaben gegenüber dem Finanzamt zu machen, muß es auch ausreichen, wenn er bewirkt, daß der andere seine unrichtigen Angaben berichtigt. Dies ergibt sich schon daraus, daß nach herrschender Rechtsansicht auch der Täter, der selbst unrichtige Angaben gemacht hat, diese nicht persönlich richtigstellen muß, es vielmehr genügt, wenn dieser die Angaben durch einen anderen richtigstellen läßt. Es reicht aus, wenn der Täter einen Beitrag zur Richtigstellung der unrichtigen Angaben geleistet hat. Besteht der Beitrag in der Erteilung eines Auftrags an einen anderen, so scheitert die Wirkung der Selbstanzeige nicht etwa daran, daß der Auftrag nicht nach außen erkennbar wird.

Es war zu prüfen, welches Verhalten von einem Anstifter verlangt werden muß, damit ihm die Straffreiheit des § 410 RAO zugute kommt. Bei einem Anstifter muß es in jedem Falle genügen, wenn sein Beitrag zur Verhinderung einer unrichtigen Veranlagung darin besteht, daß er den Täter mit Erfolg dazu bewegt, durch Selbstanzeige die Angaben gegenüber dem Finanzamt rechtzeitig vor der Festsetzung der Steuer richtigzustellen. Darauf, ob gegenüber dem Finanzamt zum Ausdruck gebracht wird, daß die Anzeige im Einvernehmen mit dem Anstifter erstattet wird, kann es nicht ankommen. Dies gilt jedenfalls dann, wenn — wie hier — das Finanzamt ausdrücklich bei der Anzeige darauf aufmerksam gemacht wird, daß die andere namentlich bezeichnete Person als Anstifter tätig geworden war (BayObLG, Urt. v. 18. 5. 1967 — RReg 4 a St 141/66, Slg. Henneberg, Teil A, Stichwort: „Selbstanzeige, Täter“, S. 1; auch Kohlmann, § 395 AO a. F., Rdnr. 37). S. dazu auch IV 2 a) (2).

Grundsätzlich hat jeder, der Haupttäter wie auch der Teilnehmer, die Selbstanzeige gegenüber dem Finanzamt abzugeben. Die Selbstanzeige des Haupttäters befreit den Teilnehmer nicht vor Strafe. Anders, wenn auftragsgemäß der eine für den anderen auftritt. Weiß der Teilnehmer (Anstifter), daß der Haupttäter überhaupt keine

Berichtigungserklärung gegenüber dem Finanzamt abgibt, so muß er selbst die Erklärung gegenüber dem Finanzamt abgeben. Im Zweifelsfalle sollte er dies auch tun.

b) Teilberichtigung, Teilselbstanzeige

(1) Teilweise Berichtigung, Gründe

Die Abgabenordnung knüpft die Straffreiheit an eine Handlung des Steuerpflichtigen, die darin besteht, daß er für die Besteuerung bedeutsame Erklärungen, die er bis dahin unrichtig abgegeben hatte, berichtigt. Der straffällig Gewordene muß somit zur Wiedergutmachung eine persönliche Leistung erbringen, die in erster Linie darin besteht, daß er die Finanzbehörde instandesetzt, nunmehr die geschuldete Steuer richtig festzusetzen.

Vielfach berichtigt der Steuerpflichtige nur teilweise seine unrichtigen Angaben. Solche Teilselbstanzeigen werden erstattet oft „gutgläubig" infolge mangelnder Übersicht oder lückenhafter Erinnerung an die ursprünglich unrichtigen Besteuerungsgrundlagen („lückenhafte Selbstanzeige", s. auch zu i) (10)) oder in der Absicht, das Finanzamt weiterhin über einen größeren Teil der unrichtigen Besteuerungsgrundlagen hinwegzutäuschen („dolose Selbstanzeige"). Vgl. dazu Kohlmann, § 395 AO a. F., Rdnr. 71; Terstegen, S. 82 ff., 122.

(2) Wirkung

Die Wirkung der Selbstanzeige ist nur relativ, wie sich aus dem Wort „insoweit" des § 371 Abs. 1 AO eindeutig ergibt. Dies betonte schon das Reichsgericht in seinem Urteil III 959/24 vom 2. 3. 1925 (RGSt Bd. 59 S. 115—124), wenn es u. a. ausführt: „Ist die Berichtigung (oder Ergänzung) nur eine teilweise, so bleibt die Tatsache bestehen, daß die Steuererklärung im übrigen unrichtig (oder unvollständig) war; insoweit bleibt also der Steuerpflichtige strafbar, sofern er die nicht berichtigten (oder ergänzten) Angaben seinerzeit vorsätzlich gemacht hat. Die Straflosigkeit des Täters tritt nur in dem Maße ein, wie er seine unrichtigen Angaben richtigstellt" (s. auch RG, Urt. v. 27. 11. 1939 — 3 D 626/39, RGSt Bd. 73 S. 368 = EStZ, Coring/Vogel, § 410 AO a. F., Nr. 15; BGH, Urte. v. 13. 11. 1952 — 3 StR

39/52, BStBl. 1953 I S. 109 = StRK, § 410 AO a. F., R. 2 = EStZ, Coring/Vogel, § 410 AO a. F., Nr. 26 = Slg. Henneberg, Teil A, Stichwort: „Selbstanzeige, Berichtigungserklärung, Anforderungen", S. 7 = BB 1953 S. 225 = B 1953 S. 247 = JZ 1953 S. 402; v. 11. 11. 1958 — 1 StR 370/58, BGHSt Bd. 12 S. 100 = BStBl. 1959 I S. 18 = StRK, § 410 AO a. F., R. 5 = Slg. Henneberg, Teil A, Stichwort: „Selbstanzeige, Umfang", S. 2 = DStZ/B 1959 S. 38 = ZfZ 1959 S. 78 = BB 1959 S. 104 = MDR 1959 S. 141 = NJW 1959 S. 205 = FR 1959 S. 479 = StQ, AO, 1965, §§ 391—477 a. F., Nr. 28; BayObLG, Urt. v. 24. 1. 1963 — RReg 4 St 365/62, StRK, § 410 AO a. F., R. 9 = EStZ, Coring/Vogel, § 410 AO a. F., Nr. 47 = Slg. Henneberg, Teil A, Stichwort: „Selbstanzeige, Materiallieferung", S. 13 = DStZ/B 1963 S. 112; auch Leise, WK, § 395 AO a. F., Anm. 7; Lohmeyer, StB 1974 S. 206).

Steuersünder, die zur Selbstanzeige zwar bereit, aus tatsächlichen Gründen hierzu aber nicht mehr vollständig in der Lage sind, brauchen sonach auf die Erstattung einer Selbstanzeige nicht vollständig zu verzichten. Zu denken ist etwa auch an den Umstand, daß die Bücher nur unvollständig geführt sind oder aus sonstigen Gründen schriftliche Unterlagen und Belege über die Besteuerungsgrundlagen nicht mehr zur Verfügung stehen. Es kommt dabei nicht darauf an, aus welchen Gründen, ob schuldhaft oder ohne jegliche Schuld, der Steuerpflichtige etwa nicht in der Lage war, die im Sinn einer Teilberichtigung der bisherigen Angaben liegende Sachaufklärung zu ermöglichen.

(3) Umfang

aa) Voranmeldung, Jahreserklärung

A hat falsche Angaben in den Umsatzsteuer-Voranmeldungen gemacht. In seiner Selbstanzeige, die er später erstattet, gibt er den Jahresumsatz (Steuererklärung vom 17. 3. 1925) zu niedrig an.

Das Landgericht kommt bei der Würdigung der Sache zu dem Ergebnis, daß sich der Angeklagte schon bei den monatlichen Voranmeldungen und Vorauszahlungen und schließlich bei der Steuererklärung vom 17. 3. 1925 schuldig gemacht hat. Straffreiheit könne nur dann in Betracht kommen, wenn die nachträgliche Berichtigung vollständig den tatsächlichen Verhältnissen entspricht.

Die Vorschrift über Selbstanzeige muß dahin verstanden werden, daß die Steuerverfehlung insoweit straffrei bleibt, als der strafbare Tatbestand durch die nachträglichen Angaben beseitigt wird. Das gilt nicht nur für die Frage, in welcher Höhe die Strafe für den auch dann noch bleibenden strafbaren Tatbestand zu bestimmen sei, sondern schon für die Frage, wieweit ein strafbarer Tatbestand überhaupt vorliege. Daraus folgt für den vorliegenden Fall, daß die Verfehlungen, die in den wahrheitswidrigen Voranmeldungen gelegen haben, insoweit, wie die Steuererklärung vom 17. 3. 1925 der Wahrheit näher kam als jene, keine Grundlage mehr für die Bestrafung bilden können, so daß eine strafbare Handlung nur noch insoweit vorliegt, als auch die Steuererklärung vom 17. 3. 1925 hinter der Wirklichkeit zurückgeblieben ist (RG, Urt. v. 12. 4. 1932 — 1 D 1456/31, RStBl. 1932 S. 419 = EStZ, Coring/Vogel, §§ 410, 411 AO a. F., Nr. 1 = Slg. Henneberg, Teil A, Stichwort: „Selbstanzeige, Umfang", S. 1).

Zur steuerlichen Behandlung der geänderten Steueranmeldung, s. Muuß, NWB 1976 F. 2 S. 2960; auch EAO 1977 zu § 150.

bb) Erfassung der Zeiträume

Ist die Selbstanzeige unvollständig hinsichtlich der von ihr erfaßten Zeiträume, so ist sie doch nach Erfüllung aller weiterer Voraussetzungen als Teilselbstanzeige anzuerkennen (StQ, AO, 1975, §§ 391—449 a. F., Nr. 591, Anm.; Lohmeyer, B 1974 S. 1838). S. auch zu i) (5) cc).

cc) Schwerere Bestrafung
für verschwiegene Teile

Der Täter, der nur unvollständig seine Hinterziehungen offenbart, muß damit rechnen, daß er für die weiterhin verschwiegenen Teile der Steuerstraftat schwerer bestraft wird (Leise, WK, § 395 AO a. F., Anm. 7).

Beispiel:

A und B hatten mehrere Jahre in ihren Vermögensteuer- und Einkommensteuer-Erklärungen ihr Kapitalvermögen und das Zinsaufkommen verschwiegen. Um keinen Verdacht aufkommen zu lassen, offenbarten sie dem Finanzamt schließlich in einem Schreiben nur einen Teil ihres Vermögens (RG, RGSt Bd. 70 S. 350, — s. zu a) (1) aa) 1 —).

(4) Höhe der verkürzten Beträge

Für die Frage der (Teil-)Straffreiheit kommt es nur auf den Betrag an, um den als Folge der ursprünglich unrichtigen und durch die (Teil-)Selbstanzeige später berichtigten Angaben des Steuerpflichtigen der Steueranspruch zunächst verkürzt worden war (Barske/Gapp, S. 84; Hartung, §§ 410, 411 AO a. F., Anm. IV; H-H-Sp, § 395 a. F., Sp. 57; Terstegen, S. 122).

c) Berichtigungserklärung

Die positiven Voraussetzungen der Straffreiheit sind umschrieben in Abs. 1 des § 371 AO, auch in Abs. 3 sowie — für einen Sonderfall — in Abs. 4.

Nach Abs. 1 ist straffrei, wer unrichtige oder unvollständige Angaben berichtigt oder ergänzt oder unterlassene Angaben nachholt. Diese Handlungen lassen sich unter dem Begriff „Berichtigungserklärung" oder kurz auch „Berichtigung" zusammenfassen.

(1) Gegenstand der Berichtigung

Mit den Worten „unrichtige Angaben in den Fällen des § 370 berichtigen" umschreibt das Gesetz das, was der Täter berichtigen soll. Es handelt sich um Tathandlungen, die den Tatbestand der Steuerhinterziehung, Monopolhinterziehung (s. zu III 1 vor a)) erfüllen. Die Tatbestände bestehen im wesentlichen darin, daß der Steuerpflichtige

a) im Steuerfestsetzungsverfahren durch pflichtwidriges Tun (Unterlassen) seine Erklärungs- und Mitwirkungspflichten, vgl. §§ 140 ff.; 200 AO verletzt,

b) außerhalb des obigen Verfahrens, so im Beitreibungsverfahren (§§ 249 ff. AO), im Stundungsverfahren (§ 222 AO) oder im Erlaßverfahren (§ 227 AO) durch falsche Angaben unberechtigt Steuervorteile erschlichen und

c) im Rechtsbehelfsverfahren (§§ 347 ff. AO) unrichtige Erklärungen gegenüber Behörde oder Gericht (Täuschung über Besteuerungsgrundlagen) abgegeben hat (Franzen/Gast, § 395 AO a. F., Tz. 30; Kohlmann, § 395 AO a. F., Rdnr. 48; Suhr/Naumann, S. 278).

(2) Form

Die Erstattung einer Selbstanzeige ist nicht formbedürftig. Sie kann mündlich, zu Protokoll bei der zuständigen Finanzbehörde, oder schriftlich erklärt werden. Nicht erforderlich ist, daß die Erklärung das Wort „Selbstanzeige" enthält oder daß ausdrücklich auf § 371 AO hingewiesen wird. Sind alle Voraussetzungen einer Selbstanzeige erfüllt, so besteht ein gesetzlicher Anspruch auf Straffreiheit. Dieser ist von Amts wegen zu berücksichtigen.

Mündliche Erklärungen begründen in erhöhtem Maße die Gefahr von Mißverständnissen, der die Finanzbehörde durch unmißverständliches Befragen des Anzeigeerstatters vorbeugen sollte. Die Beweisklarheit gebietet daher, daß mündliche Erklärungen unverzüglich protokolliert werden (RG, Urt. v. 4. 1. 1927 — I 612/26, RGSt Bd. 61 S. 115, 117 = EStZ, Coring/Vogel, § 410 AO a. F., Nr. 5 = Slg. Henneberg, Teil A, Stichwort: „Selbstanzeige, Adressat", S. 1; „Selbstanzeige, Motive" S. 2). Die bloße Behauptung, fernmündlich Selbstanzeige erstattet zu haben, kann nicht immer als wahr unterstellt werden (Franzen/Gast, § 395 AO a. F., Tz. 44). Zur Ausschließung von Zweifeln empfiehlt sich die Schriftform. Die Berichtigungserklärung wird in der Regel durch berichtigte Steuererklärung erfolgen (vgl. dazu OLG Frankfurt, Urt. v. 16. 12. 1953 — Ss 755/53, EStZ, Coring/Vogel, § 410 AO a. F., Nr. 33 = Henneberg, Teil A, Stichwort: „Selbstanzeige, Adressat", S. 3; „Selbstanzeige, Materiallieferung", S. 7 = DStZ/B 1954 S. 58; OLG Hamburg, Urt. v. 27. 1. 1970 — 2 Ss 191/69, Slg. Henneberg, Teil A, Stichwort: „Selbstanzeige, Entdeckungsgefahr", S. 13 = DStR 1970 S. 572 = NJW 1970 S. 1385 = ZfZ 1971 S. 355; auch Ehlers, DStR 1974, S. 695; Lohmeyer, FR 1965 S. 485; KStR, AO, 1971, Abt. 02 a S. 82).

S. auch zu V 1 d).

(3) Inhalt

Durch die Berichtigungserklärung müssen unrichtige Angaben bei der Finanzbehörde dargelegt werden. Es muß sich um eine ausführliche Darstellung handeln. Es ist möglichst genaues Zahlenmaterial zu liefern, damit das Finanzamt auf dieser Grundlage anhand der nachgereichten Erklärungen oder Unterlagen die nachzufordernde Steuer festsetzen kann.

Ein Verzicht der Finanzbehörde auf die Einhaltung der Voraussetzungen, die § 371 Abs. 1 AO an den Inhalt der Berichtigungserklärung stellt, ist ohne Wirkung (BGH, Urt. v. 20. 7. 1965 — 1 StR 95/65, ZfZ 1966 S. 23 = BB 1966 S. 107 = DStR 1966 S. 150 = NWB, 1967, F. 13 S. 319; auch Kohlmann, § 395 AO a. F., Rdnr. 76).

aa) Erkennbarkeit der Berichtigung

Die Berichtserklärung kann neutral und kommentarlos sein und braucht keinen ausdrücklichen Hinweis auf die strafrechtliche Seite des angezeigten Verhaltens zu enthalten. Erforderlich ist aber ihre Erkennbarkeit. Bei den Angaben der richtigen Besteuerungsgrundlagen in der berichtigten Steuererklärung ist zum Ausdruck zu bringen, daß sie an die Stelle der ursprünglichen treten sollen. Bei Unklarheiten hat das Finanzamt durch Rückfragen den Zusammenhang der widerstreitenden Angaben zu klären; denn bei aller Formlosigkeit der Berichtigungserklärung darf der Berichtigungszweck einer Erklärung nicht im Ungewissen bleiben (Berger, BB 1951 S. 920; Lohmeyer, UStR 1962 S. 129; Kohlmann, § 395 AO a. F., Rdnr. 57).

S. zu f) (1) aa) 2.

bb) Aus mehreren Erklärungen bestehende Selbstanzeigen, Frist zur Nachholung

Die Selbstanzeige ist durch mehrere zeitlich aufeinanderfolgende Erklärungen möglich. So ist es keinesfalls erforderlich, daß der Anzeigeerstatter das Ergebnis seiner Nachprüfungen in einer einzigen Mitteilung dem Finanzamt zur Kenntnis bringt. Das kann auch in mehreren Erklärungen erfolgen, die der Ergänzung der „Selbstanzeige dem Grunde nach“ dienen. In Übereinstimmung mit dem Grundgedanken des Gesetzes, eine möglichst schnelle Bereinigung der Verhältnisse herbeizuführen, wird das insbesondere der Fall sein, wenn die Buchführung für mehrere Jahre aufgearbeitet werden muß und die Abschlüsse getrennt hintereinander erstellt werden. Dabei muß aber davon ausgegangen werden, daß die Teilerklärungen nur dann als Teil eines Ganzen betrachtet werden können, wenn sie in der ersten Mitteilung schon dem Grunde nach enthalten waren. S. auch zu a) (1) aa), Schrifttum.

Beispiel:

A und B hatten von 1947 bis 1950 Umsatzsteuer-, Einkommensteuer- und Gewerbesteuereinnahmen verkürzt. Am 25. 9. 1950 gibt A gegenüber der Finanzbehörde die „knappe“ Erklärung ab, daß er tätige Reue übe. Am 3. 11. 1950 vervollständigte der Steuerberater des A dessen Erklärung mit ausführlichen Angaben.

Der BGH würdigt beide Erklärungen als „rechtliche Einheit“, die möglicherweise als Selbstanzeige anzuerkennen ist (BGH, Urt. v. 13. 11. 1952 — 3 StR 398/52, BGHSt Bd. 3 S. 373 = BStBl. 1953 I S. 107 = StRK, § 410 AO a. F., R. 1 = EStZ, Coring/Vogel, § 410 AO a. F., Nr. 27 = Slg. Henneberg, Teil A, Stichwort: „Selbstanzeige, Materiallieferung“, S. 6 = NJW 1953 S. 476).

Selbstanzeigen werden auch in vielen Fällen nicht unter sofortiger Vorlegung des zur Berichtigungsveranlagung erforderlichen Tatsachen- und Zahlenmaterials erstattet. Vielfach wird statt dessen „Selbstanzeige“ erstattet mit dem Versprechen, nähere Angaben nachzuliefern. Fraglich ist, welche Auswirkungen es hat, wenn der Anzeigeerstatter eine zur Ergänzung seiner Angaben vom Finanzamt gesetzte Frist nicht einhält. Das Gesetz (§ 371 Abs. 3 AO) sieht eine Fristbestimmung für die Entrichtung der aufgrund der Selbstanzeige anfallenden Nachsteuer vor. Es äußert sich aber nicht zur Fristsetzung zur Ergänzung der Angaben. Will man nicht dem Anzeigeerstatter die Wahl des Zeitpunktes überlassen, zu dem er seine Selbstanzeige ergänzt, so wird man in Übernahme eines allgemeinen Rechtsgedankens der AO, nach dem unrichtige (unvollständige oder unterlassene) Angaben unverzüglich (d. h. ohne schuldhaftes Zögern, vgl.

§ 121 BGB) nachgeholt werden müssen, dem Finanzamt die Setzung einer angemessenen Frist zubilligen müssen. Wird diese Frist nicht eingehalten, so muß dies den Verlust der strafbefreienden Wirkung der Selbstanzeige ebenso zur Folge haben, wie das der Fall wäre, wenn die Nachzahlungsfrist des § 371 Abs. 3 AO nicht eingehalten wird. Es darf der Anzeigeerstatter nicht in der Hand haben, durch Erstattung einer Selbstanzeige nur „dem Grunde nach" die Ergänzung der Angaben zu bestimmen und sie möglicherweise auf unabsehbare Zeit zu verzögern.

Andererseits darf dem Anzeigeerstatter kein Nachteil daraus erwachsen, daß ihm, nachdem er zunächst nur „vorläufige" Angaben gemacht hat, die Gelegenheit, von sich aus die endgültigen Angaben zu machen, durch eine vor Fristablauf einsetzenden Außenprüfung (vgl. § 371 Abs. 2 Nr. 1 a AO) genommen wird. S. zu VII 1 c) (2) dd) dd2) dd25).

cc) Mehrere Steuerarten

Grundsätzlich bewirkt die Selbstanzeige Straffreiheit nur hinsichtlich der Steuerart, die berichtigt worden ist. Die Selbstanzeige kann sich auch ohne besondere Hinweise in der Steuererklärung auf mehrere Steuerarten beziehen, wobei die Angabe einzelner Zahlen nicht unbedingt erforderlich ist.

Beispiel:

A hatte dem Sachbearbeiter des Finanzamts am 3. 11. 1958 bereits die Angaben gemacht, die er unter dem 6. 11. 1958 zu Protokoll (schriftlich) niederlegte. Für die bezeichneten Steuerarten waren in der Hauptsache die Umsatzzahlen (Betriebseinnahmen) des Steuerpflichtigen maßgeblich. Daß eine Selbstanzeige auch ohne besonderen Hinweis sich auf mehrere Steuerarten beziehen kann, nämlich auf alle diejenigen, die in Betracht kommen und für die die Angaben ausreichen, ist gesicherte Rechtsprechung (so OLG Frankfurt, Urt. v. 18. 10. 1961 — 1 Ss 854/61, EStZ, Coring/Vogel, § 410 AO a. F., Nr. 44 — s. zu a) (1) aa) 6 —; auch RG, Urt. v. 28. 6. 1940 — 1 D 7/40, RStBl. 1940 S. 649; ebenso Kohlmann, § 395 AO a. F., Rdnr. 66; Suhr/Naumann, S. 277).

S. auch zu 2 b) (3); 3 b) (5).

d) Sachliche Voraussetzung

Die Berichtigungserklärung, wie sie § 371 Abs. 1 AO verlangt, ist eine „sachliche Voraussetzung der Straflosigkeit". Es ist daher gleichgültig, ob der Täter sein Unvermögen zur Berichtigung (ebenso Vervollständigung oder Nachholung) verschuldet hat oder ob er schuldlos daran ist (vgl. RG, Urt. v. 2. 3. 1925 — III 959/24, RGSt Bd. 59 S. 115; BGH, Urt. v. 13. 11. 1952 — 3 StR 398/52, BGHSt Bd. 3 S. 373 = BStBl. 1953 I S. 107 = StRK, § 410 AO a. F., R. 1 = EStZ, Coring/Vogel, § 410 AO a. F., Nr. 27 = Slg. Henneberg, Teil A, Stichwort: „Selbstanzeige, Materiallieferung", S. 6 = NJW 1953 S. 475). S. auch i (13).

So kann sich der Täter auch nicht darauf berufen, daß Dritte, die er mit der Erstattung der Selbstanzeige beauftragt hat, die Berichtigungserklärung entgegen dem erteilten Auftrag falsch übermitteln (RG, Urt. v. 4. 2. 1924 — III 1178/23, RGSt Bd. 58 S. 83; auch List, S. 27). S. auch V 1 c).

e) Motive des Berichtigenden, keine Pflicht zur Offenbarung

Die Freiwilligkeit und damit ein ethischer Wert der Selbstanzeige wird vom Gesetz nicht gefordert. Unerheblich ist der moralische Wert der zur Selbstanzeige führenden Beweggründe; Reue ist nicht erforderlich. Welche Absichten der Täter mit der Berichtigung verfolgt, ist nicht entscheidend. Es kommt lediglich auf die Tatsache der Offenlegung selbst an. Entscheidend ist, daß der Steuerpflichtige seine früheren unrichtigen Angaben durch objektiv richtige Angaben ersetzt (vgl. dazu OLG Düsseldorf, Urt. v. 10. 12. 1958 — Ss 822/58, Slg. Henneberg, Teil A, Stichwort: „Selbstanzeige, Berichtigungserklärung, Anforderungen", S. 11 = B 1960 S. 458; OLG Frankfurt, Urt. v. 18. 10. 1961 — 1 Ss 854/61, EStZ, Coring/Vogel, § 410 AO a. F., Nr. 44 = Slg. Henneberg, Teil A, Stichwort: „Selbstanzeige, Entdeckungsgefahr", S. 4; „Selbstanzeige, Strafaufhebungsgrund", S. 1; „Selbstanzeige, Umfang", S. 4 = BB 1962 S. 126 = NJW 1962 S. 974 = DStZ/B 1963 S. 83; OLG Celle, Urt. v. 5. 11. 1970 — 1 Ss 152/70, Slg. Henneberg, Teil A, Stichwort: „Selbstanzeige, Entdeckungsgefahr", S. 19 = GA 1971 S. 92 = BB 1971 S. 205; BayObLG, Urt. v. 24. 2. 1972 — RReg 4 St 135/71, Slg. Henneberg, Teil A, Stichwort: „Selbstanzeige, Entdeckungsgefahr", S. 26 = BB 1972 S. 524 = MDR 1972 S. 902 = KStR, AO, 1972, Abt. 99 S. 3821; auch RG, Urt. v. 9. 11. 1936 — 3 D 619/36, RGSt Bd. 70 S. 351 = EStZ, Coring/Vogel, § 410 AO a. F., Nr. 11 = Slg. Henneberg, Teil A, Stichwort: „Selbstanzeige, Berichtigungserklärung, Anforderungen", S. 3, — s. zu a) (1) aa) 1 —; ebenso Franzen/Gast, § 395 AO a. F., Tz. 29; Kohlmann, § 395 AO a. F., Rdnr. 18 ff., 54, 71; Mattern, DStR 1952 S. 76; Quenzer, StW 1953 S. 668; abw. Ehlers DStR 1974 S. 696).

Der Steuerpflichtige hat das Recht und die Möglichkeit, eine Bestrafung wegen Steuerhinterziehung (§ 370 AO) durch die Abgabe einer Selbstanzeige und die Erfüllung der damit verbundenen Auflagen von sich abzuwenden. Es besteht aber nicht eine Pflicht zur Offenbarung. Eine solche Pflicht zur Selbstbezichtigung berührt die Würde der menschlichen Person nach Art. 1 und 19 GG und wäre nicht nur unzumutbar, sondern auch unzulässig (auch Seltmann, StB 1972 S. 234).

f) Steuererklärung

(1) Jahreserklärung

Die Abgabe einer richtigen Jahreserklärung kann bezüglich der vorhergehenden Voranmeldungen als Selbstanzeige wirken.

aa) Umsatzsteuer

1. Das Finanzamt hatte eine Umsatzsteuer-Jahreserklärung, in der der ausgewiesene Jahresumsatz den vorangemeldeten Umsatz überstieg, als Selbstanzeige gem. § 410 RAO (jetzt § 371 AO) angesehen und den Steuerpflichtigen zugleich darauf hingewiesen, daß Straffreiheit nur eintrete, wenn der geschuldete Steuerbetrag innerhalb einer Frist von zwei Wochen entrichtet werde. Nach fristgemäßer Zahlung des Mehrbetrages bestätigte die Behörde die strafbefreiende Wirkung der Selbstanzeige und belehrte den Steuerpflichtigen zugleich eingehend über im Wiederholungsfall mögliche strafrechtliche Folgen.

Die Finanzbehörde Hamburg bejahte die Selbstanzeige in Form einer Umsatzsteuer-Jahreserklärung. Sie hält dieses Verfahren aber für bedenklich, wenn es schematisch in allen Fällen angewandt wird, in denen der erklärte Jahresumsatz die Summe der vorangemeldeten Umsätze übersteigt. § 165 e RAO (jetzt § 153 AO) verpflichtet die Steuerpflichtigen zur unaufgeforderten Richtigstellung unrichtiger (oder unvollständiger) Angaben, die zu Steuerverkürzungen führen können. Mit der Abgabe der Jahreserklärung kommt der Steuerpflichtige zunächst nur dieser Verpflichtung nach. Ob er damit zugleich eine Selbstanzeige im Sinne des § 410 RAO abgegeben hat, bedarf zunächst einer weiteren Überprüfung des Sachverhalts; eine Selbstanzeige ist begrifflich in diesem Zusammenhang nur möglich, wenn ein vorheriges schuldhaftes Verhalten im Sinne des § 396 RAO (jetzt § 370 AO) vorliegt Das kann jedoch für jeden Einzelfall erst nach eingehender Klärung der Ursachen für die eingetretene Verkürzung beurteilt werden. Ergeben sich dabei Verdachtsmomente für ein derartiges schuldhaftes Verhalten, so ist eine strafbefreiende Wirkung der Nachmeldung nur über § 410 RAO möglich (FinBeh. Hamburg, Erl. v. 26. 7. 1965 — 51 — S 1260 — 3, B 1965 S. 1159 = NWB 1965, F. 1 S. 213)

Hinsichtlich der Nacherklärung nach § 153 AO, s. zu k); 2 c); 3 c) sowie IX, insbes. 2.

2. Eine Steuerverkürzung tritt bereits mit Ablauf des Voranmeldung-Zeitraums ein; denn bis dahin hätte die vorangemeldete Steuer auch entrichtet werden müssen (vgl. § 18 Abs. 3 UStG). Werden die im Laufe des Jahres entstandenen Unterschiedsbeträge nachträglich in der Umsatzsteuer-Jahreserklärung offenbart und ist der Steuerpflichtige imstande, dem Finanzamt auf Befragen ohne weitere langwierige Erörterungen und Ermittlungen die Gründe für den Unterschiedsbetrag darzulegen, so kann der Steuerpflichtige dadurch Straffreiheit erlangen (OLG Hamburg, Urt. v. 27. 1. 1970 — 2 Ss 191/69, Slg. Henneberg, Teil A, Stichwort: „Selbstanzeige, Entdeckungsgefahr", S. 13 = DStR 1970 S. 572 = NJW 1970 S. 1385; auch Berger, BB 1951 S. 919; Lohmeyer, UStR

1962 S. 129; DStR 1968 S. 275; Mattern, DStZ/A 1950 S. 137; NJW 1951 S. 940; DStR 1954 S. 459; Suhr, NWB, 1969, F. 13 S. 379). Werden die Unterschiedsbeträge jedoch nur zum Teil nachträglich erklärt, können die Voraussetzungen einer teilweisen strafbefreienden Selbstanzeige gegeben sein (RG, Urt. v. 12. 4. 1932 — 1 D 1456/31, RStBl. 1932 S. 419 = EStZ, Coring/Vogel, §§ 410, 411 AO a. F., Nr. 1 = Slg. Henneberg, Teil A, Stichwort: „Selbstanzeige, Umfang", S. 1). S. zu b) (3) aa).

Weicht die Umsatzsteuer-Jahreserklärung von den Angaben in den Voranmeldungen ab, so empfiehlt es sich für den Steuerpflichtigen, die Gründe für diese Abweichung in einer besonderen Anlage zur Steuererklärung zu erläutern. Es kommt recht häufig vor, daß in der Umsatzsteuer-Jahreserklärung höhere Umsätze angegeben werden als in den Voranmeldungen für das gleiche Kalenderjahr. S. zu c) (3) aa).

bb) Einkommensteuer

1. Der Steuerpflichtige hat in seiner Jahreserklärung das, was er früher zu wenig erklärt hat, nunmehr erklärt: Es ist richtig, daß es den Erfordernissen des § 410 RAO (jetzt § 371 AO) besser genügt hätte, wenn der Steuerpflichtige in der Jahreserklärung einen Hinweis auf die Gründe des Unterschiedsbetrags von 8000 DM und vor allem auch darauf gegeben hätte, auf welche Vierteljahre der Betrag entfällt und wie er sich im einzelnen auf die Vierteljahre verteilt; denn dann wären zweifelsfrei und für jedermann ersichtlich die Vierteljahreserklärungen ausdrücklich als solche berichtigt. Es wäre aber eine durchaus formale Betrachtung der Dinge, wenn man dem Steuerpflichtigen nur deswegen die Straffreiheit nach § 410 RAO versagen wollte, weil die Berichtigung nicht in dieser Form erfolgte. Es muß genügen, daß der Unterschiedsbetrag von 8000 DM für das Finanzamt ohne weiteres ersichtlich war und daß es weitere Aufklärung ohne Mühe erlangen konnte und im gegebenen Falle auch erlangt hat.

Der Sinn der Jahreserklärung kann aber nur der sein, daß der Steuerpflichtige nunmehr die Gewinnbeträge, die er in seinen Vierteljahreserklärungen hätte angeben müssen, im zutreffenden Gesamtbetrag seines Jahresgewinns in der Jahreserklärung nachmeldet. Durch diese „Nachmeldung" und die jederzeit mögliche und hier auch erteilte Aufklärung war das Finanzamt in der Lage versetzt, den Sachverhalt vollständig zu übersehen. Es wäre insbesondere — was hier nicht geschehen ist — in der Lage gewesen, schon vor Durchführung der Veranlagung die vierteljährlichen Vorauszahlungen neu zu berechnen und als längst fällig sofort anzufordern, so daß sich die Erhebung einer Abschlußzahlung insoweit erübrigt hätte. Da mithin die Jahreserklärung des Steuerpflichtigen als Selbstanzeige im Sinne des § 410 RAO zu werten und weiter die geschuldete Einkommensteuer auch bereits fristgemäß entrichtet ist, ist der Steuerpflichtige von einer etwa verwirkten Strafe befreit, so daß eine weitere strafrechtliche Erörterung des Falles auf sich beruhen kann (RG, Urt. v. 9. 11. 1936 — 3 D 619/36, RGSt Bd. 70 S. 351 = EStZ, Coring/Vogel, § 410 AO a. F., Nr. 11 = Slg. Henneberg, Teil A, Stichwort: „Selbstanzeige, Berichtigungserklärung, Anforderungen", S. 3; vgl. auch RG, Urt. v. 28. 6. 1940 — 1 D 7/40, RStBl. 1940 S. 650).

2. Ein Steuerpflichtiger, der als Gesellschafter-Geschäftsführer einer GmbH für seine laufenden Lohneinkünfte und Tantiemen keine Lohnsteueranmeldungen abgegeben hat, wird im allgemeinen wegen Lohnsteuer-Hinterziehung dadurch straffrei, daß er die Lohneinkünfte mit einer entsprechenden Verdienstbescheinigung in seiner Einkommensteuer-Erklärung angibt. Für das Finanzamt ist erkennbar, daß er seine lohnsteuerpflichtigen Angaben berichtigt hat (Suhr/Naumann, S. 275).

(2) Voranmeldung

Die Voranmeldung (Umsatzsteuer) ist eine Steuererklärung. Ist die Voranmeldung falsch abgegeben worden, so kann die spätere Einreichung der richtigen Voranmeldung als Selbstanzeige angesehen werden (Herdemerten, DStR 1970 S. 198; Suhr/Naumann, S. 180).

Meldet der Steuerpflichtige unter Bezugnahme auf § 371 AO eine einmalige Provisionseinnahme etwa für Januar 1977 mittels berichtigter Umsatzsteuer-Voranmeldung nach, so ist dies als Selbstanzeige zu betrachten.

Zur Vollendung und zum Versuch der Steuerverkürzung bei Voranmeldung, s. zu III 1 b) (1) bb) bb2), (2) bb) bb2) und 1 c) (1) bb), (2) bb).

g) Erklärung im Beitreibungsverfahren

Steuerverkürzungen können auch im Beitreibungsverfahren (§§ 249 ff. AO) durch Vereitelung der Vollstreckung begangen werden. Zur Vorteilserschleichung (Vollendung, Versuch), s. zu III 1 b) (1) cc), (2) cc); c) (1) cc).

Steuerverkürzungen sind etwa möglich durch Verschweigen von Vermögen, durch Täuschung des Vollziehungsbeamten über das Vorhandensein pfändbarer Gegenstände, durch Widerstand gegenüber einem Finanzbeamten, wenn dadurch Verkürzungen herbeigeführt werden sollen, durch Verkauf gepfändeter Gegenstände. Weiteres dazu Pfaff, § 392 AO a. F., Tze. 129 ff.).

Bei Steuerhinterziehungen außerhalb des Steuerfestsetzungsverfahrens, die häufig in Tateinheit mit allgemeinen Straftaten, z. B. Unterschlagung, Arrestbruch, Pfandsiegelbruch begangen werden, kommt der Täter seiner Berichtigungspflicht in der Regel dadurch nach, daß er dem Finanzamt sein strafbares Verhalten mitteilt (Suhr/Naumann, S. 278). In diesen Fällen kann Straffreiheit aber nur hinsichtlich der Steuerhinterziehung erlangt werden. Dazu III 2 e.

Der Steuerpflichtige kann straffrei ausgehen, wenn er dem zur Abholung des Pfandobjekts erschienenen Vollziehungsbeamten für diesen überraschend erklärt, er, der Steuerpflichtige, habe das Pfandobjekt pflichtwidrig veräußert.

h) Abgabe einer Erklärung durch den steuerlichen Berater, Pflichten

(1) Zuwiderhandlungen durch den Mandanten

aa) Keine Pflicht zur Anzeige

Es gehört zum Aufgabenkreis des steuerlichen Beraters, den Steuerpflichtigen auf die Möglichkeiten der Vermeidung von Steuerverfehlungen und auf die mit den Steuerverfehlungen verbundenen Folgen aufmerksam zu machen. Dazu zählt auch die Pflicht, auf § 371 AO hinzuweisen. Eine Pflicht zur Anzeige besteht aber nicht. Ob der steuerliche Berater, der ohne Erfolg versucht hat, seinen Mandanten von steuerlichen Verfehlungen abzuhalten, gezwungen ist, sein Mandat niederzulegen, ist in erster Linie eine standesrechtliche Frage, die nicht zuletzt auch von Art und Umfang des erteilten Auftrags abhängt. Danach bestimmt sich auch seine strafrechtliche Verantwortlichkeit. So, wenn er für den Mandanten tätig ist und mit seiner Autorität das Verhalten des Mandanten dadurch abdeckt, daß er z. B. die als falsch erkannten Buchungen seiner Bilanzierung zugrundelegt und die falsche Bilanz zur Grundlage der Steuererklärung macht. Hinsichtlich der Anzeigepflicht nach § 153 AO, s. zu k), 2 c), 3 c) sowie IX 1, 2.

Wenn auch eine Verpflichtung zur Erstattung der Selbstanzeige für den steuerlichen Berater nicht besteht, so muß doch eine Ermächtigung (Vollmacht) zur Anzeige vorliegen. Die allgemeine Bevollmächtigung zur Vertretung in Steuersachen oder gar ein auftragsloses Handeln führt nicht zur Strafbefreiung.

bb) Nichtordnungsmäßigkeit der Buchführung

Steht ein steuerlicher Berater vor der Aufgabe, eine seit Jahren vernachlässigte oder ganz unterlassene Buchführung des Mandanten in Ordnung zu bringen, so wird er darauf hinwirken, daß Erklärungen, die in monatlichen oder vierteljährlichen Voranmeldungen hätten erfolgen müssen, zumindest durch Abgabe zutreffender Jahreserklärungen nachgeholt werden, um seinem Auftraggeber die Wohltat der strafbefreienden Selbstanzeige zu sichern. S. zu f).

Es besteht keine steuerliche Pflicht des steuerlichen Beraters zur Angabe von Mängeln der Buchführung in der Steuererklärung. Die Ansicht, ein steuerlicher Berater dürfe in Kenntnis der Nichtordnungsmäßigkeit der Buchführung keine Erklärungen abgeben, die auf den Ergebnissen dieser Buchführung beruhen, ohne dem Finanzamt vom Zustand der Buchführung Kenntnis zu geben, ist in dieser allgemeinen Fassung nicht zutreffend (BGH, Urt. v. 26. 1. 1954 — 5 StR 433/53, Wirtschafts- und Steuerberatung, Strafrecht, Rechtsprechung 1954). S. auch zu a) (1) bb); i) (3).

cc) Außenprüfung

cc1) Hinweis vor der Prüfung

Stellt der steuerliche Berater vor Beginn einer Außenprüfung irgendwelche schuldhaften Pflichtverletzungen steuerlicher Art fest, so wird er dies in der Regel seinem Auftraggeber mitteilen und ihn zur Erstattung einer Selbstanzeige veranlassen. Von sich aus darf er ohne besondere Vollmacht des Mandanten keine Selbstanzeige erstatten.

Zum Ausschluß der Straffreiheit, s. zu VII 1.

cc2) Hinweis während der Prüfung

Hat der steuerliche Berater eine schuldhafte Verletzung steuerlicher Pflichten durch den Steuerpflichtigen festgestellt und ist der Prüfer zur Prüfung bereits erschienen, so besteht nicht mehr die Möglichkeit, durch eine Selbstanzeige Straffreiheit zu erlangen (§ 371 Abs. 2 Nr. 1 a AO). Der drohenden Gefahr eines Bußgeldverfahrens in den Fällen eines nur leichtfertigen Verschuldens kann aber noch mit einer Selbstanzeige nach § 378 Abs. 3 S. 1 AO begegnet werden. Diese Vorschrift bietet auch bei einer Außenprüfung nahezu uneingeschränkt die Möglichkeit einer bußgeldbefreienden Selbstanzeige, auch dann noch, wenn der Prüfer die Ordnungswidrigkeit bereits festgestellt hat. Der Steuerpflichtige kann sogar das Ergebnis der Prüfung in seine Selbstanzeige nach § 378 Abs. 3 AO mit einarbeiten und berichtigte

Steuererklärungen abgeben. Er muß nur während der Außenprüfung einen in die Richtung einer Berichtigung (oder Ergänzung) bisher unrichtiger (oder unvollständiger) Angaben zielenden eigenen und wesentlichen Beitrag leisten. S. Teil 2 zu B V 1 b) (1) aa) aa1), c) (1).

(2) Zuwiderhandlungen durch den Berater

Macht der steuerliche Berater sich an der Zuwiderhandlung des Steuerpflichtigen mitschuldig, was in der Form der Mittäterschaft (§ 25 StGB), Anstiftung (§ 26 StGB), Beihilfe (§ 27 StGB) geschehen kann, so beginnt seine strafrechtliche Verantwortlichkeit. Berichtigungserklärung muß er für sich selbst abgeben. S. auch zu IV 2 c).

Der steuerliche Berater wird, wenn schon, dann höchstens als Gehilfe handeln; er unterstützt dann die Tat dessen, der den Vorteil aus ihr hat (vgl. RG, Urte. v. 26. 11. 1934 — 4 D 217/34, RGSt Bd. 68 S. 411; v. 6. 3. 1936 — 6 D 518/35, RGSt Bd. 70 S. 139). Er ist Täter, wenn er zur Vereitelung einer von ihm begangenen strafbaren Untreuehandlung die Aktivierung einer Forderung gegen sich selbst unterläßt (BGH, Urt. v. 18. 10. 1956 — 4 StR 166/56, BStBl. 1957 I S. 122). Weiteres Pfaff, § 392 AO a. F., Tze. 22, 103, 109.

i) Fehlen der Voraussetzungen

(1) Anerkenntnis

aa) (Steuer-)Erklärung

Es genügt nicht, daß der Steuerpflichtige die Unrichtigkeit seiner früheren (Steuer-)Erklärung — ohne sie gleichzeitig durch die richtige zu ersetzen — anerkennt, etwa mit der Mitteilung, daß die früher abgegebene (Steuer-)Erklärung ad acta gelegt werden kann. Er muß vielmehr eine gewisse eigene Tätigkeit entfalten, die in Richtung einer Berichtigung der bisherigen Angaben liegt (vgl. RG, Urte. v. 8. 10. 1907 — IV 509/07, RGSt Bd. 40 S. 305; v. 2. 2. 1912 — II 886/11, RGSt Bd. 45 S. 389; v. 2. 3. 1925 — III 959/24, RGSt Bd. 59 S. 115, 117; BGH, Urt. v. 13. 11. 1952 — 3 StR 39/52, BStBl. 1953 I S. 109 = StRK, § 410 AO a. F., R. 2 = EStZ, Coring/Vogel, § 410 AO a. F., Nr. 26 = Slg. Henneberg, Teil A, Stichwort: „Selbstanzeige, Berichtigungserklärung, Anforderungen", S. 7 = DStZ/B 1953 S. 171

= BB 1953 S. 225 = B 1953 S. 247 = DStR 1953 S. 315 = JZ 1953 S. 402; v. 13. 11. 1952 — 3 StR 398/52, BGHSt Bd. 3 S. 373 = BStBl. 1953 I S. 107 = StRK, § 410 AO a. F., R. 1 = EStZ, Coring/Vogel, § 410 AO a. F., Nr. 27 = DStZ/B 1953 S. 160 = NJW 1953 S. 475 = B 1957 S. 139; v. 24. 9. 1954 — 2 StR 683/53, BStBl. 1954 I S. 528 = StRK, § 410 AO a. F., R. 3 = EStZ, Coring/Vogel, § 410 AO a. F., Nr. 37 = Slg. Henneberg, Teil A, Stichwort: „Selbstanzeige, Berichtigungserklärung, Anforderungen", S. 9 = B 1954 S. 1015; OLG Frankfurt, Urte. v. 16. 12. 1953 — 2 Ss 755/53, EStZ, Coring/Vogel, § 410 AO a. F., Nr. 33 = Slg. Henneberg, Teil A, Stichwort: „Selbstanzeige, Adressat", S. 3; „Selbstanzeige, Materiallieferung", S. 7 = DStZ/B 1954 S. 58; v. 17. 11. 1960 — 1 Ss 724/60, EStZ, Coring/Vogel, § 411 AO a. F., Nr. 4 = Slg. Henneberg, Teil A, Stichwort: „Selbstanzeige, Materiallieferung", S. 9 = ZfZ 1961 S. 88 = BB 1961 S. 628; OLG Hamm, Urt. v. 24. 5. 1961 — 3 Ss 354/61, EStZ, Coring/Vogel, § 411 AO a. F., Nr. 5 = Slg. Henneberg, Teil A, Stichwort: „Selbstanzeige, Materiallieferung", S. 11 = B 1961 S. 968 = StB 1966 S. 136; BayObLG, Urt. v. 24. 1. 1963 — RReg 4 St 365/62, StRK, § 410 AO a. F., R. 9 = EStZ, Coring/Vogel, § 410 AO a. F., Nr. 47 = Slg. Henneberg, Teil A, Stichwort: „Selbstanzeige, Materiallieferung", S. 13 = DStZ/B 1963 S. 112; OLG Oldenburg, Beschl. v. 14. 9. 1970 — 1 Ss (B) 199/70, Slg. Henneberg, Teil A, Stichwort: „Selbstanzeige, Materiallieferung", S. 19; auch Hartung, §§ 410, 411 AO a. F., Anm. VI; Hofstetter, StWa 1965 S. 169; Mattern, DStZ/A 1950 S. 114, 353).

bb) Außenprüfung,
Mithilfe

Das Erscheinen des Außenprüfers schließt die Selbstanzeige aus (§ 371 Abs. 2 Nr. 1 a AO).

Daß bei der leichtfertigen Steuerverkürzung (§ 378 AO) der Steuerpflichtige das Ergebnis der Prüfung bei seiner Selbstanzeige verwertet, ist dann nicht unzulässig, wenn er durch seine Tätigkeit einen wesentlichen Beitrag dazu leistet, daß das Finanzamt die Steuern richtig festsetzen kann, was ohne die Selbstanzeige erst nach neuen Ermittlungen möglich gewesen wäre. So wenn ein nicht unwesentlicher Teil des sachlichen Inhalts eines Prüfungsberichts auf den vom Steuerpflichtigen oder seinem Beauftragten zwecks Berichtigung beigebrachten Tatsachen oder Unterlagen beruht. S. Teil 2 zu B V 1 b) (1) aa) aa1).

(2) Nachträgliche Änderung von Tatsachen

aa) Berichtigungserklärung

Der Steuerpflichtige entzieht einer von ihm erstatteten Selbstanzeige den Boden, wenn er nach deren wirksamer Erstattung später seine ursprünglichen Angaben in tatsächlicher Hinsicht in wesentlichen Punkten ändert. Die nachträgliche Änderung jedoch von Rechtsausführungen oder von nicht strafbefangenen tatsächlichen Angaben berührt die Wirksamkeit der Selbstanzeige nicht. Es ist ein gutes Recht, eine andere Rechtsauffassung zu vertreten.

In der Strafsache hat der Angeklagte nicht die Entscheidung der zuständigen Stellen darüber angerufen, ob der von ihm in der Selbstanzeige geschilderte Sachverhalt eine Steuerpflicht begründe; er hat vielmehr die tatsächlichen Angaben der Selbstanzeige in einem wesentlichen Punkt nachträglich für unzutreffend erklärt. Das frühere Eingeständnis, die Überrabatte seien bei der AG ein- und ausgegangen, bot einen für die Beurteilung der steuerlichen Verhältnisse wichtigen tatsächlichen Anhalt. Für die Kalenderjahre 1931 bis 1933 war das KörpStG vom 10. 8. 1925 (RGBl. I S. 208) maßgebend, für die spätere Zeit gilt das KörpStG vom 16. 10. 1934 (RGBl. I S. 1031). Für die Beurteilung der Überrabatte im Sinn des § 10 Abs. 2 a und b des ersterwähnten Gesetzes und des § 6 des Gesetzes vom 16. 10. 1934 ist je nach den Umständen möglicherweise die Frage von Bedeutung, ob die Beträge bei der AG „ein- und ausgegangen" oder ob sie den beiden Angeklagten unmittelbar persönlich zugeflossen sind. Der Ansicht der Strafkammer, es handle sich hierbei um eine Änderung der Rechtsauffassung des Angeklagten, kann nicht beigetreten werden. Dieser ist vielmehr nach dem Gesagten in einem wesentlichen Punkt von der Sachdarstellung seiner Selbstanzeige abgewichen. Diese Änderung der tatsächlichen Angaben war geeignet, die Steuerbehörde zu weiteren Nachforschungen zu veranlassen (RG, Urt. v. 12. 6. 1941 — 3 D 155/41, RGSt Bd. 75 S. 261 = RStBl. 1941 S. 449 = EStZ, Coring/Vogel, § 410 AO a. F., Nr. 17 = Slg. Henneberg, Teil A, Stichwort: „Selbstanzeige, Änderung", S. 1; auch Leise, WT 1961 S. 240; Lohmeyer, FR 1965 S. 485; B 1974 S. 1838; Suhr, S. 145).

bb) Rechtsbehelf

Eine nachträgliche Änderung liegt auch vor, wenn der Steuerpflichtige zu seinen früheren Angaben im Rechtsbehelfsverfahren nicht mehr steht. Das gilt auch, wenn der Steuerpflichtige später seinen Einspruch gegen die Steuerfestsetzung zurücknimmt.

(3) Nicht ordnungsmäßige Buchführung,
Steuervergünstigung

Für die Erstattung einer Selbstanzeige ist es nicht von Bedeutung, ob die Buchführung eines Steuerpflichtigen ordnungsmäßig ist oder nicht. Die berichtigten Angaben dürfen nur nicht schuldhaft unrichtig sein. S. dazu a) (1) bb).

Bei einer Selbstanzeige, durch welche die Unvollständigkeit einer Buchführung offenbar wird, gehen die an die Ordnungsmäßigkeit der Buchführung anknüpfenden steuerlichen Vergünstigungen jedoch nicht verloren. Die Ordnungsmäßigkeit einer Buchführung bestimmt sich nach den objektiven Verhältnissen. Es kommt darauf an, ob die unterlassene Verbuchung von Geschäftsvorfällen der Buchführung den Charakter der kaufmännischen Buchführung nimmt oder ob das Ergebnis der Buchführung der Veranlagung (verbunden mit einer ergänzenden Schätzung) zugrunde gelegt werden kann (BFH, Urt. v. 15. 12. 1953 — I 102/53 U, DStR 1953 S. 93 = BStBl. 1954 I S. 59 = B 1954 S. 167). S. auch zu h) (1) bb).

(4) Unrichtige Angaben,
Verschleierung, weitere Ermittlungen

1. Soweit es sich um den Vorfall Ende November 1931 handelt, ist der äußere und innere Tatbestand der Steuerhinterziehung nachgewiesen.

Daß der Angeklagte später die Zuckermengen, für die er Steuern hinterzogen hatte, als im folgenden Monat ausgegangen verbucht und zur Versteuerung angemeldet hat, macht ihn nicht straffrei, da er die falsche Angabe nicht einfach so, wie sie richtigerweise hätte gemacht werden müssen, berichtigt, sondern falsche Angaben gemacht hat, um die Steuerhinterziehung zu verschleiern. Ein solches Verhalten reicht nicht aus, dem Täter die Straflosigkeit nach § 410 RAO (jetzt § 371 AO) zu sichern (RG, Urt. v. 27. 6. 1938 — 3 D 387/38, RStBl. 1938 S. 1133 = JW 1938 S. 3110 = Slg. Henneberg, Teil A, Stichwort: „Selbstanzeige, Berichtigungserklärung, Anforderungen", S. 6). S. auch zu 3 b) (3).

2. Die Revision des Angeklagten D. C. nimmt Straflosigkeit auf Grund des § 410 RAO (jetzt § 371 AO) in Anspruch. Die Strafkammer hat die Anwendung dieser Bestimmung mit zutreffenden Gründen abgelehnt. Der Angeklagte hat in seinem Schreiben vom 1. 7. 1933 an die Finanzbehörde keineswegs die unrichtigen Angaben berichtigt, sondern lediglich darauf hingewiesen, daß die Erben die Behauptung aufstellten, die Bilanzen von 1930 und früher seien unrichtig und die Warenvorräte seien mengenmäßig und wertmäßig zu niedrig angegeben, er bäte um Nachprüfung. Wahrheitswidrig hat er in diesem Schreiben behauptet, selbst von der Unrichtigkeit der Bilanzen nichts zu wissen. Diese Erklärung genügt in keiner Weise den Anforderungen, die an § 410 RAO zu stellen sind.

Der Angeklagte überließ es auch dem Finanzamt, durch zeitraubende eigene Ermittlungen eine Klärung der angeblichen Unrichtigkeiten der Bilanzen herbeizuführen, statt der Behörde die ihm nach den Urteilsfeststellungen genau bekannte wahre Sachlage zu offenbaren (RG, Urt. v. 14. 12. 1937 — 4 D 790/36, EStZ, Coring/Vogel, § 410 AO a. F., Nr. 12 = Slg. Henneberg, Teil A, Stichwort: „Selbstanzeige, Berichtigungserklärung, Anforderungen", S. 5).

(5) Fehlen des erforderlichen Beitrags

aa) Keine Materiallieferung

Das Finanzamt muß durch die vom Steuerpflichtigen vorgenommene Berichtigung in der Lage versetzt werden, ohne weiter auf den guten Willen des Steuerpflichtigen angewiesen zu sein und ohne langwierige Ermittlungen vornehmen zu müssen, die Steuer danach festzusetzen oder die frühere Steuerfestsetzung zu berichtigen. Verlangt wird als Mindestmaß dessen, was billigerweise von dem Täter, der straffrei bleiben will, gefordert werden kann, das Ersetzen inhaltlich falscher (Steuer-)Erklärungen durch richtige. Es genügt nicht, wenn dem Finanzamt nur die Möglichkeit verschafft wird, durch eigene Tätigkeit den wahren Sachverhalt aufzudecken. S. insbes. zu a) (1) aa).

bb) Festsetzung des richtigen Sachverhalts durch „Zufall"

Wird die Wirkung der Straffreiheit erreicht, wenn die Festsetzung des richtigen Sachverhalts nicht durch Angaben des Täters, sondern gewissermaßen durch „Zufall" herbeigeführt wird?

Mit dieser Frage befaßte sich das Reichsgericht im Urteil 1 D 7/40 vom 28. 6. 1940, RStBl. 1940 S. 649 = EStZ, Coring/Vogel, § 410 AO a. F., Nr. 16 = Slg. Henneberg, Teil A, Stichwort: „Selbstanzeige, Umfang", S. 2. Der Steuerpflichtige hatte in einer Selbstanzeige vom 13. 1. 1937 dem Finanzamt Kenntnis davon gegeben, daß er seit 21. 9. 1933 bei der Sparkasse in X fünf verschiedene, auf den Namen von Verwandten angelegte Konten besitzt. Er hat jedoch dabei nicht mitgeteilt, daß er auch nach dem 21. 9. 1933 neben den am 13. 1. 1937 angezeigten fünf Konten noch zwei weitere derartige Konten gehabt hatte. Alle diese Konten waren zwar am 13. 1. 1937 schon erloschen; der Steuerpflichtige hätte sie jedoch auch angeben müssen, wenn er sich Straffreiheit auch hinsichtlich der Steuerhinterziehungen verschaffen wollte, die ihre Grundlage in der Nichtabgabe dieser Werte in seinen früheren Steuererklärungen hatten. Daß der Steuerpflichtige noch zwei weitere Konten unterhalten hatte, die er dem Finanzamt nicht mitgeteilt hat, ist schließlich durch „einen Zufall" festgestellt worden. Mit Recht schloß demnach das Landgericht die Anwendung des § 410 RAO (jetzt § 371 AO) insoweit aus, als die Steuerhinterziehungen des Angeklagten ihre Grundlage in den erst nachträglich ermittelten Werten haben, selbst wenn insoweit bei Erstattung der Selbstanzeige vom 13. 1. 1937 ein Irrtum des Angeklagten oder seines Bevollmächtigten vorgelegen haben sollte.

cc) Zum Umfang der Straffreiheit, Teilselbstanzeige

Die Selbstanzeige machte den Angeklagten nicht allgemein nach § 395 RAO (jetzt § 371 AO) straffrei; denn sie nannte nur etwas mehr als ein Fünftel der Heizölmenge, welche der Angeklagte unzulässig als Treibstoff verkauft hatte. Allein in diesem Umfange konnte sie ihn von der strafrechtlichen Verantwortung befreien. Das hat die Strafkammer berücksichtigt. Zwar erklärte der Angeklagte schon anläßlich der Selbstanzeige, daß er die Steuer für noch wesentlich größere Mengen hinterzogen habe. Er gab jedoch keine Hinweise für die Feststellung des ganzen Umfangs der Steuerhinterziehung, obwohl er — erforderlichenfalls unter Zuziehung Dritter — hierzu in der Lage gewesen wäre. Infolge dieser schuldhaften Unterlassung mußten noch umfangreiche und schwierige Ermittlungen durchgeführt werden und die Selbstanzeige wirkte insoweit nicht strafbefreiend, so daß dahingestellt bleiben kann, ob der Entscheidung des BGH im Urteil 3 StR 398/52 vom 3. 11. 1952 (BGHSt Bd. 3 S. 373 = BStBl. 1953 I S. 107 = StRK, § 410 AO a. F., R. 1 = EStZ, Coring/Vogel, § 410 AO a. F., Nr. 27 = Slg. Henneberg, Teil A, Stichwort: „Selbstanzeige, Materiallieferung", S. 6 = DStZ/B 1953 S. 160 = NJW 1953 S. 475 = B 1957 S. 139), die eine Strafbefreiung auch bei schuldlos unvollständigen Angaben versagt, uneingeschränkt zu folgen ist (BGH, Urt. v. 4. 3. 1970 — 2 StR 10/70, n. v.).

(6) Antrag auf Durchführung einer Außenprüfung Anerbieten zur Hilfeleistung

Der Antrag auf Durchführung einer Außenprüfung erfüllt nicht die Voraussetzungen einer Berichtigung nach § 371 AO. Die schlichte Erklärung, Selbstanzeige üben zu wollen, etwa verbunden mit der Bitte, den Betrieb prüfen zu lassen, reicht nicht aus. Es fehlt schon an der Konkretheit des berichtigenden Tuns. (LG Nürnberg-Fürth, Urt. v. 2. 3. 1958 — 1134 Ns 195/58, DStZ/B 1961 S. 124; LG Lüneburg, Urt. v. 10. 9. 1959 — 10 WMsNs 4/59 — II 90/59, DStZ/B 1960 S. 263; auch Franzen/Gast, § 395 AO a. F., Tz. 39; Henneberg, Inf 1972 S. 271; Leise, WT 1961 S. 239; WK, § 395 AO a. F., Anm. 5).

(7) Hilfe im Besteuerungsverfahren, Aushändigung von Geschäftsunterlagen

Die Hilfe, die ein Steuerpflichtiger dem Finanzamt im Veranlagungsverfahren dadurch leistet, daß er ihm auf Verlangen die Geschäftsunterlagen vorlegt oder die Buchführung aushändigt, stellt keine Berichtigung i. S. des § 371 AO dar. Der Steuerpflichtige erfüllt damit lediglich eine gesetzliche Pflicht und nimmt keine von einem Berichtigungswillen getragene, bestimmte Tatsachen aufklärende Handlung vor.

S. auch Teil 2 zu B V 1 b) (1) aa) aa2).

(8) Berichtigung nur für das Kalenderjahr

Es muß sich um eine wirkliche Berichtigung handeln. Das erfordert, daß Einkünfte, die im Jahre 1975 erzielt, aber für dieses Jahr nicht angegeben worden waren, nachträglich auch als Einkünfte des Jahres 1975 erklärt werden müssen. Würden diese Einkünfte denjenigen des Jahres 1976 zugezählt und zusammen mit diesen angegeben werden, so läge darin keine Berichtigung i. S. einer Selbstanzeige.

Dasselbe gilt für die Umsätze in der Umsatzsteuer-Voranmeldung, so hier für IV/1953, die den Umsätzen I/1954 hinzugerechnet worden sind; darin liegt keine Berichtigung (BGH, Urt. v. 18. 10. 1956 — 4 StR 166/56, BStBl. 1957 I S. 122 = ZfZ 1957 S. 56 = BB 1957 S. 210; auch Ehlers/Lohmeyer, S. 42).

S. auch zu b) (3) bb); 2 b) (3); 3 b) (6).

(9) Hinweis auf Vergleichsbetrieb

Die Berichtigung hinsichtlich der Höhe der tatsächlichen Umsätze kann nicht durch Hinweis auf einen gleichartigen Betrieb vorgenommen werden.

In der Strafsache erschien dieser Hinweis deshalb besonders naheliegend und brauchbar, weil nach den Feststellungen der Angeklagte mit dem Metzgermeister W während der Tatzeit in einer Schlachtgemeinschaft stand und dieser Metzgereibetrieb W kurz zuvor vom Finanzamt geprüft worden war (BGH, Urt. v. 13. 11. 1952 — 3 StR 39/52, BStBl. 1953 I S. 109 = StRK, § 410 AO a. F., R. 2 = EStZ,

Coring/Vogel, § 410 AO a. F., Nr. 26 = Slg. Henneberg, Teil A, Stichwort: „Selbstanzeige, Berichtigungserklärung, Anforderungen", S. 7 = DStZ/B 1953 S. 171 = BB 1953 S. 225 = B 1953 S. 247 = DStR 1953 S. 315 = JZ 1953 S. 402).

(10) Mißglückte Selbstanzeige, Strafmilderung

Bei den sog. „verunglückten Selbstanzeigen", d. h. bei Selbstanzeigen, die nicht zur völligen Straflosigkeit führen, etwa weil der Täter zahlenmäßige Angaben in nur ungenügendem Maße beschaffen konnte, ist das Verhalten des Täters, das zur zutreffenden Steuerermittlung nicht unwesentlich beitrug, in der Regel strafmildernd zu berücksichtigen (OLG Köln, Urt. v. 7. 6. 1957 — Ss 40/57, Slg. Henneberg, Teil A, Stichwort: „Selbstanzeige, verunglückte", S. 1 = ZfZ 1958 S. 87). S. auch zu VII 1a) (2).

(11) Antrag auf Festsetzung der Steuer durch das Finanzamt, Schätzung

Ein derartiger Antrag ist keine Berichtigungserklärung. Der Täter würde der Finanzbehörde die Arbeit aufbürden, zu der er gesetzlich schon verpflichtet war, als er sich nach § 370 AO durch Verletzung seiner Pflicht zur Abgabe richtiger Erklärungen strafbar machte.

Die Schätzung durch die Behörde (§ 162 AO) würde zwar den Willen zur Wiedergutmachung erkennen lassen. Dieser reicht aber zur Erlangung des Anspruchs auf Straffreiheit nicht aus.

(12) Nachzahlung der verkürzten Steuern

Die stillschweigende Zahlung der verkürzten Steuern ohne jede Erklärung — aber unter Angabe der Steuerart und des Besteuerungszeitraums — kann auch bei weitherziger Auslegung des Begriffs der Berichtigung in der Regel nicht als Selbstanzeige anerkannt werden. Mit der bloßen Zahlung werden unrichtige Angaben nicht so berichtigt, wie sie richtigerweise hätten gemacht werden müssen. Bei aller Formlosigkeit der Selbstanzeige kann auf den materiellen Gehalt einer Berichtigungserklärung nicht verzichtet werden (BGH, Urt. v. 25. 9. 1959 — 4 StR 332/59, StRK, § 411 AO a. F., R. 2 = Slg.

Henneberg, Teil A, Stichwort: „Selbstanzeige, Materiallieferung“, S. 8 = EStZ, Coring/Vogel, § 411 AO a. F., Nr. 3 = DStZ/B 1959 S. 499 = FR 1962 S. 295; auch Kopacek, S. 52, 114; Suhr, S. 143; Terstegen, S. 120; Troeger/Meyer, S. 259). Dazu auch a) (1) aa) 7.

Das gleiche gilt, wenn der Steuerpflichtige, der sich durch Hingabe eines ungedeckten Schecks wegen Steuerhinterziehung (Vorteilserschleichung) strafbar gemacht hat, den Scheckbetrag bei der Finanzkasse zahlt (Kopacek, S. 63; Suhr/Naumann, S. 277). Anders, wenn der Steuerpflichtige auf den für die Finanzkasse bestimmten Zahlkartenabschnitt erklärt, im vorangegangenen Monat Lohnsteuer in der überwiesenen Höhe zu wenig angemeldet zu haben. Die Berichtigung wäre nicht wirksam, wenn bei der Nachzahlung ein derartiger Hinweis nicht erfolgt ist; denn das Finanzamt könnte den Geldbetrag auf den betreffenden Steuerabschnitt nicht verbuchen (Franzen/Gast, § 395 AO a. F., Tz. 50).

(13) Unvermögen zur Berichtigung,
Untersuchungshaft

Befindet sich der Täter in anderer Sache in Untersuchungshaft, so kommt § 371 AO nicht in Betracht; denn er ist dann nicht in der Lage, noch richtige Angaben zu machen (§ H-H-Sp, § 395 a. F., Sp. 8). Es ist ohne Belang, ob er sein Unvermögen zur Berichtigung verschuldet hat oder ob er schuldlos daran ist. Die Berichtigung ist nämlich eine sachliche Voraussetzung der Straffreiheit (RG, Urt. v. 2. 3. 1925 — III 959/24, RGSt Bd. 59 S. 118). S. zu d).

k) Berichtigungspflicht

S. dazu Nacherklärungspflicht zu 3 c).

2. Ergänzung

a) Begriff

„Berichtigen“ kann, wer zuvor „unrichtiges“, s. zu 1 a) (1) vor aa), „Ergänzen“, wer zuvor „unvollständiges“ vorgebracht hat. Zur „Nachholung“, s. zu 3 a).

b) Voraussetzungen

Es wird vom Täter nach § 371 Abs. 1 AO verlangt, daß „unrichtige" oder „unvollständige" Angaben bei der Finanzbehörde „berichtigt" oder „ergänzt" oder unterlassene Angaben „nachgeholt" werden. Für die wirksame Ergänzung der Angaben werden die gleichen Voraussetzungen verlangt wie zu 1 a) bis h) und 3 b) ausgeführt.

(1) Eigene Tätigkeit, Materiallieferung

Die unvollständigen Angaben müssen durch die vollständigen ergänzt werden. Die Selbstanzeige ist durch eine möglichst ausführliche Darstellung zu vervollständigen. Das kann in Verbindung von Unterlagen oder auch durch die ergänzte Steuererklärung erfolgen (Leise, WK, § 395 AO a. F., Anm. 5).

Auf Grund dieser vervollständigten Angaben des Steuerpflichtigen muß es dem Finanzamt möglich sein, ohne weitere eigene zeitraubende Ermittlungen die Steuern in der nach dem Gesetz zutreffenden Höhe festzusetzen. Es genügt nicht, daß der Finanzbehörde bloß die Möglichkeit verschafft wird, durch eigene Tätigkeit selbst den wahren Sachverhalt aufzudecken (RG, Urt. v. 2. 3. 1925 — III 959/24, RGSt Bd. 59 S. 118).

(2) Teilergänzung, Teilselbstanzeige

Die AO knüpft die Straflosigkeit an eine Handlung des Steuerpflichtigen, die darin besteht, daß er für die Besteuerung bedeutsame Erklärungen, die er bis dahin nicht vollständig abgegeben hatte, ergänzt. Ist die Ergänzung nur eine teilweise, so bleibt die Tatsache bestehen, daß die Steuererklärung im übrigen unvollständig war; insoweit bleibt der Steuerpflichtige strafbar, sofern er die nicht ergänzten Angaben seinerzeit schuldhaft gemacht hat (Teilselbstanzeige).

Ist die Ergänzung unzulänglich geblieben, so ist dies rechtlich ohne Belang; denn es handelt sich um eine sachliche Voraussetzung der Straflosigkeit.

(3) Steuerart, Steuerabschrift,
unvollständige (Steuer-)Erklärung

Hatte der Steuerpflichtige für die fraglichen Steuerarten und Steuerabschnitte unvollständige (Steuer-)Erklärungen abgegeben, muß in den abweichenden späteren Erklärungen sein Wille zum Ausdruck kommen, daß die Erklärungen ergänzend zu den ursprünglichen treten sollen.

Falls ein solcher Wille nicht erklärt worden ist und nach den Umständen des Einzelfalles dies auch nicht ohne weiteres unterstellt werden kann, muß das Finanzamt den Steuerpflichtigen u. U. auffordern, den Zusammenhang der Erklärungen zu erläutern; denn bei aller Formlosigkeit der Selbstanzeige darf der Berichtigungs-(Ergänzungs-) Zweck einer Erklärung nicht im Ungewissen bleiben.

c) Ergänzungspflicht

S. dazu Nacherklärungspflicht zu 3 c).

3. Nachholung

a) Begriff

Wie das Wort „Nachholen" besagt, muß der Täter unterlassene Angaben nachholen. Nachholen kann man nur, was man vorher versäumt hat (BGH, Urt. v. 20. 7. 1965 — 1 StR 95/65, StRK, § 410 a. F., R. 9 = ZfZ 1966 S. 23 = BB 1966 S. 107 = DStR 1966 S. 150). Zu den Begriffen „Berichtigung", s. zu 1 a) (1) vor aa) und „Ergänzung", s. zu 2 a).

b) Voraussetzungen

Auch für die wirksame Nachholung der Angaben werden die gleichen Voraussetzungen verlangt, wie bereits zu 1 a) bis h) und 2 b) ausgeführt.

(1) Eigene Tätigkeit, Materiallieferung

Nachholen setzt ein pflichtwidriges Unterlassen der Angaben voraus.

In der Anzeige müssen die nicht angegebenen Vermögenswerte dem Finanzamt so genau bezeichnet werden, daß ihm der Zugriff auf sie ermöglicht wird, ohne daß es auf den guten Willen des Steuerpflichtigen angewiesen ist oder über Art und Umfang der Werte etwa seinerseits langwierige Ermittlungen noch anstellen muß (Giese/Plath, WK,

§ 395 AO a. F., Anm. 5; H-H-Sp, § 395 a. F., Sp. 7; Leise, WK, § 395 AO a. F., Anm. 4; Lohmeyer, KStR, AO, 1971, Abt. 02 a S. 82).

(2) Teilnachholung, Teilselbstanzeige

Werden die für die Besteuerung bedeutsamen Erklärungen, die der Täter bisher überhaupt nicht abgegeben hat, nicht vollständig nachgeholt, so liegt nur eine Teilnachholung (Teilselbstanzeige) vor. Ist die Nachholung nur eine teilweise, so bleibt die Tatsache bestehen, daß die Steuererklärung im übrigen nicht vollständig war. Der Steuerpflichtige bleibt insoweit strafbar (Leise, WT 1961 S. 233).

Beispiel:

A beziffert die nachgemeldeten Umsätze auf 50 000 DM. Das Finanzamt stellt fest, daß die Umsätze 90 000 DM betragen.

A bleibt wegen der auf die nicht angegebenen Umsätze von 40 000 DM entfallenden Steuerbeträge strafbar.

(3) Grundsatz der Wahrheit, Verschleierung

Die Selbstanzeige muß der Wahrheit entsprechen. Zur Wahrheitspflicht gehört, daß der Täter die unterlassenen Angaben auch so nachholt, wie er sie richtig hätte machen müssen.

Dazu, ob die Anzeige des Angeklagten vom 29. 10. 1955 den Erfordernissen entsprach, hat jedoch die Strafkammer nicht Stellung genommen. Ihr Urteil läßt eine nähere Darlegung des Inhalts der Anzeige vermissen und beschränkt sich auf die Feststellung, daß der Angeklagte die gezahlten Provisionen zur Nachverzollung angemeldet habe. Gerade wenn die damalige zollrechtliche Behandlung von echten Einkaufsprovisionen noch nicht unzweifelhaft war, bedurfte es einer Überprüfung, ob der Angeklagte Genügendes angegeben hat, um den Zolltatbestand darzutun. Hier stellten die „Einkaufsprovisionen" lediglich eine Aufstockung des Kaufpreises dar (OLG Hamm, Urt. v. 26. 10. 1962 — 1 Ss 913/62, EStZ, Coring/Vogel, § 410 AO a. F., Nr. 46 = BB 1963 S. 459; vgl. auch BGH, Urt. v. 13. 11. 1952 — 3 StR 398/52, BGHSt Bd. 3 S. 373 = BStBl. 1953 I S. 107 = StRK, § 410 AO a. F., R. 1 = EStZ, Coring/Vogel, § 410 AO a. F., Nr. 27 = Slg. Henneberg, Teil A, Stichwort: „Selbstanzeige, Materiallieferung", S. 6 = DStZ/B 1953 S. 160 = NJW 1953 S. 475 = B 1957

S. 139; BayObLG, Urt. v. 24. 1. 1963 — RReg 4 St 365/62, StRK, § 410 AO a. F., R. 9 = EStZ, Coring/Vogel, § 410 AO a. F., Nr. 47 = Slg. Henneberg, Teil A, Stichwort: „Selbstanzeige, Materiallieferung“, S. 13 = DStZ/B 1963 S. 112 sowie Hartung, §§ 410, 411 AO a. F., Anm. II 2; Leise, WT 1961 S. 232; WK, § 395 AO a. F., Anm. 5; Mattern, DStZ/A 1950 S. 137).

Macht der Täter falsche Angaben, um seine Steuerhinterziehung zu verschleiern, so wird er nicht straflos. S. auch zu 1 i) (4).

(4) Steuererklärung

Wenn ein Steuerpflichtiger eine versuchte oder vollendete Steuerverkürzung durch die verspätete Abgabe oder Nichtabgabe einer Steuererklärung begangen hat (s. zu III 1 b), c)), so kann er noch eine strafbefreiende Selbstanzeige nach § 371 AO erstatten. Auf den Ausschluß der Straffreiheit nach § 371 Abs. 2 Nr. 2 AO (Entdeckung der Tat) soll es hier nicht ankommen. Dazu VII 3.

aa) Jahreserklärung

aa1) Verspätete Abgabe

Wenn schon in dem Unterlassen der Steuererklärung und nicht nur in der Abgabe unrichtiger Erklärungen eine Steuerhinterziehung liegen kann, dann muß auch dem Nachholen und nicht nur dem Berichtigen einer Steuererklärung eine strafbefreiende Wirkung nach § 371 AO zukommen. Andernfalls würde gerade im mildesten Fall der Steuerhinterziehung durch Nichtabgabe von Steuererklärungen dem Täter eine Vergünstigung verschlossen, die ihm in schwereren Fällen bei Abgabe von falschen Steuererklärungen zugute kommen kann. Eine solche enge Auslegung des § 371 AO würde dem fiskalischen Zweck dieser Bestimmung nicht gerecht werden.

Eine strafbefreiende Selbstanzeige wird nicht dadurch ausgeschlossen, daß der Täter zuvor wegen Verletzung seiner Erklärungspflicht durch Androhung oder Anwendung von Zwangsmitteln zur Abgabe der Erklärung angehalten werden mußte. Vgl. dazu Depiereux, DStR 1970 S. 198; Ehlers/Lohmeyer, S. 43; Herdemerten, DStR 1970 S. 198; Suhr, NWB, 1969 F. 13 S. 379.

Hinsichtlich der verspäteten Abgabe einer Umsatzsteuer-Jahreserklärung, s. OLG Hamburg, Urt. v. 27. 1. 1970 — 2 Ss 191/69, Slg. Henneberg, Teil A, Stichwort: „Selbstanzeige, Entdeckungsgefahr", S. 13 = DStR 1970 S. 572 = NJW 1970 S. 1385 = ZfZ 1971 S. 355. Dazu VII 3 b) (1) aa) aa1) aa11) 1.

aa2) Steuerpflichtiger
oder Betrieb unbekannt

Die nachträgliche Abgabe einer Jahreserklärung kann als Selbstanzeige auch dann wirksam sein, wenn der Steuerpflichtige oder dessen Betrieb dem Finanzamt nicht bekannt war (OLG Frankfurt, Urt. v. 18. 10. 1961 — 1 Ss 854/61, s. zu 1 a) (1) aa) 6).

Die Steuererklärung kann in einem solchen Fall auch bei der Behörde mit gleicher oder gleichartigen Aufgaben (Staatsanwaltschaft, Polizei, Gericht) eingereicht werden. Auf Grund des von ihr wahrgenommenen Aufgabenbereichs muß erwartet werden, daß sie die Selbstanzeige der zuständigen Finanzbehörde umgehend weiterleitet. Weiteres zu V 1 a).

Anzeigen über die Erwerbstätigkeit, s. § 138 AO.

bb) Steueranmeldung

bb1) Verspätete Abgabe
der Lohnsteueranmeldung

Die Nachholung der Lohnsteueranmeldung kann Selbstanzeige nach § 395 RAO (jetzt § 371 AO) sein (OLG Celle, Urt. v. 5. 11. 1970 — 1 Ss 152/70, Slg. Henneberg, Teil A, Stichwort: „Selbstanzeige, Entdeckungsgefahr", S. 19 = GA 1971 S. 92 = BB 1971 S. 205; auch Herdemerten, Inf 1971 S. 351).
Hinsichtlich einer Ahndung nach § 380 AO, s. zu X 3 b).

bb2) Verspätete Abgabe
der Umsatzsteuervoranmeldung

Der Steuerpflichtige hat durch die verspätet abgegebene Umsatzsteuervoranmeldung i. S. des § 371 Abs. 1 AO unterlassene Angaben nachgeholt und sich insoweit Straffreiheit verschafft. Da er die von ihm verwirklichten Besteuerungsgrundlagen nach Art und Umfang dem Finanzamt dargelegt hat, die dem Finanzamt bis dahin zumindest der Höhe nach nicht bekannt waren, hat er mit dieser verspäteden Voranmeldung auch das Erfordernis der Materiallieferung erfüllt.

(5) Wirkung nur für die Steuerart

Grundsätzlich hat die Nachmeldung Wirkung nur für die nachgemeldete Steuerart. Es kommt jedoch auf den konkreten Sachverhalt und den Inhalt der Nachmeldung an (Troeger/Meyer, S. 260).

aa) Umsatzsteuer

Verkürzte Umsätze haben in der Regel auch als Einnahmeverkürzungen den Gewinn beeinträchtigt und die dafür nachzuerhebende Umsatzsteuer ist bei der Neuberechnung des zu versteuernden Gewinns zu berücksichtigen. Zwingend muß dies aber nicht geschehen.

bb) Einkommensteuer

Hat der Steuerpflichtige in der Selbstanzeige von geringen Einkünften aus Kapitalvermögen gesprochen, so können diese Angaben zwar für die Einkommensteuer ausreichen. Für die Vermögensteuer genügen sie aber nicht (OLG Frankfurt, Urt. v. 8. 10. 1961 — 1 Ss 854/61, s. zu 1 a) (1) aa) 6).

cc) Vermögensteuer

Die Nachholung von Vermögen führt nicht zwangsläufig zur Anerkennung der Selbstanzeige wegen Einkommensteuer- und Umsatzsteuer-Verkürzung.

dd) Grunderwerbsteuer

Die Selbstanzeige der Muttergesellschaft wegen Grunderwerbsteuerhinterziehung, der Schwarzkaufpreis sei „nachzuaktivieren", löst noch keine Straffreiheit aus für vorliegende, auf diesem Sachverhalt beruhende Ertragsteuerhinterziehungen bei Ober- und Untergesellschaften (BGH, Urt. v. 20. 7. 1965 — 1 StR 95/65, StRK, § 410 AO a. F., R. 9 = Slg. Henneberg, Teil A, Stichwort: „Selbstanzeige, Umfang", S. 4 = ZfZ 1966 S. 23 = BB 1966 S. 107 = DStR 1966 S. 150 = NWB 1967 F. 13 S. 319). Dazu 1 a) (1) aa) 4.

S. auch zu 1 c) (3) cc); 2 b) (3).

c) Nacherklärungspflicht, Berichtigung von Erklärungen (§ 153 AO)

Wer nachträglich erkennt, daß seine Steuererklärungen oder andere Erklärungen unrichtig oder unvollständig waren und zur Verkürzung von Steuern führen könnten oder aber bereits geführt haben, ist nach § 153 AO steuerlich verpflichtet, dies unverzüglich dem Finanzamt anzuzeigen. Die Anzeigepflicht besteht auch für die Fälle, in denen die Abgabe einer Erklärung ganz unterlassen worden ist.

Wer der Nacherklärungspflicht vorsätzlich nicht unverzüglich nachkommt, kann aus § 370 AO (Steuerhinterziehung) zur Verantwortung gezogen werden, vorausgesetzt, daß ihm die Rechtspflicht zur unverzüglichen Nacherklärung bekannt war. Steuerlicher Irrtum — Irrtum über die Nacherklärungspflicht — ist zu beachten.

Bei pflichtwidriger Verletzung der Nacherklärungspflicht kann in der nachträglichen Anzeige eine Selbstanzeige liegen. Die Voraussetzungen der Nachholung sind dabei zu beachten (s. zu b)).

Was für die Nacherklärungspflicht gilt, muß auch für die Berichtigungspflicht zu 1 k) und die Ergänzungspflicht zu 2 c) Anwendung finden. Weiteres hierüber zu IX 2. Bei leichtfertigem Verhalten, s. Teil 2 zu B VII 1, 2.

Steuerliche Behandlung nach § 153 AO, s. dazu Muuß, NWB 1976 F. 2 S. 2957, 2962.

VII. Ausschluß der Straffreiheit (Abs. 2)

Die negativen Wirksamkeitsvoraussetzungen — Gegensatz die positiven, Abs. 1 —, die in der Ausnahmebestimmung des Absatzes 2 aufgeführt sind, zeigen die Grenzen der Selbstanzeige. Um dem selbstanzeigewilligen Täter jedes Risiko zu nehmen, das ihn an einer Selbstanzeige hindern könnte, verwendet das Gesetz solche äußeren Tatsachen als Ausschlußgründe, von denen sich objektiv feststellen läßt, ob sie gegeben sind (Nr. 1 a, b); s. die subjektiven Voraussetzungen in Nr. 2.

In Absatz 2 wird eine Selbstanzeige auch nicht davon abhängig gemacht, daß sie freiwillig erstattet wird (abw. Ehlers, DStR 1974 S. 696; Hartung, §§ 410, 411 AO a. F., Anm. V 3 a), b); Kopacek, BB 1961 S. 45: Ethische Rechtfertigung durch die Freiwilligkeit). S. auch zu VI 1 e).

1. Erscheinen eines Amtsträgers der Finanzbehörde zur steuerlichen Prüfung oder zur Ermittlung einer Steuerstraftat oder einer Steuerordnungswidrigkeit (Nr. 1 a)

a) Erstattung der Selbstanzeige

(1) Vorher

Ist ein Amtsträger der Finanzbehörde erschienen, so kann Selbstanzeige wirksam nicht mehr erstattet werden. Anders im Bußgeldverfahren nach § 378 Abs. 3 S. 1 AO (s. Teil 2 zu B V 1 b)).

(2) Nachher

Wenn auch nach dem Erscheinen des Amtsträgers wirksam Selbstanzeige im Steuerstrafverfahren nicht mehr erstattet werden kann, so ist es doch unter Umständen empfehlenswert, dies zu tun.

Bei leichtfertig begangener Steuerverkürzung ist die Selbstanzeige noch nach Erscheinen des Amtsträgers möglich (§ 378 Abs. 3 S. 1 AO). Oft ist es aber in der Praxis schwer, ein vorsätzliches Verhalten von einem leichtfertigen abzugrenzen. Eine Selbstanzeige im Steuerstrafverfahren kann zur Bußgeldfreiheit führen, wenn nicht Nachweis des Vorsatzes, wohl der der Leichtfertigkeit erbracht wird. Rat zur Selbstanzeige durch den steuerlichen Bevollmächtigten, s. zu IV 2 c). Es bedarf deshalb in allen Fällen einer Selbstanzeige zuvor der genauen Feststellung, ob Hinterziehung nach § 370 AO oder leichtfertige Verkürzung nach § 378 Abs. 1 AO vorliegt.

b) Amtsträger der Finanzbehörde

(1) Amtsträger

Nach § 7 AO ist

„Amtsträger, wer nach dem deutschen Recht
1. Beamter oder Richter (§ 11 Abs. 1 Nr. 3 des Strafgesetzbuches) ist,
2. in einem sonstigen öffentlich-rechtlichen Amtsverhältnis steht oder
3. sonst dazu bestellt ist, bei einer Behörde oder bei einer sonstigen Stelle oder in deren Auftrag Aufgaben der öffentlichen Verwaltung wahrzunehmen."

Die vorgenommenen Änderungen dienen der Anpassung an § 11 Abs. 1 Nr. 2 StGB in der Fassung des EGStGB vom 2. März 1974 (BGBl. I S. 469). Durch den Hinweis auf § 11 Abs. 1 Nr. 3 StGB wird klargestellt, daß auch ehrenamtliche Richter unter den Begriff des Amtsträger im Sinne des § 7 AO fallen.

Das Gesetz vom 7. 12. 1951 (BGBl. I S. 941) sprach in § 410 Abs. 1 S. 2 AO von „Prüfer". Dieser ist ein Beamter oder Angestellter der Finanzbehörde, der mit der Anstellung von Erörterungen oder Nachforschungen im Steuerermittlungs- oder Steuerstrafverfahren beauftragt ist.

Die Bezeichnung „Amtsträger" gab es zuletzt in § 395 Abs. 2 Nr. 1 a AO (i. d. F. d. 2. AO StrafÄndG). Mit dem Wort nahm das Gesetz auf die Legaldefinition des § 22 Abs. 3 S. 1 AO a. F. Bezug: „Amtsträger ist ein Beamter oder wer, ohne Beamter zu sein, dazu bestellt ist, obrigkeitliche Aufgaben wahrzunehmen."

Mit dieser Sammelbezeichnung erfaßte die RAO alle Personen, die hoheitsrechtliche Befugnisse ausüben können (dazu Barske/Gapp, S. 86; Franzen/Gast, § 395 AO a. F., Tz. 70; H-H-Sp, § 395 a. F., Spe. 11 a, 30; Kopacek, BB 1961 S. 42; Maaßen, FR 1954 S. 296; Pfaff, Steuergeheimnis, S. 19, 92; Sudau, S. 58).

(2) Finanzbehörde

§ 6 AO lautet:

„Finanzbehörden im Sinne dieses Gesetzes sind die folgenden im Gesetz über die Finanzverwaltung genannten Bundes- und Landesfinanzbehörden:
1. der Bundesminister der Finanzen und die für die Finanzverwaltung zuständigen obersten Landesbehörden als oberste Behörden,

2. die Bundesmonopolverwaltung für Branntwein und das Bundesamt für Finanzen als Bundesoberbehörden,
3. die Oberfinanzdirektionen als Mittelbehörden und
4. die Hauptzollämter einschließlich ihrer Dienststellen, die Zollfahndungsämter, die Finanzämter und die besonderen Landesfinanzbehörden als örtliche Behörden."

Die Änderungen in Nummer 4 dienen der Anpassung an §§ 1 und 2 des Finanzverwaltungsgesetzes vom 30. August 1971 (BGBl. I S. 1426).

Amtsträger der Finanzbehörde sind Bedienstete des Finanzamts, so insbesondere Veranlagungssachbearbeiter und Außenprüfer, gleichgültig, ob es sich um Außenprüfer von Großbetrieben, Konzernbetrieben oder Kleinbetrieben, um Umsatzsteuersonderprüfer oder Prüfer für Auslandsangelegenheiten handelt. Ohne Bedeutung ist, ob der Prüfer personell oder organisatorisch dem Finanzamt oder der Oberfinanzdirektion unterstellt ist. Liegt kein Prüfungsauftrag vor, so kann der Bedienstete auf Grund eigener Entschließung im Rahmen seiner dienstlichen Aufgaben und Befugnisse handeln.

Zur Finanzbehörde als Adressat der Selbstanzeige, s. zu V 1 a) sowie Finanzbehörde zur Verfolgung von Steuerzuwiderhandlungen, s. zu 2 c.

c) Erscheinen

(1) Begriff

Der Tatbestand des „Erscheinens eines Prüfers (Amtsträgers)" ist durch § 410 AO (i. d. F. d. Ges. v. 7. 12. 1951, BGBl. I S. 941) eingefügt worden. Erscheinen bedeutet „Ankommen", und zwar an dem Ort, an dem die Prüfung durchgeführt oder die Ermittlung der Steuerzuwiderhandlung vorgenommen werden soll (Kopacek, S. 163; Leise, WK, § 395 AO a. F., Anm. 8).

Mit der Prüfung oder mit der Ermittlung braucht noch nicht begonnen zu sein; an den Beginn dieser Maßnahmen knüpft das Gesetz nicht an (H-H-Sp, § 395 a. F., Sp. 32; Quenzer, StW 1953 S. 672; a. M. Barske, DStR 1952 S. 202; Giese/Plath, WK, § 395 AO a. F., Anm. 6).

(2) Zweck

aa) Prüfungsabsicht

Der Amtsträger muß in der Absicht beim Täter erscheinen, zu prüfen oder steuerstraf- bzw. bußgeldrechtlich zu ermitteln. Es ist gleichgültig, ob ein spezieller Verdacht besteht oder ob nur eine turnusmäßige Prüfung vorgesehen ist, gleichgültig auch, ob die Außenprüfung auf Antrag des Steuerpflichtigen ausgesetzt wird (Suhr/Naumann, S. 265).

Die Prüfungsabsicht muß für den Täter erkennbar sein; denn dieser muß wissen, ob er mit einer Selbstanzeige noch Aussicht auf Strafbefreiung hat (Hartung, §§ 410, 411 AO a. F., Anm. V 3; H-H-Sp, § 395 a. F., Sp. 32; Kohlmann, § 395 AO a. F., Rdnr. 123; List, S. 40; a. M. Franzen/Gast, § 395 AO a. F., Tz. 76; Maaßen, FR 1954 S. 296; Suhr, NWB, 1969 F. 13 S. 373). Praktisch dürfte diese Streitfrage kaum Bedeutung haben; denn ein Steuerpflichtiger kann, wenn ein Beamter der Finanzbehörde bei ihm war, im Normalfall nur annehmen, daß er prüfen oder ermitteln wollte.

bb) Zur steuerlichen Prüfung,
Außenprüfung

„Zur" steuerlichen Prüfung bedeutet: mit dem Willen, die Steuerverhältnisse zu prüfen.

Der Begriff der Prüfung ist mit dem Adjektiv „steuerlich" verfahrensmäßig festgelegt. Er ist weit zu fassen. Die Prüfungen sollen gewährleisten, daß die Steuern richtig und vollständig festgesetzt werden. Dabei ist zu prüfen, ob der Steuerpflichtige seine steuerlichen Pflichten erfüllt hat (Terstegen, S. 123).

Der Vierte Abschnitt des Vierten Teils der AO regelt das Institut der Außenprüfung (vgl. §§ 193 bis 207), das bisher als Betriebsprüfung bezeichnet wurde. Die Außenprüfung als steuerliche Prüfung ist eine außerordentliche wichtige Maßnahme der Finanzbehörde zur Erfassung des steuerlich erheblichen Sachverhalts. Oft kann der Steuerfall nur im Wege der Außenprüfung abschließend geprüft werden, weil insbesondere bei Gewerbetreibenden und freiberuflich Tätigen erst eine Einsichtnahme in die Bücher und die Belege eine abschließende Beurteilung des steuerlichen Sachverhaltes ermöglicht. Obwohl bereits in der Vergangenheit das Schwergewicht der steuerlichen Ermittlungen sich immer mehr auf die Betriebsprüfung verlagert hat, war diese nur unvollständig und unzusammenhängend geregelt; vgl. § 162 Abs. 10, 11, §§ 193 bis 195 AO a. F.

Die neue AO sieht eine ausführliche gesetzliche Regelung der Außenprüfung vor, die in vielem dem Vorbild der Betriebsprüfungsordnung (Steuer) vom 23. Dezember 1965 (BStBl. 1966 I S. 46) folgt. Für die Ersetzung des Begriffs „Betriebsprüfung" durch die Bezeichnung „Außenprüfung" ist die Überlegung maßgebend, daß Außenprüfungen bei allen Steuerpflichtigen möglich sein sollen und daß die Außenprüfung sich anschaulich von der Prüfung an Amtsstelle unterscheiden muß (§ 193 AO).

Sperrwirkung haben:

1. Ordentliche Prüfungen

   Die Außenprüfungen können sich auf alle Steuerarten oder auf einzelne Steuerarten, so auf Lohnsteuern, Beförderungsteuern, Kapitalverkehrsteuern, Umsatzsteuervergütungen, erstrecken.

2. Außerordentliche Prüfungen

   Diese Prüfungen stehen im Zusammenhang mit einem bestimmten Vorgang, so Prüfungen im Steuerfestsetzungs(§§ 155 ff. AO)- und -erhebungsverfahren (§§ 218 ff. AO), Rechtsbehelfsverfahren (§§ 347 ff. AO), Beitreibungsverfahren (§§ 249 ff. AO).

3. Inventur- und Richtsatzprüfungen

   Es handelt sich auch hier um Prüfungen mit dem Ziel, die Steuer richtig und vollständig festzusetzen. Die Richtsatzprüfung muß im Einzelfall der Ermittlung von Besteuerungsgrundlagen dienen (Franzen/Gast, § 395 AO a. F., Tz. 74; Kohlmann, § 395 AO a. F., Rdnr. 125).

Keine Sperrwirkung hat die Liquidationsprüfung. Sie verfolgt nicht das Ziel einer richtigen und vollständigen Festsetzung der Steuern (List, S. 41).

cc) Zur Ermittlung
einer Steuerstraftat oder
einer Steuerordnungswidrigkeit

cc1) Steuer-(Zoll-)Straftat

Von dem Begriff „Steuervergehen" (§ 395 AO i. d. F. d. 2. AO StrafÄndG) sollten die mit einer Kriminalstrafe bedrohten Steuerverfehlungen von solchen Steuerzuwiderhandlungen abgegrenzt werden, die nur mit Geldbuße bedroht sind. Die Straf- und Bußgeldvorschriften der §§ 391 ff. AO a. F. sind in zahlreichen Punkten durch Artikel 161 des Einführungsgesetzes zum Strafgesetzbuch (EGStGB) vom 2. März 1974 (BStBl. I S. 364 ff., 381; BGBl. I S. 469 ff., 582; GVBl. Berlin 1974 S. 874, 987) ab 1. Januar 1975 geändert und aufgehoben worden. Die Neufassung des § 391 AO a. F. erfolgte durch EStGB, 5. Abschnitt Art. 161 Nr. 1. Diese Vorschrift umschrieb in ihrem Absatz 1 den Begriff der Steuerstraftat (Zollstraftat).

Die neue Vorschrift des § 369 AO (Steuerstraftaten) entspricht wörtlich dem vorherigen § 391 AO a. F. Dazu Abs. 1:

Nr. 1: Die Vorschrift spricht nicht von Zuwiderhandlungen gegen Steuergesetze, sondern von Taten, die nach den Steuergesetzen strafbar sind. Es kommt also darauf an, ob die Strafvorschrift selbst in den Steuergesetzen, vornehmlich in der AO, enthalten ist. So stellt der Tatbestand der Verletzung des Steuergeheimnisses, strafbar nach § 355 StGB, keine Steuerstraftat mehr dar.

Nr. 2: Bannbruch (§ 372 AO) ist Zollstraftat.

Nr. 3: Die Ermittlungskompetenz für Wertzeichenfälschung (§§ 148, 149 StGB) und ihre Vorbereitung ist der Verwaltung weiter belassen worden. Dazu besteht auch ein Bedürfnis, weil die Beurteilung solcher Sachverhalte eine besondere steuerliche Sachkunde erfordert.

Nr. 4: Die Vorschrift der Begünstigung (§ 257 StGB) ist durch die Verwendung des Ausdrucks „Tat" dem Sprachgebrauch des Zweiten Gesetzes zur Reform des Strafrechts (2. StrRG) vom

4. Juli 1969 (BGBl. I S. 717) angepaßt worden. Die Ermittlungsbefugnis der Finanzverwaltung ist weiterhin geblieben.

Steuer-(Zoll-)Straftaten sind nach der AO die §§ 370 (Steuerhinterziehung), 372 (Bannbruch), 373 (Gewerbsmäßiger, gewaltsamer und bandenmäßiger Schmuggel) und 374 (Steuerhehlerei). S. auch zu III 2.

cc2) (Steuer-)Ordnungswidrigkeiten

Nach dem Gesetz vom 7. 12. 1951 (BGBl. I S. 941) war in der bis 1968 geltenden Fassung des § 410 Abs. 1 S. 2 AO als Ausschlußgrund das Erscheinen eines Prüfers zur „steuerstrafrechtlichen Prüfung" angeführt. Das 2. AOStrafÄndG vom 12. 8. 1968 (BGBl. I S. 953) hat dieses Tatbestandsmerkmal um die Worte „oder einer Steuerordnungswidrigkeit" in § 395 Abs. 2 Nr. 1 a AO erweitert, was wesentlich darin seinen Grund fand, daß gleichzeitig bisherige Steuervergehen — jetzt Steuerstraftaten — in Ordnungswidrigkeiten umgewandelt wurden.

Steuerordnungswidrigkeiten sind nach der AO die §§ 378 (Leichtfertige Steuerverkürzung), 379 (Steuergefährdung), 380 (Gefährdung der Abzugsteuern), 381 (Verbrauchsteuergefährdung), 382 (Gefährdung der Eingangsabgaben) und 383 (Unzulässiger Erwerb von Steuererstattungs- und Vergütungsansprüchen). Ordnungswidrigkeiten mit finanzamtlicher Ermittlungsbefugnis sind nach dem Steuerberatungsgesetz (StberG) vom 24. Juni 1975 (BGBl. I S. 1509) die §§ 160 (Unbefugte Hilfeleistung in Steuersachen), 161 (Schutz der Bezeichnungen „Steuerberatungsgesellschaft", „Lohnsteuerhilfeverein" und „Landwirtschaftliche Buchstelle"), 162 (Verletzung der den Lohnsteuerhilfevereinen obliegenden Pflichten), 163 (Pflichtverletzung von Personen, deren sich der Verein bei der Hilfeleistung in Lohnsteuersachen bedient). Dazu Pfaff, StBp 1975 S. 204. S. auch Teil 2 zu B II 1 u. 2.

cc3) Zur Ermittlung
einer Steuerzuwiderhandlung

Das Gesetz verwendet bei dieser 2. Alternative den Ausdruck „Ermittlung". Dieser geht in seiner Bedeutung weiter als der in der ersten Alternative verwendete Begriff „Prüfung".

„Zur" Ermittlung bedeutet — entspr. zu bb) —: mit dem Willen, die Steuerzuwiderhandlung zu ermitteln.

Da der dem Verdacht zugrunde liegende Sachverhalt meist nicht voll aufgeklärt ist, werden die Ermittlungen erst oft unter einem anderen Vorzeichen, etwa wegen Steuerhinterziehung, geführt. Ermittlungen beruhen auf einem durch Tatsachen konkretisierten, in eine bestimmte Richtung zielenden Verdacht einer strafbaren Handlung oder einer Ordnungswidrigkeit (§§ 152 Abs. 2, 160 StPO; §§ 46, 47, 53 OWiG), im Bereich der Steuerzuwiderhandlung auf dem so gearteten Verdacht einer Steuerstraftat oder einer Steuerordnungswidrigkeit (§§ 385, 386, 399 AO; § 410 AO). Zum Ermittlungsverfahren, s. zu 2 b) (3) bb), (4) bb).

dd) Einzelfälle

dd1) Sperrwirkung

dd11) Geschäfts-(Wohn-)Räume

Der Amtsträger muß dem Täter körperlich gegenübertreten oder sich zumindest auf dessen befriedetem Besitztum befinden; er kann auch unangemeldet erscheinen.

Zum Erscheinen gehört in der Regel ein Betreten der Geschäftsräume oder der Wohnung des Steuerpflichtigen (OLG Oldenburg, Urt. v. 16. 6. 1953 — Ss 90/53, EStZ, Coring/Vogel, § 410 AO a. F., Nr. 31 = Slg. Henneberg, Teil A, Stichwort: „Selbstanzeige, Prüfung, steuerliche", S. 1 = NJW 1953 S. 1847; auch Buschmann/Luthmann, S. 94; Leise, WT 1961 S. 233; Suhr/Naumann, S. 265).

Betreten von Grundstücken und Räumen, s. § 99 AO. Auch Burhoff, NWB 1976 F. 2 S. 2902.

1. Mehrere Betriebe

   Hat ein Steuerpflichtiger mehrere Betriebe, so löst das Erscheinen in einem Betrieb oder in der Wohnung des Steuerpflichtigen die Sperrwirkung auch hinsichtlich der Steuerhinterziehung aus, die der Steuerpflichtige in einem anderen Betrieb begangen hat. Voraussetzung ist, daß der Prüfungsauftrag nicht nur für einen Betrieb erteilt ist (Leise, WK, § 395 AO a. F., Anm. 8; List, S. 41; Suhr/Naumann, S. 266).

2. Organgesellschaft

   Bei einer Organgesellschaft schließt das Erscheinen z. B. bei der Muttergesellschaft (Organträger) die Selbstanzeige für die Verantwortlichen der Tochtergesellschaft (Organgesellschaft) nur dann aus, wenn der Prüfer den Auftrag hatte, alle Gesellschaften zu prüfen, und zwar unabhängig davon, ob Ergebnisabführung bestand (Franzen/Gast, § 395 AO a. F., Tz. 78; Suhr, NWB, 1969 F. 13 S. 375).

Weiteres zu Sachzusamenhang, s. d) (2) aa) aa3), bb).

dd12) Vereinbarung an einem anderen Ort

Der Amtsträger kann auch an einem anderen Ort als der Wohnung oder Betriebsstätte des Steuerpflichtigen zur Prüfung erscheinen. Voraussetzung ist, daß er „zur Prüfung" erscheint. Die Finanzbehörde und ihr Amtsträger müssen nach den besonderen Umständen des Einzelfalles auf Grund der ihnen bekannten Tatsachen entscheiden, wo die Prüfung begonnen werden soll. Dabei spielen oft prüfungstechnische Gesichtspunkte eine Rolle (OLG Oldenburg, Urt. v. 11. 3. 1958 — Ss 14/58, StRK, § 147 AO a. F., R. 7; § 410 a. F., R. 4 = EStZ, Coring/Vogel, § 410 AO a. F., Nr. 43 = Nds Rpfl. 1958 S. 146 = MDR 1958 S. 707 = BB 1958 S. 865 = NJW 1958 S. 1407; auch Kühn, § 395 a. F., Anm. 2 a).

1. Finanzamt

   Dem Erscheinen eines Amtsträgers der Finanzbehörde bei dem Steuerpflichtigen steht es gleich, wenn der Steuerpflichtige, mit seinen Unterlagen für Prüfungszwecke zum Finanzamt bestellt, dort eintrifft (Maaßen, S. 296; Terstegen, S. 123).

2. Steuerberater

   Dem Lohnsteuer-Außenprüfer sollen die erforderlichen Unterlagen vereinbarungsgemäß im Büro des Steuerberaters vorgelegt werden. Sobald der Prüfer beim Steuerberater erscheint, ist die Sperrwirkung für eine strafbefreiende Selbstanzeige eingetreten.

dd13) Betriebsbesichtigung

Notwendige Bestandteile der Prüfung sind zu sehen bei einer Betriebsbesichtigung (vgl. § 200 Abs. 3 AO) oder dem Vertrautmachen mit dem Buchhaltungssystem und der Codierung elektronischer Buchungsmaschinen.

dd14) Vorbesprechung

In einer informatorischen Vorbesprechung kann bereits der Anfang der „materiellen Forschungstätigkeit" liegen (Coring, DStR 1963 S. 374).

dd15) Verschiebung der Prüfung

Eine Sperrwirkung tritt auch ein, wenn der Prüfer die Prüfung auf Wunsch des Steuerpflichtigen verschieben muß, weil dieser z. B. fehlende Unterlagen beschaffen oder Buchführungsrückstände beseitigen will, die Teilnahme anderer, noch nicht erreichbarer Personen (z. B. des Steuerbevollmächtigten, ortsabwesenden Geschäftsführers, Buchhalters) für wünschenswert hält oder aus betrieblichen Gründen (z. B. wegen Hochbetriebs) um Verlegung bittet.

Der Amtsträger ist auch erschienen, wenn der Prüfer die Prüfung aus Gründen, die der Steuerpflichtige zu vertreten hat, verschiebt. Liegen die Gründe der Verschiebung in der Person des Prüfers, so kann eine Selbstanzeige ebenfalls nicht mehr wirksam erstattet werden (Kopacek, BB 1961 S. 42). Dazu EAO 1977 zu § 197 Nr. 2.

dd16) Unterbrechung der Prüfung

Unterbricht der Amtsträger die Prüfung nach ihrem Beginn für bestimmte Zeit, so ist die Sperrwirkung eingetreten (Suhr/Naumann, S. 265).

dd17) Verhinderung der Prüfung

Wird der erschienene Amtsträger durch unvorhergesehene Umstände gehindert zu prüfen, so hindert das den Eintritt der Sperrwirkung nicht. Das kann der Fall sein, etwa weil die Wohnung nicht geöffnet wird, der Steuerpflichtige sich verleugnen läßt (Coring, DStR 1963 S. 374; Firnhaber, S. 106) oder er erkrankt ist (Sudau, S. 59).

Die Sperrwirkung ist eingetreten, weil der Amtsträger zum Zwecke der Prüfung an dem für den Prüfungszweck geeigneten Ort erschienen ist. Der Eintritt der Sperrwirkung wird nicht dadurch gehindert, daß der Prüfer die Räume des Steuerpflichtigen nicht betreten hat.

dd18) Nicht Antreffen des Steuerpflichtigen

Der Amtsträger ist auch dann bei dem Steuerpflichtigen erschienen, wenn er diesen nicht antrifft und sich nach Erklärung seines Auftrags mit der Mitteilung entfernt, er werde nach Rückkehr des Steuerpflichtigen wiederkommen. Eine Selbstanzeige mit strafbefreiender Wirkung ist dann nicht mehr möglich (OLG Oldenburg, Urt. v. 11. 3. 1958 — Ss 14/58, StRK, § 147 AO a. F., R. 7; § 410 AO a. F., R. 4 = EStZ, Coring/Vogel, § 410 AO a. F., Nr. 43 = NdsRpfl. 1958 S. 146 = MDR 1958 S. 707 = BB 1958 S. 865 = NJW 1958 S. 1407; auch Bauerle, S. 124; Hartung, §§ 410, 411 AO a. F., Anm. V 3; Ehlers/Lohmeyer, S. 46). S. auch zu dd2) dd26).

Das gilt auch dann, wenn der Prüfer zwar den Steuerpflichtigen nicht antrifft, wohl aber einen Dritten (etwa Angehörigen) und sich dann mit einer entsprechenden Erklärung — wie oben — entfernt (Kohlmann, § 395 AO a. F., Rdnr. 120).

dd2) Keine Sperrwirkung

dd21) Ankündigung der Prüfung

Die schriftliche oder mündliche Ankündigung, daß demnächst eine Prüfung vorgenommen werde (§ 197 AO), reicht für die Sperrwirkung nicht aus. Daß nicht schon mit der Ankündigung eines Prüfers, sondern erst mit dem „Erscheinen eines Amtsträgers“ dem Täter die Möglichkeit zur Selbstanzeige genommen wird, hat zwingende sachliche Gründe. Es würde auch eine Vorverlegung des Zeitpunkts der Ausschlußwirkung auf den Zeitpunkt der Ankündigung zur Folge haben, daß sich zahlreiche Steuersünder „gezwungen“ sähen, die Zeit bis zur Prüfung zur Verschleierung der Tat auszunützen (Bauerle, S. 123; Coring, DStR 1963 S. 374; Ehlers/Lohmeyer, S. 46; Firnhaber, S. 105; Hartung, §§ 410, 411 AO a. F., Anm. V 3 a; Leise, WK, § 395 AO a. F., Anm. 8; Lohmeyer, StB 1970 S. 63; Maaßen, FR 1954 S. 296; Mattern, DStZ/A 1951 S. 414; Troeger/Meyer, S. 256).

Auch die bloße fernmündliche Durchsage des Prüfungsbeginns kann nicht als vorweggenommenes Erscheinen des Außenprüfers gewertet werden (Kohlmann, § 395 AO a. F., Rdnr. 120; Quenzer, StW 1953 S. 373).

S. auch Teil 2 zu B V 1 b) (1) bb).

dd22) Terminsvereinbarung,
Besprechung von Fragen

Kommt der Prüfer in den Betrieb, nicht um zu prüfen, sondern um nur einen Termin zur Prüfung zu vereinbaren, so wird dadurch die Sperrwirkung des § 371 Abs. 2 Nr. 1 a AO nicht ausgelöst (Franzen/Gast, § 395 AO a. F., Tz. 77; Heumann, StBp 1963 S. 297; Hofstetter, Stwa 1965 S. 157; Kötter, NWB 1966 F. 17 S. 547; Schröder, MDR 1956 S. 249; Schmidtmann, StBp 1970 S. 11; Suhr/Naumann, S. 265).

Das Recht zur strafbefreienden Selbstanzeige verliert der Täter deshalb nicht, wenn der Prüfer lediglich deshalb bei ihm erscheint, um mit ihm nur private, dienstliche oder sonstige Fragen zu besprechen, die mit einer Prüfung nicht unmittelbar im Zusammenhang stehen (Coring, DStR 1963 S. 374).

dd23) Verjährungsunterbrechende Handlung

Der Wille, durch das Erscheinen nur eine verjährungsunterbrechende Handlung vorzunehmen — der Prüfer entfernt sich nach kurzem Aufenthalt aus eigenem Antrieb, ohne eine Prüfungsabsicht entfaltet zu haben —, ist als Prüfungshandlung nicht ernstlich. Die Grundsätze, die die Rechtsprechung zur Unterbrechung der Verjährung gemäß § 68 StGB a. F. (jetzt § 78 c StGB) gemacht hat, gelten hier entsprechend. Hiernach wird jede Handlung des Richters unterbrochen, die wegen der begangenen Tat gegen den Täter gerichtet ist. Eine solche richterliche Handlung liegt dann vor, wenn sie bestimmt und geeignet ist, die Erledigung der Strafsache zu fördern. Eine lediglich zum Zwecke der Verjährungsunterbrechung vorgenommene Handlung dient diesem Zwecke nicht (vgl. BGH, Urte. v. 13. 6. 1956 — 4 StR 197/52, BGHSt Bd. 9 S. 198, 203; v. 22. 5. 1958 — 1 StR 533/57, NJW 1958 S. 1004; dazu StQ, AO, 1970, §§ 391—449

a. F., Nr. 306; auch Kohlmann, § 395 AO a. F., Rdnr. 122; Pfaff, DStR 1970 S. 555).

dd24) Scheinmaßnahme

Der Prüfer handelt nicht in Prüfungsabsicht, wenn er zunächst zum Schein einige Prüfungsmaßnahmen vornimmt und dann erklärt, er müsse die Prüfung abbrechen und werde sie in nächster Zeit fortsetzen.

Anders ist die Beurteilung, wenn aus dem Verhalten des Prüfers erkennbar ist, daß er die ernstliche Prüfungsabsicht hat. Dann ist die Sperrwirkung mit seinem Erscheinen eingetreten, selbst wenn er die Prüfung unterbrechen muß (Schulze/Brachmann, BB 1952 S. 773; v. Witten, NJW 1963 S. 567).

Gibt der Amtsträger zu erkennen, er wolle gelegentlich mal wieder vorsprechen, was auch erst nach längerer Zeit geschehen könne, dann ist dies einer Aufgabe der Prüfung und der Entscheidungsfreiheit darüber gleichzusetzen, ob und wann der Prüfer wieder einmal zu Prüfungszwecken erscheinen werde. Eine Prüfungsabsicht liegt nicht vor (Kopacek, BB 1961 S. 42).

dd25) Fristsetzung zur Nachholung von Material

Lag eine Selbstanzeige wegen Steuerhinterziehung ohne Zahlenangaben beim Finanzamt vor, hatte der Sachbearbeiter des Finanzamts zur Abgabe des Zahlenmaterials eine Frist gesetzt und erscheint der Prüfer nunmehr vor Fristablauf zur Prüfung, so tritt die Sperrwirkung nicht ein, da die Frist noch lief (OLG Frankfurt, Urt. v. 18. 10. 1961 — 1 Ss 854/61, EStZ, Coring/Vogel, § 410 AO a. F., Nr. 44 = Slg. Henneberg, Teil A, Stichwort: „Selbstanzeige, Entdeckungsgefahr“, S. 4 = DStZ/B 1961 S. 83 = BB 1962 S. 126 = NJW 1962 S. 974; auch Buschmann/Luthmann, S. 95; Leise, WK, § 395 AO a. F., Anm. 8). S. zu VI 1 c) (3) bb).

dd26) Nicht Antreffen des Steuerpflichtigen

Findet der Amtsträger niemanden vor und hinterläßt er auch keine Nachricht über den vergeblichen Prüfungsversuch, ist sein „Erscheinen“ als Nichterscheinen gleichzusetzen (Firnhaber, S. 106; Suhr/Naumann, S. 265). S. zu dd1) dd18).

d) Wirkung

Das Erscheinen eines Amtsträgers hat den Verlust der strafbefreienden Wirkung der Selbstanzeige zur Folge. Umstritten ist die Frage, wie weit die Wirkung in sachlicher und zeitlicher Hinsicht reicht. S. auch zu 2 e).

(1) Persönliche Begrenzung

Ein „Erscheinen" liegt nicht vor, wenn der Prüfer beim Teilnehmer (Gehilfen, § 27 StGB; Anstifter, § 26 StGB) an der Straftat — beim Geschäftspartner —, nicht aber beim Täter selbst erscheint. Ob der Täter von der Prüfung beim Teilnehmer weiß, zugleich auch wußte oder damit auch rechnen mußte, daß die Tat entdeckt war, ist eine andere Frage (Leise, WT 1961, S. 234; WK, § 395 AO a. F., Anm. 8 A; Sudau, S. 60; Suhr, S. 136; Troeger/Meyer, S. 256). Weiteres zu 3.

Der Fall ist auch anders zu beurteilen, wenn Täter und Teilnehmer demselben Betrieb angehören und die Tat in Ausübung des Betriebs begangen worden ist (Kohlmann, § 395 AO a. F., Rdnr. 119).

Beispiele:

Der Kaufmann A hat von seinem Geschäftsfreund B Waren ohne Rechnung geliefert bekommen. B hat vereinbarungsgemäß die Lieferung auch nicht verbucht. Beide sind entsprechend den zu niedrig erklärten Gewinnen veranlagt worden. Wenn der Prüfer bei B zur Prüfung erscheint, ist damit für B die Sperrwirkung ausgelöst. Für A tritt mit dem Erscheinen des Prüfers bei B noch keine Sperrwirkung ein. Er kann eine strafbefreiende Selbstanzeige noch solange erstatten, bis er entweder weiß oder bei verständiger Würdigung der Sachlage damit rechnen muß, daß seine Steuerhinterziehung entdeckt ist (§ 371 Abs. 2 Nr. 2 AO).

Anläßlich einer Prüfung bei einer GmbH wird vom Steuerfahndungsbeamten festgestellt, daß die Gesellschafter A und B die ausgeschütteten OR-Gewinne nicht in ihren Einkommensteuer-Erklärungen angegeben haben. A und B können nicht mehr wirksam Selbstanzeige erstatten. S. auch zu (2) bb) bb 1).

(2) Sachliche Begrenzung

aa) Prüfungsanordnung, Prüfungsauftrag

aa1) Begriffe

Die Prüfungsanordnung hat u. a. die folgenden Angaben zu enthalten: die zu prüfenden Steuerarten, zu prüfenden bestimmten

Sachverhalte, den Prüfungszeitraum (vgl. §§ 194, 196 AO). Damit ist der sachliche und auch zeitliche Umfang einer Prüfung genau festgelegt.

Von der Prüfungsanordnung ist der Prüfungsauftrag zu unterscheiden. Dieser an keiner Stelle definierte Begriff umfaßt die nicht mit Rechtsbehelfen anfechtbare innerdienstliche Anweisung des Leiters der Außenprüfungsstelle an den Außenprüfer zur Durchführung einer bestimmten Prüfung, ist mithin eine nur an ihn gerichtete verwaltungsinterne Maßnahme, kein Verwaltungsakt.

aa2) Zuständigkeit der Behörde, Prüfungskompetenz

Die Sperrwirkung verlangt die allgemeine sachliche Zuständigkeit der Finanz-(Zoll-)Behörde. Diese Zuständigkeit wird als vorrangiges Merkmal für den sachlichen Umfang der durch das Erscheinen des Amtsträgers ausgelösten Sperrwirkung jedenfalls dann anerkannt, wenn eine besondere Prüfungsanordnung nicht erteilt worden ist (so Hartung, §§ 410, 411 AO a. F., Anm. V 3 a; Suhr/Naumann, S. 267; Terstegen, S. 123; Troeger/Meyer, S. 255). Die Prüfungsanordnung kann die Befugnisse des Amtsträgers auch nicht weiter ausdehnen, als die Zuständigkeit der anordnenden Behörde reicht. Vgl. § 195 AO.

Es müßte zu unbefriedigenden Ergebnissen führen, wenn z. B. das Erscheinen eines Angehörigen der Zollaußenprüfung die Sperrwirkung einer Selbstanzeige für Umsatz- oder Einkommensteuerdelikte auslösen könnte. S. auch zu bb) bb5).

aa3) Umfang der Außenprüfung, Sachzusammenhang

aa31) Steuerliche Prüfung

Zur steuerlichen Prüfung und Außenprüfung, s. zu c) (2) bb).

§ 371 AO sagt nicht, in welchem Umfang eine strafbefreiende Selbstanzeige durch das Erscheinen des Amtsträgers zur steuerlichen Prüfung ausgeschlossen wird. Nach herrschender Meinung wird die Sperrwirkung nur für die Veranlagungszeiträume und Steuerarten ausgelöst, die in der Prüfungsanordnung (§§ 194, 196 AO) erwähnt sind oder die mit den geprüften Steuern in einem sachlichen Zusammenhang stehen (auch zu bb)). So kann sich der Steuerpflichtige durch die Angabe der Steuerabschnitte und Steuerarten in der Prüfungsanordnung ein Bild machen, worauf sich die Prüfung erstreckt. Er verliert durch das Erscheinen des Amtsträgers nur hinsichtlich der Sachverhalte das Selbstanzeigerecht, die Gegenstand der Prüfungsanordnung sind (Barske/Gapp, S. 86; Berger, BB 1951 S. 931; Coring, DStR 1963 S. 373; Ehlers, DStR 1974 S. 696; Ehlers/Lohmeyer, S. 47; Hartung, §§ 410, 411 AO a. F., Anm. V 3 a; Hofstetter, StWa 1965 S. 172; Kühn/Kutter, § 395 a. F., Anm. 2; Leise, WK, § 395 AO a. F., Anm. 8 A; Lohmeyer, StBp 1963 S. 298; StB 1970 S. 165; StB 1971 S. 161; ZfZ 1972 S. 176; Maaßen, FR 1954 S. 296; Sudau, S. 60; Suhr/Naumann, S. 267; Terstegen, S. 123; Troeger/Meyer, S. 255; einschränkend H-H-Sp, § 395 a. F., Sp. 33 ff.; a. M. Kopacek, BB 1961 S. 42; Kohlmann, § 395 AO a. F., Rdnr. 130 ff.; Kratzsch, StW 1974 S. 75: Der Wortlaut des § 395 Abs. 2 Nr. 1 a AO a. F. (jetzt § 371 Abs. 2 Nr. 1 a AO) sieht eine Begrenzung des Prüfungsgegenstandes nicht vor. Mit dem Erscheinen eines Prüfers ist die abstrakte Gefahr verbunden, daß bei der Prüfung auch solche Steuerstraftaten aufgedeckt werden, die mit dem eigentlichen Prüfungsgegenstand nicht zusammenhängen).

Die Eingrenzung der Sperrwirkung nach § 371 Abs. 2 Nr. 1 a AO auf den Umfang der Prüfungsanordnung widerspricht nicht dem Gesetz, da nach §§ 194, 196 AO eine steuerliche Prüfung nur im Rahmen der Prüfungsanordnung durchgeführt werden darf. Nur insoweit ist der Prüfer zur steuerlichen Prüfung auch erschienen (im Ergebnis auch OLG Frankfurt, Urt. v. 18. 10. 1961 — 1 Ss 854/61, EStZ, Coring/Vogel, § 410 AO a. F., Nr. 44 = BB 1962 S. 126; auch Suhr, StBp 1975 S. 82).

Den Angehörigen der Außenprüfungsstellen sind substantiierte Prüfungsanordnungen zu erteilen. Die zu prüfenden Steuerarten und Sachverhalte, nach Jahren getrennt, und der Prüfungszeitraum, sind anzugeben. Die Anordnung ist dem Steuerpflichtigen rechtzeitig bekanntzugeben (§ 197 AO).

Für den Steuerpflichtigen und seinen Bevollmächtigten (Steuerbevollmächtigten usw.) ist es daher geboten, sich zu vergewissern, welche Erhebungszeiträume und welche Steuerarten in der Prüfungsanordnung als Gegenstand der Prüfung aufgeführt sind. Das Verlangen nach Vorlage der Prüfungsanordnung empfiehlt sich besonders bei größeren Betrieben, in welchen der Steuerpflichtige auf die Mitarbeit von zahlreichen Angestellten angewiesen ist und daher nie im voraus wissen kann, ob sich nicht im Verlaufe der Prüfung eine Situation ergibt, in welcher er eine Selbstanzeige in Erwägung zieht (Ehlers/Lohmeyer, S. 47).

Es fragt sich, ob eine Begrenzung der Prüfungsanordnung auf ein oder mehrere Jahre eine strafbefreiende Selbstanzeige nach dem Erscheinen des Prüfers für andere (fernere oder nähere) Zeiträume bei der auftragsgemäß zu prüfenden Steuer ermöglicht.

Hatte der Prüfer einen allgemeinen für *alle* Jahre geltenden Prüfungsauftrag, bestand aber zunächst nur die Absicht, ein Jahr zu prüfen, weil dem Finanzamt nur die gewerbliche Tätigkeit des Steuerpflichtigen für dieses Jahr bekannt war, und erklärte der Steuerpflichtige ihm sofort nach dem Erscheinen unter Vorlage der Bücher, daß er auch in den Jahren gewerblich tätig gewesen sei und seinen Betrieb dem Finanzamt verschwiegen habe, so kann die Selbstanzeige auch für die Jahre der bisher dem Finanzamt nicht bekannten gewerblichen Tätigkeit nicht anerkannt werden (LG Hagen, Urt. v. 6. 4. 1956 — 11 Ms 192/55 I — 71/56, zit. bei Suhr/Naumann, S. 429 Nr. 165; auch Lohmeyer, StBp 1963 S. 298; a. M. Kohlmann, § 395 AO a. F., Rdnr. 138).

aa32) Ermittlung einer Steuerzuwiderhandlung

Die Sperrwirkung wird auch durch das Erscheinen eines Amtsträgers zur Ermittlung einer Steuerstraftat oder einer Steuerordnungswidrigkeit ausgelöst.

Das Amtsermittlungsprinzip (§§ 160, 161 StPO) kann im Strafverfahren den Amtsträger — Fahnder — zwingen, bei Verdacht einer Steuerstraftat den Prüfungsauftrag zu erweitern. Dann muß er das strafrechtliche Ermittlungsverfahren einleiten und die erweiterte Einleitung bekanntgeben.

Besteht zwischen dem ursprünglichen Verdacht und dem späteren Ergebnis der Ermittlungen — rückwirkend betrachtet — ein Zusammenhang, so ist hinsichtlich aller vom Täter begangenen Steuerstraftaten Straffreiheit ausgeschlossen. Ein solcher Zusammenhang besteht etwa zwischen dem Verdacht der unbefugten Hilfeleistung in Steuersachen und einer Steuerhinterziehung, da Einnahmen aus unbefugter Steuerberatung oft auch der Besteuerung entzogen werden. Das gilt besonders bei Ermittlungen durch Fahndungsbeamte. S. auch zu bb) bb4).

X zeigte den Y am 1. 2. 1974 wegen unbefugter Hilfeleistung in Steuersachen (§ 409 AO a. F.) an. Der Fahndungsbeamte des Finanzamts stellte fest, daß Y weitere Steuerpflichtige unbefugt beraten und dafür Entgelte erhalten, diese aber nicht in der Einkommensteuer-Erklärung angegeben hatte.

Eine Selbstanzeige durch nachträgliche Angabe der Einnahmen kann wegen des Sachzusammenhangs nicht mehr wirksam erstattet werden. (§ 409 AO a. F. gilt nicht bei Tathandlungen, die ab 25. 6. 1975 erfolgt sind. Dann § 160 StberG, § 4 Abs. 1 OWiG; s. auch zu c) (2) cc) cc 2).

aa4) Erweiterung der Außenprüfung

aa41) Finanzamt, Außenprüfungsstelle

Der Amtsträger darf — in der Regel — im Verlauf der Prüfung nicht von sich aus seinen Prüfungsauftrag ausdehnen, um auf diese Weise die Sperrwirkung in Verbindung mit seinem Auftrag zu erweitern. Hält der Prüfer aus Gründen, die sich möglicherweise im Verlauf der Prüfung ergeben, eine Erweiterung seines Auftrags für zweckmäßig oder geboten, so mag er sich beim Finanzamt — Außenprüfungsstelle — eine Erweiterung seines Auftrags beschaffen und diese bei Fortsetzung der Prüfung dem Steuerpflichtigen mitteilen. Dazu EAO 1977 zu § 196 Nr. 3.

Eine Erweiterung des Auftrags ist auch oft erforderlich. Denn mit dem Prüfungsauftrag und dem Begriff des Sachzusammenhangs der zu prüfenden Steuerarten werden Gefahren erfaßt, die sich für den Steuerhinterzieher bei dem Erscheinen eines Amtsträgers ergeben und für ihn zwingende Gründe zu einer Selbstanzeige sein können.

aa42) Ermächtigung des Außenprüfers

Oft ist der Prüfer auch ermächtigt, seinen Auftrag auf weitere Veranlagungsabschnitte auszudehnen, wenn es während der Prüfung zweckmäßig erscheint, die Prüfungstätigkeit auch auf andere Steuern oder Steuerabschnitte auszudehnen oder wenn offensichtlich ist, daß sich auch für andere Zeiträume Steuernachforderungen ergeben (Franzen/Gast, § 395 AO a. F., Tz. 86).

Zur Erweiterung seines Prüfungsauftrags und damit zur weiteren Einengung des Bereichs der strafbefreienden Selbstanzeige kann auch nur ein solcher Amtsträger befugt sein, der nach seiner Dienststellung zu einer selbständigen Entscheidung über Art und Umfang des Prüfungsauftrags berechtigt ist.

aa43) Unterbrechung der Prüfung

Kommen Vorgänge in Betracht, die außerhalb des Prüfungsauftrags liegen, so wird der Steuerpflichtige, wenn er eine Selbstanzeige erstatten will, zweckmäßig um eine Unterbrechung der Prüfung bitten, und dafür sorgen, daß eine Selbstanzeige — ohne Inanspruchnahme des Außenprüfers — schnellstens zum Finanzamt gelangt (Ehlers, DStR 1974 S. 696).

bb) Spezielle Prüfungsanordnung,
Sonderprüfer, Sachzusammenhang

Das Erscheinen des Prüfers schließt die strafbefreiende Selbstanzeige nur für die Steuern aus, die dieser auftragsgemäß zu prüfen hat. Von besonderer Bedeutung ist die Begrenzung des Prüfungsauftrags bei den Sonderprüfern. Bei diesen Prüfungen ist der jeweilige Prüfungsauftrag weit enger, als bei einem allgemeinen Prüfungsauftrag. Mit dem Umfang des besonderen Prüfungsauftrags beschränkt sich die Möglichkeit, Selbstanzeige wirksam zu erstatten, auf die zu prüfenden Steuern. Der Steuerpflichtige kann wegen Vergehen anderer Steuerarten auch noch nach Erscheinen des Prüfers Selbstanzeige erstatten, es sei denn, daß die von ihm zu prüfende Steuerart steuerlich so eng mit der anderen Steuerart verwandt ist, oder daß zwischen beiden den Steuerstraftaten zugrunde liegenden Sachverhalten ein so enger Zusammenhang besteht, daß eine Trennung schwer möglich ist.

bb1) Außenprüfer
(Betriebsprüfer, Großbetriebsprüfer)

Bei einem Außenprüfer (Betriebsprüfer) ist der sachliche Umfang der Sperrwirkung nicht so eng wie bei einem Sonderprüfer. In der Regel ist der Auftrag beschränkt auf Steuerabschnitte und Steuerarten (Ehlers, DStR 1974 S. 696; Sudau, S. 60).

Wegen eines hinreichend engen Sachzusammenhangs kann das Erscheinen eines Großbetriebsprüfers bei einer Körperschaft die Sperrwirkung auch hinsichtlich der Einkommensteuer der Gesellschafter auslösen, wenn die Körperschaft verdeckte Gewinnausschüttungen an die Gesellschafter vorgenommen hat, ohne daß es von Bedeutung ist, ob für die Einkommensteuerveranlagungen der Gesellschafter ein anderes Finanzamt zuständig ist oder ob der Prüfer von seiner Behörde nur mit der Prüfung der steuerlichen Verhältnisse der Körperschaft beauftragt worden ist (Franzen/Gast, § 395 AO a. F., Tz. 89; Salch, StBp 1970 S. 4; abw. Schmidtmann, StBp 1970 S. 12).

bb2) Lohnsteueraußenprüfer

Einen Spezialauftrag erhalten besonders die Lohnsteueraußenprüfer (vgl. § 193 Abs. 2 Nr. 1 AO, §§ 50—55 LStDV). Das Erscheinen des Prüfers wird, wenigstens in der Regel, die Selbstanzeige nur bezüglich der von ihm zu prüfenden Steuern ausschließen (Pfaff, DStR 1970 S. 554). Da die Lohnsteuer aber nur eine besondere Erhebungsform der Einkommensteuer bildet, besteht vielfach ein steuerlicher Sachzusammenhang zwischen lohn- und einkommensteuerlichen Sachverhalten. So stehen Lohnsteueraußenprüfer nicht selten vor der Frage, ob bestimmte Einnahmen eines Steuerpflichtigen Einkünfte aus nichtselbständiger Arbeit darstellen oder Einkünfte aus selbständiger Arbeit oder gar Einkünfte aus Gewerbebetrieb. In derartigen Fällen ist der Sachverhalt auch nach einkommen- und gewerbesteuerlichen Gesichtspunkten zu erforschen und zu beurteilen, ohne daß der Steuerpflichtige nach dem Erscheinen des Lohnsteueraußenprüfers wegen der etwa hinterzogenen Einkommensteuer oder Gewerbesteuer noch strafbefreiende Selbstanzeige erstatten kann (Suhr/Naumann, S. 268).

Hat ein Lohnsteueraußenprüfer Unregelmäßigkeiten bei den Betriebsausgaben und damit zusammenhängend bei der Gewinnermittlung festgestellt, kann Selbstanzeige auch wegen Einkommensteuerhinterziehung nicht mehr erstattet werden, wenn der Prüfungsauftrag alle mit der Lohnsteuer unmittelbar oder mittelbar zusammenhängenden Fragen umfaßt. Stößt der Lohnsteueraußenprüfer bei der Prüfung der Versteuerung von Feriengeldern an Betriebsangehörige darauf, daß im Kassenbuch mehr Feriengelder als Betriebsausgaben gebucht sind als nach den Lohnkonten lohnversteuert waren, so kann der Steuerpflichtige nach dem Erscheinen des Prüfers keine Selbstanzeige mehr wegen der Einkommen- und Gewerbesteuerhinterziehung erstatten, wenn er im Kassenbuch Privatentnahmen als Feriengelder getarnt hat (LG Bielefeld, Urt. v. 10. 7. 1958 — H 2/58 II, zit. bei Leise, WT 1961 S. 234; ähnlich Terstegen, S. 123; Suhr, S. 137).

Anders, wenn ein Sachzusammenhang nicht besteht. So stellt der Lohnsteueraußenprüfer fest, daß der Steuerpflichtige mit erheblichen Geldbeträgen zwecks Erlangung von geheimen Nachrichten Dritte bestochen und den Erlös aus dem „Verkauf" dieser Nachrichten nicht versteuert hat (anders Kohlmann, § 395 AO a. F., Rdnr. 136, der eine Begrenzung des Prüfungsauftrags nicht zuläßt).

bb3) Umsatzsteuersonderprüfer

Häufig will das Finanzamt den Betrieb des Steuerpflichtigen umsatzsteuerlich prüfen (Steuervergünstigung). Der Prüfungsauftrag wird meist eng sein und nicht so weit wie bei der Außenprüfung.

bb4) Steuerfahnder

Soweit Steuerfahnder normale Vollprüfungen durchführen (vgl. § 208 AO), werden substantiierte Prüfungsanordnungen erteilt (§ 194 AO). Anders meist, wenn sie auf Grund des Legalitätsprinzips (§§ 160, 161 StPO) als Hilfsbeamte der Staatsanwaltschaft (der Bußgeld- und Strafsachenstelle des Finanzamts) tätig werden. Der Steuerfahnder kann u. U. den Prüfungsauftrag ausdehnen. Dazu auch aa) aa3) aa32) u. aa4); 2 c) (2) bb).

bb5) Zollfahnder

Bei der Spezialisierung der verschiedenen Prüfungsdienste in der Finanzverwaltung kann es nicht dem Sinn des § 371 AO entsprechen, daß ein Zollfahnder die strafbefreiende Selbstanzeige für Steuerhinterziehungen, etwa auf dem Gebiet der Kapitalverkehrsteuer oder der Grunderwerbsteuer, ausschließt. Es ist auch nicht zu erwarten, daß ein solcher Spezialprüfer die Hinterziehungen von derartigen Steuern bei seiner Prüfung aufdecken wird. Deshalb wäre es auch nicht gerechtfertigt, dem Steuerpflichtigen die Möglichkeit zu nehmen, aus eigenem Entschluß solche Steuerhinterziehungen zu offenbaren. S. auch zu aa) aa2); 2 c) (2) cc).

(3) Zeitliche Begrenzung

aa) Wiederaufleben der Selbstanzeige

Streitig ist, ob durch die Tatsache der Außenprüfung eine Selbstanzeige für den geprüften Zeitraum und die geprüften Steuerarten für immer ausgeschlossen oder ob mit dem Abschluß der Prüfung oder der Beendigung der Ermittlung der Steuerzuwiderhandlung die Erstattung einer Selbstanzeige mit strafbefreiender Wirkung wieder möglich ist.

Die herrschende Lehre nimmt an, daß § 371 Abs. 2 Nr. 1 a AO nur eine vorübergehende Sperrwirkung entfaltet. Sei die steuerliche Prüfung abgeschlossen oder das Ermittlungsverfahren beendet, so lebe das Selbstanzeigerecht hinsichtlich der hierbei nicht aufgedeckten Taten wieder auf (Bauerle, DStZ/A 1957 S. 161; Barske, DStR 1952 S. 202; Bremer, B 1951 S. 991; Ehlers/Lohmeyer, S. 48; Firnhaber, S. 108; Franzen/Gast, § 395 AO a. F., Tz. 113; H-H-Sp, § 395 a. F., Sp. 29; Kopacek, BB 1961 S. 41; Kühn-Kutter, § 395 a. F., Anm. 2; Leise, WK, § 395 AO a. F., Anm. 8; Maaßen, FR 1954 S. 293; Pfaff, DStR 1970 S. 555; Quenzer, StW 1953 S. 665; Suhr/Naumann, S. 269; Susat, DStR 1952 S. 33; Vogel, FR 1960 S. 443; a. M. Kratzsch, StW 1974 S. 68; List, S. 43; Mattern, NJW 1951 S. 937; DStR 1952 S. 76; DStR 1954 S. 457).

Auch die Finanzminister der Länder meinen — im Einvernehmen mit dem BdF —, daß eine Selbstanzeige mit strafbefreiender Wirkung auch für die geprüften Steuerarten — und -abschnitte wieder erstattet werden kann, sobald die Prüfung abgeschlossen ist (so HessMin d. Fin, Erl. 17. 4. 1957 — S 1260, zit. bei Leise, WT 1961 S. 234; FinMin NRW, Erl. v. 23. 4. 1957 — S 1260, DStR 1957 S. 262 = BB 1957 S. 460 = FR 1959 S. 91; FinMin Rhld-Pfalz, Erl. v. 5. 6. 1957 — S 1260 A — IV 56 — 167/57, FR 1957 S. 331 = B 1957 S. 734; Bespr. d. AO-Referenten der Länder, BB 1966 S. 163).

Der Wortlaut („zur steuerlichen Prüfung ... erschienen") läßt zwar offen, ob die Möglichkeit einer strafbefreienden Selbstanzeige nur für die Dauer der Prüfung gehemmt oder endgültig ausgeschlossen sein soll. Es kann aber weder aus steuerpolitischen noch aus kriminalpolitischen Gründen auf die Selbstanzeige verzichtet werden. Nicht zuletzt deshalb ist es — konform dem Gesetzeswortlaut — allgemeine Meinung, daß nach Abschluß einer Außenprüfung das Recht zur Erstattung einer Selbstanzeige wieder auflebt. Das Wort „erschienen" ist nach seinem Sinngehalt zeitlich gegenwartsbezogen. Sobald die Prüfung abgeschlossen ist, ist der Prüfer auch nicht mehr „zur steuerlichen Prüfung" erschienen (so auch Suhr, StBp 1975 S. 82).

Abwegig ist die Meinung, daß mit dem Erscheinen eines Prüfers jede Möglichkeit für die Erstattung einer Selbstanzeige für alle vom Steuerpflichtigen begangenen Steuerhinterziehungen ausgeschlossen ist, auch soweit sie Steuerarten betreffen, die nicht Gegenstand des Prüfungsauftrags sind. Es würde nicht dem Sinn und Zweck des § 371 Abs. 1 AO entsprechen, eine strafbefreiende Selbstanzeige auch noch weiterhin auszuschließen, wenn die Prüfung ihren Abschluß gefunden hat, ohne daß die Steuerhinterziehung entdeckt worden ist. Der Fiskus hat in diesen Fällen sogar ein verstärktes Interesse an einer nachträglichen Selbstanzeige, damit die verborgen gebliebenen Steuerquellen doch noch erschlossen werden können. Es entspricht deshalb auch dem steuerpolitischen Zweck des Gesetzes, daß die durch das Erscheinen des Prüfers gesperrte Berichtigungsmöglichkeit wieder auflebt, sobald die Prüfung abgeschlossen ist.

Bei der Schwierigkeit des Steuerrechts (man denke hierbei u. a. auch an die kaum mehr überschaubaren Steueränderungsgesetze) und dem Umfang der insbesondere bei größeren Unternehmen durchzuführenden Prüfungen kann es vorkommen, daß eine Steuerhinterziehung auch bei einer Außenprüfung nicht entdeckt wird. Der durch die nichtentdeckte Straftat verbleibende Erfolg einer zu niedrigen Steuerfestsetzung bleibt über die Prüfung hinaus bis zum Eintritt der Verjährung fortbestehen. Währenddessen besteht auch hier wie bei den nicht geprüften Steuerarten das gleiche Interesse des Staates an der richtigen Erfassung des entstandenen Steueranspruchs und an der Rückgängigmachung eines ungerechtfertigten Steuervorteils.

bb) Abschluß der Außenprüfung,
Beendigung der Ermittlung

Es fragt sich, von welchem Zeitpunkt an die Sperrwirkung wegfällt. Zu unterscheiden ist zwischen Prüfung „mit und ohne Mehrergebnis".

bb1) Mehrergebnis, Absendung
des Berichtigungsbescheids

Abgeschlossen ist eine steuerliche Prüfung, sobald das Finanzamt die auf Grund der Außenprüfung erstmalig erlassenen oder berichtigten Steuer-, Steuermeß- oder Feststellungsbescheide abgesandt hat (h. M., so Bauerle, DStZ/A 1957 S. 161; Coring, DStR 1963 S. 377; Ehlers/Lohmeyer, S. 48; Kühn/Kutter, § 395 a. F., Anm. 2 a; Leise, WT 1961 S. 234; WK, § 395 AO a. F., Anm. 8 A; Lohmeyer, StBp 1963 S. 298; Inf 1964 S. 24, 1966 S. 145; Maaßen, FR 1964 S. 293; Quenzer, StW 1953 S. 665; Suhr/Naumann, S. 269; auch Praxis der Verwaltung, wie zu aa); a. M. Heumann, StB 1963 S. 296: Strafbefreiende Selbstanzeige ist schon nach Beendigung der Schlußbesprechung möglich. Findet keine Schlußbesprechung statt, ist auf den Abschluß der Prüfungstätigkeit abzustellen).

Die Gegenmeinung zum Ende der Sperrfrist ist praktisch nicht brauchbar. Nicht in allen Fällen ist eine Prüfung mit der Schlußbesprechung abgeschlossen. Es kommt vor, daß ein Prüfer nach der Schlußbesprechung noch Randfragen oder tatsächliche Zweifel, die womöglich erst in der Schlußbesprechung aufgekommen waren, im Betrieb des Steuerpflichtigen klären muß. Findet keine Schlußbesprechung statt, ist es auch nicht möglich, den Abschluß der Prüfung hinreichend genau zu bestimmen. Zur Schlußbesprechung, vgl. § 201 AO.

Die h. M. und die Ansicht der Finanzverwaltung ziehen klare Grenzen. Das entspricht auch dem Gebot der Rechtssicherheit. Erst durch die Absendung berichtigter Bescheide gibt das Finanzamt verbindlich zu erkennen, daß die Prüfung abgeschlossen ist und welche steuerrechtlichen Folgen aus der Prüfung gezogen werden.

bb2) Ohne Mehrergebnis, Absendung der schriftlichen Mitteilung

Dem Steuerpflichtigen ist schriftlich mitzuteilen, wenn „die Außenprüfung nicht zu einer Änderung der Besteuerungsgrundlagen führt" — gemeint ist: wenn die Prüfung dem Finanzamt keine neuen Kenntnisse von den Besteuerungsgrundlagen vermittelt hat, die eine Änderung der Bescheide erfordern. Die Absendung einer schriftlichen Mitteilung (§ 202 Abs. 1 S. 3 AO) steht der Absendung eines berichtigten Steuerbescheids gleich (Pfaff, § 395 AO a. F., Tz. 125).

Die nach der Außenprüfung ergangenen Steuerbescheide haben nach der neuen AO erhöhten Bestandsschutz. Diese Bescheide können nur dann aufgehoben oder geändert werden, wenn dem Steuerpflichtigen eine Steuerhinterziehung oder eine leichtfertige Steuerverkürzung nachgewiesen wird. Im Gegensatz zum bisherigen Recht genügt nicht das Vorliegen neuer Tatsachen, um zu einer Berichtigung eines bereits im Wege der Außenprüfung geprüften Bescheides zuungunsten des Steuerpflichtigen zu kommen (§ 173 Abs. 2 AO).

2. Bekanntgabe der Einleitung des Straf- oder Bußgeldverfahrens wegen der Tat an den Täter oder seinen Vertreter (Nr. 1 b)

a) Anwendung bei §§ 371 und 378 AO

Die Sperrwirkung wird sowohl im Falle des § 371 Abs. 2 Nr. 1 b AO als auch in dem des § 378 Abs. 3 S. 1 AO absolut ausgelöst, wenn dem Täter oder seinem Vertreter vor Erstattung der Selbstanzeige das Straf- oder Bußgeldverfahren wegen der Tat bekanntgegeben worden ist. Hinsichtlich der Selbstanzeige nach § 378 Abs. 3 AO, s. Teil 2 zu B V 2.

b) Einleitung des Straf- oder Bußgeldverfahrens

(1) Rechtsgrundlage der Einleitung

Rechtsgrundlage hinsichtlich des Zeitpunkts der Einleitung des Verfahrens ist die Vorschrift des § 397 AO — ebenso aufgrund des 1. StrafÄndG v. 10. 8. 1967 (BGBl. I S. 877) der § 432 Abs. 1 AO a. F. und vorher ohne wesentliche Abweichungen der § 410 Abs. 4 AO (i. d. F. d. Ges. v. 7. 12. 1951, BGBl. I S. 941) —. Nach Absatz 1 des § 397 AO ist das Steuerstrafverfahren eingeleitet, sobald die Finanzbehörde, die Polizei, die Staatsanwaltschaft, einer ihrer Hilfsbeamten oder der Strafrichter eine Maßnahme trifft, die erkennbar darauf abzielt, gegen jemanden wegen einer Steuerstraftat strafrechtlich vorzugehen. § 397 AO gilt auch für das Bußgeldverfahren (§ 410 Abs. 1 Nr. 6 AO). Zur „Finanzbehörde", s. zu c) vor (1).

(2) Erkennbar strafrechtliche Maßnahmen, Form

aa) Tatsächlicher Vorgang

Voraussetzung ist, daß die Finanzbehörde eine Maßnahme trifft, die objektiv erkennbar darauf abzielt, gegen jemanden steuerstrafrechtlich vorzugehen. Die Einleitung ist ein rein tatsächlicher Vorgang, eine Prüfungshandlung. Durch die Objektivierung, die dem Schutz des Steuerpflichtigen dient, ist klargestellt, daß die Verfahrenseinleitung keine prozessuale Willensbildung ist (OLG Celle, Urt. v. 19. 12. 1963 — 1 Ss 402/63, EStZ, Coring/Vogel, § 411 AO a. F., Nr. 6 = Slg. Henneberg, Teil A, Stichwort: „Selbstanzeige, Materiallieferung", S. 16; „Selbstanzeige, Untersuchung, Einleitung", S. 3 = DStZ/B 1964 S. 184; 1965 S. 74 = NJW 1964 S. 989; auch Bauerle, S. 125; Lohmeyer, NWB 1966 F. 13 S. 315; Suhr/Naumann, S. 261).

bb) Erkennbare Untersuchungshandlungen,
Ausnahmen

Die Rechte und Pflichten des Steuerpflichtigen dem Finanzamt gegenüber sind verschieden: Im Besteuerungsverfahren ist der Steuerpflichtige zur Mitwirkung bei den Ermittlungen der Besteuerungsgrundlagen verpflichtet (§§ 140 ff., 200 AO). Im Straf- bzw. Bußgeldverfahren dagegen ist der Beschuldigte bzw. Betroffene nicht verpflichtet, bei der Ermittlung des Sachverhalts mitzuwirken. Er kann abwarten, daß ihm durch die Strafverfolgungsbehörde (Verwaltungsbehörde) bzw. durch das Gericht die strafbare bzw. die zu ahndende Handlung nachgewiesen wird. Der Strafverfolgungsbehörde stehen dabei Maßnahmen zur Verfügung, die das Gesetz (StPO) nennt.

Der tatsächliche Vorgang besteht in der erkennbaren Verfolgung strafrechtlicher Spuren. Die Maßnahmen können verschiedener Art sein:

bb1) Klassische strafrechtliche Maßnahmen

Eindeutig ist die Rechtslage bei den klassischen strafrechtlichen Maßnahmen, wie

bb11) Verhaftung, vorläufige Festnahme
(§§ 114, 127 StPO)
wo Zweifel über den strafrechtlichen Zweck der Maßnahmen nicht möglich sind;

bb12) Beschlagnahme
etwa von Geschäftspapieren oder von Zollgut oder verbrauchsteuerbaren Waren (§§ 94, 98 StPO);

bb13) Durchsuchung
etwa der Wohnung oder der betrieblich genutzten Räume (§ 102 ff. StPO) oder

bb14) Vernehmung
des Beschuldigten (§ 163 a StPO) oder des Zeugen (§ 161 a StPO).

Die Handlungen müssen eindeutig erkennen lassen, daß sie nicht aus steuerlichen Gründen, sondern wegen des Verdachts einer Steuerstraftat erfolgen (vgl. RG, Urt. v. 12. 2. 1940 — 3 D 627/39, RStBl. 1940 S. 314; OLG Bremen, Urt. v. 31. 1. 1951 — Ss 100/50, EStZ, Coring/Vogel, § 410 AO a. F., Nr. 19 = Slg. Henneberg, Teil A, Stichwort: „Selbstanzeige, Untersuchung, Einleitung“, S. 2 = DStZ/B 1951 S. 213; auch Lohmeyer, StB 1974 S. 208).

bb2) Sonstige Maßnahmen

Es gibt zahlreiche Maßnahmen, die als erkennbar das Verfahren einleiten.

bb21) Kontrollmitteilung, Anzeige

Ergibt sich bei der Auswertung einer Kontrollmitteilung oder bei der Überprüfung einer Anzeige der Verdacht einer strafbaren Zuwiderhandlung gegen Steuergesetze und geht der mit der Bearbeitung dieser Angelegenheit beauftragte Amtsträger diesem Verdacht im Rahmen seiner Überprüfung nach, so ist damit das Strafverfahren eingeleitet (Ehlers/Lohmeyer, S. 130);

Rechtsgrundlage für das Erstellen von Kontrollmitteilungen, s. § 194 Abs. 3 AO.

bb22) Aktenvermerk

Es muß klar zum Ausdruck kommen, daß es sich um eine strafrechtliche und nicht um eine steuerrechtliche Untersuchung handelt. Dem kommt praktische Bedeutung zu, wenn im Veranlagungsverfahren der Sachbearbeiter versucht, Unstimmigkeiten in der Steuererklärung und ihrer Anlagen zu klären und hierbei Ermittlungen vornimmt (vgl. RG, Urt. v. 25. 11. 1935 — 3 D 761/35, RStBl. 1935 S. 1505; auch Bauerle, S. 125);

bb23) Abgabe des Vorgangs an die Strafsachenstelle

Die Übersendung von Steuervorgängen vom Finanzamt an die Gemeinsame Bußgeld- und Strafsachenstelle ist als Einleitung eines strafrechtlichen Ermittlungsverfahrens anzusehen. Wenn dies auch streitig ist, so muß doch die Handlung des zuständigen Bearbeiters des Finanzamts als eine objektiv erkennbare Maßnahme betrachtet werden (abw. Suhr/Naumann, S. 261; vgl. auch Bemerkung in StQ, AO, 1971, §§ 391—449 a. F., Nr. 366).

bb3) Ausnahmen

bb31) Aufklärung eines Sachverhalts

Eine nur auf Aufklärung eines steuerlich erheblichen Sachverhalts dienende Handlung genügt nicht als eine erkennbar strafrechtliche Maßnahme (Loose, DStZ/A 1967 S. 280).

bb32) Mitteilung, Vorprüfung

Als Einleitung eines Strafverfahrens ist die Mitteilung des Finanzamts, die Gemeinsame Bußgeld- und Strafsachenstelle werde die Sache überprüfen, nicht anzusehen (vgl. § 201 Abs. 2 AO). Zwar ist auch eine „Überprüfung" schon eine Maßnahme. Sie zielt aber noch nicht erkennbar darauf ab, gegen jemanden strafrechtlich vorzugehen, sondern dient nur der Vorprüfung, ob ein bestehender Anfangsverdacht begründet ist, um die Einleitung eines Strafverfahrens zu rechtfertigen oder erforderlich zu machen. Wer diese Prüfung einer anderen Stelle überläßt, gibt damit zu erkennen, daß er die Entscheidung, ob gegen jemanden strafrechtlich vorzugehen ist, nicht treffen will oder kann, er also noch kein Strafverfahren einleiten will. S. auch zu c) (2) aa) aa2).

bb33) Überprüfung einer Selbstanzeige

In der nach außen erkennbaren Überprüfung einer Selbstanzeige liegt noch nicht die Einleitung einer strafrechtlichen Untersuchung (OLG Celle, Urt. v. 19. 12. 1963 — 1 Ss 402/63, EStZ, Coring/Vogel, § 411 AO a. F., Nr. 6 = Slg. Henneberg, Teil A, Stichwort: „Selbstanzeige, Materiallieferung", S. 13 = DStZ/B 1964 S. 184 = NJW 1964 S. 989).

(3) Strafverfahren

Zur Einleitung eines Steuerstrafverfahrens kommt es, wenn eine der in § 397 Abs. 1 AO genannten Behörden von dem Verdacht einer Steuerstraftat Kenntnis erlangt. Zur Steuerstraftat, s. zu 1 c) (2) cc) cc1) und III 1.

aa) Tatverdacht, einfacher

Es besteht keine einheitliche Meinung darüber, ob Voraussetzung für die Einleitung eines Strafverfahrens ein hinreichender Tatverdacht (so Lohmeyer, B 1969 S. 719) ist oder ob einfacher Tatverdacht ausreicht. Die Abgrenzung liegt in der Beurteilung der subjektiven Seite der Tat. Einfacher Tatverdacht bedeutet die Möglichkeit des Verschuldens, hinreichender Tatverdacht erst die Wahrscheinlichkeit des Verschuldens. Einig ist man sich, daß bloßer zweifelhafter Tatverdacht (Vermutung) ausscheidet. Dazu Vermutung in der Außenprüfungs-Schlußbesprechung, zu c) (2) aa) aa2).

Schuldformen im Steuerstrafrecht sind Vorsatz und bedingter Vorsatz. Vorsätzlich handelt, wer trotz Kenntnis der Tatbestandsmerkmale willentlich handelt — unbedingter Vorsatz — (vgl. BGH, Urt. v. 5. 5. 1964 — 1 StR 26/64, BGHSt Bd. 19 S. 295, 298) oder wer willentlich handelt, obwohl er die Tatbestandsmerkmale für möglich hält und ihre Verwirklichung „billigend in Kauf nimmt" — bedingter Vorsatz — (vgl. BGH, Urt. v. 17. 9. 1963 — 1 StR 301/63, BGHSt Bd. 19 S. 101). Weitere Rspr. hierzu, Pfaff, § 391 AO a. F., Tz. 41; § 392 AO a. F., Tz. 27.

Für das Steuerstrafverfahren ist hinreichender Tatverdacht zu verneinen; denn dieser ist auch nur Voraussetzung für die Erhebung der öffentlichen Klage (§ 170 Abs. 1 StPO) und die Eröffnung des Hauptverfahrens (§ 203 StPO). Erforderlich sind konkrete Anhaltspunkte für eine Steuerstraftat (so auch Bauerle, S. 125; Gerlach, NJW 1969 S. 776; Henneberg, BB 1970 S. 1128; Richter, B 1967 S. 697; Suhr, StBp 1971 S. 121; Bem. in StQ, AO, 1971, §§ 391—449 a. F., Nrn. 397, 409).

Wurde ein Verfahren ohne konkreten Tatverdacht eingeleitet, so ist die Einleitung gleichwohl wirksam mit allen ihren Folgen, sofern sich der Verdacht später bestätigt. S. auch zu (6) bb).

bb) Ermittlungsverfahren

Der Nachweis des Verschuldens soll im steuerstrafrechtlichen Ermittlungsverfahren erbracht werden. Im allgemeinen Strafverfahren liegt das Ermittlungsverfahren ausschließlich in den Händen der Staatsanwaltschaft (auch allgemeine Delikte und Steuerstrafdelikte in Tateinheit). Führt die Staatsanwaltschaft das steuerstrafrechtliche Ermittlungsverfahren selbständig durch, so hat das Finanzamt das Recht des ersten Zugriffs nach § 163 Abs. 1 StPO. Im Steuerstrafverfahren hat die Ermittlungskompetenz auch das Finanzamt (§ 386 Abs. 2 AO). In den Ländern der Bundesrepublik Deutschland einschließlich West-Berlin gibt es Gemeinsame Bußgeld- und Strafsachenstellen, die für steuerstrafrechtliche Ermittlungen für den Bereich mehrerer Finanzämter zuständig sind § 387 Abs. 2 AO (vgl. Bayern, GVBl. 1967 S. 463, 505; Bremen, GBl. 1968 S. 2; Berlin, GVBl. 1969 S. 482; Rheinland-Pfalz, GVBl. 1968 S. 4). Diese sind grundsätzlich weder an Ersuchen noch an Weisungen der Staatsanwaltschaft gebunden. Es soll die besondere Sachkunde der Finanzbehörde in Steuerstrafsachen genutzt werden. Die ausschließliche Übertragung des gesamten Ermittlungsverfahrens auf die Staatsanwaltschaft würde auch einen doppelten Verwaltungsaufwand bedeuten.

Für die Steuerstrafverfahren gelten gemäß § 385 Abs. 1 AO die Vorschriften der StPO und die §§ 386 ff. AO. Die für die Strafverfolgung zuständigen Bediensteten der Finanzbehörde — s. zu c) — haben bei der ersten Vernehmung des Beschuldigten die Belehrungspflichten des § 163 a Abs. 4 StPO zu beachten. Darüber hinaus bestimmt § 397 Abs. 3 AO, daß die Einleitung eines Strafverfahrens dem Beschuldigten mitzuteilen ist, wenn er dazu aufgefordert wird, Tatsachen darzulegen oder Unterlagen vorzulegen, die im Zusammenhang mit der Straftat stehen, der er verdächtig wird (s. zu d)). Nach § 399 Abs. 1 AO nimmt die Finanzbehörde die Rechte und Pflichten der Staatsanwaltschaft im Ermittlungsverfahren wahr, wenn sie das Ermittlungsverfahren auf Grund des § 386 Abs. 2 AO selbständig durchführt. Das bedeutet, daß die zuständige Finanzbehörde dem Legalitätsprinzip unterliegt (vgl. § 152 Abs. 2 StPO) und wegen aller in ihren Zuständigkeitsbereich fallenden Steuerstraftaten einzuschreiten und den Sachverhalt zu erforschen hat, sobald sie von dem Verdacht einer Steuerstraftat Kenntnis erhält (vgl. § 160 Abs. 1 StPO). Die Finanzbehörde kann während des Ermittlungsverfahrens die

Maßnahmen vornehmen, zu denen auch die Staatsanwaltschaft nach der StPO befugt ist.

Bieten die Ermittlungen keinen ausreichenden Tatverdacht, so wird die Finanzbehörde das Verfahren einstellen. Die Finanzbehörde kann bei Geringfügigkeit der Verkürzung von der Strafverfolgung nach § 398 AO absehen. Besteht Anlaß zur Erhebung der öffentlichen Klage, so gilt § 400 AO (Antrag auf Erlaß eines Strafbefehls). Zur Frage „ermitteln“ = „erforschen“, s. auch zu 1 c) (2) cc) cc3), d) (2) aa) aa3) aa32).

(4) Bußgeldverfahren

Erlangt die Bußgeld- und Strafsachenstelle als Verwaltungsbehörde von dem Verdacht einer Steuerordnungswidrigkeit Kenntnis, so kann sie das Bußgeldverfahren gegen den Betroffenen einleiten (vgl. §§ 397, 410 Abs. 1 Nr. 6 AO).

Zur Steuerordnungswidrigkeit, s. zu 1 c) (2) cc) cc2) und Teil 2 zu B II, V 1 b) (2).

aa) Tatverdacht, einfacher

Wie zu (3) aa) ausgeführt, genügt auch für die Einleitung eines Bußgeldverfahrens der einfache Tatverdacht.

Schuldform ist die Leichtfertigkeit. Diese ist ein erhöhter Grad von Fahrlässigkeit, der objektiv der groben Fahrlässigkeit im Sinne des bürgerlichen Rechts entspricht (vgl. BGH, Urt. v. 13. 4. 1960 — 1 StR 23/59, BGHSt Bd. 14 S. 240), subjektiv aber die persönlichen Fähigkeiten und Kenntnisse des Täters zugrunde legt. Weitere Rspr. hierzu, Pfaff, § 406 AO a. F., Tz. 44; § 407 AO a. F., Tz. 28, sowie Teil 2 zu B II 1 a) (2).

bb) Ermittlungsverfahren

Für das Bußgeldverfahren gelten außer den verfahrensrechtlichen Vorschriften über Ordnungswidrigkeiten (OWiG) unter anderem auch die §§ 397, 399 Abs. 2, 402 AO (§ 410 Abs. 1 AO); s. auch zu (3) bb). Gemäß § 46 Abs. 1 OWiG gelten auch die Vorschriften der StPO.

Nach § 53 S. 1 OWiG sind Ordnungswidrigkeiten nach pflichtgemäßem Ermessen zu erforschen und dabei alle unaufschiebbaren

Anordnungen zu treffen, um die Verdunkelung der Sache zu verhüten. Es gilt das Opportunitätsprinzip (§ 47 OWiG). Anders als bei der Verfolgung von Straftaten (Legalitätsprinzip) besteht hier für die Beamten und die Behörde keine unbedingte Pflicht zur Verfolgung. Werden Ordnungswidrigkeiten jedoch verfolgt, so hat die Behörde nach § 53 S. 2 OWiG dieselben Rechte und Pflichten wie bei der Verfolgung von Straftaten.

(5) Kein Rechtsbehelf gegen Einleitung

Gegen die Einleitung des Steuerstraf- oder Bußgeldverfahrens ist ein Rechtsbehelf nicht gegeben, auch nicht über Art. 19 Abs. 4 GG. Der Steuerpflichtige hat jederzeit die Möglichkeit, seine Rechtsauffassung im anschließenden Verfahren durchzusetzen. Die Einleitung des Verfahrens ist kein Verwaltungsakt, sondern wie zu (2) aa) ausgeführt, ein tatsächlicher Vorgang. Es besteht lediglich die Möglichkeit, Dienstaufsichtsbeschwerde zu erheben, um innerdienstlich eine Überprüfung zu erreichen. Ein Rechtsanspruch auf Tätigwerden der übergeordneten Behörde besteht nicht.

(6) Unterlassung der Einleitung, Belehrung

aa) Dienstaufsichtsbeschwerde

Wird später festgestellt, daß der Außenprüfer bereits vor der Schlußbesprechung das Verfahren hätte einleiten müssen, so kann der Steuerpflichtige die Verletzung seiner Rechte in einer Dienstaufsichtsbeschwerde geltend machen. S. zu c) (2) aa) aa2), cc).

bb) Verletzung der Amtspflicht,
Schadensersatzpflicht

Leitet der Außenprüfer ohne genügenden Tatverdacht ein Strafverfahren ein, so ist die Einleitung dennoch wirksam (s. zu (3) aa)). Es kann sich aber daraus ein Schadensersatzanspruch nach § 839 BGB, Art. 34 GG ergeben (Malchus, DStR 1970 S. 451). Pflichtwidrig nach § 839 BGB handelt der Beamte, wenn er eine Entscheidung trifft, von der er bei sachgerechter Würdigung des zur Beurteilung stehenden Sachverhalts nicht der Annahme sein durfte, daß sie gerechtfertigt sei.

Das gilt auch im Falle der Unterlassung der Einleitung des Verfahrens (vgl. BGH, Urt. v. 21. 10. 1971 — III ZR 250/68, DStZ/B 1972 S. 98 = BB 1972 S. 1394).

cc) Kein Verwertungsverbot bei Verletzung der Belehrungspflicht

Nach § 136 StPO ist zu Beginn der ersten Vernehmung der Beschuldigte auch auf seine Pflicht zur Verweigerung der Aussage hinzuweisen. Diese Verpflichtung obliegt auch dem Außenprüfer.

Ein Verstoß gegen die Belehrungspflicht des § 136 StPO bei Verdacht einer Steuerzuwiderhandlung begründet grundsätzlich kein Verwertungsverbot hinsichtlich der unter Verletzung dieser Belehrungspflicht zustandegekommenen Aussagen des Beschuldigten (Betroffenen); vgl. BGH, Urt. v. 31. 5. 1968 — 4 StR 19/68, BGHSt Bd. 22 S. 171 = NJW 1968 S. 1838 = BStBl. 1969 II S. 219; AG Würzburg, Urt. v. 11. 8. 1970 — 3 Gs (b) 287/70, bei Salch, RWP-Bl. 14 StR Steuerstrafrecht; auch Schwarz, § 136, Anm. 11; Pfaff, StW 1970 S. 640; Suhr, StBp 1971 S. 121; abw. Fincke, NJW 1969 S. 1014. Anders bei verbotener Vernehmung nach § 136 a StPO, vgl. hierzu Maaßen, FR 1970 S. 233; Pfaff, § 395 AO a. F., Tz. 136; s. auch zu d) (1) aa).

c) Einleitungsbefugte, Finanzamt (Hauptzollamt) als Finanzbehörde

Das Verfahren ist nach § 397 Abs. 1 AO eingeleitet, sobald die *Finanzbehörde,* die Polizei, die Staatsanwaltschaft, einer ihrer Hilfsbeamten oder der Strafrichter eine Maßnahme trifft, die erkennbar darauf abzielt, gegen jemanden wegen einer Steuerstraftat strafrechtlich vorzugehen. Die zur Einleitung des Steuerstrafverfahrens Befugten sind im Gesetz erschöpfend aufgezählt. So können z. B. die Beamten des Stadtsteueramtes nicht ein Verfahren wegen einer Steuerstraftat einleiten, das in die Kompetenz der Finanzbehörde fällt.

Die Einleitung des Steuerstrafverfahrens erfolgt in der Regel durch die Finanzbehörde. Zur selbständigen Ermittlungskompetenz, s. § 386 Abs. 2 AO. Die Staatsanwaltschaft, wird das Strafverfahren vielfach an die Finanzbehörde abgeben (§ 386 Abs. 4 S. 3 AO). Für das Bußgeldverfahren, s. § 35 OWiG. Die Staatsanwaltschaft ist für die Verfolgung von Steuerstraftaten ausschließlich zuständig, wenn in Tateinheit ein Nichtsteuerdelikt vorliegt oder Abgabe (Heranziehung) der Sache nach § 386 Abs. 4 S. 1, 2 AO erfolgt. Der Strafrichter, nicht aber der Zivilrichter, der in einem Zivilprozeß oder in einem Konkursverfahren auf eine Steuerstraftat stößt, kann das Verfahren einleiten. Ist die Ermittlungskompetenz der Finanzbehörde gegeben, so wird er das Verfahren meist nach dort abgeben.

§ 386 Abs. 1 S. 2 AO definiert den Begriff der „Finanzbehörde" zur Verfolgung von Steuerstraftaten; zu Finanzbehörde i. S. der AO (§ 6), s. 1 b) (2) u. V 1 a). Die Bestimmung entspricht weitgehend dem § 421 AO a. F. Finanzbehörde ist das *Finanzamt*, das Hauptzollamt (für Zölle und Verbrauchsteuern) und das Bundesamt für Finanzen. Dieses ist für die Strafverfolgung wegen Straftaten zuständig, soweit ihm durch Gesetz Aufgaben der Verwaltung einer Steuer übertragen sind. Der Oberfinanzdirektion stehen keine Befugnisse im Steuerstrafverfahren zu; als Ausnahme besteht die Dienstaufsicht.

Das Finanzamt (Hauptzollamt) kann man organisatorisch einteilen etwa in den Innendienst und in den Außendienst. Nachfolgend wird ausgeführt, wer zur Einleitung des Verfahrens befugt ist.

(1) Innendienst

Das Steuerstrafverfahren können alle mit der Sache befaßten Verwaltungsangehörigen des Finanzamts und nicht nur der Vorsteher, der Vertreter oder der Sachgebietsleiter einleiten (vgl. OLG Bremen, Urt. v. 31. 1. 1951 — Ss 100/50, EStZ, Coring/Vogel, § 410 AO a. F., Nr. 19 = Slg. Henneberg, Teil A, Stichwort: „Selbstanzeige, Untersuchung, Einleitung", S. 2 = DStZ/B 1951 S. 212 = ZfZ 1951 S. 223 = BB 1951 S. 298 = JZ 1951 S. 345). Es sind alle mit der Ermittlung des Sachverhalts beim Vorliegen des konkreten Tatverdachts einer Steuerstraftat betrauten Amtsträger (so auch Bauerle, S. 125; Ehlers/Lohmeyer, S. 129; Henneberg, B 1969 S. 1811; Malchus, DStR 1970 S. 451; Oswald, StW 1968 S. 149; Pfaff, StBp 1970 S. 187; Sudau, S. 108; Suhr/Naumann, S. 258; Wolter, StBp 1972 S. 224; abw. Geiger, StBp 1965 S. 8; Kuller, B 1968 S. 2236: Nur die leitenden

Beamten). Erforderlich ist es nicht, daß der Verwaltungsangehörige dem zuständigen Finanzamt angehört. So sind die Gemeinsamen Bußgeld- und Strafsachenstellen in der Bundesrepublik Deutschland einschließlich West-Berlin Dienststellen der Finanzämter, denen die sachliche Selbständigkeit für den Bereich mehrerer Finanzämter übertragen worden ist, vgl. § 387 Abs. 2 AO (dazu b) (3) bb)).

(2) Außendienst

Zur Verfahrenseinleitung befugt sind die Prüfer des Außendienstes. Zur Außenprüfung, s. zu 1 c) (2) bb). Zu denken sind auch an Steuerfahnder (Zollfahnder). Denn gerade sie sind es, die bei der Prüfung auf Tatsachen stoßen, die eine Einleitung des Verfahrens rechtfertigen.

aa) Außenprüfer
(Betriebsprüfer, Großbetriebsprüfer)

Der Außenprüfer (Betriebsprüfer) ist zur Einleitung des Steuerstraf- bzw. Bußgeldverfahrens befugt. Das gilt auch für den Großbetriebsprüfer (auch Konzernbetriebsprüfer). Wenn dieser auch personell und organisatorisch der Großbetriebsprüfungsstelle der Oberfinanzdirektion angehört, so nimmt er doch sachlich die Aufgaben des zuständigen Finanzamts wahr und untersteht dessen Weisungen (vgl. OLG Köln, Urt. v. 1. 9. 1970 — Ss 104/70, BB 1970 S. 1335; auch Suhr/Naumann, S. 259, 311; Wolter, StBp 1972 S. 224).

aa1) Rechtzeitige Einleitung

Wann ein Straf- bzw. Bußgeldverfahren eingeleitet ist, bestimmt § 397 Abs. 1 AO (§ 410 Abs. 1 Nr. 6 AO). Wenn sich ein Außenprüfer an den Steuerpflichtigen etwa mit Fragen wendet, die sich auf strafrechtlich erhebliche Tatsachen beziehen und durch deren Beantwortung sich der Steuerpflichtige einer strafbaren Handlung bezichtigen würde, gilt das Verfahren als eingeleitet. Wegen des Verhältnisses des Straf- bzw. Bußgeldverfahrens zum Besteuerungsverfahren, vgl. § 393 AO (§ 410 Abs. 1 Nr. 4 AO). Eine über § 397 AO hinausgehende Regelung für die Außenprüfung ist weder notwendig noch angebracht. Eine andere Frage ist, inwieweit dem Außenprüfer durch Verwaltungsvorschrift konkrete Anweisungen für sein Verhalten bei

Auftauchen des Verdachts einer Steuerstraftat oder einer Steuerordnungswidrigkeit gegeben werden. Diese Frage berührt jedoch nicht das Gesetz.

Nach Abs. 3 des § 397 AO ist die Verfahrenseinleitung dem Beschuldigten (Betroffenen) mitzuteilen, wenn er dazu aufgefordert wird, Tatsachen darzulegen oder Unterlagen vorzulegen, die im Zusammenhang mit der Handlung stehen, der er verdächtigt wird. Die Belehrungspflicht des § 163 a Abs. 4 StPO (§ 385 Abs. 1 AO, § 46 Abs. 1 OWiG) bei der ersten Vernehmung des Beschuldigten (Betroffenen) durch den Fahnder ist zu beachten.

Mit der Überleitung des Steuerermittlungsverfahrens in das Steuerstrafverfahren ändert sich auch die rechtliche Stellung des Steuerpflichtigen. Normalerweise wird die Außenprüfung im Steuerermittlungsverfahren durchgeführt. Sie kann aber auch im steuerstrafrechtlichen Ermittlungsverfahren vorgenommen werden. Eine Verpflichtung zur Mitteilung besteht für den Steuerpflichtigen nicht im steuerstrafrechtlichen Ermittlungsverfahren; anders im Besteuerungsverfahren (§ 200 AO).

Aus Gründen der Rechtssicherheit und des Rechtsschutzes ist es zweckmäßig, den Zeitpunkt der Einleitung eines steuerstrafrechtlichen Verfahrens möglichst frühzeitig anzunehmen. Das hat zur Folge, daß ein Steuerpflichtiger zum Beschuldigten wird und dadurch einen größeren Rechtsschutz genießt (so Verweigerung zur Auskunft oder zur Herausgabe von Unterlagen). Vielfach ist der Steuerpflichtige auch interessiert, möglichst frühzeitig diese Rechtsstellung zu bekommen (s. dazu Ehrhardt, DStZ/A 1966 S. 321; Lohmeyer, Inf 1966 S. 174; Malchus, DStR 1971 S. 82; Suhr, StBp 1965 S. 11). S. auch Teil 2 zu B V 2.

aa2) Hinweis auf besonderes Verfahren,
kein Verwaltungsakt

Besteht die Möglichkeit, daß auf Grund der Prüfungsfeststellungen ein Straf- oder Bußgeldverfahren durchzuführen ist, soll der Steuerpflichtige in der Schlußbesprechung darauf hingewiesen werden, daß die straf- oder bußgeldrechtliche Würdigung einem besonderen Verfahren vorbehalten bleibt (§ 201 Abs. 2 AO).

Die turnusmäßige Außenprüfung wird im Gegensatz zu einer Fahndungsprüfung in der Regel ohne jeden strafrechtlichen Akzent beginnen. Dem Prüfer wird meist daran gelegen sein, seine Prüfungsgeschäfte nicht zu erschweren, und daher den Zeitpunkt der Einleitung eines Verfahrens möglichst weit hinausschieben, zumal der Steuerpflichtige im steuerlichen Ermittlungsverfahren eine uneingeschränkte Auskunfts- und Mitwirkungspflicht hat. Anders wird es oft für den Steuerpflichtigen sein; denn er hat nunmehr eine völlig andere Rechtsstellung, ihm steht in bestimmter Hinsicht ein Verweigerungsrecht zu.

Der Außenprüfer muß auftretende Zweifel in strafrechtlicher Hinsicht aber sofort, wenn nötig unter Zuhilfenahme der sachkundigen Beamten der Strafsachenstellen, beseitigen, selbst wenn dadurch die Gefahr entsteht, daß der Steuerpflichtige die Zwischenzeit dazu benutzt, weitere Ermittlungen zu vereiteln oder zumindest zu erschweren (Salch, DStR 1971 S. 81). Es geht nicht an, erst in der Schlußbesprechung darauf hinzuweisen, daß die strafrechtliche Würdigung der getroffenen Feststellungen einem besonderen Verfahren vorbehalten bleibt. Nach aller Erfahrung tritt der Tatverdacht auch nicht erst in der Schlußbesprechung auf (Lohmeyer, B 1969 S. 718; Inf 1974 S. 469; Stobbe, StBp 1969 S. 197; Suhr, StBp 1971 S. 124). S. zu b) (6).

Der Hinweis des Prüfers in der Schlußbesprechung, daß die straf- bzw. bußgeldrechtliche Nachprüfung der von ihm getroffenen Feststellungen einem besonderen Verfahren vorbehalten bleibt, ist nicht als Einleitung eines Straf- oder Bußgeldverfahrens anzusehen, so daß die wirksame Erstattung einer Selbstanzeige durch diesen Hinweis nicht ausgeschlossen wird. S. auch zu b) (2) bb) bb3) bb32). Die Prüfung zweifelhaften Tatverdachts (Vermutung) gehört nicht in das straf- oder bußgeldrechtliche Ermittlungsverfahren (dazu Barske/Gapp. S. 106, Anm. 190; Pfaff, § 395 AO a. F., Tz. 134; abw. FinMin NRW, Erl. v. 17. 5. 1968 — S 1268 — 1 — VA 3, zit. bei StQ, AO, 1971, §§ 391 bis 449 a. F., Nr. 366; Oswald, StW 1970 S. 91: Besonderes Verfahren gehört zur Gemeinsamen Strafsachenstelle).

Der anläßlich einer Außenprüfung ausgesprochene Hinweis, daß die straf- oder bußgeldrechtliche Würdigung der Prüfungsfeststellungen einem besonderen Verfahren vorbehalten bleibt, ist — ebenso wie die Einleitung des Steuerstraf- oder Bußgeldverfahrens (s. zu b) (5)) — kein Verwaltungsakt. Eine gegen den Hinweis gerichtete Klage ist nicht zulässig (FG Münster, Urt. v. 5. 3. 1970 — I — II 993/68 A, rkr., EFG 1970 S. 512; FG Düsseldorf, Urt. v. 16. 2. 1971 — IV 95/69 S, rkr., BBK Nr. 8 v. 17. 4. 1974 S. 734, Nr. 47).

bb) Steuerfahnder

Die Steuerfahndungsstelle ist zur Einleitung des Steuerstraf- bzw. Bußgeldverfahrens berechtigt (schon MdF NRW, Erl. v. 2. 1. 1951 — S 1260 — 12429/VC, BB 1951 S. 46). Zu steuerlichen Ermittlungen des Fahnders, s. Pfaff, FR 1961 S. 438.

Die Beamten der in die Landesfinanzbehörden integrierten Dienststellen der Steuerfahndungsstellen der Länder üben die ihnen zustehenden Ermittlungsbefugnisse kraft Auftrags als Funktion des zuständigen Finanzamts aus. Die Steuer- und auch Zollfahndungsstellen übernehmen im Ermittlungsverfahren — gleichgültig, ob es von der Bußgeld- und Strafsachenstelle oder von der Staatsanwaltschaft durchgeführt wird — die Funktion des Polizeidienstes nach der StPO (§ 404 AO).

Soweit die Fahndungsreferenten der Oberfinanzdirektion zu Hilfsbeamte der Staatsanwaltschaft bestellt worden sind, können auch sie das Verfahren einleiten (Suhr/Naumann, S. 259, 312).

cc) Zollfahnder

Zu der Frage der Verpflichtung zur Einleitung eines Strafverfahrens bei Tatverdacht hat der BGH folgende Entscheidung getroffen:

(1) Die Beamten der Zollfahndungsstellen unterliegen bei der Vornahme strafrechtlicher Untersuchungen ebenso wie die Beamten der Staatsanwaltschaft dem strafprozessualen Legalitätsprinzip, das sie bei begründetem Verdacht eines Steuervergehens zur Einleitung steuerstrafrechtlicher Ermittlungen verpflichtet.

(2) Die Entscheidung über die Vornahme strafrechtlicher Untersuchungen und die Erforschung des strafrechtlich erheblichen Sachverhalts steht nicht im freien Ermessen der Zollfahndungsbeamten.

(3) Die Untersuchung soll allerdings erst dann eingeleitet werden, wenn ein Verdacht gegeben ist. Liegt ein solcher vor, so sind die Beamten zum strafrechtlichen Einschreiten verpflichtet, ohne daß mit Ermessensgesichtspunkten die Frage der Verhältnismäßigkeit zu prüfen ist (Urt. v. 21. 10. 1971 — III ZR 250/68, DStZ/B 1972 S. 98 = BB 1972 S. 1394).

d) Bekanntgabe der Einleitung an den Täter oder seinen Vertreter wegen der Tat

(1) Bekanntgabe

Straffreiheit kraft Selbstanzeige nach § 371 Abs. 2 Nr. 1 b AO tritt nicht ein, wenn dem Täter oder seinem Vertreter die Einleitung des Straf- oder Bußgeldverfahrens bekanntgegeben worden ist. Um die Sperrwirkung auszulösen, muß, schon aus Gründen der Klarheit und der erheblichen Rechtsfolgen, noch eine Bekanntgabe der Verfahrenseinleitung erfolgen. Unterbrechungsgrund der Verjährung der Strafverfolgung ist bereits die Anordnung der Bekanntgabe der Verfahrenseinleitung (vgl. § 376 AO; § 78 c StGB).

Die Ausschließung ist auch gerechtfertigt; denn eine Selbstanzeige ist nicht mehr geeignet, dem Staat unbekannte Steuerquellen zu erschließen, wenn die Behörde bereits den Verdacht der Steuerzuwiderhandlung eines bestimmten Steuerpflichtigen geäußert und bestimmte Maßnahmen getroffen hat, um den Verdachtsgründen nachzugehen und den Sachverhalt von sich aus aufzuklären.

In § 410 Abs. 1 S. 2 AO (i. d. F. d. Ges. v. 7. 12. 1951, BGBl. I S. 941) war der Ausschluß der Selbstanzeige an die Eröffnung der „Einleitung einer steuerstrafrechtlichen Untersuchung" geknüpft. Abs. 4 des Gesetzes erläuterte, was unter einer „Untersuchung" und unter „Eröffnung" zu verstehen war. Die Bestimmung ist durch das 1. AOStrafÄndG v. 10. 8. 1967 (BGBl. I S. 877) umgeformt worden. Das Wort „bekanntgegeben" ist an die Stelle „eröffnet" getreten.

Das 2. AOStrafÄndG v. 12. 8. 1968 (BGBl. I S. 953) hat den Ausschlußgrund im bisherigen § 395 Abs. 2 Nr. 1 b AO a. F. — wie auch jetzt in § 371 Abs. 2 Nr. 1 b AO — auf die Mitteilung von der Einleitung eines Bußgeldverfahrens erweitert. Mit den Worten „oder Bußgeldverfahrens“ soll dargetan werden, daß bei einer Überleitung vom Strafverfahren in das Bußgeldverfahren die Sperrwirkung des § 371 Abs. 2 Nr. 1 b AO auch Platz greift. Am Anfang der Ermittlungen läßt sich vielfach noch nicht absehen, ob sich die Verdachtsgründe lediglich auf Steuerhinterziehung (§ 370 AO) oder auf leichtfertige Steuerverkürzung (§ 378 AO) beziehen. Nach Meinung des Gesetzgebers muß der Täter damit rechnen, daß eine Überleitung in das andere Verfahren möglich und somit eine wirksame Erstattung der Selbstanzeige ausgeschlossen ist.

aa) Zeitpunkt

§ 397 Abs. 3 AO (§ 410 Abs. 1 Nr. 6 AO) bestimmt den spätesten Zeitpunkt der Mitteilung des Strafverfahrens (Bußgeldverfahrens) an den Beschuldigten (Betroffenen). Es ist der Zeitpunkt, zu dem Tatsachen darzulegen oder Unterlagen vorzulegen sind, die im Zusammenhang mit der Straftat (Steuerordnungswidrigkeit) stehen, der der Beschuldigte (Betroffene) verdächtig ist.

§ 397 Abs. 3 AO ist ebenso wie § 136 StPO (Erste Vernehmung) eine Ordnungsvorschrift. Das Unterlassen hat kein Verbot der Verwertung der Aussage des Beschuldigten (Betroffenen) zur Folge (s. auch zu b) (6) cc)).

bb) Form

Die Bekanntgabe der Verfahrenseinleitung ist gesetzlich an keine Form gebunden. Sie kann auf verschiedene Weise erfolgen, so

bb1) schriftlich oder mündlich

Die Bekanntgabe kann durch ein Schreiben der Behörde oder durch die mündliche Erklärung eines mit der Sache befaßten Amtsträgers geschehen (vgl. OLG Bremen, Urt. v. 31. 1. 1951 — Ss 100/50, Coring/Vogel, § 410 AO a. F., Nr. 19 = Slg. Henneberg, Teil A, Stichwort: „Selbstanzeige, Untersuchung, Einleitung“, S. 2 = DStZ/B 1951 S. 212 = ZfZ 1951 S. 223 = BB 1951 S. 298 = JZ 1951 S. 345). Die Schriftform ist schon der Beweisbarkeit wegen zu empfehlen. Die mündliche Bekanntgabe sollte zweckmäßigerweise in der Form einer protokollarischen Niederschrift erfolgen;

bb2) fernmündlich

Fernmündliche Mitteilungen sind zwar möglich, wenngleich sie oft zu Zweifeln Anlaß geben, oder durch

bb3) schlüssige Handlungen

Bei eindeutig strafrechtlichen Maßnahmen, wie einer Durchsuchung der Wohnung oder der betrieblich genutzten Räume des Verdächtigen (§§ 102, 106 Abs. 2 StPO), einer Beschlagnahme von Geschäftspapieren u. dgl. (§§ 94, 98 StPO) oder einer verantwortlichen Vernehmung des Verdächtigen (§§ 136 Abs. 1, 163 a Abs. 3 StPO) ist die Bekanntgabe der Verfahrenseinleitung entbehrlich, weil derartige Maßnahmen schon als solche für den Steuerpflichtigen ohne weiteres die Einleitung der Ermittlungen erkennbar machen (Hartung, §§ 410, 411 AO a. F., Anm. V 2 d; Kopacek, BB 1961 S. 44; abw. Suhr/Naumann, S. 262: Zusätzliche Bekanntgabe erforderlich).

S. auch zu b) (2) bb) bb1) bb2).

cc) Amtlich

Bei der Bekanntgabe der Verfahrenseinleitung muß es sich um eine amtliche Mitteilung oder Maßnahme der Behörde handeln. Die Bekanntgabe muß also mit Wissen und Wollen der Behörde erfolgen, die in dem betreffenden Zeitpunkt Herr des Verfahrens ist. Mitteilungen von privater Seite oder Informationen aus der Finanzverwaltung, die dem Steuerpflichtigen infolge einer Indiskretion bekanntwerden, ohne daß sie von einem Erklärungswillen der Behörde getragen werden, genügen dem Erfordernis einer Bekanntgabe nicht.

Die Bekanntgabe wird oft im Verlauf einer Außenprüfung erfolgen. Bis zu diesem Zeitpunkt kann bei Verdacht einer leichtfertigen Steuerverkürzung eine „berichtigende“ Mithilfe eine Selbstanzeige bedeuten. Dazu Teil 2 zu B V 1 b) (1) aa) aa1) u. c) (1).

dd) Inhalt

S. zu e) (2) aa).

(2) Adressat

Das Selbstanzeigerecht geht verloren, wenn die Bekanntgabe der Einleitung des Verfahrens gegenüber dem Täter oder seinem Vertreter erfolgt.

aa) Täter

Der „Täter“ ist nicht wörtlich zu nehmen. Im Sinne dieser Regelung geht auch der Teilnehmer, so der Anstifter oder Gehilfe an einer Steuerhinterziehung der Straffreiheit verlustig, wenn er wegen seiner Beteiligung Selbstanzeige erstattet, ihm aber zuvor die Einleitung eines Straf- oder Bußgeldverfahrens wegen seines Tatanteils mitgeteilt wird. Daß der § 371 AO von der Bekanntgabe an den „Täter“, der § 397 AO von der Mitteilung an den „Beschuldigten“ spricht, erklärt sich aus der verschiedenen Stellung der Vorschriften im strafrechtlichen und im strafverfahrensrechtlichen Abschnitt. Beide meinen jedoch dasselbe (H-H-Sp, § 395 a. F., Sp. 41).

bb) Vertreter

Was unter „Vertreter“ gemeint ist, ist streitig. Man glaubt, daß alle Vertreter nach §§ 103 ff. AO a. F. hierzu zählen (so Firnhaber, S. 118; Kopacek, BB 1961 S. 41, 44; Kühn/Kutter, § 395 a. F., Anm. 2 b; Leise, WK, § 395 AO a. F., Anm. 8 B; Mattern, NJW 1951 S. 940; Suhr/Naumann, S. 262). Nach Sudau, S. 62 sind Vertreter Personen, die wegen ihrer besonderen Beziehungen zu dem Täter als Adressaten für die Bekanntgabe der Einleitung in Betracht kommen, so die Familienangehörigen (Ehefrau, Kinder usw.). Dagegen meinen Hübschmann/Hepp/Spitaler, § 395 a. F., Sp. 42 und Ehlers/Lohmeyer, S. 51, daß es sich um strafrechtliche und strafverfahrensrechtliche Gesichtspunkte und Maßnahmen handelt, hier die strafrechtliche Verantwortung allein des Steuerpflichtigen zur Erörterung steht und deshalb auch eine Vertretung nur in demselben Umfange in Betracht kommen kann wie für die Erstattung der Selbstanzeige (s. zu IV 2).

Vertreter i. S. des § 371 Abs. 2 Nr. 1 b AO sind solche Personen, die dem Täter kraft Gesetzes oder Auftrags oder auf Grund einer Vollmacht zur Vertretung verpflichtet sind (vgl. § 34 AO). Bei Familienangehörigen sollte eine vom Täter ausgestellte Vollmacht zur Entgegennahme von Mitteilungen berechtigen (so auch Kohlmann, § 395 AO a. F., Rdnr. 157).

(3) Wegen der Tat

S. zu e) (2).

e) Wirkung

Die Sperrwirkung ist — wie bei § 371 Abs. 2 Nr. 1 a AO — sowohl in persönlicher als auch sachlicher und zeitlicher Hinsicht begrenzt.

(1) Persönliche Begrenzung

Von dem durch § 371 Abs. 2 Nr. 1 b AO ausgelösten Ausschluß der Straffreiheit wird nur der Täter oder Teilnehmer (Anstifter, § 26 StGB; Gehilfe, § 27 StGB) betroffen, dem die Einleitung des Straf- oder Bußgeldverfahrens bekanntgegeben worden ist. Auf die Sperrwirkung hat es keinen Einfluß, wenn die der Bekanntgabe folgenden Ermittlungen erweisen, daß die in der Mitteilung als Täter angesprochene Person nur als Teilnehmer an der Tat mitgewirkt hat oder die als Teilnehmer angesprochene Person in Wahrheit als (Mit-)Täter verantwortlich ist.

(2) Sachliche Begrenzung

aa) Inhalt, wegen der Tat

Für den sachlichen Umfang der Sperrwirkung ist der Inhalt der Mitteilung maßgebend. Dem Täter sind die zur Last gelegten Straftaten oder Steuerordnungswidrigkeiten nicht nur in der Einleitung des Verfahrens, sondern auch in deren Bekanntgabe möglichst genau und umfassend zu bezeichnen. Entsprechend § 136 StPO hat sich die Verfahrenseinleitung stets auf eine ganz bestimmte Straftat zu beziehen. Einleitung und Bekanntgabe müssen daher so bestimmt sein, daß zu ersehen ist, wegen welcher Straftat — Steuerart und Steuerjahr — das Verfahren geführt wird, wegen welcher eine Selbstanzeige noch möglich und wegen welcher sie abgeschnitten ist.

Die Worte „wegen der Tat“ sind schon durch das 2. AOStrafÄndG v. 12. 8. 1968 (BGBl. S. 953) in den Gesetzeswortlaut des bisherigen § 395 Abs. 2 Nr. 1 b AO a. F. eingefügt worden. Nach der Begründung

(BT-Drucks. V/1812 S. 24) war dies geschehen, um der Bekanntgabe über die Einleitung eines Ermittlungsverfahrens wegen eines bestimmten Vorgangs die Sperrwirkung beizulegen.

Tat bedeutet — wie überall im Strafverfahrensrecht — den „geschichtlichen" Vorgang, den Sachverhalt, innerhalb dessen sich die „Tat" im Sinne des sachlichen Strafrechts abgespielt hat. Die Sperrwirkung bezieht sich auf den der Einleitung und der Bekanntgabe zugrunde liegenden tatsächlichen Sachverhalt; die rechtliche Qualifizierung der Handlung ist nicht maßgeblich (vgl. H-H-Sp, § 432 a. F., Sp. 5; Leise, WK, § 395 a. F., Anm. 8 B; Suhr/Naumann, S. 313; Troeger/Meyer, S. 285).

„Wegen der Tat" bedeutet zunächst die Straftat, hier die Steuerhinterziehung, die später ermittelt und für die Straffreiheit in Anspruch genommen wird. § 371 Abs. 2 Nr. 1 b AO erfaßt auch solche Sachverhalte, aus denen sich erst später der Tatbestand der Steuerhinterziehung herausschält, wenn dieser nur in dem ursprünglich, bei Beginn der Ermittlungen bekannten Sachverhalt im Keim schon enthalten war. Bestätigt sich der ursprüngliche Verdacht auf Grund des anfänglich angenommenen Sachverhalts nicht, so ist dem Täter die strafbefreiende Selbstanzeige wegen einer aus einem anderen Geschehen resultierenden anderen Steuerhinterziehung unbenommen, solange sich die Ermittlungen nicht auf sie hinwenden und dies dem Beschuldigten eröffnet wird.

bb) Einzelfälle, Ausnahmen

bb1) Sperrwirkung

bb11) Tatsächlicher Sachverhalt

Die Bekanntgabe der Einleitung eines Verfahrens wegen Steuerordnungswidrigkeit kann auf Grund des tatsächlichen Sachverhalts die Sperrwirkung auch auslösen wegen möglicherweise vorliegender Steuerhinterziehung.

Beispiel:

Gegen A wurde am 1. 5. 1977 wegen Gefährdung der Abzugsteuern (§ 380 AO) ein Bußgeldverfahren eingeleitet und dies am 4. 5. 1977 mitgeteilt. A wurde beschuldigt, die Lohnsteuern Januar bis März 1977 nicht fristgerecht an das Finanzamt abgeführt zu haben. A zeigt am 20. 5. 1977 bei der Lohnsteuerstelle des Finanzamts an, daß er die einbehaltenen Lohnsteuern der Monate Januar bis März 1977 um zusammen 1000 DM vorsätzlich zu niedrig angemeldet habe. Die anschließende Lohnsteuer-Prüfung hat ergeben, daß A die Lohnsteuern Januar bis März 1977 um zusammen 1500 DM zu niedrig verkürzt hat (§ 370 AO).

Die Selbstanzeige ist nicht wirksam, weil — unbeschadet der rechtlichen Würdigung zunächst nach § 380 AO und später nach § 370 AO — derselbe tatsächliche Sachverhalt (Nichtabführung von Lohnsteuern im ersten Vierteljahr 1977) der Einleitung und der abschließenden Feststellung zugrunde lag.

bb12) Einheitlicher Steueranspruch

1. Da die Tat i. S. des § 370 AO (Steuerhinterziehung) in der unzutreffenden Steuererklärung oder in deren pflichtwidrigen Nichtabgabe besteht, kann strafbefreiende Selbstanzeige dann nicht mehr abgegeben werden, wenn für eine bestimmte Steuerart für einen bestimmten Veranlagungszeitraum eine auf bestimmten betrieblichen oder buchungstechnischen Vorgängen beruhende unzutreffende Steuererklärung abgegeben und das Strafverfahren eingeleitet worden ist, auch wenn die Selbstanzeige auf anderen betrieblichen Vorgängen beruht. Eine Tathandlung und ein einheitlicher Steueranspruch lassen sich nicht zerteilen in einen strafbefangenen und nicht nichtstrafbefangenen Teil (vgl. Ehlers/Lohmeyer, S. 50; Henneberg, BB 1968 S. 908; Leise, WK, § 395 AO a. F., Anm. 8 B; a. M. Franzen, DStR 1967 S. 536; Franzen/Gast, § 395 AO a. F., Tz. 109; Kohlmann, § 395 AO a. F., Rdnr. 162).

   Sind z. B. in der Bilanz eines bestimmten Jahres die zweifelhaften Forderungen (Dubiosen) zu hoch angesetzt oder bestimmte Warenvorräte nicht aktiviert worden, so wird das Verfahren eingeleitet nicht wegen Verschweigens von Warenvorräten oder bewußt falscher Dubiosenbewertung, sondern wegen Verkürzung der Einkommensteuer oder Körperschaftsteuer für einen bestimmten Veranlagungszeitraum auf Grund unrichtiger Sachverhaltsermittlung über das steuerpflichtige Einkommen.

2. Wird das Verfahren eingeleitet, weil durch OR-Geschäfte die Einkommensteuer für bestimmte Jahre verkürzt worden ist, so kann Selbstanzeige nicht noch wegen derjenigen Einkommensteuer-

Verkürzung erstattet werden, die in demselben Zeitraum aus unrichtigen Angaben über Sonderausgaben oder über außergewöhnliche Belastungen erwachsen ist.

bb13) Tatbestandsmäßige Handlung (Unterlassung)

Ist in der Mitteilung über die Einleitung des Verfahrens die tatbestandsmäßige Handlung oder Unterlassung angegeben, erstreckt sich die Sperrwirkung auf alle Steuerarten, die von der angegebenen Handlung oder Unterlassung betroffen worden sind, bei der Einleitung des Steuerstrafverfahrens wegen Schmuggels, z. B. auf den Zoll, die Umsatzausgleichsteuer oder Einfuhrumsatzsteuer, eine Verbrauchsteuer oder Abschöpfung (Franzen/Gast, § 395 AO a. F., Tz. 110).

bb14) Fortsetzungszusammenhang

1. Das Finanzamt hat gegen X ein Strafverfahren wegen des Verdachts der fortgesetzten Umsatzsteuerhinterziehung Januar 1972 bis Dezember 1975 eingeleitet und bekanntgegeben. X meldet für die Zeit von Juli bis Dezember 1971 hinterzogene Umsatzsteuern nach, die dem Finanzamt nicht bekannt waren.

   Straffreiheit kann X nicht erlangen, wenn zwischen den Hinterziehungshandlungen Juli 1971 bis Dezember 1975 Fortsetzungszusammenhang besteht.

2. Auf Grund von Kontrollmitteilungen stellt das Finanzamt fest, daß die von X für 1974 eingereichte Einkommensteuererklärung einen zu niedrigen Gewinn ausweist. Es teilt deshalb X die Einleitung eines Strafverfahrens wegen des Verdachts der versuchten Einkommensteuerhinterziehung 1974 mit. Nicht bekannt war, daß X schon für 1973 seinen Gewinn zu niedrig erklärt hatte.

   Wenn X nun wegen der Einkommensteuerhinterziehung 1973 Selbstanzeige erstattet, darf das Finanzamt die Straffreiheit nur versagen, wenn es den Fortsetzungszusammenhang mit der versuchten Hinterziehung 1974 nachweisen kann. Denn nur in diesem Fall wird „die Tat“ durch die Bekanntgabe der Verfahrenseinleitung auch für 1973 miterfaßt, obwohl dem Finanzamt dieser Teil der Handlungseinheit noch nicht bekannt war (vgl. BGH, Urte. v. 30. 11. 1956 — 2 StR 520/56, NJW 1957 S. 271; v. 20. 7. 1965 — 1 StR 95/65, ZfZ 1966 S. 23 = BB 1966 S. 109 = DStR 166 S. 150; LG Dortmund, Urt. v. 1. 3. 1957 — Ns — 9 Ms 22/55, zit. bei Suhr/Naumann S. 264; auch Franzen/Gast, § 395 AO a. F., Tz. 112; Leise, WK, § 395 AO a. F., Anm. 8 B; abw. OLG Hamburg, Urt. v. 27. 1. 1970 — 2 Ss 191/69, NJW 1970 S. 1385 = Slg. Henneberg, Teil A, Stichwort: „Selbstanzeige, Entdeckungsgefahr", S. 13 = DStR 1970 S. 572 = ZfZ 1971 S. 355; auch List, S. 49; Suhr, S. 135). S. auch zu 3 c) (2) bb) u. VI 1 b) (5).

bb2) Keine Sperrwirkung

aa21) Andere Steuerarten

1. Gegen X ist ein Strafverfahren wegen des Verdachts der fortgesetzten Umsatzsteuerhinterziehung von 1972 bis 1975 anhängig. X kann wegen Hinterziehung von Einkommensteuer noch wirksam Selbstanzeige erstatten.
2. Die Bekanntgabe über die Einleitung eines Verfahrens wegen Lohnsteuerhinterziehung oder Nichtabführung einbehaltener Lohnsteuer schneidet dem Steuerpflichtigen nicht eine Selbstanzeige wegen Verkürzung von Umsatzsteuer ab.
3. Ebenso übt eine Mitteilung über die Einleitung eines Verfahrens wegen Einkommensteuerhinterziehung keine Sperrwirkung aus hinsichtlich etwaiger Vermögensteuerverkürzung. Es können sich Ertragsteuerverkürzungen auf die Vermögensteuer auswirken. Das allein aber ist kein Grund, dem Steuerpflichtigen, welchem die Einleitung eines Ermittlungsverfahrens wegen Einkommensteuerverkürzung mitgeteilt worden ist, die Möglichkeit einer Selbstanzeige wegen Vermögensteuerverkürzung abzuschneiden.
4. Es geht nicht an, einem Beschuldigten wegen Verdachts einer Zollhinterziehung die Selbstanzeige auf dem Gebiet der Besitz- und Verkehrsteuern abzuschneiden. Dies zeigt, daß die Sperrwirkung nur in dem Umfang eintritt, auf den sich der Gegenstand des fraglichen Ermittlungsverfahrens bezieht.

Der Zollfahndungsbeamte muß, soll die Sperrwirkung auch wegen der Veranlagungs-Steuerstraftaten (V-Steuerstraftaten) eintreten, diese ausdrücklich in die Bekanntgabe einbeziehen, selbst dann, wenn zwischen den Zollstraftaten und V-Steuerstraftaten ein enger tatsächlicher Zusammenhang besteht. Denn die Bekanntgabe wegen einer Zollstraftat macht für den Beschuldigten nicht ohne weiteres auch die Eröffnung wegen V-Steuerstraftaten erkennbar.

aa22) Mehrere Taten

Hat der Täter mehrere Taten begangen, die zueinander im Verhältnis der Tatmehrheit (§ 53 StGB) stehen und ist nur eine dieser Taten in der Bekanntgabe aufgeführt, beschränkt sich die Sperrwirkung des § 371 Abs. 2 Nr. 1 b AO auf diese Tat. Es liegen tatsächlich und rechtlich mehrere verschiedene „Taten“ vor.

(3) Zeitliche Begrenzung

Wiederaufleben der Selbstanzeige

Wird das Ermittlungsverfahren beendet, das eingeleitete Verfahren vom Finanzamt mangels Beweises oder aus anderen Gründen eingestellt, so lebt das Selbstanzeigerecht hinsichtlich der hierbei nicht aufgedeckten Taten wieder auf (h. M., so auch Maaßen, FR 1954 S. 297; Quenzer, StW 1953 S. 671).

3. Entdeckung der Tat und Wissen oder Wissenmüssen von der Entdeckung (Nr. 2)

Eine strafbefreiende Selbstanzeige setzt auch voraus, daß die Tat noch nicht entdeckt ist. In den Fällen der Steuerhinterziehung (§ 370 AO) ist die Selbstanzeige von dem Zeitpunkt an ausgeschlossen, zu dem die Tat im Zeitpunkt der Berichtigung, Ergänzung oder Nachholung ganz oder zum Teil bereits entdeckt war *und* der Täter dies wußte oder bei verständiger Würdigung der Sachlage damit rechnen mußte.

Der Täter einer leichtfertigen Steuerverkürzung nach § 378 AO kann dagegen noch nach Entdeckung der Tat eine zur Bußgeldfreiheit führende Anzeige erstatten (Abs. 3). S. Teil 2 zu B V 1 c).

a) Tatentdeckung und Kenntnis des Täters

Der Zusatz der Entdeckung der Tat in Nr. 2 soll klarstellen, daß es für die Wirksamkeit der Selbstanzeige darauf ankommt, ob die Tat bereits entdeckt war. Fehlt es bereits an der Entdeckung der Tat, so kommt es nicht mehr darauf an, ob der Täter wußte oder damit rechnen mußte, daß die Tat ganz oder teilweise bereits entdeckt war.

b) Kenntnis des Täters von der Entdeckung der Tat im Zeitpunkt der Selbstanzeigehandlungen

(1) (Teil-)Entdeckung der Tat im Zeitpunkt der Berichtigung, Ergänzung oder Nachholung

aa) Tatentdeckung ganz oder teilweise durch Entdecker

aa1) Entdeckung, Zeitpunkt

Die Frage der Tatentdeckung nach § 395 Abs. 2 Nr. 2 AO a. F. war umstritten. Es gab zwei grundverschiedene Ansichten:

Nach herrschender Meinung war die Entdeckung der Tat eine objektive Voraussetzung für die Versagung der Straffreiheit nach Selbstanzeige, zu der als weitere Voraussetzung in subjektiver Hinsicht das Wissen des Täters um die Tatentdeckung oder das Damit-rechnen-müssen trat (vgl. dazu Buschmann/Luthmann, S. 95; Franzen/Gast, § 395 AO a. F., Tz. 122 ff.; H-H-Sp, § 395 a. F., Sp. 48; Kühn/Kutter, § 395 a. F., Anm. 3 c)).

Nach Meinung der Minderheit setzte § 395 Abs. 2 Nr. 2 AO a. F. eine Tatentdeckung nicht voraus; die strafbefreiende Wirkung war danach bereits versagt, wenn der Täter damit rechnen mußte, seine Tat sei schon entdeckt (vgl. dazu Kopacek, BB 1961 S. 48; Leise, WK, § 395 AO a. F., Anm. 8 C; DStR 1971 S. 57; BB 1972 S. 1502).

§ 371 Abs. 2 Nr. 2 AO spricht — wie die h. L. — von Tatentdeckung *und* von der Kenntnis des Täters von der Tatentdeckung.

Der Begriff der Entdeckung war und ist gesetzlich nicht definiert. Die Frage, *wann* die Tat entdeckt ist, wird im Schrifttum uneinheitlich beantwortet; auch sind immer noch keine Ansätze zu einer gefestigten Rechtsprechung zu erkennen. Der Bundesgerichtshof hat über die Frage des Zeitpunkts der Entdeckung der Tat noch nicht entschieden. Es stehen sich zu § 395 AO a. F. die Meinungen mehrerer Oberlandesgerichte gegenüber, die für den Ausschluß der Straffreiheit noch teils objektive und subjektive oder nur teils objektive Merkmale verlangen.

aa11) Objektive und subjektive Merkmale

1. OLG Hamburg, Urt. v. 27. 1. 1970 — 2 Ss 191/69, Slg. Henneberg, Teil A, Stichwort: „Selbstanzeige, Entdeckungsgefahr", S. 13 = DStR 1970 S. 572 = NJW 1970 S. 1385 = ZfZ 1971 S. 355:

In der nicht erfolgten Abgabe von Umsatzsteuer-Voranmeldungen und Einkommensteuer-Jahreserklärungen bzw. in der verspäteten Abgabe dieser Erklärungen durch den Angeklagten ist eine Steuerverkürzung auf Zeit zu sehen.

Zu der Frage, ob die verspätete Abgabe einer Umsatzsteuer-Voranmeldung strafbefreiende Wirkung haben kann, hat das Gericht die Entdeckung der Tat von Voraussetzungen abhängig gemacht, die zur Einleitung des strafrechtlichen Ermittlungsverfahrens erforderlich sind. Löst der nicht rechtzeitige Eingang der Steuererklärung nicht die Einleitung eines Strafverfahrens aus, so waren dem Finanzamt noch nicht genügend Umstände bekannt und die Tat im Sinne des § 395 RAO (jetzt § 371 AO) war noch nicht entdeckt.

Die Möglichkeit, Zwangsmittel und Ungehorsamsfolgen des Steuerermittlungsverfahrens einzusetzen, hat auf die Tatbestandsmäßigkeit strafbaren Verhaltens keinen Einfluß; diese Maßnahmen haben auch keine Aussagekraft. Die Anmahnung der Voranmeldungen, selbst die Androhung von Erzwingungsgeldern, ist nicht als Entdeckung der Tat zu werten. S. dazu auch Ehlers/Lohmeyer, S. 52; Franzen, NJW 1964 S. 1063; Franzen/Gast, § 395 AO a. F., Tz. 122; Herdemerten,

DStR 1970 S. 198; Lohmeyer, KStR AO 1971, Abt. 02 a S. 82; ebenso LG Hanau, Urt. v. 20. 2. 1967 — 2 Ms 156/66, n. v. S. auch zu VI 3 b) (4) aa) aa1).

2. BayObLG, Urt. v. 4. 6. 1970 — RReg 4 St 23/70, Slg. Henneberg, Teil A, Stichwort: „Selbstanzeige, Entdeckungsgefahr", S. 16 = BayObLGSt 1970 S. 123 = BayVerwBl. 1970 S. 370 = ZfZ 1971 S. 29 = DStR 1971 S. 87 = JR 1971 S. 88 = GA 1971 S. 341:

Das Finanzamt hatte einen Steuerpflichtigen, der weder Umsatzsteuer-Voranmeldungen noch Lohnsteuer-Anmeldungen abgegeben hatte, geschätzt. Die Schätzung war aber bei weitem zu niedrig ausgefallen. Nach der Schätzung hatte der Steuerpflichtige im Wege der Selbstanzeige die richtigen Zahlen dem Finanzamt mitgeteilt. Das Finanzamt hatte die Auffassung vertreten, die Selbstanzeige sei nicht wirksam, da, wie das Amt durch die Schätzung zu erkennen gegeben habe, die Tat bereits entdeckt war. Dem ist das BayObLG entgegengetreten. Es führt u. a. aus:

Entscheidend ist für die Tatentdeckung, daß die Behörde von der Tat einschließlich ihrer subjektiven Merkmale soviel weiß oder zu wissen glaubt, daß sie bei pflichtgemäßem Verhalten die Strafverfolgung in Gang setzt oder setzen kann. Der konkrete Verdacht einer Steuerhinterziehung erfordert, daß die Behörde zureichende Anhaltspunkte dafür hat, daß Steuereinnahmen verkürzt sind und der Steuerpflichtige dies in Vorteilsabsicht auch wollte.

Bei Unterlassung der Abgabe von Voranmeldungen und Anmeldungen zur Umsatzsteuer und Lohnsteuer darf es nicht zu der Vermutung kommen, der Steuerpflichtige habe etwas zu verbergen. Eine solche Vermutung kann erst dann als Entdeckung der Tat gewertet werden, wenn sie sich zu konkretem Tatverdacht einer Steuerhinterziehung verdichtet hat. Hierfür ist mehr erforderlich als die bloße Tatsache, daß der Steuerpflichtige die erforderlichen Erklärungen nicht abgegeben hat und daraufhin die Umsatzsteuer im Wege der Schätzung festgesetzt wurde und hinsichtlich der Lohnsteuer Haftungsbescheide ergingen. Die Festsetzung der Umsatzsteuer auf Grund einer Schätzung und die Haftungsbescheide für die Lohnsteuer sind Maßnahmen des Besteuerungsverfahrens, die der Durchsetzung des

Steueranspruchs dienen, ohne daß aus ihnen schon hervorginge, daß der Behörde eine Steuerverkürzung bekannt wäre. Dies rechtfertigt für sich allein noch nicht die Annahme, daß Steuerhinterziehungen entdeckt sind.

Der Verdacht einer Steuerhinterziehung besteht erst dann, wenn der zuständige Beamte die Vorstellung hat, daß der Steuerpflichtige, dessen Erklärungen ausstehen, durch sein Verschweigen eine Steuerverkürzung vorsätzlich bewirken will.

Auf Grund dieser Erwägungen gelangt das Revisionsgericht zu dem Ergebnis, daß es bereits objektiv an der Entdeckung einer Steuerhinterziehung fehlt, so daß nicht zu prüfen war, ob der Angeklagte damit rechnen mußte, daß seine Tat bereits entdeckt sein könnte. S. dazu auch Kohlmann, § 395 AO a. F., Rdnr. 171.

aa12) Objektive Merkmale

1. OLG Celle, Urt. v. 5. 11. 1970 — 1 Ss 152/70, Slg. Henneberg, Teil A, Stichwort: „Selbstanzeige, Entdeckungsgefahr", S. 20 = GA 1971 S. 92 = BB 1971 S. 205 = B 1971 S. 707:

In Fällen, in denen Lohnsteuer abgerechnet und einbehalten ist, tritt die Sperrwirkung für die Straffreiheit in jenem Zeitpunkt ein, in dem das Finanzamt aufgrund einer Überprüfung der Steuerunterlagen oder sonstiger Ermittlungen zu der Schlußfolgerung kommt, daß der Steuerpflichtige eine Steuerverkürzung vorgenommen hat. Es genügt, daß die Tat hinsichtlich der objektiven Merkmale ganz oder zum Teil entdeckt ist.

Bei Nichtanmeldung und Nichtabführung einbehaltener Lohnsteuern tritt die Entdeckung der Tat nicht erst in dem Augenblick ein, in dem die Finanzbehörde soviel erfahren hat, daß sie nunmehr bei pflichtgemäßem Handeln die Strafverfolgung bereits in Gang zu setzen hat. Der Entdeckungszeitpunkt liegt nicht erst im Zeitpunkt der Einleitung des strafrechtlichen Ermittlungsverfahrens. S. dazu auch Suhr, S. 139.

2. OLG Celle, Urt. v. 15. 7. 1971 — 1 Ss 90/71, Slg. Henneberg, Teil A, Stichwort: „Selbstanzeige, Entdeckungsgefahr", S. 21 = TStE, Stichwort: „Strafverfahren, Straffreiheit", S. 3221 = DStZ/B 1971 S. 400 = MDR 1971 S. 1034:

Wird eine Lohnsteuer-Anmeldung verspätet abgegeben, so ist die Steuerverkürzung nur dann entdeckt, wenn die Lohnsteuer-Stelle vorher durch die Finanzkasse von der Säumigkeit des Steuerpflichtigen unterrichtet worden war. Die Kenntnisnahme der Finanzkasse von der Nichtanmeldung der Lohnsteuer reicht zur Entdeckung der Tat nicht aus.

Welche der von den Oberlandesgerichten vertretenen Rechtsauffassung hinsichtlich des Zeitpunktes der Tatentdeckung sich durchsetzen wird, wird die Zukunft ergeben. Aus Gründen der Rechtsklarheit dürfte die Entscheidung des OLG Hamburg, Urteil 2 Ss 191/69 vom 27. 1. 1970 von Bedeutung sein. Leitet das Finanzamt das Verfahren wegen einer Steuerzuwiderhandlung ein oder gibt es die Sache an die Bußgeld- und Strafsachenstelle ab, ist das Verfahren somit eingeleitet (vgl. § 397 AO), so tritt die Sperrwirkung des § 371 Abs. 2 Nr. 2 AO ein, soweit nach diesem Zeitpunkt unterlassene Angaben für den Tatzeitraum nachgeholt werden. Die vor diesem Zeitpunkt — verspätet — nachgeholten Erklärungen können dagegen als strafbefreiende Selbstanzeige gewertet werden. — Ob ein konkreter Verdacht des zuständigen Strafverfolgungsbeamten, wie das BayObLG, Urteil RReg 4 St 23/70 vom 4. 6. 1970 meint, zu verlangen ist, also eine vorsätzliche Steuerverkürzung vorliegen, die Handlung als „Straftat" erkannt werden muß, ist zu weitgehend. Eine volle „Gewißheit" zur subjektiven Tatseite (hier also „Vorsatz") erscheint nicht erforderlich. — Der Meinung des OLG Celle, Urteile 1 Ss 152/70 vom 5. 11. 1970 und 1 Ss 90/71 vom 15. 7. 1971 kann nicht beigetreten werden, da die ergriffenen Maßnahmen keine ausreichenden Anhaltspunkte dafür geben, ob überhaupt Steueransprüche verkürzt sind.

Erforderlich ist die Kenntnis des wesentlichen geschichtlichen Ablaufs einer Tat, die ein straf- oder bußgeldrechtliches Ermittlungsverfahren begründet. Nicht allein die Kenntnis von der Nichtabgabe der Steuererklärung, sondern erst die Gesamtwürdigung des Sachverhalts entscheidet darüber, ob die Tat entdeckt ist. Hat ein Täter Steuererklärungen pflichtwidrig nicht abgegeben, braucht noch nicht festzustehen, ob überhaupt und in welcher Höhe Steuerverkürzungen eingetreten sind. Im Einzelfall kann deshalb selbst nach Mahnung oder

Androhung und Festsetzung von Erzwingungsgeld noch Selbstanzeige erstattet werden. Es müssen die näheren Umstände für die Nichtabgabe der Erklärungen bekannt sein. Dabei muß die Strafverfolgungsbehörde kraft Tatsachen von der Richtigkeit der im einzelnen einigermaßen klargestellten Handlung überzeugt sein.

aa2) Ganz oder teilweise, Tat

§ 371 Abs. 2 Nr. 2 AO führt nur bezüglich *der* Tat zum Ausschluß der Straffreiheit, die der Entdecker — zu aa3) — teilweise oder in vollem Umfang wahrgenommen hat (vgl. Kohlmann, § 395 AO a. F., Rdnr. 184).

Nicht in vollem Umfang braucht die Tat entdeckt zu sein. Die Straffreiheit entfällt — und zwar ganz —, wenn die Tat nur zum Teil entdeckt ist. Diese Voraussetzungen sind z. B. erfüllt, wenn Vorbereitungshandlungen oder Vorstufen der vollendeten Steuerhinterziehung aufgedeckt werden (vgl. dazu H-H-Sp, § 395 a. F., Sp. 49; Leise, WT 1961 S. 234; WK, § 395 AO a. F., Anm. 8 C; Suhr, NWB 1969, F. 13 S. 377; Terstegen, S. 126).
Zur Tat, s. 2d) (3), e) (2) aa).

aa3) Entdecker der Tat

aa31) Finanzbehörde

Entdeckt wird die Tat durch die Finanzbehörde. Man glaubt, daß entscheidend sei und es überwiegend ankomme auf das Wissen der „zur Entdeckung befugten Behörde“ (Barske/Gapp, S. 87), der „zur Entdeckung zuständigen Behörde“ (Troeger/Meyer, S. 261), der „zur Entdeckung verpflichteten Behörde“ (Firnhaber, S. 126), der „zur Verfolgung zuständigen Behörde“ (Ehlers/Lohmeyer, S. 52) oder der „zuständigen oder sachkundigen Behörde“ (Franzen/Gast, § 395 AO a. F., Tz. 123 ff.).

Erforderlich ist die Kenntnis der zuständigen Finanzbehörde (Finanzamt, Hauptzollamt), um die strafbefreiende Wirkung einer Selbstanzeige auszuschließen. Entdeckung liegt nicht vor bei Behörden, die weder mit der Durchführung steuerlicher oder steuerstrafrechtlicher Ermittlungshandlungen betraut sind.

aa32) Dritter

Streitig ist, ob Straffreiheit auch dann nicht eintritt, wenn ein an der Tat unbeteiligter Dritter die Tat entdeckt hat. Fraglich ist auch, ob die Kenntnis der Tat durch Personen, die der Täter darüber eingeweiht hat, als Entdecken gilt.

Das Gesetz verlangt an keiner Stelle, daß die Tat durch die Finanzbehörde, die Staatsanwaltschaft oder das Gericht entdeckt sein muß. Man glaubt daher, insbesondere auch in der Rechtsprechung, daß Entdecker der Tat jeder sein kann, so auch die Privatperson (bereits Schöffengericht Göttingen, Urt. v. 3. 12. 1959 — 3 Ms 135/58, zit. bei Suhr/Naumann, S. 430). Eine Tat ist dann als entdeckt anzusehen, wenn ein Unbekannter, der nicht zum Kreis des Täters gehört, die strafbare Handlung selbst oder ihre Wirkungen wahrgenommen hat. Volle Gewißheit braucht der Dritte nicht zu haben. Er braucht auch nicht alle Einzelheiten der Tat zu kennen. Die Erkenntnis muß aber so weit gehen, daß auf diese Wahrnehmung ein Strafverfahren gegründet werden kann (vgl. OLG Hamm, Urt. v. 26. 10. 1962 — 1 Ss 913/62, EStZ, Coring/Vogel, § 410 AO a. F., Nr. 46 = DStZ/B 1963 S. 179 = BB 1963 S. 459 = NJW 1963 S. 1561; BayObLG, Urt. v. 4. 6. 1970 — RReg 4 St 23/70, Slg. Henneberg, Teil A, Stichwort: „Selbstanzeige, Entdeckungsgefahr", S. 16 = BayObLGSt 1970 S. 123 = BayVerwBl. 1970 S. 370 = ZfZ 1971 S. 29 = DStR 1971 S. 87 = JR 1971 S. 88 = GA 1971 S. 341; auch Buschmann/Luthmann, S. 95; Kohlmann, § 395 AO a. F., Rdnr. 183; List, S. 51).

Hat der Täter andere Personen (so etwa die Ehefrau, den Steuerberater) über seine Tat unterrichtet, ist dies nicht als Entdeckung anzusehen; denn der Täter braucht von solchen Personen keine Anzeige zu erwarten (vgl. OLG Frankfurt, Urt. v. 18. 10. 1961 — 1 Ss 854/61, BB 1962 S. 126 = NJW 1962 S. 974; auch Franzen, NJW 1964 S. 1062; Leise, WK, § 395 AO a. F., Anm. 8 C; Sudau, S. 62). Anders, wenn eine dieser Personen Anzeige erstattet (H-H-Sp, § 395 a. F., Sp. 48; Kopacek, BB 1961 S. 45).

bb) Zeitpunkt der Berichtigung,
Ergänzung, Nachholung

Nur Entdeckung vor der Selbstanzeige kann zum Ausschluß der Straffreiheit führen. So, wenn das Finanzamt vor Eingang der Selbstanzeige des Täters von der Steuerhinterziehung durch die Mitteilung eines anderen Kenntnis erhalten hatte.

Zu den Selbstanzeigehandlungen der Berichtigung, Ergänzung oder Nachholung, s. zu VI 1, 2, 3.

(2) Kenntnis des Täters

aa) Wissen von der Entdeckung

Nicht die objektive Tatsache der (Teil-)Entdeckung, sondern erst die Kenntnis des Täters hiervon begründet den Ausschluß der Straffreiheit nach Abs. 2 Nr. 2. Wußte der Täter von der Tatentdeckung, so entbehrt die Selbstanzeige der strafbefreienden Wirkung.

Maßgebend sind die Umstände, wie sie sich in der Sicht des Täters darstellen (vgl. RG, Urt. v. 1. 3. 1943 — 2 D 398/42, RStBl. 1943 S. 602; auch Kühn, § 395 a. F., Anm. 3 c). Wissen oder Kenntnis von der Entdeckung liegt vor, wenn der Täter aus den ihm bekannten Tatsachen den Schluß gezogen hat, daß die Behörde von der Tat etwas wußte, die Tat nicht verborgen geblieben ist.

War die Tat bereits ganz oder teilweise bekannt geworden und schritt der Täter ohne Kenntnis hiervon zur Selbstanzeige, so wird er gleichwohl straffrei (OLG Hamm, Urt. v. 26. 10. 1962 — 1 Ss 913/62, EStZ, Coring/Vogel, § 410 AO a. F., Nr. 46 = DStZ/B 1963 S. 179 = BB 1963 S. 459 = NJW 1963 S. 1561).

bb) Rechnenmüssen mit der Entdeckung

bb1) Beweisregel zuungunsten des Täters

Mit dem „Rechnenmüssen“ mit der Entdeckung des § 371 Abs. 2 Nr. 2 AO hat der Gesetzgeber lediglich eine — widerlegbare — gesetzliche Beweisregel zuungunsten des Täters aufgestellt, mit der der Nachweis des vom Täter bestrittenen „Wissens“ in den Fällen ersetzt werden soll, in denen der Strafrichter dem Täter einzelne, bestimmte und zwingende Begleitumstände nachzuweisen vermag, aus denen sich der Täter die Überzeugung von der Aufdeckung seiner Tat aufdrängen mußte.

bb2) Individuelle Verhältnisse des Täters

Es ist nicht zweifelsfrei, ob das Gesetz bei der Alternative „Rechnenmüssen" auf die individuellen Verhältnisse des Täters abstellt, ob also dieser bei verständigem Einsatz seiner Fähigkeiten den Schluß ziehen mußte, daß die Tat entdeckt sei oder ob es beim „Rechnenmüssen" wegen der Beifügung „bei verständiger Würdigung der Sachlage" auf das Erkennungsvermögen und das Verständnis eines „durchschnittlichen Steuerpflichtigen" oder die „allgemeine Lebenserfahrung eines Durchschnittsbürgers" ankommen soll.

Im Sinne des das gesamte Strafrecht beherrschenden Schuldprinzips dürfte ersteres ausschlaggebend sein. Die Frage, ob der Täter „bei verständiger Würdigung der Sachlage" mit der Aufdeckung rechnen mußte, darf allein aus der Lage des Täters heraus und abgestellt auf seine individuellen Erkenntnismöglichkeiten beurteilt werden, da es sich bei dieser Seite der Ausschließung von der Rechtswohltat der Selbstanzeige um einen subjektiven Sachverhalt auf strafrechtlichem Gebiet handelt, der nicht anders beurteilt werden kann als etwa die Voraussehbarkeit bei der Fahrlässigkeit, die ebenfalls nur rein subjektiv bestimmt werden darf (BayObLG, Urt. v. 24. 2. 1972 — RReg 4 St 135/71, Slg. Henneberg, Teil A, Stichwort: „Selbstanzeige, Entdeckungsgefahr", S. 26 = BB 1972 S. 524 = MDR 1972 S. 902 = KStR, AO, 1972, Abt. 99 S. 3821 = StQ, AO, 1973, §§ 391—419 a. F., Nr. 490; auch Bauerle, S. 64; Ehlers/Lohmeyer, S. 53; H-H-Sp, § 395 a. F., Sp. 53; Leise, BB 1972 S. 1501; List, S. 51; Mattern, NJW 1951 S. 940; JZ 1954 S. 432; DStR 1954 S. 461; Troeger/Meyer, S. 261).

Die Gegenmeinung (so Firnhaber, S. 127; Franzen/Gast, § 395 AO a. F., Tz. 126) stellt allein praktische Erwägungen in den Vordergrund, die aber ein Abgehen von allgemeinen strafrechtlichen Grundsätzen nicht zu rechtfertigen vermag.

cc) Irrtum über die Entdeckung

Der Täter kann annehmen, die Tat sei entdeckt, die aber im entscheidenden Zeitpunkt noch nicht entdeckt ist oder er kann irrigerweise davon ausgehen, die Tat sei noch nicht entdeckt.

cc1) Tat noch nicht entdeckt

Der Täter, der irrigerweise angenommen hatte oder bei verständiger Würdigung der Sachlage damit hätte rechnen müssen, daß die Tat entdeckt war, obwohl dies nicht zutraf, verliert damit nicht die Möglichkeit der strafbefreienden Selbstanzeige; es fehlt am objektiven Tatbestand der Tatentdeckung (BT-Drucks. 7/4292 S. 44 auch EAO 1977 zu § 371 Nr. 1). Das war schon die überwiegende Meinung zu § 395 AO a. F. Entscheidend ist nach dem rechtspolitischen Zweck des Gesetzes, ob durch die Selbstanzeige unbekannte Steuerquellen erschlossen werden. Das ist dann der Fall, wenn der Täter die Berichtigungserklärung abgibt, weil er irrtümlich annimmt, die Tat sei entdeckt (OLG Frankfurt, Urt. v. 18. 10. 1961 — 1 Ss 854/61, EStZ, Coring/Vogel, § 410 AO a. F., Nr. 44 = Slg. Henneberg, Teil A, Stichwort: „Selbstanzeige, Entdeckungsgefahr", S. 4 = DStZ/B 1961 S. 83 = BB 1962 S. 126 = NJW 1962 S. 974; OLG Hamm, Urt. v. 26. 10. 1962 — 1 Ss 913/62, EStZ, Coring/Vogel, § 410 AO a. F., Nr. 46 = Slg. Henneberg, Teil A, Stichwort: „Selbstanzeige, Entdeckungsgefahr", S. 11 = DStZ/B 1963 S. 179 = BB 1963 S. 459 = NJW 1963 S. 1561; auch Barske/Gapp, S. 87; Berger, BB 1951 S. 931; Ehlers, DStR 1974 S. 697; Ehlers/Lohmeyer, S. 54; Firnhaber, S. 128; Franzen/Gast, § 395 AO a. F., Tz. 130; H-H-Sp, § 395 a. F., Sp. 55; List, S. 51; Maaßen, FR 1954 S. 293; Mattern, NJW 1951 S. 940; Terstegen, S. 122; Troeger/Meyer, S. 261; a. M. Henneberg, Inf 1971 S. 351; Kopacek, BB 1961 S. 45).

cc2) Tat entdeckt

War die Tat (wenigstens zum Teil) bereits entdeckt, nahm der Täter jedoch irrtümlich an, sie sei es noch nicht, so muß man von der Freiwilligkeit der Selbstanzeige ausgehen, sofern nicht der

Irrtum als solcher auf Verschulden beruht. Brauchte der Täter bei verständiger Würdigung der ihm bekannten Umstände nicht damit zu rechnen, daß sein Vergehen schon (zum Teil) entdeckt war, so bleibt er straffrei. Andernfalls, so bei Fahrlässigkeit (H-H-Sp, § 395 a. F., Spe. 54, 28) oder bei Grobfahrlässigkeit (Kühn/Kutter, § 395 a. F., Anm. 3 c) hilft ihm die Selbstanzeige nichts.

c) Wirkung

(1) Persönliche Begrenzung

Von dem Ausschluß der Straffreiheit nach § 371 Abs. 2 Nr. 2 AO wird nur der Täter oder Teilnehmer betroffen, dem nachgewiesen wird, daß er von der Entdeckung der Tat gewußt hat oder mit ihr habe rechnen müssen.

(2) Sachliche Begrenzung

aa) Tatmehrheit

Stehen mehrere Steuerhinterziehungen zueinander in Tatmehrheit (§ 53 StGB), beschränkt sich die Sperrwirkung des § 371 Abs. 2 Nr. 2 AO auf die Tat (Taten), die im Zeitpunkt der Selbstanzeige — zum Teil oder vollständig — entdeckt ist (sind). S. auch zu 2 e) (2) bb) bb2) bb22).

bb) Fortsetzungszusammenhang

Bei einer fortgesetzten Tat (fortgesetzte Steuerhinterziehung), die rechtlich *eine* Straftat ist, ist die einschneidende Folge einer Teilentdeckung nur dann gerechtfertigt, wenn Gesamtvorsatz i. S. der Rechtsprechung des RG und BGH (vgl. RG, Urte. v. 7. 1. 1911 — IV 1257/10, RGSt Bd. 44 S. 223; v. 5. 5. 1941 — 2 D 97/41, RGSt Bd. 75 S. 207; BGH, Urte. v. 21. 9. 1951 — 2 StR 415/51, BGHSt Bd. 1 S. 313, 315 = JZ 1951 S. 755 = NJW 1951 S. 893; v. 13. 12. 1960 — 5 StR 478/60, BGHSt Bd. 15 S. 268 = JZ 1961 S. 425 = NJW 1961 S. 565; v. 2. 5. 1961 — 1 StR 139/61, BGHSt Bd. 16 S. 124) gegeben ist, nicht aber schon dann, wenn nur Fortsetzungsvorsatz vorliegt (vgl. Schönke/Schröder, Rdnr. 29 vor § 73 a. F.).

In der Spruchpraxis der Tatsacheninstanzen wird jedoch der Fortsetzungsvorsatz einem Gesamtvorsatz vielfach gleichgestellt, obwohl der Täter bei der ersten Einzelhandlung einer jahrelang betriebenen Steuerhinterziehung den Gesamterfolg unmöglich bereits überschauen und einplanen konnte. Es bleibt abzuwarten, ob die Tatsacheninstanzen die Grundsätze der höchstrichterlichen Rechtsprechung zur Annahme eines Gesamtvorsatzes auch im Rahmen des § 371 Abs. 2 Nr. 2 AO stärker respektieren werden als sonst.

Die in der Lehre herrschende Ansicht wertet die fortgesetzte Tat auch dann als „Tat" im Sinne des § 371 Abs. 2 Nr. 2 AO, wenn im Zeitpunkt der Selbstanzeige nur eine von mehreren Einzeltaten aufgedeckt ist (vgl. Franzen/Gast, § 395 AO a. F., Tz. 126; H-H-Sp, § 395 a. F., Sp. 50; Maaßen, FR 1954 S. 294; Suhr/Naumann, S. 271; auch LG Dortmund, Urt. v. 5. 9. 1955 — Ns 9 Ms 22/55, zit. bei Hofstetter, StWa 1965 S. 172). S. auch zu 2 e) (2) bb) bb14) 4, bb2) bb22).

Stehen mehrere Taten, die ein Steuerpflichtiger begangen hat, zueinander im Verhältnis des Fortsetzungszusammenhangs, so verliert der Täter nach der Gegenmeinung nur hinsichtlich der Einzeltat (Einzeltaten) die Straffreiheit, die zumindestens teilweise entdeckt ist (sind), so Kohlmann, § 395 AO a. F., Rdnr. 192. Verkannt wird, daß es sich bei der fortgesetzten Handlung um *eine* Tat handelt.

(3) Zeitliche Begrenzung

§ 371 Abs. 2 Nr. 2 AO legt fest, daß die Tat, bezüglich derer es zum Ausschluß der Straffreiheit kommt, „im Zeitpunkt" der Selbstanzeige zumindest teilweise entdeckt sein muß.

VIII. Festsetzung und fristgerechte Entrichtung der verkürzten Steuern (Abs. 3)

Liegen wirksame Selbstanzeigehandlungen vor und sind keine Ausschlußgründe (s. zu VII) vorhanden, so tritt Straffreiheit erst dann ein, wenn die verkürzten Steuern fristgerecht nachgezahlt sind. Erforderlich ist vorher die Festsetzung der Beträge und nachher ihre Nachzahlung innerhalb einer bestimmten Frist.

1. Festsetzung der verkürzten Steuern

a) Berechnung, Aufteilung

Die Finanzbehörde setzt die verkürzten Steuern fest. Es ist die Steuersumme, um die als Folge der ursprünglich unrichtigen, unvollständigen oder unterlassenen, aber durch die Selbstanzeige berichtigten, vervollständigten oder nachgeholten Angaben der Steueranspruch zunächst verkürzt worden war.

Der vorsätzlich verkürzte Steuerbetrag — nicht Nebenleistungen, so Hinterziehungszinsen, § 235 AO, Säumniszuschläge, § 240 AO — braucht nicht übereinzustimmen mit dem gesamten Betrag der Mehrsteuern, die durch eine (erstmalige oder Berichtigungs-)Veranlagung nachträglich festgesetzt worden sind. Der Mehrsteuerbetrag kann den vorsätzlich verkürzten Betrag übersteigen, wenn bei einer Überprüfung der steuerlichen Verhältnisse im Anschluß an die Selbstanzeige weitere Besteuerungsgrundlagen entdeckt werden, die der Steuerpflichtige fahrlässig oder ohne Verschulden nicht angegeben hatte.

Eine Aufteilung des gesamten Mehrsteuerbetrages in hinterzogene und nicht hinterzogene Beträge ist erforderlich.

Die anderen, durch eine spätere Prüfung festgestellten, nicht strafbar verkürzten Steuern berühren die Entscheidung nach § 371 AO nicht.

Beispiel:

Steuererklärung (Gewinn)	100 000 DM
Veranlagung	100 000 DM
Selbstanzeige mit 30 000 DM	130 000 DM
Prüfungsfeststellungen:	
weitere 20 000 DM	150 000 DM
Berichtigungsveranlagung	150 000 DM
Mehrsteuern (Verkürzungsbetrag lt. Selbstanzeige:	
Unterschied zwischen Einkommensteuer von	130 000 DM
und Steuern von	100 000 DM
Ob die weitere Verkürzung der Steuer aus	150 000 DM
./. Steuer aus	130 000 DM

zur Bestrafung führt, hängt von der Verschuldensfrage ab.

Zur Ermittlung und Festsetzung der hinterzogenen Beträge, s. Pfaff, § 392 AO a. F., Tze. 327 ff.

Die Ermittlung der Steuerbeträge richtet sich nach den zur Zeit der Tat geltenden Steuergesetzen (vgl. dazu BGH, Urt. v. 3. 6. 1954 — 3 StR 302/53, BGHSt Bd. 7 S. 345 = BStBl. 1955 I S. 362; auch List, S. 31).

b) Rechtsmittel

Soweit der Täter Einwendungen gegen die Festsetzung der verkürzten Steuern erhebt, stehen ihm die Rechtsmittel zur Verfügung, die er auch sonst im Steuerfestsetzungsverfahren einlegen kann (vgl. §§ 347 ff. AO).

Der Täter kann die ihm gesetzte Frist nicht willkürlich dadurch verlängern, daß er gegen die Steuerfestsetzung ein Rechtsmittel einlegt (vgl. RG, Urt. v. 12. 6. 1941 — 3 D 155/41, RGSt Bd. 75 S. 261 = RStBl. 1941 S. 449 = EStZ, Coring/Vogel, § 410 AO a. F., Nr. 17 = Slg. Henneberg, Teil A, Stichwort: „Selbstanzeige, Änderung", S. 1; auch Hartung, §§ 410, 411 AO a. F., Anm. IV; Kohlmann, § 395 AO a. F., Rdnr. 105). Dazu 2 c) (1) bb) bb1).

2. Nachzahlungsfrist

a) Zweck

Die Bestimmung der Nachzahlungsfrist bezweckt insbesondere, dem Steuerpflichtigen einen Anreiz zu geben, im Interesse der Erhöhung des Steueraufkommens alles daranzusetzen, den geschuldeten Steuerbetrag bis zu einem bestimmten Zeitpunkt nachzuzahlen. Damit dieses für den Staat erwünschte Ergebnis eintritt und sich der Steuerpflichtige mit allen Kräften bemüht, seinen Verpflichtungen nachzukommen, wird ihm eine Nachfrist gewährt. Wesentliche Voraussetzung und der eigentliche Grund dafür, daß § 371 AO einer Selbstanzeige strafbefreiende Wirkung zuerkennt, ist der Umstand, daß der Täter das begangene Steuerunrecht durch Nachzahlung der verkürzten Steuern wiedergutmacht.

Die etwaige Erstellung eines Zahlungsplanes aller Beteiligten (Steuerpflichtiger, Außenprüfer, Bevollmächtigter) kann die Bestimmung einer Zahlungsfrist i. S. des § 371 Abs. 3 AO ebensowenig ersetzen wie die zu erwartende Festsetzung der nachzuentrichtenden

Steuern (vgl. BGH, Urt. v. 13. 11. 1952 — 3 StR 39/52, BStBl. 1953 I S. 109 = StRK, § 410 AO a. F., R. 2 = EStZ, Coring/Vogel, § 410 AO a. F., Nr. 26 = Slg. Henneberg, Teil A, Stichwort: „Selbstanzeige, Berichtigungserklärung, Anforderungen", S. 7 = DStZ/B 1953 S. 171 = B 1953 S. 247 = DStR 1953 S. 315 = JZ 1953 S. 403).

b) Entscheidung über die Fristsetzung, Rechtsweg

(1) Zuständige Dienststelle des Finanzamts

Das Gesetz sagt nicht, welche Dienststelle des Finanzamts (Hauptzollamts) für die Bestimmung der Zahlungsfrist zuständig ist. Eine Entscheidung des BGH oder BFH liegt nicht vor. Es kommt darauf an, ob es sich um eine steuerliche oder steuerstrafrechtliche Maßnahme handelt. Hinsichtlich der Angemessenheit der Fristsetzung, s. zu c) (1).

In der Rechtsprechung und im Schrifttum gibt es unterschiedliche Meinungen. So sollen die die Steuern festsetzende Stelle, die Strafsachenstelle (Staatsanwaltschaft) oder beide Dienststellen des Finanzamts für die Fristsetzung zuständig sein.

aa) Veranlagungsstelle

aa1) Rechtsprechung

OLG Braunschweig, Beschl. v. 26. 3. 1962 — Ws 207/61, EStZ, Coring/Vogel, § 410 AO a. F., Nr. 45 = Slg. Henneberg, Teil A, Stichwort: „Selbstanzeige, Fristsetzung", S. 6 = ZfZ 1962 S. 214 = DStZ/B 1962 S. 246:

Es handelt sich bei der Fristsetzung um eine steuerliche Maßnahme. Zuständig für die Setzung der Frist ist die Veranlagungsstelle des Finanzamts.

S. auch zu (2) aa) aa1).

aa2) Schrifttum

Man glaubt, daß die Fristsetzung durch das Finanzamt eine Handlung ist, die zur steuerlichen Seite gehört (so Buschmann/Luthmann, S. 94; Stumpe, StBp 1964 S. 197). Franzen/Gast, § 395 AO a. F., Tze. 174, 175 wollen die Frage, ob innerhalb oder außerhalb des Steuerstrafverfahrens über die Wirksamkeit der Selbstanzeige — und damit auch über die Fristsetzung — entschieden werden muß, davon abhängig machen, ob nach Meinung des Finanzamts die Selbstanzeige vollständig ist und weitere Unrichtigkeiten nach den Umständen des Falles „so gut wie ausgeschlossen erscheinen“ oder ob der Verdacht einer unvollständigen Berichtigungserklärung gegeben ist. Im ersten Falle „kommen strafrechtliche Maßnahmen nicht in Betracht“, im zweiten Falle ist durch die Anordnung, „die Verhältnisse des Anzeigeerstatters ... zu überprüfen, gemäß § 432 Abs. 1 AO a. F. (jetzt § 397 Abs. 1 AO) das Strafverfahren eingeleitet“.

bb) Gemeinsame Strafsachenstelle (Staatsanwaltschaft), keine Belehrung

bb1) Rechtsprechung

1. OLG Celle, Beschl. v. 24. 2. 1955 — 1 Ws 1/54, Slg. Henneberg, Teil A, Stichwort: „Selbstanzeige, Fristsetzung“, S. 5 = DStR 1955 S. 228:

Eine Gleichstellung der Frist des § 410 Abs. 3 RAO (jetzt § 371 Abs. 3 AO) mit den allgemeinen steuerlichen Zahlungsfristen ist nicht möglich. Es besteht keine notwendige Abhängigkeit der Frist des § 410 RAO von den steuerlichen Zahlungsfristen. Die Frist nach § 410 Abs. 3 RAO muß dem strafpolitischen Zweck entsprechend selbständig und allein nach strafrechtlichen Gesichtspunkten festgesetzt werden. Zuständig für diese Festsetzung ist die Strafsachenstelle des Finanzamts.

2. Niedersächsisches Finanzgericht Hannover, Urt. v. 27. 8. 1963 — V 30/62, Slg. Henneberg, Teil A, Stichwort: „Selbstanzeige, Fristsetzung“, S. 9 = DStZ/B 1963 S. 402 = DStR 1964 S. 36:

Fristsetzungen nach erfolgter Selbstanzeige, § 410 Abs. 3 RAO (jetzt § 371 Abs. 3 AO) sind keine Verfügungen im Besteuerungsverfahren, sondern solche im Steuerstrafverfahren.

Zur Angemessenheit der Frist, s. zu c) (1) aa) aa1) 1.

3. Hessisches Finanzgericht, Urt. v. 8. 2. 1973 — VI 137/71, EFG 1973 S. 389:

Für die Klage, mit der sich der Kläger dagegen wendet, daß ihm das Finanzamt während eines beim Amtsgericht gegen ihn anhängigen Steuerstrafverfahrens eine unangemessene Frist gem. § 395 Abs. 3 RAO (jetzt § 371 Abs. 3 AO) gesetzt habe, ist der Rechtsweg zum Finanzgericht nicht gegeben.

Sachverhalt:

Gegen den Kläger (Kl.) ist ein Steuerstrafverfahren beim Amtsgericht anhängig. Im ersten Hauptverhandlungstermin wurde die Möglichkeit erörtert, daß sich der Kl. durch die USt-Nachmeldungen eine Anwartschaft auf Straffreiheit erworben haben könnte. Daraufhin setzte das Finanzamt (Bekl.) dem Kl. gem. § 395 Abs. 3 AO i. d. F. d. 2. AO StrafÄndG v. 12. 8. 1968 (BStBl. 1968 I S. 1062) — jetzt § 371 Abs. 3 AO — eine Zahlungsfrist. Den Antrag auf Fristverlängerung des Kl. lehnte der Bekl. ab. Mit seiner Klage wendet sich der Kl. gegen die Ablehnung der beantragten Fristverlängerung. Das Amtsgericht hat das Strafverfahren bis zur Entscheidung über den vorliegenden Rechtsstreit ausgesetzt.

Aus den Gründen:

Der Finanzrechtsweg ist nicht gegeben, da es sich nicht um eine öffentlich-rechtliche Streitigkeit über eine Abgabenangelegenheit i. S. des § 33 Abs. 1 Nr. 1 FGO handelt. Zu den Abgabenangelegenheiten gehören kraft ausdrücklicher gesetzlicher Vorschrift nicht die Steuerstraf- und Bußgeldsachen (§ 33 Abs. 2 Satz 2 FGO).

Bei der umstrittenen Fristsetzung gem. § 395 Abs. 3 RAO (jetzt § 371 Abs. 3 AO) durch den Bekl. handelt es sich um eine Maßnahme im Rahmen einer solchen Steuerstrafsache, deren gerichtliche Nachprüfung dem Finanzamt entzogen ist. Dessen Zuständigkeit ist nicht etwa deshalb gegeben, weil die Frist gem. § 395 Abs. 3 RAO — in Verkennung seiner Zuständigkeit — von einem Finanzamt dem Bekl. gesetzt worden ist. Für die Zulässigkeit des Finanzrechtswegs und damit für die Zuständigkeit des Finanzgerichts kommt es vielmehr allein auf den materiellen Gehalt des Verwaltungsakts und auf die Natur der Streitsache an.

Die Fristsetzung gem. § 395 Abs. 3 RAO ist dem Steuerstrafrecht zuzuordnen. Dies ergibt sich aus dem Wesen dieser Frist und aus der systematischen Stellung dieser Vorschrift innerhalb der RAO.

Die Fristsetzung gem. § 395 Abs. 3 RAO hat wichtige Funktionen sowohl im materiellen Steuerstrafrecht als auch im Steuerstrafverfahren zu erfüllen. Ihre wesentliche materiell-strafrechtliche Bedeutung liegt darin, daß sie im Fall der bereits eingetretenen Steuerverkürzung die Wirksamkeit der Selbstanzeige und damit das Erlöschen des staatlichen Strafanspruchs davon abhängig macht, daß der Steuerpflichtige (Stpfl.) die von ihm geschuldete Steuer nach ihrer Festsetzung innerhalb der ihm gesetzten Frist entrichtet. Erst mit Ablauf dieser Frist steht fest, ob der Stpfl. Straffreiheit erlangt hat oder nicht. Die Selbstanzeige ist deshalb, sofern sie unter den im Gesetz genannten Voraussetzungen wirksam wird, ein persönlicher Strafaufhebungsgrund (Niedersächsisches FG Hannover, Urteil V/30/62 v. 27. 8. 1963, DStZ/B 1963 S. 402; Terstegen, StW 1954 S. 381 ff.). Die Frist nach § 395 Abs. 3 RAO muß dem strafrechtspolitischen Zweck entsprechend selbständig und allein nach strafrechtlichen Gesichtspunkten festgesetzt werden. Es besteht keine notwendige Abhängigkeit dieser Frist von den steuerlichen Zahlungsfristen (OLG Celle, Beschluß 1 Ws 1/54 v. 24. 2. 1955, DStR 1955 S. 228). Insbesondere sind die Voraussetzungen und die Maßstäbe für die Stundung bei der Fristsetzung gem. § 395 Abs. 3 RAO nicht heranzuziehen. Im Vordergrund steht vielmehr der Gedanke der Wiedergutmachung des eingetretenen steuerlichen Schadens. Hierbei handelt es sich aber um einen auf strafrechtlichem Gebiet liegenden Gesichtspunkt.

Es ist zwar nicht zu verkennen, daß die Fristsetzung gem. § 395 Abs. 3 RAO auch abgabenrechtliche Wirkungen hat. Sie berührt nämlich den Steuerzahlungsanspruch insofern, als durch die Angabe eines Zahlungstermins der Zeitpunkt bestimmt wird, bis zu dem dieser Anspruch zu erfüllen ist. Andererseits zeigt sich das Besondere der Fristsetzung gem. § 395 Abs. 3 RAO darin, daß sie nur für verkürzte Steuern gilt. In den Fällen, in denen neben verkürzten auch nichtverkürzte Steuern geschuldet werden, bleibt es für die letzten bei den abgabengesetzlich geregelten Fälligkeitsterminen, während es für die verkürzten Beträge einer besonderen, u. U. abweichenden Fristsetzung bedarf. Ein abgabenrechtlicher Zusammenhang mit der Fristsetzung des § 395 Abs. 3 RAO liegt auch darin, daß diese Frist nur für die verkürzten Steuern gesetzt werden kann, die der Stpfl. schuldet. Ob diese Beträge geschuldet werden, ist eine Frage, die sich allein nach Abgabenrecht regelt. Für die Entscheidung über diese Frage ist der Finanzrechtsweg gegeben, so daß das Strafverfahren ggf. ausgesetzt werden kann, bis das Besteuerungsverfahren rechtskräftig abgeschlossen ist. Dies ist ausdrücklich in § 442 RAO (jetzt § 396 AO) geregelt. Der Zusammenhang der Fristsetzung gem. § 395 Abs. 3 RAO mit der Steuerfestsetzung und ihrer Einwirkung auf den Steuerzahlungsanspruch sind jedoch so lose und äußerlich, daß daraus nicht auf die Anwendbarkeit des für die Besteuerung geltenden Rechtsmittelverfahrens geschlossen werden kann. Ausschlaggebend ist vielmehr, daß die Fristsetzung nach § 395 Abs. 3 RAO im wesentlichen eine Maßnahme auf dem Gebiet des Steuerstrafrechts ist und somit eine nach strafrechtlichen und nicht nach steuerrechtlichen Gesichtspunkten zu treffende Entscheidung darstellt.

Dies wird auch dadurch unterstrichen, daß die Selbstanzeige gem. § 395 RAO im Dritten Teil der RAO (jetzt § 371 AO im Achten Teil der AO), also unter den Straf- und Bußgeldvorschriften, und nicht im Zweiten Teil der RAO (jetzt im Vierten Teil der AO), unter den Vorschriften über die Besteuerung geregelt ist. Hieraus ergibt sich auch die Zuständigkeit der Strafsachenstelle beim Finanzamt für die Fristsetzung, sofern nicht schon die Staatsanwaltschaft als Ermittlungsbehörde oder das Gericht mit der Steuerstrafsache befaßt ist. Die Strafsachenstelle hat aber mit der Steuerfestsetzung und Steuererhebung nichts zu tun. Die Fristsetzung gem. § 395 Abs. 3 RAO kann also nur im Rahmen des Steuerstrafverfahrens, nicht des Besteuerungsverfahrens erfolgen.

4. RG, Urt. v. 27. 11. 1939 — 3 D 626/39, RGSt Bd. 73 S. 368 = EStZ, Coring/Vogel, § 410 AO a. F., Nr. 15:

Es ist keine Belehrung bei der Fristsetzung darüber vorgeschrieben, daß der Eintritt der Straffreiheit von der rechtzeitigen Nachentrichtung der Steuer abhängt (auch BayObLG, Urt. v. 24. 1. 1963 — RReg 4 St 365/62, EStZ, Coring/Vogel, § 410 AO a. F., Nr. 47 = Slg. Henneberg, Teil A, Stichwort: „Selbstanzeige, Materiallieferung", S. 13 = DStZ/B 1963 S. 112).

bb2) Schrifttum

Nach der überwiegenden Meinung in der Literatur entscheidet über die Anerkennung des Handelns des Täters als wirksame Selbstanzeige die Behörde, die die strafrechtlichen Ermittlungen durchführt, also die Gemeinsame Strafsachenstelle des Finanzamts und somit auch die Staatsanwaltschaft (so Bauerle, S. 130; Firnhaber, S. 99; Hartung, §§ 410, 411 AO a. F., Anm. IV; Henneberg, BB 1973 S. 1301; Kohlmann, § 395 AO a. F., Rdnr. 97 ff.; List, S. 35; Lohmeyer, NWB 1976, F. 13 S. 557; Mattern, DStR 1954 S. 457; auch OFD Hamburg, Vfg. v. 19. 10. 1959 — S 1260, BB 1960 S. 123). Trifft eine Steuerstraftat mit einem Nichtsteuerdelikt tateinheitlich zusammen, besteht also nicht mehr die Ermittlungskompetenz der Gemeinsamen Strafsachenstelle, so ist die Staatsanwaltschaft allein für die Fristsetzung zuständig (Suhr/Naumann, S. 281).

Hat die Gemeinsame Strafsachenstelle nach erfolgter Selbstanzeige gemäß § 395 Abs. 3 AO a. F. (§ 371 Abs. 3 AO) eine Frist zur Nachzahlung der geschuldeten Steuern gesetzt, kann die Fristsetzung nicht mit der Beschwerde angefochten werden; denn die Vorschriften über die Rechtsbehelfe der RAO, §§ 228 ff. (§§ 347 ff. AO) finden nach ausdrücklicher Gesetzesbestimmung, § 228 Abs. 2 letzter Satz (§ 347 Abs. 2 letzter Satz AO), auf Straf- und Bußgeldverfahren keine Anwendung, so daß § 230 (§ 349 AO) — Beschwerde gegen andere als die in § 229 (§ 348 AO) aufgeführten Verfügungen — hier nicht Platz greifen kann. Vielmehr kann der Steuerpflichtige, da ihm eine Rechtsbehelfsmöglichkeit gegen angemessene Fristsetzungen nicht verwehrt werden kann, den Rechtsweg nach Art. 19 Abs. 4 GG beschreiten bzw. den Antrag auf gerichtliche Entscheidung stellen (so auch Suhr, S. 384). S. auch zu (2) bb) bb2).

cc) Veranlagungsstelle und
Gemeinsame Strafsachenstelle

Um zu vermeiden, daß beide Dienststellen des Finanzamts (Veranlagungsstelle und Gemeinsame Strafsachenstelle) verschieden lange laufende Fristen setzen, darf nach OFD Frankfurt, Vfg. v. 10. 3. 1972 — S 1149 A — 11 — St II 40 (KStR, AO, 1973, Abt. 99 S. 4089) über die Fristsetzung nur im Einvernehmen beider Stellen entschieden werden (so auch Kopacek, DStR 1965 S. 165; Leise, WK, § 395 AO a. F., Anm. 9 C). S. zu c) bb) bb3).

Richtig ist, daß dem Täter kein Nachteil erwachsen darf, daß verschiedene Stellen ein und derselben Finanzbehörde zu unterschiedlichen Fristbestimmungen gelangen. Es müßte im Zweifelsfall die für den Täter günstigere Fristsetzung gelten.

Eine Gleichstellung der Frist nach § 371 Abs. 3 AO mit den allgemeinen steuerlichen Zahlungsfristen ist nicht möglich. Es besteht keine notwendige Abhängigkeit der Frist des § 371 Abs. 3 AO von den steuerlichen Zahlungsfristen. Die Frist nach § 371 Abs. 3 AO muß dem strafpolitischen Zweck entsprechend selbständig und allein nach strafrechtlichen Gesichtspunkten festgesetzt werden.

Nach der systematischen Einordnung der Selbstanzeige-Vorschrift unter die Bestimmungen des materiellen Strafrechts der AO, nicht aber unter die der Besteuerung, und da die Selbstanzeige dogmatisch auch einen Strafaufhebungsgrund — s. zu I 2 — darstellt, muß davon ausgegangen werden, daß das Institut der Selbstanzeige dem materiellen Steuerstrafrecht zuzuordnen ist. Über die Rechtswirksamkeit der Selbstanzeige und somit auch über die Fristsetzung entscheidet die Gemeinsame Strafsachenstelle des Finanzamts, sofern nicht die Staatsanwaltschaft als Ermittlungsbehörde bereits mit der Steuerstrafsache befaßt ist.

(2) Rechtsweg

aa) Finanzgericht

aa1) Rechtsprechung

Hat die die Steuern festsetzende Stelle eine Frist zur Nachzahlung der verkürzten Steuer gesetzt und über die Beschwerde die Oberfinanzdirektion entschieden, so wäre der nach Art. 19 Abs. 4 GG gegen den Beschwerdebescheid eröffnete Rechtsweg der *Steuer*rechtsweg und nicht der Weg zu den ordentlichen Strafgerichten (OLG Braunschweig, Beschl. v. 26. 3. 1962 — Ws 207/61, — s. zu (1) aa) aa1) —).

aa2) Schrifttum

Die Meinung zu aa1) wird auch von Maaßen, FR 1954 S. 129 geteilt. S. dazu Ehlers/Lohmeyer, S. 57 ff.

Nach Hübschmann/Hepp/Spitaler, § 395 a. F., Sp. 25 handelt es sich bei der Fristsetzung um eine Abgabenangelegenheit, vgl. § 33 FGO: Erhebung festgesetzter Steuern. Strafrechtliche Folgen knüpfen sich erst an Nichtzahlung der festgesetzten Steuern.

bb) Ordentliches Strafgericht

bb1) Rechtsprechung

1. Hessisches Finanzgericht, Urt. v. 8. 2. 1973 — VI 137/71 — s. zu (1) bb) bb 1) 3 —:

In einem Strafverfahren, in dem die Möglichkeit des Vorliegens einer Selbstanzeige erst im Hauptverhandlungstermin angesprochen worden war, hat das Finanzgericht den Amtsrichter als u. U. zuständig für die Setzung einer Zahlungsfrist angesehen und seine Entscheidung weiter wie folgt begründet:

Die strafverfahrensrechtliche Bedeutung der Fristsetzung gem. § 395 Abs. 3 RAO (jetzt § 371 Abs. 3 AO) besteht darin, daß die Strafverfolgungsbehörde im Fall der Selbstanzeige das Strafverfahren nicht fortsetzen kann, bevor die Frist gesetzt und abgelaufen ist. Ist das Strafverfahren bereits bei Gericht anhängig, so kann es nicht zu Ende geführt werden; denn der Steuerpflichtige kann vor Ablauf der Frist weder verurteilt noch freigesprochen werden. Es kann daher keine das Verfahren abschließende Entscheidung getroffen werden. Das Gericht muß vielmehr das Verfahren aussetzen bis die Frist gesetzt und verstrichen ist (BGH, Urt. v. 3. 6. 1954 — 3 StR 302/53, BGHSt Bd. 7 S. 345 = BStBl. 1955 I S. 359, 361). Hieraus ergibt sich, daß es sich bei der Fristsetzung nach § 395 Abs. 3 RAO um eine strafprozessuale Sachurteilsvoraussetzung handelt (Niedersächsisches Finanzgericht, Urt. V 30/62 v. 27. 8. 1963, DStZ/B 1963 S. 402).

Die Sache war nach alledem — auf den Hilfsantrag des Klägers — an das Amtsgericht zu verweisen (§ 34 Abs. 3 FGO), das im Rahmen des bei ihm anhängigen Strafverfahrens über die Fristsetzung gem. § 395 Abs. 3 RAO zu entscheiden hat.

2. Amtsgericht Frankfurt/M, Urt. v. 30. 5. 1974 — 933 Ds 55/74, NWB 1974, F. 1 S. 278:

Das Amtsgericht ist mit dem Hessischen Finanzgericht, Urt. VI 137/71 v. 8. 2. 1973, EFG 1973 S. 389 der Auffassung, daß es sich bei der Fristsetzung nach § 395 Abs. 3 RAO (jetzt § 371 Abs. 3 AO) um eine im wesentlichen auf dem Gebiet des Steuerstrafrechts liegende Maßnahme und somit unter Berücksichtigung von strafrechtlichen Gesichtspunkten zu treffende Entscheidung handelt. Ihre wesentliche Bedeutung liegt darin, daß sie bei bereits eingetretener Steuerverkürzung die Wirksamkeit der Selbstanzeige und damit das Erlöschen des staatlichen Strafanspruchs davon abhängig macht, daß der Steuerpflichtige die von ihm geschuldete Steuer innerhalb der ihm gesetzten Frist entrichtet. Weil durch die Fristsetzung Modalitäten bestimmt werden können, unter denen ein Verhalten eines Steuerpflichtigen bestraft werden kann oder nicht, muß das Strafgericht prüfen können, ob die Bemessung der Frist angemessen war oder nicht. Hieraus folgt, daß im Falle, daß das Gericht die Frist als zu kurz bemessen ansieht, es die Frist noch während des Strafverfahrens — also auch im Verlauf der Hauptverhandlung — verlängern bzw. neu festsetzen können muß.

bb2) Schrifttum

Die überwiegende Meinung in der Lehre betont den strafrechtlichen Charakter der Zahlungsfrist und sieht analog § 304 StPO oder auf Grund von Art. 19 Abs. 4 GG den ordentlichen Rechtsweg als gegeben an (so Lohmeyer, FR 1964 S. 171; DStR 1970 S. 559). S. auch zu (1) bb) bb2).

Welche Dienststelle des Finanzamts für die Fristsetzung zuständig ist, hat auch Bedeutung für den Rechtsweg. Ob ein besonderes Rechtsmittel bei Fristsetzung zulässig ist, richtet sich danach, ob die Befristung eine steuerliche oder steuerstrafrechtliche Maßnahme ist. Nach überwiegender Meinung im Schrifttum und auch in der Rechtsprechung wird die Fristsetzung zu Recht dem Steuerstrafverfahren zugeordnet. Deshalb ist eine isolierte Beschwerde nicht zulässig. Würde man die Auffassung des OLG Braunschweig, Beschl. Ws 207/71 v. 26. 3. 1962 teilen, so würde über eine der Voraussetzungen zum Erwerb der Straffreiheit (Zahlung innerhalb der bestimmten Frist) ein anderes als das für die Entscheidung über den persönlichen Strafaufhebungsgrund zuständige Strafgericht vorwegentscheiden; ein solches Präjudiz ist aber nicht möglich. Die Angemessenheit der Fristsetzung kann innerhalb des Steuerstrafverfahrens vom ordentlichen Strafgericht als entscheidungserhebliche Vorfrage geprüft werden.

c) Bestimmung einer angemessenen Zahlungsfrist

Der Steuerpflichtige hat nach § 371 Abs. 3 AO einen Rechtsanspruch auf eine Zahlungsfrist. Das gilt für alle Steuern, auch für reine Fälligkeitssteuern.

Wie bereits zu b) ausgeführt, handelt es sich bei der Fristbestimmung um eine strafrechtliche Maßnahme. Das muß Auswirkungen haben auch auf die Angemessenheit der Frist.

(1) Angemessenheit der Frist

aa) Vorrang der strafrechtlichen Erwägungen vor wirtschaftlichen und steuerpolitischen Gesichtspunkten, Zahlungsunfähigkeit

In Absatz 3 des § 371 AO ist hinter dem Wort „bestimmten" das Wort „angemessenen" eingefügt worden, um damit klarzustellen, daß die von der Behörde für die Entrichtung der hinterzogenen Steuern bestimmte Frist angemessen sein soll. Ausdrückliche Richtlinien über die Angemessenheit der Frist sind im Gesetz nicht enthalten. Es erscheint daher die Erarbeitung von Grundlinien in Gestalt eines allseits geltenden koordinierten Ländererlasses wünschenswert. Zu der Frage der Bemessung der Zahlungsfrist, insbesondere zur Angemessenheit der Frist, muß vorerst auf Rechtsprechung und Schrifttum zurückgegriffen werden.

aa1) Rechtsprechung

Je länger das Finanzamt (Gemeinsame Strafsachenstelle) die Frist bemißt, um so leichter wird es dem Steuerpflichtigen fallen, durch rechtzeitige Wiedergutmachung Straffreiheit zu erreichen; je strenger bei der Fristsetzung verfahren wird, um so schwerer wird dies für ihn sein.

1. Finanzgericht

Niedersächsisches Finanzgericht Hannover, Urt. v. 27. 8. 1963 — V 30/62 s. zu b) (1) bb) bb 1) 2 —:

Aus dem Zweck der Selbstanzeige, der u. a. dahin geht, dem Steuerpflichtigen im Falle der Wiedergutmachung die straffreie Rückkehr zur Steuerehrlichkeit zu ermöglichen und dadurch dem Fiskus zugleich sonst verborgene Steuerquellen zu erschließen, folgt, daß steuerpolitische und wirtschaftliche Gesichtspunkte, insbesondere die wirtschaftliche Lage des Steuerpflichtigen, für die Fristsetzung von Bedeutung sind. Insoweit bestehen Parallelen zur Stundung, Aussetzung der Beitreibung usw. Die hier vorhandene Ähnlichkeit der anzustellenden Erwägungen wird auch nicht dadurch beseitigt, daß mit Rücksicht darauf, daß es sich vielfach um Steuern für länger zurückliegende Zeiträume handelt, bei Fristsetzungen nach § 410 Abs. 3 RAO (jetzt § 371 Abs. 3 AO) häufig ein strengerer Maßstab anzulegen ist als bei den üblichen Stundungen. Denn auch für Stundungen würde es von Bedeutung sein, daß der Steuerpflichtige die Beträge, deren Stundung er begehrt, bei ordnungsmäßiger Handhabung schon erheblich früher hätte entrichten müssen. List (Die Selbstanzeige im Steuerrecht, S. 35) vertritt die Auffassung, daß sich die Fristsetzung vor allem „an der Tat und dem Täter" zu orientieren habe. Dabei werde insbesondere von Bedeutung sein Umfang und Dauer der Tat, ihre etwaigen Auswirkungen auf andere Steuerpflichtige, die Motive des Täters (Gewinnsucht, Not) und das Maß seiner Verantwortlichkeit. Das erscheint zutreffend. Zwar würde das Finanzamt derartige Gesichtspunkte auch in Betracht ziehen, wenn es über eine Stundung hinterzogener Steuern zu entscheiden hätte, *ohne* daß eine Selbstanzeige vorliegt. Derartige Erwägungen haben aber einen strafrechtlichen Einschlag. Sie tendieren zum Strafrecht, obwohl sich das Verfahren im Zeitpunkt der Fristsetzung noch in einem Stadium befindet, in dem sich „Tat und Täter" im allgemeinen erst in groben Umrissen abzeichnen und einer exakten strafrechtlichen Erfassung kaum zugänglich sind.

Nach Ansicht der Kammer müssen die wichtigsten strafrechtlichen Gesichtspunkte, die das Finanzamt bei seiner Ermessensausübung zu beachten hat, aus den strafrechtlichen und strafprozessualen Wirkungen der Fristsetzung abgeleitet werden. Die Erlangung der Straffreiheit durch Wiedergutmachung darf zwar dem Steuerpflichtigen unter Berücksichtigung seiner wirtschaftlichen Lage und seines an sich strafbaren Verhaltens nicht unbillig erschwert werden. Es darf aber nicht außer Acht gelassen werden, daß die Frage der Straffreiheit und damit die Frage, ob es zu einem Strafverfahren kommt, nicht beliebig lange in der Schwebe gehalten werden kann. Die Ordnungsprinzipien des Strafprozesses verlangen vielmehr, daß über die genannten Fragen nach bestimmter Frist Klarheit besteht. Ist der Steuerpflichtige zu einer Wiedergutmachung innerhalb angemessener Frist nicht in der Lage, so muß es zum Strafverfahren kommen, wenn nicht das Steuerstrafrecht in den Fällen der Selbstanzeige weitgehend seine Wirksamkeit verlieren soll. Dem Steuerpflichtigen muß daher unter diesem Gesichtspunkt unter Umständen eine Frist gesetzt werden, die seinen wirtschaftlichen Kräften nicht entspricht. Ihm ist im Hinblick auf die Durchführung des Strafverfahrens nach zutreffender herrschender Meinung eine Frist selbst dann zu setzen, wenn er offensichtlich zahlungsunfähig ist (so u. a. OLG Frankfurt, Betriebsberater 1952 S. 484 — dazu nachfolgend 2. a) —; Mattern, Deutsche Steuer-Rundschau 1954 S. 457, 461; List, S. 34, 35). Eine solche Fristsetzung ist nicht etwa, weil sie den wirtschaftlichen Möglichkeiten des Steuerpflichtigen nicht Rechnung trägt, ermessensfehlerhaft. Denn sie findet ihre Rechtfertigung in der Erwägung, daß die Frage, ob das Strafverfahren durchzuführen ist, spätestens mit Ablauf einer nach den Grundsätzen einer ordnungsmäßigen Strafprozeßführung zu bemessenden Frist in jedem Fall geklärt sein muß. Diese strafprozessualen Erwägungen haben im Kollisionsfall den Vorrang vor wirtschaftlichen und steuerpolitischen Gesichtspunkten, die hierdurch nur mit Einschränkungen die Fristsetzung zu beeinflussen vermögen.

2. Ordentliche Strafgerichte

a) OLG Frankfurt, Urt. v. 2. 4. 1952 — 2 Ss 105/52, Slg. Henneberg, Teil A, Stichwort: „Selbstanzeige, Fristsetzung“, S. 1 = BB 1952 S. 484 = DStZ/B 1953 S. 247 = DStR 1953 S. 361:

Straffreiheit tritt bei Selbstanzeige nur ein, wenn der Täter die Steuer, die er schuldet, innerhalb der ihm vom Finanzamt bestimmten

Frist entrichtet (§ 410 Abs. 1 RAO, jetzt § 371 Abs. 3 AO). Im Entscheidungsfall hatte das Finanzamt von einer Fristsetzung abgesehen, weil es den Steuerschuldner infolge Eröffnung des Konkursverfahrens nicht mehr für zahlungsfähig hielt.

Weil nicht gezahlt war, kam die Strafkammer der Vorinstanz zu einer Verurteilung wegen Steuerhinterziehung. Die Revision gegen dieses Urteil hatte Erfolg.

Die Vorschrift des § 410 RAO will die Nachentrichtung nicht beglichener Steuerschulden dadurch fördern, daß dem Steuerpflichtigen, der sich eines Steuervergehens schuldig gemacht hat, die Rechtswohltat der Straffreiheit in Aussicht gestellt wird, sofern er rechtzeitig sein Steuervergehen bekennt und seine Steuerschuld innerhalb einer Nachfrist begleicht. Die Bestimmung bezweckt also insbesondere, dem Steuerpflichtigen einen Anreiz zu geben, im Interesse der Erhöhung des Steueraufkommens alles daranzusetzen, den geschuldeten Steuerbetrag nachzuzahlen. Damit dieses für den Staat erwünschte Ergebnis eintritt und sich der Steuerpflichtige mit allen Kräften bemüht, seinen Verpflichtungen nachzukommen, wird ihm eine Nachfrist gewährt. Sie muß ihm auch dann zugebilligt werden, wenn er zur Nachzahlung voraussichtlich nicht in der Lage sein wird; denn die Aufbringung des erforderlichen Geldbetrages etwa mit Hilfe Dritter wird auch in solchen Fällen in seinem Interesse liegen, um der drohenden Bestrafung zu entgehen. Solange die dem Angeklagten demnach zu setzende Nachzahlungsfrist noch nicht bestimmt und nicht fruchtlos verstrichen ist, steht auch noch nicht fest, ob die Straffreiheit, auf die er durch seine rechtzeitige Selbstanzeige eine Anwartschaft erworben hat, eintreten wird. Solange dieser Schwebezustand nicht beendet ist, kann nicht gesagt werden, ob er bestraft werden kann.

b) BayObLG, Urt. v. 25. 9. 1969 — RReg 4 a St 76/69, n. v.:

Die Tatsache, daß ein Steuerschuldner wegen Vermögensverfalls die ihm gesetzte Frist nicht einhalten kann, macht die Fristsetzung nicht unrechtmäßig; denn für die Bemessung der Frist kommt es nicht darauf an, ob er zur Zahlung in der Lage sein werde. Die Frist muß nur denjenigen Zeitraum umfassen, den der Steuerpflichtige bei bestimmten Aussichten und gutem Willen braucht, um den benötigten Geldbetrag durch Kreditaufnahme oder durch die Veräußerung von Vermögensstücken flüssig zu machen; sie ist aber nicht so zu bemessen, daß die Nachzahlung aus laufenden Einkünften geleistet werden kann (Franzen/Gast, § 395 AO, Tz. 137).

c) OLG Karlsruhe, Urt. v. 18. 4. 1974 — 1 Ss 8/74, StRK, § 395 AO a. F., R. 1 = BB 1974 S. 1514:

Dem Steuerpflichtigen soll die tatsächliche Möglichkeit gegeben werden, nachträglich seine Steuerpflichten zu erfüllen. Bei der Bemessung der Frist sind sowohl steuerstrafrechtliche als auch steuerpolitische Gesichtspunkte zu berücksichtigen. Der Zweck des § 395 RAO (jetzt § 371 AO) ist im Auge zu behalten, dem Täter den rechtswidrigen Vorteil der Steuerverkürzung nur solange unumgänglich notwendig zu belassen und die verkürzten Steuerbeträge möglichst schnell der Staatskasse zuzuführen. Die gesetzliche Abhängigmachung von der fristgerechten Realisierung der Nachzahlungspflicht und der damit verbundenen Abschöpfung des rechtswidrig erlangten Vorteils ist rechtlich unbedenklich.

Die Frist ist so zu bemessen, daß sie eine realisierbare Begleichung der Steuerschuld nicht in Frage stellt. Die Frist muß daher denjenigen Zeitraum umfassen, den der Steuerpflichtige bei bestimmten Aussichten und gutem Willen braucht, um den benötigten Geldbetrag — etwa durch Beleihung oder Veräußerung von Vermögensgegenständen oder durch Beschaffung eines Darlehens — flüssig zu machen. Bei der Bemessung der Zahlungsfrist ist regelmäßig die besondere wirtschaftliche Lage des Täters mit zu berücksichtigen. Die fristgebundenen Zahlungen müssen sich — soweit möglich — im Rahmen der finanziellen Belastungsfähigkeit halten.

aa2) Schrifttum

Die Grenzen der Zahlungsfrist ergeben sich aus dem Zweck der Frist sowie aus der Tatsache, daß § 371 Abs. 3 AO als Norm des Strafrechts strafrechtliche und strafprozessuale Wirkungen auslöst. Die Aufdeckung der Tat muß möglichst bald erfolgen; denn nur dann können Strafen als Folgen von Steuerhinterziehungen einen Sinn haben. Die Fristgewährung darf daher niemals zu einer Verzögerung der Strafverfolgung führen, wie auch das Niedersächsische Finanzgericht Hannover, Urt. V 3/62 v. 27. 8. 1963 — s. zu aa1) 1 — zu Recht ausgeführt hat (Lohmeyer, DStR 1970 S. 559).

Ist der Täter offensichtlich zahlungsunfähig, so muß ihm in jedem Fall eine Zahlungsfrist eingeräumt werden. Denn er hat sein Unvermögen zur Zahlung zu vertreten, auch wenn er hiervon keine Schuld hat. Wenn der Grundsatz, die Fristsetzung müsse auch den wirtschaftlichen Möglichkeiten des Steuerpflichtigen Rechnung tragen, hier nicht so sehr gilt, so muß die Frist doch derart bemessen sein, daß der Täter ggf. die Hilfe anderer in Anspruch nehmen kann, um die durch § 371 Abs. 3 AO gebotene Chance zu nutzen. Selbst im Konkursfall ist es nicht ausgeschlossen, daß der Täter sich die Mittel zur Bezahlung der Steuern durch Dritte (so Verwandte) beschafft und dadurch straffrei wird (vgl. Kohlmann, § 395 AO a. F., Rdnr. 97, 101; Leise, WT 1961 S. 236; Lohmeyer, StB 1974 S. 208; NWB, 1976, F. 13 S. 557; Mattern, DStR 1954 S. 461; Sudau, S. 123; Suhr/Naumann, S. 283; zweifelnd Coring, BB 1974 S. 1515: Selbst ein Verwandter gibt nichts einem vermögenslosen Täter).

bb) Verlängerung der Frist

Die gesetzte Frist kann hinausgeschoben werden.

bb1) Fristverlängerung

Rechtzeitige Beantragung und Bewilligung der Frist nach § 371 Abs. 3 AO ist zulässig (h. M., so Mattern, DStR 1954 S. 461; a. M. Terstegen, StW 1954 S. 386). Die Verlängerung wird nur in Ausnahmefällen gewährt werden können. Der Täter kann die gesetzte Frist nicht etwa dadurch willkürlich verlängern, daß er gegen die Steuerfestsetzung angeht (s. zu 1 b)).

Fristverlängerungsanträge haben wenig Aussicht auf Erfolg, wenn der Täter die vorenthaltenen Steuern etwa

1. zur Bildung von Sparkonten verwendet hat. Hier kann und muß die sofortige Abhebung der Spargelder und die unverzügliche Begleichung der Steuerschulden zugemutet werden;

2. wertbeständig, z. B. in Anlagegütern, angelegt hat. Auch hier ist die umgehende Beleihung (Kreditaufnahme) oder Veräußerung zuzumuten;

3. zu einer gehobenen Lebensführung verwendet hat, so daß er jetzt nicht in der Lage ist, die Steuernachzahlungen aufzubringen.

bb2) Teilzahlung

Der Steuerpflichtige muß sich nach besten Kräften anstrengen, die Steuernachzahlung baldigst zu leisten, zumal es sich um eine steuerstrafrechtliche Frist handelt. Die wirtschaftlichen Verhältnisse des Steuerpflichtigen sind auch mit zu berücksichtigen. Hat der Steuerpflichtige erhebliche Steuerbeträge hinterzogen, so kann er nicht verlangen, daß ihm zur Steuernachzahlung geringfügige Ratenzahlungen bewilligt werden. Hat er aber Steuerhinterziehungen aus wirklicher Not begangen, so wird die Fristbestimmung (ggf. Ratenzahlungen) seinen wirtschaftlichen Verhältnissen Rechnung zu tragen haben. Zur späteren Beantragung, s. zu bb3).

bb3) Stundung, Aussetzung der Beitreibung

Bei der Stundung (§ 222 AO) geht es um die Hinausschiebung einer in ihrer Fälligkeit bereits fixierten Schuld; die Fristsetzung nach § 371 Abs. 3 AO soll die Fälligkeit erst begründen. Bei rechtzeitig gestelltem Stundungsantrag kann das Finanzamt den Zahlungstermin verlegen, ohne daß die Anwartschaft auf Straffreiheit verloren geht. Gewährt die Veranlagungsstelle dem Täter eine Stundung, so verlängert sich damit auch die gesetzte Frist. Dasselbe ist auch bei einer dem Täter mitgeteilten Aussetzung der Beitreibung der Fall (s. zu b) (1) cc)). Dazu LG Hamburg, Urt. v. 27. 9. 1952 — 207/51, BB 1953 S. 254:

Sachverhalt:

A hatte Lohnsteuer hinterzogen. Er erstattete Selbstanzeige und zahlte einen Teilbetrag. Wegen des Restbetrages beantragte er Stundung, die abgelehnt wurde. Einen Monat später vereinbarte er mit der Vollstreckungsstelle des Finanzamts, daß die Beitreibung der Steuerrückstände unter der Voraussetzung ausgesetzt würde, daß diese in Raten abgetragen werden. Die Ratenzahlungen wurden fristgerecht entrichtet.

Aus den Gründen:

Die Unterscheidung zwischen einer Stundung und einer Aussetzung der Beitreibung findet im Gesetz keine Stütze. Beide sind vielmehr gleichzusetzen. Bei beiden verzichtet das Finanzamt auf die Zahlung im Rahmen der gesetzlichen Fristen. Die Aussetzung ist deshalb als Stundung anzusehen, da sie A mitgeteilt und ihm die Fristen für Ratenzahlungen bewilligt worden sind (auch Bauerle, S. 123; Suhr/Naumann, S. 283 ff.; a. M. Maaßen, DStZ/A 1952 S. 237; FR 1954 S. 129).

Verlust der Anwartschaft auf Straffreiheit tritt grundsätzlich ein, wenn verspätet Verlängerung der Frist beantragt wird. Entspricht das Finanzamt einem Teilzahlungs- oder Stundungsantrag oder setzt es im Beitreibungsverfahren die Vollstreckungsmaßnahmen gegen Ratenzahlungen aus, so fragt es sich, ob der Täter zu bestrafen ist oder straffrei wird; die strafbefreiende Wirkung der Selbstanzeige wird auch bei unverschuldeter Versäumnis der Zahlungsfrist zunichte gemacht, gleichgültig, ob das Finanzamt hierauf hinwies oder nicht (vgl. RG, Urt. v. 30. 10. 1929 — II 78/29, RGSt Bd. 63 S. 305 = RStBl. 1929 S. 619).

Bei steuerlich Unerfahrenen ohne sachkundigen Berater kann sich u. U. eine Pflicht für das Finanzamt ergeben, nochmals eine Frist unter ausdrücklichem Hinweis auf die Folge weiterer Säumnis zu setzen. So tritt bei Einhaltung der neuerlichen Zahltage Straffreiheit ein, weil das Finanzamt sich durch das Bewilligen solcher Zahlungserleichterungen mit dem Zahlungsaufschub einverstanden erklärt hat. Es spielt dabei keine Rolle, ob etwa verschiedene Stellen des Finanzamts mit oder ohne gegenseitige Abstimmung entschieden haben. Das Finanzamt tritt im Verhältnis zum Steuerschuldner nach außen als einheitliche Behörde auf. Es ist dabei auch gleichgültig, ob die Frist rückwirkend ab Fälligkeitstag oder erst ab dem (späteren) Tag des Eingangs des Stundungsantrages gestundet wird. Auf die Äußerlichkeit kann nicht entscheidend abgestellt werden. Es sind durchaus Fälle denkbar, in denen bei der Entscheidung über die Fristbewilligung auf die steuerstrafrechtliche Seite nicht eingegangen worden war. In beiden Fällen ist die Säumnis des Täters durch die bewilligte Zahlungserleichterung geheilt. Hat also die Vollstreckungsstelle das Beitreibungsverfahren gegen Ratenzahlungen ausgesetzt, so ist die Maßnahme wie eine Stundung zu behandeln. Werden diese Zahlungstermine nunmehr eingehalten, tritt Straffreiheit ein.

Nachträglich gestellte Anträge auf Verlängerung der Zahlungsfrist können zu einer Fristverlängerung führen. Das Gesetz verbietet die rückwirkende Verlängerung der Frist nicht (vgl. § 109 AO). Eine solche kann auch notwendig werden, wenn sich die wirtschaftlichen Verhältnisse des Steuerpflichtigen ohne sein Verschulden nachträglich verschlechtert haben. Die Frist ist so zu bemessen, daß sie eine realisierbare Begleichung der Steuerschuld nicht in Frage stellt. Sie muß sich im Rahmen der finanziellen Belastungsfähigkeit des Täters halten. Diese Realisierbarkeit wäre aber in Frage gestellt, so auch OLG Karlsruhe, Urt. 1 Ss 8/74 v. 18. 4. 1974, s. zu aa) aa1) 2. c., wenn bei nachträglicher unverschuldeter Änderung der wirtschaftlichen Verhältnisse des Täters jede Fristverlängerung versagt werden würde (Suhr, StBp 1975 S. 83).

(2) Unangemessenheit der Frist

aa) Zu kurze Frist

aa1) Rechtsprechung

OLG Bremen, Urt. v. 27. 11. 1957 — Ss 83/57, EStZ, Coring/Vogel, § 410 AO a. F., Nr. 42 = Slg. Henneberg, Teil A, Stichwort: „Selbstanzeige, Fristsetzung“, S. 6 = DRiZ 1958 S. 76 = ZfZ 1958 S. 85:

Sachverhalt:

A hat 900 Stangen unverzollte und unversteuerte amerikanische Zigaretten in das Zollinland gebracht und später Selbstanzeige erstattet. Die Aufforderung, die hinterzogenen Steuern in Höhe von 86 876,75 DM binnen 2 Wochen zu entrichten, kam er nicht nach.

Aus den Gründen:

Die gesetzte Frist ist unangemessen. Vom Angeklagten, der in bescheidenen Einkommensverhältnissen lebt, kann nicht ohne weiteres erwartet werden, daß er 86 876,75 DM binnen 2 Wochen entrichtet.

Die unangemessene kurze Frist ist ohne Rechtswirkung. Ein Verlust der Anwartschaft bei Nichtzahlung der verkürzten Beträge tritt sonach nicht ein (ähnlich LG Wuppertal, Urt. v. 6. 10. 1952 — 2 Ms 46/51, BB 1953 S. 136). A. M. OLG Düsseldorf, Urt. v. 26. 3. 1953 — Ss 72/53 — 132, EStZ, Coring/Vogel, § 410 AO a. F., Nr. 28 = Slg. Henneberg, Teil A, Stichwort: „Selbstanzeige, Fristsetzung", S. 3 = BB 1953 S. 1001 = DStR 1954 S. 332: Sofortige Zahlung ist Fristsetzung.

aa2) Schrifttum

Die Zahlungsfrist nach § 371 Abs. 3 AO muß einerseits kurz, darf aber nicht zu kurz sein, um dem Staat die bisher entgangenen Beträge möglichst rasch abzuführen. Sie muß aber andererseits auch die wirtschaftlichen Verhältnisse des Täters berücksichtigen, um diesem nicht die Strafbefreiung zu nehmen.

Die Verfügung, „Fälligkeit sofort", reicht meist nicht als Fristsetzung aus (vgl. Hofstetter, StWa 1965 S. 157; List, S. 36 ff.; a. M. Hartung, §§ 410, 411 AO a. F., Anm. IV). Das gilt um so mehr, als das Gesetz nunmehr von einer „angemessenen" Frist spricht.

bb) Ermessensmißbrauch

bb1) Rechtsprechung

BGH, Urt. v. 5. 5. 1953 — 2 StR 462/52, EStZ, Coring/Vogel, § 410 AO a. F., Nr. 30 = Slg. Henneberg, Teil A, Stichwort: „Selbstanzeige, Fristsetzung", S. 4:

Die Angeklagten wenden ein, die Vergünstigung des § 410 RAO (jetzt § 371 AO), die sie sich durch die Selbstanzeige verdient hätten, könne ihnen nicht deshalb versagt werden, weil sie die Bedingung, innerhalb einer Frist von vier Tagen die Steuerschuld zu entrichten, nicht erfüllen; denn das Hauptzollamt habe, wenn man den Umfang ihrer Steuerschuld und ihre wirtschaftliche Leistungsfähigkeit berücksichtige, die Frist infolge Ermessensmißbrauchs zu kurz bemessen. Ihnen sei es dadurch wider Treu und Glauben unmöglich gemacht worden, die Bedingungen zu erfüllen, von der ihre Straffreiheit abhing. Sie müßten deshalb entsprechend dem in § 162 BGB zum Ausdruck gelangten allgemeinen Rechtsgedanken so gestellt werden, als ob die Bedingung eingetreten wäre.

Ob dann, wenn im Falle des § 410 Abs. 3 RAO die Steuerbehörde die Frist zur Nachzahlung der hinterzogenen Beträge mißbräuchlich zu knapp bemißt, so daß der Steuerschuldner auch bei redlichstem Bemühen zur Nachzahlung außerstande ist, ihm die Straffreiheit trotzdem wegen Unangemessenheit der Frist zuteil werden muß, braucht im vorliegenden Falle nicht erörtert zu werden. Denn hier handelte das Zollamt dadurch, daß es dem Angeklagten nur eine Viertagefrist zur Nachentrichtung der Steuer bewilligte, weder pflichtwidrig noch wider Treu und Glauben oder in einer sein Verwaltungsermessen mißbrauchenden Weise. Mag die Frist auch knapp gewesen sein, so war sie doch nicht so kurz, daß es dem Angeklagten unmöglich gewesen wäre, der Nachzahlungspflicht zu genügen. Zu verlangen, wie es die Revision tut, die Nachzahlungsfrist für den selbstanzeigenden Steuerhinterzieher müsse um so länger bemessen werden, je höher der hinterzogene Steuerbetrag sei, würde zur Folge haben, daß einem Täter um so mehr Entgegenkommen erwiesen werden müßte, in je höherem Maße er strafbar geworden ist. Das ist unannehmbar. Auch OLG Oldenburg, Urt. v. 8. 5. 1951 — Ss 19/51, EStZ, Coring/Vogel, § 410 AO a. F., Nr. 20 = Slg. Henneberg, Teil A, Stichwort: „Selbstanzeige, Fristsetzung“, S. 1; OLG Karlsruhe, Urt. v. 18. 4. 1974 — 1 Ss 8/74 — s. zu (1) aa) aa1) 2 c —.

bb2) Schrifttum

Ein Ermessensmißbrauch (vgl. § 5 AO) liegt dann vor, wenn die Finanzbehörde — unter Beachtung der Grundsätze zu (1) — die Nachzahlungsfrist so knapp bemißt, daß der Täter auch bei redlichstem Bemühen zur Nachzahlung außerstande ist. Die Überprüfung erfolgt im ordentlichen Strafverfahren (auch Kopacek, DStR 1965 S. 164).

d) Lauf der Zahlungsfrist

(1) Beginn der Frist

Die Frist zur Zahlung der verkürzten Beträge beginnt mit dem Setzen der Frist.

Der Fristbeginn ist nicht von der Rechtskraft des Bescheides abhängig, in dem die Steuernachzahlungen festgesetzt wurden. Der Täter kann die festgesetzte Frist nicht willkürlich verlängern, indem er gegen die Steuerfestsetzung ein Rechtsmittel einlegt (RG, Urt. v. 27. 11. 1939 — 3 D 626/39, RGSt Bd. 73 S. 368 = RStBl. 1939 S. 1209 = EStZ, Coring/Vogel, § 410 AO a. F., Nr. 15; auch Hofstetter, StWa 1965 S. 171; Suhr, S. 147; Troeger/Meyer, S. 262). S. auch zu 1 b).

(2) Form der Mitteilung

aa) Kenntnis der Fristsetzung

Das Gesetz sieht eine besondere Form für eine Mitteilung der Fristsetzung nicht vor. Erforderlich ist aber, daß der Täter positive Kenntnis hiervon erhält (Kohlmann, § 395 AO a. F., Rdnr. 103).

bb) Öffentliche Zustellung

Streitig ist, ob die Fristsetzungsmitteilung dem Täter, falls dieser unbekannten Aufenthalts ist, öffentlich zugestellt werden kann. Dazu

bb1) Rechtsprechung

OLG Bremen, Urt. v. 27. 11. 1957 — Ss 83/57, — s. zu c) (2) aa) aa1) —:

Sachverhalt:

Wie oben. A erstattete 1952 Selbstanzeige. Vor Setzung einer Zahlungsfrist wanderte A nach Australien aus. Die Behörde setzte 1954 die nachzuzahlende Steuer fest mit entsprechender Nachzahlungsfrist. Wegen unbekannten Aufenthalts des A erfolgte die Zustellung der Verfügung in öffentlicher Form (§ 15 VwZG). Im Jahre 1955 wurde A, der zur Festnahme ausgeschrieben war, bei einem Besuch in der BRD festgenommen. Wegen Zoll- und Steuerhinterziehungen wurde A zu 10 Monaten Gefängnis verurteilt.

Aus den Gründen:

Die öffentliche Zustellung kann die positive Kenntnis des A von dem Inhalt des Fristsetzungsbescheides nicht ersetzen. Der Verlust des Anwartschaftsrechts auf Straffreiheit kann somit nicht eintreten.

Die Unzuträglichkeiten lassen sich weitgehend dadurch vermeiden, daß dem steuerpflichtigen Täter bei seinem „Wiederauftauchen" eine relativ kurze Frist für die Nachzahlung der verkürzten Steuern gesetzt wird. Er kann zumindest die nötigen Vorkehrungen für die Nachzahlung treffen.

bb2) Schrifttum

Nach dem Wortlaut des § 371 Abs. 3 AO kann der Fristsetzungsbescheid dem Täter rechtswirksam nicht öffentlich zugestellt werden (zweifelnd Suhr/Naumann, S. 284). Erforderlich ist positive Kenntnis.

Zur Bekanntgabe des Verwaltungsaktes, hier öffentliche Zustellung, s. EAO 1977 zu § 122 Nr. 6.

3. (Teil-)Nachzahlung

a) Wiedergutmachung, teilweise, Strafaufhebung

Nur die doppelte Leistung — Selbstanzeige *und* Nachzahlung — ist als Wiedergutmachung der Straftat anzuerkennen und begründet den Anspruch auf Straffreiheit nach § 371 Abs. 3 AO. Denn wesentliche Voraussetzung und der eigentliche Grund dafür, daß § 371 AO einer Selbstanzeige strafbefreiende Wirkung zuerkennt, ist der Umstand, daß der Täter das begangene Steuerunrecht durch Nachzahlung der verkürzten Steuern wiedergutmacht (Buschmann/Luthmann, S. 94; Ehlers/Lohmeyer, S. 41; Kohlmann, § 395 AO a. F., Rdnr. 94; Kratzsch, StW 1974 S. 68; Suhr/Naumann, S. 250; Terstegen, S. 120). Daß die Zahlung erst auf Grund von Mahnungen oder nach Festsetzung eines Erzwingungsgeldes erfolgt, schließt die Anwendung des § 371 AO nicht aus (vgl. RG, Urt. v. 30. 10. 1929 — II 78/29, EStZ, Coring/Vogel, § 410 a. F., Nr. 6 = Slg. Henneberg, Teil A, Stichwort: „Selbstanzeige, Nachzahlung, Unterlassung", S. 1 = RGSt Bd. 63 S. 305 = RStBl. 1929 S. 619; auch Kohlmann, § 395 AO a. F., Rdnr. 110). Werden die verkürzten Steuern ohne Fristsetzung sofort nach ihrer Festsetzung nachgezahlt, tritt für den Täter die strafbefreiende Wirkung hinsichtlich der hinterzogenen Steuern in vollem Umfang ein (OLG Frankfurt, Urt. v. 18. 10. 1961 — 1 Ss 854/61, EStZ, Coring/Vogel, § 410 AO a. F., Nr. 44 = Slg. Henneberg, Teil A, Stichwort: „Selbstanzeige, Entdeckungsgefahr", S. 4 = DStZ/B 1961 S. 83 = BB 1962 S. 126 = NJW 1962 S. 974).

Die schuldhaft verkürzte Steuer muß innerhalb der dem Täter gesetzten Frist entrichtet worden sein, falls die Steuerverkürzung vollendet wurde (OLG Hamm, Urt. v. 26. 10. 1962 — 1 Ss 913/62, EStZ,

Coring/Vogel, § 410 AO a. F., Nr. 46 = Slg. Henneberg, Teil A, Stichwort: „Selbstanzeige, Entdeckungsgefahr", S. 12 = NJW 1963 S. 156 = DStZ/B 1963 S. 179 = BB 1963 S. 459). Zur Vollendung, s. zu III 1 b). Ist die Steuerhinterziehung nur versucht worden, der Steuerbescheid insbesondere dem Steuerpflichtigen noch nicht zugegangen, so ist die Wirksamkeit der Selbstanzeige nicht von der Zahlung der Steuern abhängig; es bedarf somit nicht des zweiten Teiles der Wiedergutmachung. Zum Versuch, s. zu III 1 c).

Bei nur teilweiser Zahlung erlangt der Täter auch nur teilweise Straffreiheit. Die Worte „soweit er ... entrichtet, beziehen sich auf alle Voraussetzungen für die Erlangung der Straffreiheit. Hält der Steuerpflichtige nur einen Teil der Zahlungsfristen ein und läßt er die anderen ungenutzt verstreichen, so verwirkt er also die Straffreiheit nur insoweit, als er die ihm eingeräumten Zahlungsfristen hat ungenutzt verstreichen lassen (RG, Urt. v. 27. 11. 1939 — 3 D 626/39, RGSt Bd. 73 S. 368 = RStBl. 1939 S. 1209 = EStZ, Coring/Vogel, § 410 AO a. F., Nr. 15; auch Hofstetter, StWa 1965 S. 171). Zu den einzelnen Teilselbstanzeige-Handlungen, s. zu VI 1 b), 2 b) (2), 3 b) (2).

Der staatliche Strafanspruch ist auflösend bedingt durch die Nachzahlung der verkürzten Steuern innerhalb der gesetzten Frist. Bis zur Entrichtung der Steuern hat der Täter nur eine Anwartschaft auf Straffreiheit, die durch den Ablauf der Frist verloren geht. Der Verlust der Straffreiheit hängt auch nicht davon ab, daß das Finanzamt den Pflichtigen über die Wirkung der Nichtzahlung oder verzögerten Zahlung belehrt hat oder nicht. Die Selbstanzeige ist, sofern sie unter den im Gesetz genannten Voraussetzungen wirksam wird, ein persönlicher Strafaufhebungsgrund (s. weiteres zu I 2).

b) Formen der Zahlung, Ausnahmen

(1) Zahlungsweise

aa) Barzahlung

Vielfach erfolgt die Nachzahlung in bar.

bb) Überweisung

In der Regel wird die Nachzahlung durch Überweisung erfolgen (vgl. Maaßen, DStZ/A 1952 S. 238).

cc) Aufrechnung

Der Bar- oder bargeldlosen Zahlung steht die Aufrechnung gleich, die sowohl vom Täter als auch vom Finanzamt (RG, Urt. v. 2. 3. 1925 — III 959/24, RGSt Bd. 59 S. 115) erklärt werden kann (Bauerle, DStZ/A 1956 S. 343; Kohlmann, § 395 AO a. F., Rdnr. 110).

Absatz 1 des § 226 AO bestimmt, daß für die Aufrechnung mit Ansprüchen aus dem Steuerschuldverhältnis grundsätzlich die Vorschriften des bürgerlichen Rechts gelten. Abweichend von § 390 Satz 2 BGB kann jedoch nach Absatz 2 mit Ansprüchen aus dem Steuerschuldverhältnis nicht aufgerechnet werden, wenn sie durch Verjährung oder Ablauf einer Ausschlußfrist erloschen sind. Die Regelung des § 390 Satz 2 BGB wäre nicht sachgerecht, weil sie davon ausgeht, daß durch die Verjährung nur eine Einrede entsteht.

Absatz 3 des § 226 AO entspricht § 124 AO a. F. Die Steuerpflichtigen können danach gegen Ansprüche aus dem Steuerschuldverhältnis nur mit unbestrittenen oder rechtskräftig festgestellten Gegenansprüchen aufrechnen. Absatz 4 klärt die Frage, ob jeweils die steuerberechtigte oder die verwaltende Körperschaft als Gläubiger oder Schuldner anzusehen ist, dahin, daß immer auf die Verwaltungshoheit abzustellen ist. Damit sollen die Schwierigkeiten beseitigt werden, die sich aus der Rechtsprechung des Bundesfinanzhofs (vgl. Urteil vom 12. März 1963 — VII 98/61 U, BStBl. 1963 III S. 247) ergeben haben.

Eine Aufrechnung, wie sie § 226 AO gegenüber Steueransprüchen zuläßt, ist gegenüber anderen auf den Steuergesetzen beruhenden Ansprüchen nicht gegeben. Nach dem klaren Wortlaut des § 226 AO können unter Steueransprüchen keine anderen Ansprüche verstanden werden als solche, die sich auf Steuern im Sinne des § 3 AO richten. Eine Aufrechnung gegen Rechtmittelkosten ist nicht zulässig (BFH, Urt. v. 3. 4. 1973 — VII R 89/70, BB 1973 S. 827).

Erfüllung durch den einen Schuldner, s. § 44 Abs. 2 AO.

Zur Aufrechnung, s. auch zu (2) aa).

dd) Tilgung verschiedener Steuerarten

Waren Steuern mehrerer Steuerarten verkürzt, reichen aber die nach der Selbstanzeige fristgemäß entrichteten Beträge zur Deckung nicht aus, um alle verkürzten Steuern zu tilgen, so hat das Finanzamt die gezahlten Beträge zunächst auf *die* Steuerschulden anzurechnen, deren Verkürzung eine schwerere Strafe nach sich ziehen würde (BGH, Urt. v. 3. 6. 1954 — 3 StR 302/53, BStBl. 1955 I S. 359 = BGHSt Bd. 7 S. 336 = StRK, § 396 AO a. F., R. 21 = EStZ, Coring/Vogel, § 410 AO a. F., Nr. 35 = Slg. Henneberg, Teil A, Stichwort: „Selbstanzeige, Nachzahlung", S. 3 = ZfZ 1955 S. 275 = DStR 1955 S. 444 = BB 1955 S. 627, 823). Voraussetzung ist, daß der Täter keine andere Bestimmung trifft, vgl. § 225 AO (H-H-Sp, § 395 a. F., Sp. 25; Lohmeyer, StB 1974 S. 207; Leise, WK, § 395 AO a. F., Anm. 9 E; Sudau, S. 123; Suhr/Naumann, S. 284).

ee) Erlaß

Streitig ist, ob das Finanzamt durch einen nachträglichen Erlaß der hinterzogenen Steuern bewirken kann, daß eine Festsetzung dieser Steuern unterbleibt und der Täter damit von seiner Nachzahlungspflicht im Rahmen des § 371 Abs. 3 AO teilweise oder vollständig befreit wird.

Die Möglichkeit, die hinterzogenen Steuern aus Billigkeitsgründen zu erlassen und dadurch die Nachzahlungspflicht des § 371 Abs. 3 AO gegenstandslos zu machen, brandmarkt Kratzsch in StW 1974 S. 73 als Verstoß gegen das Legalitätsprinzip, da hier auf Grund einer steuerlichen Ermessensentscheidung der Strafverfolgung der Boden entzogen würde (ebenso Kohlmann, § 395 AO a. F., Rdnr. 94; ähnlich Gapp, StWa 1951 S. 86; Firnhaber, S. 93; Terstegen, S. 122; StW 1954 S. 384).

Die Prüfung über den Steuererlaß erfolgt im Besteuerungsverfahren. Die Folge ist, daß bei Einreichung des Erlaßantrags vor Fristablauf gem. § 371 Abs. 3 AO für ein Strafverfahren wegen Verwirkung der Selbstanzeige kein Raum mehr bleibt. Denn der steuerliche Erlaß hat das Erlöschen der Steuerschuld zur Folge. Der erloschene Steueranspruch kann somit nicht mehr Gegenstand eines Steuerstrafverfahrens wegen Verkürzung sein (so zu Recht Suhr, StBp 1975 S. 84 und h. M., Barske, FR 1951 S. 174; Bauerle, S. 123; Leise, WT 1961 S. 238; WK, § 395 AO a. F., Anm. 9 L; Mattern, NJW 1951 S. 937;

DStR 1954 S. 458; Pfaff, § 395 AO a. F., Tz. 242). Zu §§ 163, 227 AO, s. EAO 1977 zu § 163.

(2) Ausnahmen

aa) Pfändung von Forderungen

Der wegen Steuerhinterziehung angeklagte Steuerpflichtige kann nach fruchtlosem Ablauf der vom Finanzamt (Strafsachenstelle) bzw. vom Gericht gesetzten Zahlungsfrist i. S. des § 395 Abs. 3 RAO (jetzt § 371 Abs. 3 AO) nicht mit Erfolg vortragen, er habe die zur Erlangung der Straffreiheit erforderlichen Mittel nicht bis zu dem gesetzten Zeitpunkt aufbringen können, weil das Finanzamt durch erwirkte Pfändungs- und Überweisungsbeschlüsse für Forderungen, die er gegenüber früheren Auftraggebern hat, dies unmöglich gemacht habe. Die Pfändung und Überweisung von dem Steuerschuldner zustehenden Forderungen stellt kein Zahlungssurrogat dar, wie etwa die Aufrechnung mit dem Steuerpflichtigen zustehenden, unstreitigen Erstattungs- oder Vergütungsansprüchen. Dies folgt auch aus dem Zweck, den der Gesetzgeber mit der fristgemäßen Nachzahlung verbunden hat: die nachträgliche Sicherung des Steueranspruchs. Der Zahlungsanspruch des Staates ist durch Pfändung und Überweisung einer Forderung nicht gesichert (AG Frankfurt/M, Urt. v. 30. 5. 1974 — 933 Ds 55/74, NWB 1974 F. 1 S. 278).

Zur Aufrechnung, s. zu (1) cc).

bb) Sicherheitsleistung

Das Finanzamt kann die Leistung einer Sicherheit verlangen (vgl. §§ 241 ff. AO). Wie sich der Täter diese Sicherheit verschafft, ist seine Sache. Grundsätzlich wird die Finanzbehörde zum Abtrag und zur Sicherung hinterzogener Steuern größere Anstrengungen vom Täter verlangen als von Steuerpflichtigen, die keine Steuern hinterzogen haben, aber (unverschuldet) in Not geraten sind (FG Düsseldorf, Urt. v. 29. 9. 1960 — VI e 16/59, DStZ/B 1960 S. 493).

Die Sicherheit ist kein Zahlungssurrogat, da nicht sie, sondern — falls es hierzu kommt — erst die spätere Verwertung dem Finanzamt die bisher verkürzten Steuerbeträge verschafft (Kohlmann, § 395 AO

a. F., Rdnr. 110; List, S. 33; Maaßen, DStZ/A 1952 S. 238; einschränkend, Franzen/Gast, § 395 AO a. F., Tz. 149; a. M. Hartung, §§ 410, 411 AO a. F., Anm. IV; Hofstetter, StWa 1965 S. 171; H-H-Sp, § 395 a. F., Sp. 25; vgl. auch RG, Urt. v. 2. 3. 1925 — III 959/24, RGSt Bd. 59 S. 115).

Erfüllung durch den einen Schuldner, s. § 44 Abs. 2 AO.

cc) Niederschlagung

Da die Niederschlagung (vgl. §§ 261, 156 Abs. 2 AO) von Steuerschulden eine rein interne Maßnahme des Finanzamts im Beitreibungsverfahren ist und keine schuldtilgende Wirkung — etwa Zahlung oder Erlaß — hat, erfüllt sie die Bedingung des § 371 Abs. 3 AO nicht (Bauerle, S. 123; Franzen/Gast, § 395 AO a. F., Tz. 150; Leise, WT 1961 S. 328; WK, § 395 AO a. F., Anm. 9 M; Suhr/Naumann, S. 285; a. M. List, S. 33).

4. Person des Zahlenden, Mittäter, Gesamtschuldner

Bis zum Inkrafttreten des § 395 AO a. F. im Jahre 1968 bestand in Rechtsprechung und Lehre Übereinstimmung darüber, daß grundsätzlich jeden, der als Täter oder Teilnehmer an einer Steuerhinterziehung teilgenommen habe, die Nachzahlungspflicht treffe, gleichgültig, ob dieser selbst Steuerschuldner war oder die Tat zum Vorteil eines anderen begangen hatte (vgl. BGH, Urt. v. 3. 6. 1954 — 3 StR 302/53, BGHSt Bd. 7 S. 336 = LM, § 402 AO a. F., Nr. 3 = BStBl. 1955 I S. 361 = EStZ, Coring/Vogel, § 410 AO a. F., Nr. 35 = Slg. Henneberg, Teil A, Stichwort: „Selbstanzeige, Nachzahlung“, S. 3 = StRK, § 396 AO a. F., R. 21 = StWa 1955 S. 171 = ZfZ 1955 S. 275 = DStR 1955 S. 444 = BB 1955 S. 823 = B 1955 S. 888; auch Leise, WT 1961 S. 237; WK, § 395 AO a. F., Anm. 9 D; List, S. 34).

Im Schrifttum wurde dann die Meinung vertreten, daß die sich aus § 395 Abs. 3 AO a. F. ergebende Nachzahlungspflicht für jene Steuerhinterzieher, die nicht selbst Steuerschuldner seien, keine Gültigkeit habe (so Henneberg, BB 1968 S. 908). Zu der Annahme, dies ergäbe sich aus dem Wortlaut des Gesetzes („die er schuldet"), hat das BayObLG Stellung genommen:

Sachverhalt:

Der Angeklagte (A) war Kommanditist und kaufmännischer Leiter der Firma V GmbH & Co KG-KG-. Im Interesse der Firma unterließ er es, 1968 dafür zu sorgen, daß die vom Buchhalter vorbereiteten monatlichen Umsatzsteuervoranmeldungen und Lohnsteueranmeldungen beim zuständigen Finanzamt eingereicht und die entsprechenden Steuern in Höhe von insgesamt ca. 600 000 DM bezahlt wurden. Nach wirksam erstatteter Selbstanzeige vermochte die KG ihrer Nachzahlungspflicht nicht fristgerecht nachzukommen. Gegen A erging daraufhin ein Haftungsbescheid des Finanzamts.

Aus den Gründen:

Durchgreifenden Bedenken dagegen begegnet die Auffassung des Landgerichts, dem Angeklagten (A) komme der persönliche Strafaufhebungsgrund einer wirksamen Selbstanzeige zugute, obwohl weder die V GmbH & Co KG — KG — noch er selbst das Erfordernis fristgerechter Nachzahlung der verkürzten Steuern, § 395 Abs. 3 RAO (jetzt § 371 Abs. 3 AO) erfüllt hätten.

a) Das Landgericht meint, dieses Erfordernis sei nach der Änderung der die Selbstanzeige regelnden Vorschrift (bis dahin § 410 RAO, dann § 395 RAO) durch Art. 1 Nr. 8 des Zweiten Gesetzes zur Änderung strafrechtlicher Vorschriften der Reichsabgabenordnung und anderer Gesetze (2. AOStrafÄndG) vom 12. 8. 1968 (BGBl. I S. 953, 954) nur mehr vom Steuerschuldner selbst, nicht mehr aber von denjenigen zu erfüllen, die nach § 112 RAO (jetzt § 71 AO) oder aufgrund anderer Vorschriften für die verkürzten Steuern haften. Durch den neuen Wortlaut („so tritt die Straffreiheit nur ein, wenn der Täter die verkürzten Steuern, die er schuldet, nach ihrer Festsetzung innerhalb der ihm bestimmten Frist entrichtet") sei klargestellt, daß eine Abhängigkeit der Straffreiheit von der Nachzahlung der verkürzten Steuern nur mehr für den Steuerschuldner selbst bestehe. § 395 Abs. 3 RAO gehe als Sondervorschrift der allgemeinen Regel des § 97 Abs. 2 RAO (jetzt § 33 Abs. 1 AO) vor, nach der die Vorschriften für die Steuerpflichtigen sinngemäß auch für diejenigen gelten, die nach den Steuergesetzen neben dem Steuerpflichtigen persönlich für die

Steuer haften. Dieses Ergebnis entspreche auch der Billigkeit, da anderenfalls vermögenslose Mittäter einer Steuerhinterziehung (z. B. ein Buchhalter eines Großunternehmens) von der Rechtswohltat des § 395 RAO ausgeschlossen würden, wenn es das Unternehmen versäume, die verkürzten Steuern fristgerecht nachzuzahlen.

b) Die Meinung des Landgerichts wird geteilt von Franzen/Gast, Steuerstrafrecht, Rdnr. 133 zu § 395 RAO, die zur Begründung ihrer Auffassung, daß die strafbefreiende Wirkung der Selbstanzeige eines Täters, der fremde Steuern hinterzogen habe, nicht davon abhängig sei, daß der Täter die zum Vorteil eines anderen hinterzogenen Steuern nachzahle, auf Abschnitt III Art. 1 B Nummer 8 der Begründung des Regierungsentwurfs des 2. AOStrafÄndG (BT-Drucks. V/1812) verweisen und ergänzend noch geltend machen, daß bei jeder anderen Auslegung die Worte „die er schuldet“ überflüssig seien, da ja nach § 112 RAO jeder Steuerhinterzieher für die hinterzogenen Steuern haftet. Der Verteidiger des A, der in seiner Gegenerklärung zur Revision der Staatsanwaltschaft sich die Argumente von Franzen/Gast zu eigen macht, weist noch ergänzend darauf hin, daß es Zweck der Selbstanzeige sei, daß die Finanzbehörde durch sie in die Lage versetzt werde, die nachzuentrichtende Steuer festsetzen zu können, ohne weiter auf die Mitwirkung des Steuerschuldners angewiesen zu sein; mit der durch die Neufassung begründeten Besserstellung des Mittäters, der nicht selbst Steuerschuldner sei, habe der Gesetzgeber einen weiteren Anreiz zur Aufdeckung bisher verborgener Steuerquellen geben wollen.

Kühn, 10. Aufl., Anm. 4 zu § 395 AO; Hübner in Hübschmann/Hepp/Spitaler, Erg.-Liefg. 1968, Rdnr. 25 letzter Absatz zu § 395 AO; Ehlers/Lohmeyer, Steuer- und Steuerordnungswidrigkeitenrecht, 4. Aufl. 1969 S. 55; Suhr/Naumann, Steuerstrafrecht, 2. Aufl. 1971, Nr. 139 S. 282 und Pfaff, DStR 1970 S. 554, 558 dagegen sehen die Bedeutung der angeführten Änderung durch das 2. AOStrafÄndG nur darin, daß durch die Worte „die er schuldet“ die Nachzahlungspflicht auf den Steuerbetrag beschränkt werde, den der Täter oder Mittäter aufgrund des gegen ihn ergangenen Festsetzungs- oder Haftungsbescheides schulde. Ergehe allerdings gegen ihn kein solcher Bescheid, so entfalle eine Zahlungspflicht, so daß dann für ihn der Strafaufhebungsgrund auch ohne Nachentrichtung der Steuer eintrete.

c) Der Senat schließt sich der zuletzt dargelegten Meinung an: Die Wiedereinfügung der schon in der ursprünglichen Fassung des § 410 RAO und in der Fassung des Gesetzes vom 7.10.1951 (BGBl. I S. 941) enthaltenen Worte, „die er schuldet" in den Abs. 3 des § 395 AO durch das 2. AOStrafÄndG bedeutet nicht, daß die Nachzahlungspflicht nur auf den Steuerschuldner selbst beschränkt wäre. Auch derjenige, der fremde Steuern hinterzogen hat, kann nur dann durch Selbstanzeige Straffreiheit erlangen, wenn er die Steuern, die er aufgrund eines gegen ihn ergangenen Haftungsbescheides schuldet, fristgerecht entrichtet. Bei dieser Rechtsansicht läßt sich der Senat von folgenden Erwägungen leiten:

Die weit über vergleichbare Vorschriften des Strafgesetzbuches (§ 46, § 49 a Abs. 3, § 49 b Abs. 3, § 87 Abs. 3, § 98 Abs. 2, § 129 Abs. 6, § 139 Abs. 4, § 158, § 310, § 316 a Abs. 2 StGB) hinausgehende Rechtswohltat der Selbstanzeige nach der AO findet ihre Aufgabe und ihre Rechtfertigung allein in dem Bestreben des Staates, „tunlichst in den Besitz aller ihm geschuldeten Steuern zu gelangen, deren er bedarf, um seine Aufgaben zu erfüllen" (BGHSt 12, 100, 101). Bei der bereits eingetretenen Steuerverkürzung kann daher die „Berichtigung" oder „Materialbeschaffung", also die Bekanntgabe eines bisher nicht bekannten Steuertatbestandes, für sich allein zur Rechtfertigung der nachträglichen Strafaufhebung nicht genügen. Hier muß der Täter vielmehr notwendig noch eine zweite Leistung dadurch erbringen, daß er den hinterzogenen Steuerbetrag an die Finanzbehörde abführt. Es wäre im Hinblick auf die Aufgabe der Selbstanzeige unzureichend und überdies in nicht wenigen Fällen auch unbillig, diese zweite Leistung nur von dem Steuerschuldner selbst zu verlangen; eine gleiche, volle Wiedergutmachung der bereits begangenen Straftat muß vielmehr auch von jedem anderen Täter des Steuervergehens verlangt werden, nachdem ihn die Steuerbehörde im Rahmen ihres pflichtgemäßen Ermessens durch Haftungsbescheid neben dem Steuerpflichtigen selbst in Anspruch genommen hat. Daß die oben dargelegte, namentlich von Franzen/Gast vertretene Gegenmeinung zu Steuerausfällen führen könnte, die mit Sinn und Aufgabe der Selbstanzeige unvereinbar wären und überdies auch die im Rechtsstaatsgedanken enthaltene Idee der materiellen Gerechtigkeit (vgl. u. a. BVerfGE 21, 12, 27) grob widersprächen, zeigt ein Blick auf die Einmann-GmbH. Der unter Ausnützung dieser Haftungsbeschränkung tätige Kaufmann, der Steuern der GmbH hinterzogen hat, würde nach der Gegenmeinung schon allein durch die Anzeige Straffreiheit erlangen, während der unbeschränkt haftende Einzelkaufmann oder Gesellschafter einer Personengesellschaft in derselben Lage diese Rechtswohltat erst durch die zu seiner Anzeige hinzutretende Nachentrichtung der hinterzogenen Steuern verdienen könnte.

Mit dem Wortlaut der durch das 2. AOStrafÄndG erfolgten Einfügung, mit den allgemeinen Vorschriften des § 97 Abs. 2 und des § 112 RAO und auch mit der Begründung des Regierungsentwurfs des 2. AOStrafÄndG ist die vom Senat vertretene Meinung durchaus vereinbar: Die strafbefreiende Wirkung der Selbstanzeige eines Täters, der die Steuerverkürzung zum Vorteil eines anderen bewirkt hat, soll nicht allein davon abhängig sein, ob die von dem anderen geschuldeten Steuern innerhalb der vom Finanzamt gesetzten Frist entrichtet werden oder nicht. Der Buchhalter, der unter dem Druck besonderer Verhältnisse an einer Steuerhinterziehung mitgewirkt hat und bei dem die Finanzbehörde im Hinblick auf diese besonderen Verhältnisse von einem Haftungsbescheid absieht, bleibt aufgrund seiner Selbstanzeige straffrei, auch wenn sein Arbeitgeber die hinterzogenen Steuern nicht nachentrichtet. Der Täter oder Mittäter einer Steuerhinterziehung dagegen, den die Finanzbehörde neben dem Steuerpflichtigen nach § 112 in Verbindung mit § 97 Abs. 2 RAO durch Haftungsbescheid in Anspruch nimmt, wird auch nach der Neufassung erst dann straffrei, wenn er die verkürzten Steuern, die er aufgrund des Haftungsbescheids selbst — primär, wie der Steuerschuldner — schuldet, nach ihrer Festsetzung innerhalb der ihm bestimmten Frist entrichtet. Für die Ansicht des Senats spricht endlich auch noch der einleitende Hinweis der oben näher bezeichneten Nummer 8 der Begründung des Regierungsentwurfs (BT-Drucks. V/1812 S. 24 oben), daß die Änderungen des bisherigen § 410 RAO über die strafbefreiende

Selbstanzeige „nahezu ausschließlich redaktionelle Bedeutung haben". Dieser Hinweis wäre unrichtig, wenn der Entwurf von den einer gefestigten höchstrichterlichen Rechtsprechung entsprechenden bisherigen Grundsätzen über die Nachzahlungspflicht des Täters, der fremde Steuern hinterzogen hat, hätte abgehen wollen (vgl. namentlich das Urteil des Bundesgerichtshofs vom 3. 6. 1954, BGHSt Bd. 7 S. 336, 340 = BStBl. 1955 I S. 359 = DStR 1955 S. 444 = ZfZ 1955 S. 275 = BB 1955 S. 823).

d) Demnach durfte das Landgericht den A, gegen den das Finanzamt wegen der hinterzogenen Steuern einen Haftungsbescheid erlassen hat, nicht freisprechen, da nach den tatsächlichen Feststellungen des angefochtenen Urteils auch die als Gesamtschuldner, § 7 Abs. 1 StAnpG (jetzt § 44 Abs. 1 AO) haftende KG die verkürzten Steuern nicht innerhalb der ihr gesetzten Frist nachentrichtet hat. Es ist vielmehr noch aufzuklären, welche Zahlungsfristen das Finanzamt dem A selbst gesetzt hat; sollten diese noch nicht abgelaufen sein, so wäre die Frage, ob der A durch die Selbstanzeige Straffreiheit erlangt hat, noch in der Schwebe (RGSt Bd. 63 S. 305; BGHSt Bd. 7 S. 336, 341) ... (BayObLG, Urt. v. 27. 4. 1972 — RReg 4 St 26/72, Slg. Henneberg, Teil A, Stichwort: „Selbstanzeige, Beauftragte", S. 9; „Selbstanzeige, Nachzahlung, Unterlassung", S. 2 = DStZ/B 1972 S. 287).

Danach trifft in Anlehnung an die Entscheidung des BayObLG die Last der fristgerechten Zahlung den Steuerschuldner, allerdings auch den Gesamtschuldner, zu dem auch der Dritte als Steuerhinterzieher gehört, sofern ein Haftungsbescheid gegen ihn ergangen ist. Fehlt ein solcher Bescheid, so steht die Nichtzahlung der verkürzten Steuern einer Anwendung der Selbstanzeige-Bestimmung nicht entgegen (auch Kohlmann, § 395 AO a. F., Rdnrn. 87, 88, 91; Kratzsch, StBp 1975 S. 261). Dieser Ansicht hat der Gesetzgeber nunmehr Genüge getan. Nach dem Gesetzeswortlaut in Absatz 3 des § 371 AO wird auch darauf abgestellt, ob der Täter, Anstifter oder Gehilfe, die Steuern zu seinen Gunsten hinterzogen hat. Soweit diese Frage zu bejahen ist, ist die Straffreiheit von der fristgerechten Nachzahlung der hinterzogenen Steuern abhängig (BT-Drucks. VI/1982 S. 195).

Zur Selbstanzeige des Arbeitgebers bei leichtfertiger Lohnsteuerverkürzung, s. Teil 2 zu B VIII 1 c).

IX. Straffreiheit nach Abs. 4, § 153 AO

1. Grundgedanke der Bestimmungen

Absatz 4 des § 371 AO entspricht im wesentlichen § 395 Abs. 4 AO a. F. Er soll verhindern, daß jemand, der auf Grund des § 153 AO eine Erklärung nachholt oder berichtigt, dadurch Dritte der Strafverfolgung aussetzt, die die Abgabe der Erklärung unterlassen oder eine unrichtige oder unvollständige Erklärung abgegeben haben. Bliebe die strafrechtliche Verantwortung anderer Personen bestehen, so könnte dies jemanden, der nach § 153 AO verpflichtet ist, eine falsche Erklärung zu berichtigen, davon abhalten, dies zu tun. Deshalb sollen auch Dritte bei einer späteren Berichtigung strafrechtlich nicht verfolgt werden, es sei denn, daß ihnen oder ihren Vertretern vorher wegen der Tat die Einleitung eines Straf- oder Bußgeldverfahrens bekanntgegeben worden ist. Hat jedoch ein Dritter zum eigenen Vorteil gehandelt, so ist die Straffreiheit nach Satz 2 davon abhängig, daß er entsprechend Absatz 3 die hinterzogenen Steuern innerhalb der ihm gesetzten Frist nachzahlt. Diese Regelung, die in § 395 Abs. 4 AO a. F. fehlte, erscheint sachlich berechtigt. Hat der Dritte den Vorteil aus der Tat gehabt, so ist es auch hier gerechtfertigt, von der Strafverfolgung nur dann abzusehen, wenn der Dritte die hinterzogenen Steuern nachzahlt.

Die Vorschrift des § 153 AO regelt die Verpflichtung zur Berichtigung fehlerhafter Erklärungen nach dem Vorbild der früheren §§ 117 Abs. 1 und 3, 165 e AO.

§ 153 AO lautet:

(1) Erkennt ein Steuerpflichtiger nachträglich vor Ablauf der Festsetzungsfrist,

1. daß eine von ihm oder für ihn abgegebene Erklärung unrichtig oder unvollständig ist und daß es dadurch zu einer Verkürzung von Steuern kommen kann oder bereits gekommen ist oder
2. daß eine durch Verwendung von Steuerzeichen oder Steuerstemplern zu entrichtende Steuer nicht in der richtigen Höhe entrichtet worden ist,

so ist er verpflichtet, dies unverzüglich anzuzeigen und die erforderliche Richtigstellung vorzunehmen. Die Verpflichtung trifft auch den Gesamtrechtsnachfolger eines Steuerpflichtigen und die nach den §§ 34 und 35 für den Gesamtrechtsnachfolger oder den Steuerpflichtigen handelnden Personen.

(2) Die Anzeigepflicht besteht ferner, wenn die Voraussetzungen für eine Steuerbefreiung, Steuerermäßigung oder sonstige Steuervergünstigungen nachträglich ganz oder teilweise wegfallen.

(3) Wer Waren, für die eine Steuervergünstigung unter einer Bedingung gewährt worden ist, in einer Weise verwenden will, die der Bedingung nicht entspricht, hat dies vorher der Finanzbehörde anzuzeigen.

§ 117 AO lautete:

(1) Wenn nach dem Tod oder Wegfall eines Steuerpflichtigen die Testamentsvollstrecker, Pfleger, Liquidatoren, Verwalter und Erbschaftsbesitzer, welche nicht zugleich Rechtsnachfolger des Steuerpflichtigen sind, erkennen, daß Erklärungen, die der Steuerpflichtige zur Festsetzung oder Veranlagung von Steuern abgegeben hat, unrichtig oder unvollständig sind, oder daß er pflichtwidrig unterlassen hat, solche Erklärungen abzugeben, so haben sie dies binnen Monatsfrist dem Finanzamt anzuzeigen; andernfalls haften sie persönlich für die vorenthaltenen Steuerbeträge.

(2) Das gleiche gilt für die Erwerber von Unternehmen, auf deren Betrieb eine Steuerpflicht gegründet ist sowie für Sondernachfolger in land- und forstwirtschaftliches Vermögen, Grundvermögen oder Betriebsvermögen.

(3) Dasselbe gilt sinngemäß bei einem Wechsel in der Person des gesetzlichen Vertreters, Betriebsleiters oder Bevollmächtigten sowie dann, wenn eine gesetzliche Vertretung angeordnet wird.

§ 165 e AO lautete:

(1) Wenn ein Steuerpflichtiger nachträglich, aber vor dem Ablauf der Steuerverjährungsfrist erkennt, daß eine Steuererklärung oder eine andere Erklärung, die er einer Finanzbehörde abgegeben hat, unrichtig oder unvollständig ist, und daß die Unrichtigkeit oder Unvollständigkeit zu einer Verkürzung von Steuereinnahmen führen kann, so ist er (ohne daß es einer besonderen Aufforderung bedarf) verpflichtet, dies unverzüglich der zuständigen Finanzbehörde anzuzeigen.

(2) Wer Erzeugnisse oder Waren, für die eine Steuervergünstigung unter einer Bedingung gewährt worden ist, in einer Weise verwenden will, die der Bedingung nicht entspricht, hat dies vorher dem Finanzamt (gegebenenfalls der zuständigen Hilfsstelle) anzuzeigen.

(3) Sind bei dem Erwerbsvorgang, der ganz oder teilweise von der Grunderwerbsteuer befreit war, die Voraussetzungen der Steuerbefreiung ganz oder teilweise weggefallen, so hat der Steuerpflichtige dies dem Finanzamt anzuzeigen. Die Anzeige ist binnen zwei Wochen seit dem Wegfall der Voraussetzungen zu erstatten.

2. Berichtigung von Erklärungen nach § 153 AO

a) Fehlerhafte Erklärungen (Abs. 1)

Der durch § 28 Nr. 36 des Einführungsgesetzes zu den Realsteuergesetzen vom 1. 12. 1936 (RGBl. I S. 961) in die RAO eingefügte § 165 e hatte zur Grundlage das Gutachten des Großen Senats des Reichsfinanzhofs vom 4. 12. 1933 — Gr. S. D. 7/33 (RFH Bd. 35 S. 41 = RStBl. 1934 S. 24). Hier hat der Reichsfinanzhof den Satz aufgestellt, daß, wer eine Steuererklärung unvollständig oder unrichtig abgegeben hat, sie unverzüglich und ohne besondere Aufforderung ergänzen oder berichtigen muß, sobald er die Unvollständigkeit oder Unrichtigkeit erkennt, und zwar auch dann, wenn ihn keinerlei Verschulden trifft. Diese Verpflichtung des Steuerpflichtigen hatte der Gesetzgeber in Abs. 1 des § 165 e AO a. F., jetzt in § 153 Abs. 1 AO ausdrücklich ausgesprochen.

Voraussetzungen

(1) Unrichtige oder unvollständige Steuererklärungen Nr. 1

Die Bestimmung verpflichtet den Steuerpflichtigen zur Berichtigung fehlerhafter Erklärungen, insbesondere fehlerhafter Steuererklärungen, wenn er nachträglich ihre Unrichtigkeit oder Unvollständigkeit erkennt. Ausdrücklich wird nunmehr klargestellt, daß diese Verpflichtung auch dann besteht, wenn es bereits zu einer Verkürzung von Steuern gekommen ist. Eine Berichtigungspflicht besteht aber nur dann, wenn der Steuerpflichtige die Unrichtigkeit nachträglich, also nach Abgabe der Erklärung erkennt. Ist die Festsetzungsfrist (§ 169 AO) zu diesem Zeitpunkt bereits abgelaufen, besteht keine Berichtigungspflicht, weil die Berichtigung keine steuerlichen Auswirkungen mehr haben kann.

Nicht besonders erwähnt sind die Fälle, in denen eine Steuererklärung überhaupt nicht abgegeben worden ist, weil dann die Erklärungspflicht ohnehin fortbesteht und auch den Gesamtrechtsnachfolger sowie alle übrigen Personen trifft, die Pflichten des Steuerpflichtigen zu erfüllen haben. Dies gilt auch dann, wenn die Finanzbehörde die Besteuerungsgrundlagen gemäß § 162 AO bereits geschätzt hat (vgl. § 149 letzter Satz AO).

(2) Steueranmeldung,
Verwendung von Steuerzeichen oder Steuerstemplern
Nr. 2

Pflicht zur Anzeige besteht auch dann, wenn ein Steuerpflichtiger nachträglich erkennt, und zwar noch vor Ablauf der Festsetzungsfrist, daß eine durch Verwendung von Steuerzeichen oder Steuerstemplern zu entrichtende Steuer nicht in der richtigen Höhe entrichtet worden ist.

Die Vorschrift des § 167 AO regelt die Frage einer Steuerfestsetzung in den Fällen, in denen eine Steuer auf Grund gesetzlicher Verpflichtung angemeldet (§ 150 Abs. 1 Satz 2 AO) oder durch Verwendung von Steuerzeichen oder Steuerstemplern entrichtet wird. Eine Steuerfestsetzung ist in diesen Fällen nur dann erforderlich, wenn die Festsetzung zu einer abweichenden Steuer führt (§ 155 AO).

Durch die Verpflichtung der Steuerpflichtigen, in den Steuererklärungen die Steuer selbst zu berechnen, soll eine Beschleunigung der Steuererhebung erreicht werden. Die Finanzbehörde kann sich zunächst darauf beschränken, die vom Steuerpflichtigen angemeldete Steuer zum Soll zu stellen. Die Steueranmeldung erlaubt auch bereits die Durchführung von Vollstreckungsmaßnahmen, weil sie nach § 168 AO einer Steuerfestsetzung unter Vorbehalt der Nachprüfung gleichsteht und es nach § 254 Abs. 1 Satz 4 AO darüber hinaus eines besonderen Leistungsgebotes nicht mehr bedarf.

Ebenso wie § 150 AO bestimmt die Vorschrift nicht selbst, in welchen Fällen eine Steueranmeldung abzugeben ist. Sie überläßt dies den Einzelsteuergesetzen.

(3) Anzeigepflichtige

Erkennt ein Steuerpflichtiger nachträglich die fehlerhafte Erklärung, so hat er unverzüglich Anzeige zu erstatten und die erforderliche Richtigstellung vorzunehmen. Auch die in den §§ 34 und 35 AO genannten für den Steuerpflichtigen oder seinen Gesamtrechtsnachfolger handelnden Personen sowie seine Gesamtrechtsnachfolger sind zur Berichtigung verpflichtet (vgl. hierzu § 117 Abs. 1 und 3 AO a. F.). Zur Gesamtrechtsnachfolge, s. § 45 AO. Dem Erwerber eines Unternehmens wird diese Verpflichtung entgegen § 117 Abs. 2 AO a. F. nicht mehr auferlegt. Zum Kreis dieser Personen zählen:

aa) Steuerpflichtiger

Für das Entstehen der Berichtigungspflicht ist es ohne Bedeutung, ob der Steuerpflichtige die unrichtige oder unvollständige Erklärung selbst abgegeben hat oder ob sie für ihn abgegeben worden ist.

Die Vorschrift des § 33 AO enthält in ihrem Absatz 1 eine gegenüber dem früheren § 97 Abs. 1 und 2 AO erweiterte Fassung des Begriffs des Steuerpflichtigen. Steuerpflichtiger ist danach derjenige, dem durch die Steuergesetze steuerliche Pflichten auferlegt werden. Neben der Pflicht, eine Steuer als Steuerschuldner oder Haftender zu entrichten, kommen hierbei insbesondere Pflichten zur Abgabe von Steuererklärungen und zur Führung von Büchern und Aufzeichnungen in Betracht. Steuerpflichtiger ist auch derjenige, der eine Steuer für Rechnung eines Dritten einzubehalten und abzuführen hat (dazu auch Teil 2 zu B VIII 1 c)).

Absatz 2 des § 33 AO enthält eine Einschränkung dahin, daß Steuerpflichtiger nicht derjenige ist, der lediglich in einer fremden Steuersache Auskünfte zu erteilen oder bestimmte andere Verpflichtungen zu erfüllen hat. Auch derjenige, der nur als Amtsträger zur Festsetzung der Steuer verpflichtet ist, ist deswegen — ohne daß dies besonders erwähnt ist — nicht schon Steuerpflichtiger. Ebensowenig fallen Angehörige der steuerberatenden Berufe unter Absatz 1, die in einer fremden Steuersache tätig werden (dazu auch Teil 2 zu B V 1 b) (1) bb); VII 1).

bb) Gesetzlicher Vertreter,
Vermögensverwalter

Die Vorschrift des § 34 AO über die Pflichten der gesetzlichen Vertreter und der Vermögensverwalter zieht die Regelungen der früheren

§§ 103 Satz 1, 104, 105 Abs. 1 und 2 AO zusammen. Die gesetzlichen Vertreter natürlicher und juristischer Personen, die Geschäftsführer — ggf. Mitglieder oder Eigentümer — nicht rechtsfähiger Personenvereinigungen und Vermögensmassen sowie die Vermögensverwalter treten auf Grund dieser Vorschrift in ein unmittelbares Pflichtenverhältnis zur Finanzbehörde. Sie haben die Pflichten zu erfüllen, die den von ihnen Vertretenen auferlegt sind. Dazu gehören z. B. Buchführungs- und Aufzeichnungspflichten sowie Auskunftspflichten. Sie haben ferner aus den von ihnen verwalteten Mitteln die Steuern zu zahlen und die Vollstreckung in dieses Vermögen zu dulden (vgl. § 77 AO). Gegen sie können auch Zwangsgelder festgesetzt werden. Sie haften ggf. nach § 69 Abs. 1 AO, wenn durch vorsätzliche oder grobfahrlässige Verletzung der ihnen auferlegten Pflichten Steuern nicht oder nicht rechtzeitig entrichtet werden.

§ 105 Abs. 3 AO a. F. ist nicht übernommen worden. Nach dieser Vorschrift konnten die Beteiligten unter bestimmten Bedingungen verpflichtet werden, für eine steuerpflichtige, nicht rechtsfähige Personenvereinigung, auch für ein steuerpflichtiges nicht rechtsfähiges Zweckvermögen, einen oder mehrere Bevollmächtigte im Inland zu bestellen. Kamen sie dieser Verpflichtung nicht nach, so war das Finanzamt berechtigt, einen oder mehrere Beteiligte als Bevollmächtigte mit Wirkung für die Gesamtheit zu behandeln. Es wird für ausreichend gehalten, daß die Finanzbehörde sich nach Absatz 2 bei Fehlen von Geschäftsführern an jedes Mitglied oder jeden Gesellschafter halten kann. Einer besonderen Verpflichtung zur Bestellung von Bevollmächtigten bedarf es daneben nicht.

Absatz 3 des § 34 AO erlegt den Vermögensverwaltern im Rahmen ihrer Verwaltungsbefugnis die gleichen Pflichten wie den gesetzlichen Vertretern auf.

cc) Verfügungsberechtigter

Den in § 34 Abs. 1 AO genannten gesetzlichen Vertretern wird nach § 35 AO gleichgestellt, wer als Verfügungsberechtigter im eigenen oder fremden Namen auftritt, soweit er die den gesetzlichen Vertreter treffenden steuerlichen Pflichten rechtlich und tatsächlich erfüllen kann (vgl. dazu auch § 108 AO a. F.).

Durch die Einfügung der Worte „rechtlich und tatsächlich" soll klargestellt werden, daß die tatsächliche Verfügungsmöglichkeit nicht ausreicht, um die Pflichten eines gesetzlichen Vertreters zu begründen. Unter rechtlicher Verfügungsbefugnis ist die Fähigkeit zu verstehen, im Außenverhältnis wirksam zu handeln. Mit der Änderung wurde einer Anregung des Bundesrates entsprochen (s. BT-Drucks. 7/4292 S. 19).

(4) Nachträgliches Erkennen

Nachträglich müssen der Steuerpflichtige oder die ihm gleichzustellenden Personen erkennen, daß die abgegebene Erklärung unrichtig oder unvollständig ist.

Wer von vornherein die Unrichtigkeit oder Unvollständigkeit seiner Erklärung und in der Regel damit auch ihre steuerverkürzende Wirkungsmöglichkeit kennt, erkennt diese Umstände nicht nachträglich und ist somit zur Anzeige nicht verpflichtet (Berger, BB 1951 S. 303, 304).

(5) Unverzügliche Anzeige

Unverzüglich, d. h. ohne schuldhaftes Zögern (vgl. § 121 BGB), müssen der zuständigen Finanzbehörde Unrichtigkeiten oder Unvollständigkeiten angezeigt werden, wenn der Anzeigepflichtige nachträglich erkannt hat, daß diese Mängel zu einer Verkürzung von Steuereinnahmen führen können oder bereits geführt haben. Es müssen die unrichtigen oder unvollständigen Angaben korrigiert und die unterlassenen Angaben nachgeholt werden, und zwar ebenfalls unverzüglich. Die dem Anzeigepflichtigen zur Verfügung stehende Zeitspanne hängt aber von den Umständen des Einzelfalles ab, namentlich davon, ob eine Korrektur des Fehlers komplizierte Berechnungen erfordert oder ob die einfache Mitteilung einer einzelnen Tatsache dem Zweck der Anzeige genügt (Tipke in T-K, § 165 e a. F., Rdnr. 5).

(6) Ordnungsgemäße Anzeige, Inhalt der Erklärung

Die in § 153 AO vorgesehene Anzeige muß auch ordnungsgemäß erstattet werden. Dies bezieht sich auch auf den Inhalt der Erklärung.

Inhaltlich beschränkt sich die Anzeigepflicht für jeden von mehreren Beteiligten auf diejenigen Fehler und Lücken, die er selbst verursacht hat; dabei sind Lücken nicht nur anzuzeigen, sondern durch Nacherklärung auszufüllen (Koch in B-R-K, § 165 e a. F., Anm. 2 Abs. 5).

Andererseits ist niemand verpflichtet, Fehler anzuzeigen, die dem Finanzamt bei der Veranlagung einer richtigen Steuererklärung unterlaufen sind (Franzen/Gast, § 392 AO a. F., Tz. 97; Pfaff, § 392 AO a. F., Tz. 94; Tipke in T-K, § 165 e a. F., Rdnr. 4).

(7) Rechtsfolgen bei Verstoß gegen § 153 AO, schuldhaftes Handeln

Der Täter muß erkennen, daß seine unrichtige oder unvollständige Erklärung zu einer Verkürzung der Steuereinnahmen führen kann oder es bereits dazu gekommen oder daß eine Verwendung von Steuerzeichen oder Steuerstemplern zu entrichtende Steuer nicht in der richtigen Höhe entrichtet worden ist. Im Falle der Verneinung dieser Frage besteht für ihn mangels der inneren Voraussetzungen des § 153 Abs. 1 AO keine Anzeigepflicht. § 153 AO scheidet auch für die Fälle aus, in denen der Täter von vornherein vorsätzlich eine falsche Erklärung abgegeben hat.

Wird die Anzeigepflicht gemäß § 153 Abs. 1 AO bejaht und wird nicht unverzüglich Anzeige erstattet, so kann durch Unterlassen eine Steuerzuwiderhandlung gegeben sein, wenn die objektiven und subjektiven Voraussetzungen hierfür vorliegen. Zur Steuerhinterziehung hierzu, s. III 1 und VI 3 c). Eine Verpflichtung zur Anzeige besteht dann nicht mehr. Es steht dem Täter dann frei, durch wirksame Selbstanzeige Straffreiheit zu erlangen.

Wer die Anzeigepflicht nach § 153 AO nicht erfüllt, nachdem er die Unrichtigkeit oder Unvollständigkeit seiner vorausgegangenen — unverschuldeten, fahrlässigen, nicht leichtfertigen (anders Suhr/Naumann, S. 286) — Erklärung erkannt hat, macht sich der Steuerhinterziehung nach § 370 Abs. 1 AO schuldig, falls das Unterlassen mit dem Vorsatz erfolgt, dadurch weiterhin Steuereinnahmen zu verkürzen. Wer der Pflicht zur Berichtigung leichtfertig nicht unverzüglich nach

Erlangung der Kenntnis von der Unrichtigkeit oder Unvollständigkeit dieser früher abgegebenen Erklärung nachkommt, kann aus § 378 AO (leichtfertige Steuerverkürzung) zur Verantwortung gezogen werden (vgl. RFH, Urt. v. 4. 12. 1933 — Gr. S. D. 7/33, RStBl. 1934 S. 24; Gutachten v. 2. 8. 1939 — VI D 4/39, RFH Bd. 47 S. 204; BGH, Urt. v. 24. 6. 1954 — 4 StR 805/52, DStZ/B 1954 S. 455; auch Lohmeyer, ZfZ 1968 S. 301; Terstegen, S. 84, 105).

Möglicherweise kann bei dem Steuerpflichtigen ein steuerlicher Irrtum — Irrtum über die Nacherklärungspflicht nach § 153 AO — vorliegen. Die Strafbarkeit entfällt, wenn der Steuerpflichtige eine Berichtigungserklärung ohne Verschulden nicht für erforderlich halten durfte (vgl. BGH, Urt. v. 24. 6. 1954 — 4 StR 805/52, wie oben). Zum Irrtum im Steuerstrafrecht, s. Pfaff, NWB, 1972, F. 13 S. 509.

b) Steuerbefreiung, Steuerermäßigung, sonstige Steuervergünstigung (Abs. 2)

Absatz 2 ordnet die Anzeigepflicht auch für die Fälle an, daß nachträglich die Voraussetzungen für eine Steuerbefreiung, Steuerermäßigung oder sonstige Steuervergünstigung ganz oder teilweise wegfallen. Damit wurde der frühere § 165 e Abs. 3 und 4 AO verallgemeinert (Abs. 3 ist durch Grundsteuergesetz vom 7. 8. 1973, BGBl. I S. 965 aufgehoben worden; dadurch wurde der bisherige Abs. 4 zu Abs. 3; s. zu 1).

Soweit im Einzelfall für eine derartige umfassende Anzeigepflicht kein Bedürfnis bestehen sollte, müßte ggf. in den Einzelsteuergesetzen eine entsprechende Einschränkung vorgesehen werden (s. BT-Drucks. VI/1982 S. 129).

c) Steuervergünstigung für Waren (Abs. 3)

Die frühere Vorschrift des § 165 e Abs. 2 AO ist als Absatz 3 sachlich unverändert übernommen worden. Danach besteht eine Anzeigepflicht für den Fall, daß Waren, für die eine Steuervergünstigung unter einer Bedingung gewährt worden ist, in einer dieser Bedingung nicht entsprechenden Weise verwendet werden sollen.

3. Schutz des Dritten

a) Keine Strafverfolgung

Beispiel:

Der Ehemann A und die Ehefrau B werden zur Einkommensteuer zusammenveranlagt. B verschwieg in der Steuererklärung, daß sie Einkünfte aus Kapitalvermögen bezogen hatte. A macht dem Finanzamt hierüber sofort Mitteilung, nachdem er von den verschwiegenen Einkünften erfahren hat.

B kann bei einer späteren Berichtigung noch Straffreiheit erlangen (§ 371 Abs. 4 S. 1 AO).

Ist dem Dritten — der Ehefrau B — oder seinem Vertreter jedoch vorher die Einleitung eines Straf- oder Bußgeldverfahrens wegen der Tat bekanntgegeben worden (s. zu VII 2), entfällt nicht die Strafverfolgung.

b) Nachzahlung

Hat der Dritte zum eigenen Vorteil gehandelt (§ 371 Abs. 4 S. 2 AO), so gilt Absatz 3 entsprechend. Dazu weiteres zu VIII.

Bei leichtfertiger Steuerverkürzung, s. Teil 2 zu B VII.

X. Wirkung der Selbstanzeige

1. Keine Bestrafung wegen Steuerhinterziehung

Daß die Wirkung einer Selbstanzeige nach § 371 AO sich ausdrücklich nur auf die Steuerstraftat der Steuerhinterziehung (§ 370 AO) erstreckt, darüber besteht keine Gesetzeslücke. Andere Tatbestände können nicht einbezogen werden (s. zu III 2 e)). Straffreiheit für andere Delikte kann nur unter den ganz anderen Voraussetzungen des § 24 StGB (Rücktritt vom Versuch) eintreten.

Straffreiheit durch Selbstanzeige kann sowohl für eine versuchte als auch für eine vollendete Steuerhinterziehung erlangt werden. Nach den früheren Selbstanzeige-Bestimmungen bezog sich die Straffreiheit auch auf den Versuch der Steuerhinterziehung (vgl. dazu BayObLG, Urt. v. 23. 6. 1921 — 161/21, Slg. Henneberg, Teil A, Stichwort: „Selbstanzeige, Versuch“, S. 1; RG, Urt. v. 11. 5. 1922 — III 142/22,

RGSt Bd. 56 S. 385 = Slg. Henneberg, Teil A, Stichwort: „Selbstanzeige, Versuch“, S. 1; OLG Bremen, Urt. v. 31. 1. 1951 Ss 100/50, Slg. Henneberg, Teil A, Stichwort: „Selbstanzeige, Versuch“, S. 1 = DStZ/B 1951 S. 212; BGH, Urt. v. 20. 7. 1965 — 1 StR 95/65, StRK, § 410 AO a. F., R. 9 = Slg. Henneberg, Teil A, Stichwort: „Selbstanzeige, Versuch“, S. 4 = BB 1966 S. 107 = DStR 1966 S. 150).

a) Vollendung der Tat

Weitere Ausführungen über Vollendung, s. zu III 1 b).

b) Versuch der Tat

(1) Anwendung der Selbstanzeige-Bestimmung

Die Selbstanzeige bezieht sich auf die Fälle des § 370 AO, somit auch auf den Versuch, s. zu III 1 c).

(2) Rücktritt vom Versuch (§ 24 StGB), Unbeendet, beendet

§ 24 StGB ähnelt dem früheren § 46 StGB. Absatz 1 der neuen Bestimmung regelt den Rücktritt für den Fall des Alleintäters, Absatz 2 für den Fall mehrerer Tatbeteiligter

§ 24 StGB ist wie § 371 AO ein persönlicher Strafaufhebungsgrund, der nur dem Zurücktretenden selbst zugutekommt. Die Rechtsordnung belohnt denjenigen mit Straflosigkeit, der freiwillig von seiner Tathandlung zurücktritt. Der Täter denkt, freiwillig: Ich will nicht zum Ziele kommen, selbst wenn ich könnte. Unfreiwillig, wenn er sich sagt: Ich kann nicht, selbst wenn ich es wollte.

aa) Kein Vorrang des § 371 AO gegenüber § 24 Abs. 1 S. 1 StGB (Unbeendeter Versuch)

§ 24 Abs. 1 Satz 1 StGB spricht von Aufgeben der weiteren Ausführung, d. h. von Abbrechen der begonnenen Tathandlung. Nur bei Unterlassungsdelikten ist ein Handeln des Täters erforderlich. Freiwilligkeit ist gegeben, wenn die Tat nach der Vorstellung des Täters ohne wesentlich erhöhtes Risiko noch ausführbar und ihr Zweck noch erreichbar erscheint (vgl. BGH, Urt. v. 14. 4. 1955 — 4 StR 16/55, BGHSt Bd. 7 S. 296; Bockelmann, NJW 1955 S. 1417; Heinitz, JR 1956 S. 248).

Liegen die Voraussetzungen des § 24 Abs. 1 Satz 1 StGB vor, so kann der Täter straflos ausgehen (so auch Franzen/Gast, § 395 AO a. F., Tz. 169; Kohlmann, § 395 AO a. F., Rdnr. 197).

Beispiel:

Der Steuerpflichtige trägt zur Begründung eines beabsichtigten Antrags auf Steuererstattung oder -vergütung, Stundung oder Erlaß dem Finanzamt falsche Angaben vor. Er sieht aber dann doch davon ab, den Antrag zu stellen, z. B. weil er spürt, daß seine Angaben nicht ohne weiteres Glauben finden. Das gleiche gilt, wenn er einen bereits gestellten, aber noch nicht beschiedenen Antrag wieder zurücknimmt.

Ein Rücktritt nach § 24 Abs. 1 S. 1 StGB ist gegeben.

Die Freiwilligkeit fehlt, wenn die Tat unmöglich geworden ist, z. B. der Schmuggler die Ware vor der Grenze verloren hat oder wenn äußere Umstände ihm die Besorgnis alsbaldiger Entdeckung und Bestrafung so aufdrängen, daß er die weitere Tatausführung vernünftigerweise nicht auf sich nehmen kann.

bb) Vorrang des § 371 AO gegenüber § 24 Abs. 1 S. 2 StGB (Beendeter Versuch)

Es trifft die Ansicht des Beschwerdeführers zu, § 46 Nr. 2 StGB (jetzt § 24 Abs. 1 S. 2 StGB) sei hier nicht anwendbar, vielmehr komme nur § 410 RAO (jetzt § 371 AO) in Betracht. Diese Vorschrift enthält für die Fälle des Rücktritts vom beendeten Versuch eine Regelung, die von derjenigen des Strafgesetzbuches abweicht und schließt daher nach § 391 RAO (jetzt § 369 AO) für einige Tatbestände des Steuerstrafrechts die Anwendung des § 46 Nr. 2 StGB aus. Daß sich § 410 RAO auch auf die Fälle des beendeten Versuchs bezieht, ergibt sich ohne weiteres aus seinem Absatz 3 (jetzt § 371 Abs. 3 AO). Die Ansicht des Landgerichts, § 410 RAO greife nur in Fälle ein, in denen eine Anwendung des § 46 StGB nicht in Betracht komme, ist unzutreffend und widerspricht dem § 391 RAO, der den Sonderregelungen des Steuerstrafrechts den Vorrang einräumt. Vielmehr kann, wenn der Tatbestand eines versuchten Vergehens nach § 396 RAO vorliegt, die Heranziehung von § 46 StGB nur dann in Betracht kommen, wenn noch keine unrichtigen Angaben bei der Steuerbehörde gemacht worden sind; denn diesen Fall regelt § 410 RAO nicht (BayObLG, Urt. v. 18. 5. 1967 — RReg 4 a St 141/66, Slg. Henneberg, Teil A, Stichwort: „Selbstanzeige, Versuch", S. 3). Vgl. auch BGH, Urt. v. 18. 10. 1956 — 4 StR 166/56, BStBl. 1957 I S. 122 = StRK, § 396 AO a. F., R. 29 = Slg. Henneberg, Teil A, Stichwort: „Selbstanzeige, Versuch", S. 2 = ZfZ 1957 S. 56 = BB 1957 S. 210.

Beendet ist der Versuch, wenn der Täter getan hat, was nach seiner Vorstellung den Erfolg herbeiführen soll (vgl. BGH, Urt. v. 15. 1. 1960 — 4 StR 501/59, BGHSt Bd. 14 S. 75; v. 12. 2. 1969 — 2 StR 537/68, BGHSt Bd. 22 S. 330). Beim beendeten Versuch, also nach abgeschlossener Tathandlung, muß der Täter in erster Linie die Vollendung der Tat verhindern wollen und verhindern. Freiwillig muß der Täter dabei handeln.

Den formalen Gesichtspunkt des Entdeckens der Tathandlung stellt das Gesetz dabei im Gegensatz zu § 46 Nr. 2 StGB a. F. nicht mehr ausdrücklich auf.

An Stelle der Verhinderung der Tatvollendung läßt § 24 Abs. 1 Satz 2 StGB es genügen, wenn der Täter sich freiwillig und ernsthaft, d. h. nicht nur zum Schein, bemüht, die ihm noch möglich erscheinende Tatvollendung zu verhindern. Es genügt, daß er seine Maßnahmen dafür geeignet hält; ob sie es wären, ist ohne Bedeutung. Denn weitere Voraussetzung ist, daß die Tat ohne sein Zutun, d. h. unabhängig von seinen Bemühungen, nicht vollendet wird. Aus welchen Gründen das geschieht, ist ohne Bedeutung.

Die Vorschrift des § 371 AO ist Sondervorschrift (lex specialis) zu § 24 Abs. 1 Satz 2 StGB. Denn hier gilt, daß der § 371 AO für die Straffreiheit ein anderes Verhalten des Täters voraussetzt als § 24 Abs. 1 Satz 2 StGB — nämlich nicht irgendeine eigene, den Erfolg unrichtiger Steuerfestsetzung abwendende Tätigkeit (wie z. B. das bloße Bekenntnis falscher Steuererklärung) —, sondern die in § 371 AO beschriebene, der Finanzbehörde die gesetzentsprechende Steuerfestsetzung ermöglichende „Berichtigung". Die Meinung wird geteilt auch von Buschmann/Luthmann, S. 95; Ehlers/Lohmeyer, S. 60; Hartung, §§ 410, 411 AO a. F., Anm. VIII; Kohlmann, § 395 AO a. F., Rdnr. 199; Leise, WK, § 395 AO a. F., Anm. 14; Suhr/Naumann, S. 141, 285.

2. Keine Nebenfolgen gemäß § 375 AO

Die Vorschrift des § 375 AO, die dem § 401 AO a. F. ähnelt, sieht als Nebenfolgen einer Steuerhinterziehung den Verlust der Amtsfähigkeit und der Wählbarkeit (Absatz 1) sowie die Einziehung von Erzeugnissen, Waren und anderen Sachen vor (Absatz 2). Ausdrücklich aufgenommen ist die Begünstigung (s. § 369 Abs. 1 Nr. 4 AO).

Der Verlust der Amtsfähigkeit und der Wählbarkeit ist in den §§ 45 bis 45 b StGB geregelt.

Absatz 2, der die Einziehung bei Steuerhinterziehung, Bannbruch nach § 372 Abs. 2 AO, § 373 AO oder Steuerhehlerei nach § 374 AO regelt, entspricht voll inhaltlich dem § 401 Abs. 2 AO a. F.

§ 375 AO entfällt, wenn wirksam Selbstanzeige nach § 371 AO erstattet worden ist.

3. (Nicht-)Ahndung anderer Steuerordnungswidrigkeiten

a) Keine Ahndung wegen § 379 AO

Nach den Regeln der Gesetzeskonkurrenz ist es ausgeschlossen, daß wegen Steuergefährdung (§ 379 AO) noch eine Geldbuße festgesetzt wird.

Ist die Steuergefährdung in einen Verletzungstatbestand aufgegangen und hat der Steuerpflichtige wegen Steuerhinterziehung (§ 370 AO) rechtswirksam Anzeige erstattet, so ist eine Ahndung aus § 379 AO nicht mehr möglich, weil dies auch dem Grundsatz der Subsidiarität (Aufzehrung des Bußgeldtatbestandes) widersprechen würde (H-H-Sp, vor §§ 405 bis 408 a. F., Sp. 15; Suhr/Naumann, S. 238).
Bei leichtfertiger Steuerverkürzung, s. Teil 2 zu B VIII 2 a).

b) Ahndung wegen § 380 AO

Wird dagegen bei Vorliegen der Lohnsteuerhinterziehung (§ 370 AO) rechtswirksam Selbstanzeige erstattet, so ist eine Ahndung wegen

Nichtabführung der Lohnsteuer nach § 380 AO noch möglich. So hierzu OLG Frankfurt:

Sachverhalt:

Der Angeklagte ist kaufmännischer Leiter der Firma Y in Z. seit deren Gründung am 1. 1. 1963; im Oktober 1963 ist ihm Prokura erteilt worden. In dieser Eigenschaft war er für die Anmeldung und Abführung der einbehaltenen Lohnsteuer der im Betrieb beschäftigten Arbeitnehmer verantwortlich. In den Jahren 1963 und 1964 beschäftigte die Firma durchschnittlich 8 Arbeitnehmer. Von Februar 1963 bis August 1964 einschließlich unterließ es der Angeklagte, die von den gezahlten Arbeitslöhnen einbehaltenen Lohnsteuerbeträge anzumelden und abzuführen. Erst am 29. 9. 1964 meldete er diese Beträge für den gesamten zurückliegenden Zeitraum und zahlte gleichzeitig mittels Scheck einen Betrag von 15 923 DM beim Finanzamt ein, noch bevor seitens des Finanzamts eine steuerliche oder steuerstrafrechtliche Prüfung des Betriebs eingeleitet worden war.

Das Amtsgericht hatte den Angeklagten wegen Vergehens nach § 413 Abs. 1 Nr. 1 a RAO (jetzt § 380 AO) zu einer Geldstrafe von 1000 DM verurteilt. Auf die Berufung des Angeklagten hat die Strafkammer das Urteil aufgehoben und den Angeklagten freigesprochen.

Aus den Gründen:

Auf Grund des festgestellten Sachverhalts hat der Angeklagte den Tatbestand der Steuerhinterziehung, § 396 RAO (jetzt § 370 AO) erfüllt, indem er einbehaltene Lohnsteuerabzugsbeträge weder anmeldete noch rechtzeitig abführte, obwohl er wußte, daß er hierzu verpflichtet war. Der Angeklagte hatte als Verantwortlicher der Firma Y die Pflicht, die Lohnsteuer für Rechnung der Arbeitnehmer bei der Lohnzahlung einzubehalten und die Beträge spätestens am zehnten Tage nach Ablauf eines jeden Kalendermonats dem Finanzamt zu melden und abzuführen. Durch Nichtanmeldung und Nichtabführung täuschte er die Steuerbehörde über Entstehung und Höhe des Steueranspruchs. Mit Recht geht die Strafkammer aber davon aus, daß der Angeklagte gemäß § 410 RAO (jetzt § 371 AO) insoweit straffrei bleibt.

Gleichzeitig mit der Erfüllung des Tatbestandes des § 396 RAO hat der Angeklagte aber ein Steuervergehen gemäß § 413 Abs. 1 Nr. 1 a RAO (jetzt § 380 AO) verübt. Danach macht sich strafbar, wer „ohne den Tatbestand eines anderen Steuervergehens zu erfüllen“, vorsätzlich oder fahrlässig seiner Verpflichtung, Steuerabzugsbeträge einzubehalten und abzuführen, nicht vollständig oder nicht rechtzeitig nachkommt.

Die Strafbarkeit aus § 413 RAO entfällt — entgegen der Ansicht der Strafkammer — aber auch nicht dadurch, daß der Angeklagte wegen Steuerhinterziehung straflos bleibt.

Die Strafkammer meint: Nach dem Wortlaut der Bestimmung könne ein Täter, der trotz des Vorwurfs erfüllter Steuerhinterziehung gemäß § 410 RAO straflos bleibe, nicht aus § 413 RAO bestraft werden, weil er den Tatbestand eines Steuervergehens „erfüllt" habe. Denn die persönliche Straflosigkeit aus § 413 RAO beseitige die Tatsache der Erfüllung eines Steuervergehens nicht. Habe der Gesetzgeber den nach §§ 396, 410 RAO straflosen Täter nach § 413 RAO strafbar lassen wollen, so wäre ihm an einem entsprechenden Zusatz in § 413 RAO gelegen gewesen, den zu schaffen er mehrfach Anlaß gehabt habe.

Dieser Ansicht vermag der Senat nicht zu folgen. Gerade weil der Gesetzgeber einen dem § 410 RAO entsprechenden Zusatz in § 413 RAO nicht aufgenommen hat, muß davon ausgegangen werden, daß eine Bestrafung aus § 413 RAO auch dann möglich ist, wenn wegen des Verkürzungsdeliktes Straffreiheit aus § 410 RAO eintritt. Sinn und Zweck der Bestimmung, insbesondere ihre Entstehungsgeschichte, lassen erkennen, daß der Gesetzgeber mit der Fassung der Bestimmung des § 413 RAO dieser Norm keinen anderen als einen gegenüber den Verkürzungsdelikten subsidiären Charakter hat verleihen wollen (Urt. v. 8. 11. 1967 — 1 Ss 1134/66, Slg. Henneberg, Teil A, Stichwort: „Selbstanzeige, Umfang", S. 5 = NJW 1968 S. 263).

Die Ansicht des OLG Frankfurt ist zutreffend. Entfällt die Strafbarkeit wegen Lohnsteuerhinterziehung nach § 370 AO, so kann Ahndung wegen Gefährdung der Abzugsteuern nach § 380 AO in Betracht kommen (Opportunitätsprinzip). So auch OFD Bremen, Vfg. v. 22. 2. 1968 — S 1251 — St 91, StEK, AO, § 413 a. F., Nr. 5; Leise, WK, § 406 AO a. F., Anm. 9; a. M. Henneberg, NJW 1968 S. 717; Suhr, NWB, 1970, F. 13 S. 457. Es wäre wünschenswert, wenn der BGH über die Frage entscheiden würde.

Bei leichtfertiger Steuerverkürzung, s. Teil 2 zu B VIII 2 b).

4. Außerstrafrechtliche Folgen der Tat

Die Wirkung der Selbstanzeige beschränkt sich auf die strafrechtlichen Folgen der Steuerhinterziehung, nicht aber auf andere Maßnahmen (Folgen).

a) Disziplinarmaßnahmen

Zulässig bleiben Disziplinarmaßnahmen gegen einen Beamten, Richter oder Soldaten, der eine strafbefreiende Selbstanzeige erstattet hat (Terstegen, S. 122); denn im Disziplinarrecht wird der Staat nicht als Träger der Strafgewalt tätig, sondern als Dienstherr, der die Erfüllung der besonderen Pflichten eines bestimmten Lebenskreises sichert (vgl. auch BVerfG, Beschl. v. 2. 5. 1967 — 2 BvR 391/64 u. 263/66, BVerfGE Bd. 21 S. 378, 384; v. 2. 5. 1967 — 2 BvL 1/66, BVerfGE Bd. 21 S. 391, 403).

b) Steuerrechtliche Folgen

§ 71 AO begründet eine Haftung der Steuerhinterzieher und der Steuerhehler sowie der an deren Taten teilnehmenden Personen für die durch die Tat verkürzten Steuern und die zu Unrecht gewährten Steuervorteile sowie für die Zinsen nach § 235 AO.

(1) Haftung für verkürzte Steuern, Hinterziehungszinsen

§ 71 AO entspricht dem bisherigen § 112 AO. Die Haftung gilt auch für Anstifter, § 26 StGB und Gehilfen, § 27 StGB (vgl. BFH, Urt. v. 12. 12. 1956 — Vz 161/53, ZfZ 1957 S. 149 = StRK, § 396 AO a. F., R. 30).

Im Gegensatz zum früheren Recht umfaßt die Haftung auch die Hinterziehungszinsen (§§ 71, 235 AO).

§ 235 AO entspricht dem früheren § 4 a StSäumnG. Anregungen, die Hinterziehungszinsen im Hinblick auf § 73 Abs. 2 StGB (i. d. F. d. 2. StrRG) abzuschaffen, der die Verfallerklärung im Strafprozeß auf die gezogenen Nutzungen erstreckt, hat der Gesetzgeber nicht entsprochen. Einmal werden nicht immer entsprechende Nutzungen gezogen. Zum anderen ist z. B. eine Verfallerklärung nicht möglich, wenn ein Strafverfahren infolge Selbstanzeige nicht durchgeführt werden kann.

Der bisherige § 4 a StSäumnG enthält keine ausdrückliche Regelung, wer Zinsschuldner ist. § 235 AO bestimmt, daß derjenige Zinsschuldner ist, zu dessen Vorteilen die Steuern hinterzogen worden sind (Abs. 1 S. 2). Satz 3 enthält eine besondere Regelung für die Fälle des Steuerabzugs und der Verpflichtung zur Entrichtung von Steuern zu Lasten eines Dritten.

Absätze 2 und 3 des § 235 AO entsprechen den Absätzen 2 und 3 des § 4 a StSäumnG a. F. Nach Absatz 2 beginnt der Zinslauf mit dem Eintritt der Verkürzung, er endet nach Absatz 3 mit der Zahlung der hinterzogenen Steuer, wobei Zeiten der Verwirkung eines Säumniszuschlags, einer Stundung oder der Vollziehungsaussetzung ausgenommen sind.

(2) Verlängerte Festsetzungsfrist
bei hinterzogenen Steuern

Wie nach § 144 Abs. 1 AO a. F. beträgt nach § 169 Absatz 2 Satz 2 AO die Festsetzungsfrist zehn Jahre, soweit eine Steuer hinterzogen worden ist; bei leichtfertiger Steuerverkürzung (§ 378 AO) gibt es die fünfjährige Festsetzungsfrist.

Die Selbstanzeige des Steuerhinterziehers läßt den Lauf der zehnjährigen Frist unberührt (vgl. BFH, Urt. v. 14. 8. 1963 — V 230/60, HFR 1964 S. 182). Durch die verlängerte Frist soll eine Gleichstellung des Steuerhinterziehers mit dem Steuerehrlichen verhindert werden. Wer den Abgabenberechtigten hintergeht, muß längere Zeit mit seiner Inanspruchnahme rechnen als ein anderer, zumal sich bei Hinterziehung der Sachverhalt häufig schwer feststellen läßt (vgl. dazu T-K, § 144 a. F., Anm. 2).

Die längere Festsetzungsfrist bei Steuerhinterziehung bzw. leichtfertiger Steuerverkürzung gilt nach § 169 AO nur dann, wenn diese Tat durch den Steuerpflichtigen oder seinen Beauftragten begangen wurde. Hat eine sonstige Person die Tat begangen, so gilt die längere

Festsetzungsfrist dann nicht, wenn der Steuerpflichtige nachweist, daß er aus der Tat keinen Vermögensvorteil erlangt hat, und daß er bei der Organisation seines Betriebes die im Verkehr erforderliche Sorgfalt zur Verhinderung von Steuerverkürzungen aufgewendet hat.

Teil 2

Selbstanzeige bei leichtfertiger Steuerverkürzung nach § 378 Abs. 3 AO

GESETZESTEXT

§ 378 AO lautet:

(1) Ordnungswidrig handelt, wer als Steuerpflichtiger oder bei Wahrnehmung der Angelegenheiten eines Steuerpflichtigen eine der in § 370 Abs. 1 bezeichneten Taten leichtfertig begeht. § 370 Abs. 4 bis 6 gilt entsprechend.

(2) Die Ordnungswidrigkeit kann mit einer Geldbuße bis zu hunderttausend Deutsche Mark geahndet werden.

(3) Eine Geldbuße wird nicht festgesetzt, soweit der Täter unrichtige oder unvollständige Angaben bei der Finanzbehörde berichtigt oder ergänzt oder unterlassene Angaben nachholt, bevor ihm oder seinem Vertreter die Einleitung eines Straf- oder Bußgeldverfahrens wegen der Tat bekanntgegeben worden ist. § 371 Abs. 3 und 4 gilt entsprechend.

A. EINFÜHRUNG IN DIE VORSCHRIFT, RECHTSENTWICKLUNG UND RECHTSGRUNDLAGEN

Die dem heutigen § 378 AO (leichtfertige Steuerverkürzung) vergleichbare Vorschrift war § 367 AO 1919. Die Bestimmung lautete:

„(1) Wer fahrlässig als Steuerpflichtiger oder als Vertreter oder bei Wahrnehmung der Angelegenheiten eines Steuerpflichtigen bewirkt, daß Steuereinnahmen verkürzt oder Steuervorteile zu Unrecht gewährt oder belassen werden (§ 359 Abs. 1, 2), wird, soweit in den einzelnen Gesetzen nichts Abweichendes vorgeschrieben ist, wegen Steuergefährdung mit einer Geldstrafe bestraft, die im Höchstbetrag halb so hoch ist wie die für die Steuerhinterziehung angedrohte Geldstrafe.

(2) Eine Steuerumgehung (§ 5) ist nur dann als Steuergefährdung zu bestrafen, wenn die Verkürzung der Steuereinnahmen oder die Gewährung der ungerechtfertigten Steuervorteile dadurch bewirkt wird, daß der Täter vorsätzlich oder fahrlässig Pflichten verletzt, die ihm im Interesse der Ermittlung einer Steuerpflicht obliegen."

Es folgten zahlreiche Änderungen. So wurde gem. Art. VIII Nr. 6 der 3. StNotVO v. 14. 2. 1924 (RGBl. I S. 74, 87, 88) die Strafdrohung neugefaßt. Die AO in der Fassung von 1931 machte die Vorschrift als § 402 AO (fahrlässige Steuerverkürzung) neu bekannt, ohne sie jedoch inhaltlich zu ändern.

Durch Gesetz vom 7. 12. 1951 (BGBl. I S. 941) hatten die Selbstanzeige-Bestimmungen der §§ 410, 411 AO mit Wirkung vom 1. 1. 1952 eine Neufassung erhalten (s. dazu BStBl. 1952 II S. 456). Die erste Vorschrift bestimmte die Voraussetzungen der Straffreiheit für Steuerhinterziehung und Bannbruch, also nur noch für vorsätzliche Delikte, die andere die Straffreiheit für die fahrlässige Steuerverkürzung (§ 402 AO). Für die letzte Bestimmung sind die Voraussetzungen in Kraft geblieben, die bis zum 31. 12. 1951 für die strafbefreiende Selbstanzeige auf Grund von § 410 AO im Vereinigten Wirtschaftsgebiet (Bizone) galten; sie sind durch § 411 AO auf das gesamte Bundesgebiet einschl. West-Berlins erstreckt worden. § 411 AO lautete:

„(1) Wer in den Fällen des § 402, bevor ihm oder seinem Vertreter die Einleitung einer steuerstrafrechtlichen Untersuchung eröffnet worden ist, unrichtige oder unvollständige Angaben bei der Steuerbehörde berichtigt oder ergänzt oder unterlassene Angaben nachholt, bleibt insoweit straffrei.

(2) Die Vorschriften des § 410 Abs. 3 bis 5 gelten entsprechend.“

Die Neufassung der AO von 1956 brachte durch Gesetz vom 11. 5. 1956 (BGBl. I S. 418) zu § 402 AO sachliche Änderungen. In subjektiver Hinsicht verlangte das Gesetz nunmehr leichtfertiges Handeln, wenngleich die neue Bezeichnung „fahrlässige Steuerverkürzung“ dem nicht ganz Rechnung trug.

Die Bezeichnung „leichtfertige Steuerverkürzung“ erhielt die Vorschrift des § 404 AO erst durch das 2. AOStrafÄndG v. 12. 8. 1968 (BGBl. I S. 953). Die Bestimmung wurde als Bußgeldtatbestand neugefaßt. Die Umwandlung der früheren Strafvorschrift in eine Ordnungswidrigkeit wurde damit gerechtfertigt, daß es nach dem StGB keine fahrlässigen Vermögensdelikte mehr gibt. § 404 AO entsprach objektiv und subjektiv dem vorherigen § 402 AO. In Abs. 1 der Bestimmung wurden die Worte „oder der Vertreter“ als überflüssig gestrichen. Für den Begriff der „Steuerverkürzung“ verwies Abs. 1 S. 1 des § 404 AO auf § 392 AO (Steuerhinterziehung). Auch die Bestimmung des § 392 Abs. 3 AO, die den Begriff der „Vollendung“ für bestimmte Fälle festlegte, wurde ausdrücklich als auch für die leichtfertige Steuerverkürzung maßgebend aufgeführt, was der Praxis und Lehre entsprach. Der Abs. 5 des § 392 AO (Verkürzung von Eingangsabgaben zum Nachteil eines Partnerstaates der EG) galt entsprechend auch für die leichtfertige Steuerverkürzung (§ 404 Abs. 1 S. 2 AO). Neu aufgenommen wurde Abs. 3 über die Selbstanzeige. Diese war vorher in § 411 AO 1951 enthalten. Durch Abs. 4 wurde die Verjährungsfrist von 5 Jahren trotz Umwandlung in eine Ordnungsvorschrift aufrechterhalten. § 404 AO lautete:

„(1) Ordnungswidrig handelt, wer als Steuerpflichtiger oder bei Wahrnehmung der Angelegenheiten eines Steuerpflichtigen leichtfertig bewirkt, daß Steuereinnahmen verkürzt oder Steuervorteile zu Unrecht gewährt oder belassen werden (§ 392 Abs. 1 bis 3). § 392 Abs. 5 gilt entsprechend.

(2) Die Ordnungswidrigkeit kann mit einer Geldbuße bis zu hunderttausend Deutsche Mark geahndet werden.

(3) Eine Geldbuße wird nicht festgesetzt, soweit der Täter unrichtige oder unvollständige Angaben bei der Finanzbehörde berichtigt oder ergänzt oder unterlassene Angaben nachholt, bevor ihm oder seinem Vertreter die Einleitung eines Straf- oder Bußgeldverfahrens wegen der Tat bekanntgegeben worden ist. § 395 Abs. 3 und 4 gilt entsprechend.

(4) Für die Verjährung gilt § 402 entsprechend."

Der Abs. 4 des § 404 AO ist durch EGStGB v. 2. 3. 1974 (BGBl. I S. 469), 5. Abschn., Art. 161 Nr. 8 mit Wirkung vom 1. 1. 1975 (Art. 326 Abs. 4) gestrichen worden.

Der Entwurf der AO 1974 (BT-Drucks. VI/1982 S. 81 u. 197) ließ die bisherige Vorschrift des § 404 AO sachlich unverändert: § 362 enthielt lediglich einige redaktionelle Änderungen. § 368 (Verfolgungsverjährung) sah vor, daß die Verfolgung von Steuerordnungswidrigkeiten nach den §§ 362 bis 364 in fünf Jahren verjährt. Die ab 1. 1. 1977 geltende Bestimmung des § 378 AO über leichtfertige Steuerverkürzung (Abs. 1, 2) und Selbstanzeige (Abs. 3) entspricht § 362 EAO 1974.

Hinsichtlich der Verweisungen in Abs. 3 S. 2 des § 378 AO auf § 371 Abs. 3 und 4 AO, s. Teil 1 zu A.

B. RECHTSPRECHUNG UND SCHRIFTTUM

I. § 378 Abs. 3 AO und § 371 AO

§ 378 Abs. 3 AO gibt die Möglichkeit zur Selbstanzeige bei leichtfertiger Steuerverkürzung (§ 378 Abs. 1 und 2 AO). Diese Norm ist das Gegenstück zur strafbefreienden Selbstanzeige gemäß § 371 AO. Es kann somit weitestgehend hierauf — Teil 1 — Bezug genommen werden.

Die Selbstanzeige nach § 378 Abs. 3 AO stellt aber weit geringere Anforderungen an die bußgeldbefreiende Wirkung. Sie ist nämlich nur ausgeschlossen, wenn dem Täter oder seinem Vertreter die Einleitung des steuerlichen Straf- oder Bußgeldverfahrens bereits bekanntgegeben worden ist. Es ist also unschädlich, ob vor Erstattung der Selbstanzeige bereits ein Amtsträger der Finanzverwaltung zu Prüfungszwecken oder zur Ermittlung einer Steuerzuwiderhandlung erschienen ist oder dem Täter bekannt war oder er damit rechnen mußte, daß die Finanzbehörde die Steuerordnungswidrigkeit bereits entdeckt hatte. S. weiteres zu V 1 b), c).

II. Anwendungsbereich

1. Selbstanzeigefähige Steuerordnungswidrigkeit der leichtfertigen Steuerverkürzung (§ 378 AO)

a) Verübte Ordnungswidrigkeitentat

§ 378 Abs. 3 AO regelt die Selbstanzeige in den Fällen der leichtfertigen Steuerverkürzung. Er betrifft ausschließlich diese Tat, andere Steuerordnungswidrigkeiten sind nicht angesprochen. Das galt auch für § 404 Abs. 3 AO a. F. und vorher für § 411 AO 1951.

Es ist jeweilig zu prüfen, ob der Tatbestand der leichtfertigen Steuerverkürzung nach § 378 AO vorliegt.

(1) Tathandlungen nach § 370 AO
Geldbuße

Ordnungswidrig handelt nach § 378 Abs. 1 AO, wer als Steuerpflichtiger oder bei Wahrnehmung der Angelegenheiten eines Steuerpflichtigen eine der in § 370 Abs. 1 bezeichneten Taten leichtfertig begeht. § 370 Abs. 4 bis 6 gelten entsprechend.

Während § 370 AO die vorsätzliche Verkürzung des geschützten Rechtsguts mit Strafe bedroht, wird die leichtfertige Steuerverkürzung wie nach § 404 Abs. 2 AO a. F. mit Geldbuße bis zu 10 000 DM geahndet (§ 378 Abs. 2 AO). Zur Geldbuße, s. Pfaff, § 404 AO a. F., Tze. 250 ff.

(2) Schuldform, Leichfertigkeit

Vorsatz und Leichtfertigkeit sind die subjektiven Tatbestandselemente bei Steuerverfehlungen. Bei der Vorsatztat (Steuerhinterziehung, § 370 AO) ist zu fragen, welche objektiven Tatbestandsmerkmale vom (bedingten) Vorsatz umfaßt werden müssen. Vorsatz (Kurzformel: Wissen und Wollen der Tat) ist gegeben, wenn der Täter die Tatbestandsmerkmale, die das Gesetz voraussetzt, kennt und deren künftigen Eintritt nach dem voraussichtlichen Ablauf der Tathandlung voraussieht, die Tatbestandsverwirklichung will und die Vorstellung hat, den Tatablauf zu beherrschen. Der bedingte Vorsatz liegt vor, wenn der Täter die Tatbestandsverwirklichung nur für möglich hält, aber sie „billigt" oder „billigend in Kauf nimmt". Zur Bejahung des Hinterziehungsvorsatzes ist es nicht notwendig, daß dem Täter klar war, für welche Beträge im einzelnen und in welchem Zeitraum eine Verkürzung von Abgaben in Betracht kommen könne; es genügt, wenn er weiß, daß sein Tun oder Unterlassen unberechtigte steuerliche Vorteile bringt (BGH, Urt. v. 13. 10. 1963 — 1 StR 229/63, Slg. Henneberg, Teil A, Stichwort: „Vorsatz, Voraussetzungen", S. 4).

Im Steuerordnungswidrigkeitenrecht reicht Leichtfertigkeit aus (vgl. dazu § 10 OWiG). Was hierunter zu verstehen ist und in welchen Fällen meist die Schuldform gegeben ist, ergibt sich aus den nachfolgenden Ausführungen.

aa) Begriffsbestimmung

Der die Fahrlässigkeit einengende Begriff „leichtfertig“ wurde erstmalig bei der Änderung des § 402 AO 1931 durch Art. I Nr. 2 des Ges. v. 11. 5. 1956 (BGBl. I S. 418) in das Steuerstrafrecht eingeführt und durch das 2. AOStrafÄndG v. 12. 8. 1968 (BGBl. I S. 953) außer in § 404 AO a. F. (jetzt § 378 AO) auch in die Bußgeldtatbestände der §§ 405—407 AO a. F. (jetzt §§ 379—381 AO) übernommen, jedoch nicht in § 408 AO a. F. (jetzt § 382 AO).

Die Versuche einer näheren Umschreibung der Leichtfertigkeit sind in unterschiedliche Richtungen verlaufen, wenngleich sich schließlich eine einheitliche Meinung herausgebildet hat.

aa1) Auslegung

aa11) An Gewissenlosigkeit grenzende Nachlässigkeit

Nach Kühn (§ 404 AO a. F., Anm. 3 c) ist Leichtfertigkeit eine „an Gewissenlosigkeit grenzende Nachlässigkeit“. Auch Ehlers (StW 1965 S. 225) glaubt, daß der Begriff der Leichtfertigkeit nicht dem zivilrechtlichen Begriff der groben Fahrlässigkeit gleichgesetzt werden kann. Danach handelt ein Täter leichtfertig, wenn er nicht nur in bezug auf die eingetretene Steuerverkürzung, sondern auch sonst gleichgültig gegenüber der steuerlichen Ordnung ist und eine an Gewissenlosigkeit grenzende Nachlässigkeit hinsichtlich seiner steuerlichen Pflichten erkennen läßt.

Die Meinung von Ehlers war hauptsächlich auf die verfahrensrechtliche Vorschrift des § 477 Abs. 2 AO a. F. gestützt, die bereits durch die Änderung des § 153 StPO gem. Art. 10 Nr. 3 des Gesetzes zur Änderung der Strafprozeßordnung und des Gerichtsverfassungsgesetzes (StPÄG) v. 19. 12. 1964 (BGBl. I S. 1067) ihre Besonderheit verloren hatte und durch das 1. AOStrafÄndG v. 10. 8. 1967 (BGBl. I S. 877) aufgehoben worden ist.

In der Rechtsprechung und im Schrifttum wird die Ansicht, als leichtfertig sei ein an Gewissenlosigkeit grenzendes Verhalten anzusehen, auch als zu eng erachtet (BGH, Urt. v. 29. 4. 1959 — 2 StR 123/59, StRK, § 402 AO a. F., R. 4 = EStZ, Coring/Vogel, § 402 AO

a. F., Nr. 59 = DStZ/B 1959 S. 351 = ZfZ 1960 S. 275; Lohmeyer, FR 1964 S. 374; BB 1969 S. 567). Gewissenlosigkeit sei kein Merkmal der Leichtfertigkeit (BGH, Urt. v. 25. 9. 1959 — 4 StR 332/59, StRK, § 411 AO a. F., R. 2 = EStZ, Coring/Vogel, § 402 AO a. F., Nr. 60; Suhr/Naumann, S. 435).

aa12) Besonderer Leichtsinn, besondere Gleichgültigkeit

Das OLG Düsseldorf, Urt. v. 15. 10. 1958 — 2 Ss 591/58, DStZ/B 1959 S. 352 spricht sich ähnlich wie oben gegen die Gleichstellung von Leichtfertigkeit mit grober Fahrlässigkeit aus. Hiernach handelt der leichtfertig, wer aus besonderem Leichtsinn oder besonderer Gleichgültigkeit fahrlässig handelt (ähnlich Schöffengericht Berlin-Tiergarten, Urt. v. 28. 2. 1964 — 231 — 292/62, DStZ/B 1964 S. 336).

aa13) (Un-)bewußte Fahrlässigkeit

Bewußte Fahrlässigkeit, d. h. wer die Tatbestandsverwirklichung zwar für möglich hält, jedoch pflichtwidrig und vorwerfbar darauf vertraut, daß sie nicht eintreten werde (vgl. BGH, Urt. v. 22. 4. 1955 — 5 StR 35/55, BGHSt Bd. 7 S. 363), ist für die Annahme leichtfertigen Verhaltens nicht erforderlich (h. M., BGH, Urt. v. 29. 4. 1959 — 2 StR 123/59 — s. zu aa11) —; Göhler, § 5, Anm. 3 A c)), aber auch nicht ohne weiteres ausreichend (Lohmeyer, FR 1964 S. 375; Kohlmann, § 404 AO a. F., Rdnr. 45). Auch Fälle unbewußter Fahrlässigkeit, d. h. wer entweder die Sorgfalt außer acht läßt, zu der er nach den Umständen und seinen persönlichen Verhältnissen verpflichtet und fähig ist und deshalb die Tatbestandsverwirklichung nicht erkennt (vgl. RG, Urte. v. 28. 3. 1924 — I 818/23, RGSt Bd. 58 S. 130; v. 14. 6. 1927 — I 303/27, RGSt Bd. 61 S. 318), können bei entsprechend grober Schlamperei, grober Gleichgültigkeit oder Nachlässigkeit den Vorwurf der Leichtfertigkeit nicht begründen.

aa14) Grobe Fahrlässigkeit

Die wohl herrschend zu bezeichnende Meinung geht von der Überlegung aus, daß sich der Begriff der Leichtfertigkeit im StGB und in anderen strafrechtlichen Nebengesetzen findet. Hiernach entspricht der Begriff der Leichtfertigkeit zunächst „etwa" der groben Fahrlässigkeit des Zivilrechts (vgl. RG, Urte. v. 8. 12. 1936 — 1 D 345/36, RGSt Bd. 71 S. 23; v. 12. 4. 1937 — 2 D 32/36, RGSt Bd. 71 S. 174; v. 4. 7. 1938 — 2 D 329/38, HRR 1939 S. 257; v. 3. 6. 1940 — 3 D 105/40, HRR 1940 S. 1148; BGH, Urte. v. 3. 7. 1951 — 1 StR 287/51; v. 15. 12. 1953 — 5 StR 253/53, zit. bei Dallinger, MDR 1956 S. 396; v. 13. 4. 1960 — 2 StR 593/59, BGHSt Bd. 14 S. 240; v. 18. 11. 1960 — 4 StR 131/60, EStZ, Coring/Vogel, § 402 AO a. F., Nr. 67; v. 16. 1. 1962 — 1 StR 480/61, GA 1963 S. 97; v. 15. 10. 1963 — 1 StR 229/63, GA 1964 S. 129; BayObLG, Urt. v. 18. 12. 1958 — RReg 4 St 96/58, NJW 1960 S. 734; OLG Stuttgart, Urt. v. 26. 5. 1965 — 1 Ss 600/64, Inf 1966 S. 10). Bei der groben Fahrlässigkeit des Zivilrechts, wo objektive Maßstäbe angelegt werden können, wird der für die Leichtfertigkeit entscheidende Grad der Voraussehbarkeit am „Normalbürger“ gemessen. Das ist im Straf- und Ordnungswidrigkeitenrecht nicht möglich. Eine Steigerung der Voraussehbarkeit für den einzelnen Täter liegt hier vor, wenn Umstände vorhanden sind, die beim Täter, also nach dessen Fähigkeiten und Kenntnissen, erhebliche Zweifel hinsichtlich der Tatbestandsverwirklichung hätten aufkommen lassen müssen (vgl. OLG Celle, Urt. v. 19. 12. 1963 — 1 Ss 402/63, NJW 1964 S. 989; KG Berlin, Urt. v. 19. 9. 1968 — 2 Ss 85/68, BB 1969 S. 567; BFH, Urt. v. 21. 2. 1969 — VI R 113/66, BStBl. 1969 II S. 316; Kohlmann, § 404 AO a. F., Rdnr. 51, 52). Leichtfertig handelt sonach, wer die Sorgfalt außer acht läßt, zu der er nach den besonderen Umständen des Falles und seinen persönlichen Fähigkeiten und Kenntnissen verpflichtet und imstande ist, obwohl sich ihm hätte aufdrängen müssen, daß dadurch eine Rechtsverletzung eintreten wird.

aa15) Anwendung im Steuerordnungswidrigkeitenrecht

Es gibt keine Anhaltspunkte, die es rechtfertigen könnten, den Begriff der Leichtfertigkeit im Steuerordnungswidrigkeitenrecht anders als im allgemeinen Strafrecht auszulegen. Die Leichtfertigkeit ist aber auch hier der groben Fahrlässigkeit gleichzustellen. Es kommt dabei auch auf die persönlichen Kenntnisse, Fähigkeiten, den Bildungsgrad, der Persönlichkeit des Täters und die Verhältnisse des Einzelfalles an (vgl. dazu BGH, Urt. v. 29. 4. 1959 — 2 StR 123/59,

— s. zu aa1 1) —; BayObLG, Urte. v. 22. 6. 1967 — RReg 4 a St 6/67, ZfZ 1968 S. 246; v. 21. 10. 1971 — RReg 4 St 514/71, OWi, BB 1971 S. 1544; OLG Bremen, Urt. v. 17. 8. 1960 — Ss 56/60, EStZ, Coring/Vogel, § 402 AO a. F., Nr. 64 = ZfZ 1960 S. 371; OLG Hamm, Urte. v. 21. 11. 1958 — 2 Ss 839/58, EStZ, Coring/Vogel, § 402 AO a. F., Nr. 55; v. 28. 6. 1963 — 1 Ss 655/63, EStZ, Coring/Vogel, § 402 AO a. F., Nr. 71 = BB 1963 S. 1004; v. 14. 2. 1964 — 1 Ss 1495/63, EStZ, Coring/Vogel, § 402 AO a. F., Nr. 72; OLG Karlsruhe, Urt. v. 17. 11. 1960 — 1 Js 171/60, EStZ, Coring/Vogel, § 402 AO a. F., Nr. 66 = BB 1961 S. 437 = DStZ/B 1963 S. 82; Beschl. v. 9. 3. 1971 — 3 Ss (B) 104/70, Slg. Henneberg, Teil A, Stichwort: „Leichtfertigkeit, Begriff", S. 16 = B 1972 S. 661; OLG Schleswig, Urt. v. 6. 2. 1963 — 1 Ss 547/63, SchlHA 1963 S. 249 = ZfZ 1964 S. 4 343 = DStZ/B 1965 S. 74; auch Barske/Gapp, S. 21; Bauerle, S. 58; Buschmann/Luthmann, S. 73; Ehlers/Lohmeyer, S. 30; Franzen/Gast, § 404 AO a. F., Tz. 23; Hartung, § 402 AO a. F., Anm. II 5 a; § 413 AO a. F., Anm. II 1; H-H-Sp, § 404 a. F., Sp. 28; Leise, WT 1961 S. 124; BB 1961 S. 438; Lohmeyer, NJW 1960 S. 1798; Inf 1963 S. 134; FR 1964 S. 374; Stbg 1966 S. 114; UStR 1972 S. 197; DStZ/A 1974 S. 426; Stuber, DStZ/A 1960 S. 108; Sudau, S. 87; Suhr/Naumann, S. 229; Troeger/Meyer, S. 117, 154, 235, 263).

aa2) Dauerordnungswidrigkeit, Dauertat

Da die Steuerordnungswidrigkeit des § 378 AO keine Steuerstraftat ist, kann man im Wiederholungsfalle nur von einer Dauerordnungswidrigkeit oder Dauertat, nicht jedoch von einer Dauerstraftat oder einem Dauerdelikt sprechen. Streng zu unterscheiden von der Dauerordnungswidrigkeit ist die fortgesetzte Handlung (Fortsetzungszusammenhang, s. dazu Pfaff, § 392 AO a. F., 210 ff.).

Die bisherige höchstrichterliche Rechtsprechung besagt, daß eine Dauerstraftat, und so auch die Dauerordnungswidrigkeit nur durch Unterlassen denkbar ist, so durch die Nichtabgabe von Steuererklärungen (vgl. RG, Urte. v. 22. 1. 1925 — II 819/24, RGSt Bd. 59 S. 53 = EStZ, Coring/Vogel, § 402 AO a. F., Nr. 4; v. 7. 7. 1925 — I 25/25, RGSt Bd. 59 S. 281 = EStZ, Coring/Vogel, § 402 AO a. F., Nr. 5; v. 2. 7. 1928 — II 1164/27, RGSt Bd. 62 S. 212 = EStZ, Coring/Vogel,

§ 402 AO a. F., Nr. 13; v. 18. 2. 1932 — 3 D 907/31, EStZ, Coring/Vogel, § 402 AO a. F., Nr. 15; v. 4. 3. 1938 — 1 D 852/37, RGSt Bd. 72 S. 119; v. 8. 8. 1941 — 4 D 207/41, RStBl. 1941 S. 953; BGH, Urte. v. 25. 9. 1952 — 3 StR 983/51, EStZ, Coring/Vogel, § 402 AO a. F., Nr. 39; v. 4. 2. 1954 — 4 StR 724/53, BGHSt Bd. 5 S. 311; v. 22. 11. 1959 — 5 StR 503/59, EStZ, Coring/Vogel, § 402 AO a. F., Nr. 61; BayObLG, Urt. v. 6. 10. 1960 — RReg 4 St 210/60, EStZ, Coring/Vogel, § 402 AO a. F., Nr. 65; OLG Frankfurt, Urt. v. 22. 2. 1955 — 2 We 708/54, EStZ, Coring/Vogel, § 402 AO a. F., Nr. 48; auch Buschmann, BlStA 1960 S. 100; Hartung, § 402 AO a. F., Anm. IV 2; H-H-Sp, § 404 a. F., Sp. 45; Lohmeyer, NJW 1956 S. 1546; FR 1961 S. 252; BB 1969 S. 567; Pfaff, FR 1960 S. 624; Suhr, NWB 1958 F. 13 S. 166). Vgl. dagegen KG Berlin, Urt. v. 19. 9. 1968 — 2 Ss 85/68, BB 1969 S. 567.

bb) Rechtsfälle

Verletzung steuerlicher Pflichten

Nachfolgend soll an Hand von Gerichtsentscheidungen kurz die Grundsätze dargelegt werden, wann der Steuerpflichtige oder der Angehörige der steuerberatenden Berufe, insbesondere bei Verletzung der Sorgfalts- und Überwachungspflicht, leichtfertig gehandelt und den Tatbestand der leichtfertigen Steuerverkürzung nach § 378 AO erfüllt hat. Ist die Tat begangen, so kann durch Selbstanzeige Bußgeldfreiheit erlangt werden.

bb1) Steuerpflichtiger

bb11) Sorgfaltspflicht, Erkundigungspflicht

Es ist anerkannt, daß derjenige, der einen bestimmten Beruf oder ein bestimmtes Gewerbe ausübt, sich über die steuerlichen Pflichten, die mit dem Beruf oder Gewerbe verbunden sind, zu unterrichten hat und daß ihm demgemäß zur Vermeidung eines Schuldvorwurfs eine Pflicht zur Erkundigung trifft (OLG Hamm, Urte. v. 28. 6. 1963 — 1 Ss 655/63, EStZ, Coring/Vogel, § 402 AO a. F., Nr. 71 = BB 1963 S. 1004; v. 14. 2. 1964 — 1 Ss 1495/63, EStZ, Coring/Vogel, § 402 AO a. F., Nr. 72; v. 28. 2. 1964 — 1 Ss 1576/63, EStZ, Coring/Vogel, § 402 AO a. F., Nr. 73 = BB 1964 S. 871).

Es heißt, daß der Angeklagte zwar die Umsatzsteuerpflichtigkeit der Umsätze weder kannte noch die Möglichkeit dabei in Betracht zog und in Kauf nahm, ihn insoweit aber insbesondere als Kaufmann im Getreidegroßhandel eine Erkundigungspflicht traf, der er nicht nachgekommen ist. Den besonders hohen Grad der Pflichtwidrigkeiten sieht der Tatrichter außer in der Kaufmannseigenschaft des Angeklagten darin, daß dieser jeder steuerlichen Erfassung aus dem Wege gegangen ist, obwohl die Frage der Nachprüfbarkeit der steuerlichen Vorgänge nahelag und sich dem Angeklagten die Möglichkeit einer Steuerpflicht geradezu hätte aufdrängen müssen (OLG Bremen, Urt. v. 17. 8. 1960 — Ss 56/60, ZfZ 1960 S. 371).

Leichtfertigkeit i. S. des § 404 RAO (jetzt § 378 AO) kann allein schon darin begründet sein, daß der Betroffene es unterlassen hat, die erforderlichen Buchnachweise zu führen. Das Wissen von dieser Verpflichtung gehört zu seinen Berufspflichten. Hat er sich dieses Wissen nicht verschafft, kann schon allein darin eine Leichtfertigkeit liegen.

Zur Feststellung der groben Fahrlässigkeit ist es nicht erforderlich, daß das Finanzamt den Unternehmer zuvor auf seine steuerlichen Pflichten aufmerksam gemacht hat (BayObLG, Urt. v. 21. 10. 1971 — RReg 4 St 514/71, OWi, Slg. Henneberg, Teil A, Stichwort: „Leichtfertigkeit", S. 18 = BB 1971 S. 1544; zustimmend auch in StQ, AO, 1972, §§ 391—449 a. F., Nr. 442, 485).

Bei zweifelhafter Rechtslage hat der Steuerpflichtige die Pflicht, sich zu erkundigen (BayObLG, Urt. v. 9. 10. 1951 — RReg 1 St 159/51, EStZ, Coring/Vogel, § 402 AO a. F., Nr. 35).

Weitere Rechtsprechung hierzu: RG, Urte. v. 22. 6. 1923 — V 222/23, RGSt Bd. 57 S. 329 = EStZ, Coring/Vogel, § 402 AO a. F., Nr. 3; v. 2. 5. 1927 — II 21/27, RGSt Bd. 61 S. 259 = EStZ, Coring/Vogel, § 402 AO a. F., Nr. 11; v. 10. 5. 1927 — 1 D 174/27, EStZ, Coring/Vogel, § 402 AO a. F., Nr. 12 = StW 1927 Nr. 209; OLG Hamburg, Urt. v. 27. 10. 1954 — Ss 159/54, EStZ, Coring/Vogel, § 402 AO a. F., Nr. 46 = ZfZ 1955 S. 83; OLG Bremen, Urt. v. 6. 2. 1963 — 1 Ss 547/62, ZfZ 1964 S. 343.

OLG Karlsruhe, Beschl. v. 9. 3. 1971 — 3 Ss (B) 104/70, B 1972 S. 661 (unrichtige Abgabe der Steuererklärung); LG Berlin, Urt. v.

22. 12. 1967 — 505 a/505 — 116/67, DStZ/B 1968 S. 183; KG Berlin, Urt. v. 19. 9. 1968 — 2 Ss 85/68, BB 1969 S. 567 (Nichtabgabe bzw. verspätete Abgabe der Steuererklärung); BGH, Urt. v. 15. 10. 1963 — 1 StR 229/63, GA 1964 S. 129 (unberechtigte Steuervorteile).

bb12) Überwachungspflicht, Kontrolle

1. Vertreter, Hilfskraft

Es ist Aufgabe des Steuerpflichtigen, sich um seine steuerlichen Pflichten zu kümmern. Dies gilt insbesondere dann, wenn er einen Vergünstigungstatbestand in Anspruch nehmen will. Zu diesen Pflichten gehört nicht nur die Weisung an den Vertreter, keine Waren an Endverbraucher abzugeben, sondern auch eine — mindestens stichprobenweise — durchzuführende Kontrolle, ob die Angaben der Vertreter über ihre Abnehmer auch richtig sind. Denn der Betroffene kann sich nicht immer, auch wenn ihm die Vertreter vertrauenswürdig erscheinen, mit der summarischen Erklärung begnügen, daß die Abnehmer Unternehmer sind. Er muß vielmehr auf Grund von Einzelangaben sich Gewißheit über ihre Eigenschaft als Unternehmer verschaffen (BayObLG, Urt. v. 21. 10. 1971 — RReg 4 St 514/71, OWi — s. zu bb11) —).

Mit Recht geht das Landgericht davon aus, daß ein Gewerbetreibender, der infolge der Größe seines Betriebes, des Umfanges seiner sonstigen Pflichten oder infolge des Mangels eigener zureichender Sachkunde nicht in der Lage ist, die Entgelte aus den Umsätzen des Unternehmens vorschriftsmäßig aufzuzeichnen, zusammenzustellen und anzumelden, berechtigt ist, hiermit geeignete Angestellte — oder freiberuflich tätige Angehörige der steuerberatenden Berufe — zu beauftragen. Der Unternehmer bleibt aber verpflichtet, die Ausführung der entsprechenden Aufträge zu überwachen, sich vor allem darüber zu vergewissern, ob die Hilfskräfte genügend zuverlässig und sachkundig sind. Der Umfang dieser Nachprüfung richtet sich danach, ob und in welchem Ausmaße der Betriebsinhaber Grund zu der Annahme hat, seine Hilfskräfte seien unzuverlässig oder der Aufgabe fachlich nicht gewachsen. Aber auch dann, wenn der Gewerbetreibende seinen Buchhalter aus guten Gründen für zuverlässig und kenntnisreich halten darf, handelt er fahrlässig (jetzt grobfahrlässig), wenn er sich völlig auf ihn verläßt (RGSt Bd. 61 S. 186). Gelegenheitliche Kontrollen sind auch gegenüber einer solchen Hilfskraft unerläßlich. Eine weitergehende Überwachung und Aufsicht ist notwendig, wenn der Unternehmer nicht sicher ist, ob sein Buchhalter gewissenhaft ist und das anzuwendende Steuerrecht kennt. Ist der Unternehmer zu einer solchen Aufsicht nicht in der Lage, weil es ihm selbst an der erforderlichen Sachkenntnis fehlt, so muß er einen ihm als zuverlässig und erfahren bekannten Angehörigen der steuerberatenden Berufe hinzuziehen (BGH, Urt. v. 3. 6. 1954 — 3 StR 302/53, BGHSt Bd. 7 S. 336 = LM, § 402 AO a. F., Nr. 3 = BStBl. 1955 I S. 329 = StRK, § 396 AO a. F., R. 21 = EStZ, Coring/Vogel, § 410 AO a. F., Nr. 35 = Slg. Henneberg, Teil A, Stichwort: „Selbstanzeige, Nachzahlung", S. 3 = DStR 1955 S. 444 = BB 1955 S. 823 = B 1955 S. 888; auch Hartung, § 402 AO a. F., Anm. II 5 c) ee)).

Weitere Rechtsprechung: OLG Hamm, Urt. v. 20. 11. 1958 — 2 Ss 839/58, EStZ, Coring/Vogel, § 402 AO a. F., Nr. 55 = ZfZ 1959 S. 122; OLG Karlsruhe, Urt. v. 17. 11. 1960 — 1 Js 171/60, EStZ, Coring/Vogel, § 402 AO a. F., Nr. 66 = BB 1961 S. 437. Auch Suhr, NWB, 1970, F. 13 S. 452.

2. Steuerlicher Berater

Auch wenn ein Gewerbetreibender fremde, sachkundige Personen zur Erfüllung seiner sich aus den Steuergesetzen ergebenden Pflichten heranzieht, ist er der Verantwortlichkeit nicht ohne weiteres enthoben. Er muß seinen steuerlichen Berater im Rahmen des Zumutbaren und Möglichen beaufsichtigen und dabei im Auge behalten, ob der Inhalt der ihm zur Unterschrift vorgelegten Erklärungen frei von Fehlern und Irrtümern ist. Vor allem ist es aber seine Pflicht, den Steuerberater rechtzeitig und laufend mit den erforderlichen Unterlagen und Belegen zu versorgen, vgl. auch RG, JW 1938 Nr. 11; RGSt Bd. 61 S. 81 (BGH, Urt. v. 20. 12. 1954 — 3 StR 833/53, BStBl. 1955 I S. 365 = EStZ, Coring/Vogel, § 402 AO a. F., Nr. 47).

Der Angeklagte war nicht dadurch jeder, auch der einfachsten eigenen Prüfung enthoben, daß er mit der Ausarbeitung der Steuererklärung die Landesbuchstelle beauftragt hatte. Ein Steuerpflichtiger, der sich zur Behandlung seiner Angelegenheiten der Hilfe anderer Personen bedient, hat grundsätzlich die Pflicht, die ordnungsmäßige Erledigung, insbesondere bei eigener Unterschrift in der Steuererklärung, zu überwachen (vgl. BGH in BStBl. 1955 I S. 363 — s. oben —; OLG Düsseldorf in Deutsche Steuerzeitung, Ausgabe B 1959 S. 354 — s. zu aa) aa1) aa12) —). Dies gilt auch gegenüber selbständigen Steuerfachleuten. Mag sich insbesondere bei einem wenig geschäftsgewandten Landwirt die Pflicht zur Prüfung nicht auf kleinere Einzelheiten erstrecken, so besteht sie doch jedenfalls in bezug auf einen auffallend großen Posten, dessen steuerliche Besonderheit dem Steuerpflichtigen bekannt ist (BayObLG, Urt. v. 21. 2. 1963 — RReg 4 St 356/62, EStZ, Coring/Vogel, § 402 AO a. F., Nr. 70). S. auch BGH in BGHSt Bd. 7 S. 336.

Vgl. weiter BayObLG, Urt. v. 6. 10. 1960 — RReg 4 St 210/60, EStZ, Coring/Vogel, § 402 AO a. F., Nr. 65.

bb2) Angehöriger der steuerberatenden Berufe

bb21) Beratungsvertrag

Wenn der Steuerpflichtige und sein Berater bei der Erfüllung steuerlicher Pflichten zusammenwirken, so ergibt sich das Ausmaß der Verantwortlichkeit des Steuerberaters gegenüber der Finanzbehörde grundsätzlich aus dem Umfang der Aufgaben, die er gegenüber dem Steuerpflichtigen übernommen hat (RG, JW 1924 S. 1879). In der Regel muß daher ermittelt werden, welche Aufgaben der bei der Abgabe von Steuererklärungen mitwirkende Steuerberater in dem Beratungsvertrag ausdrücklich oder stillschweigend übernommen hat (BayObLG, Urt. v. 24. 9. 1958 — RReg 1 St 626/56, BayObLGSt 1958 S. 232 = EStZ, Coring/Vogel, § 402 AO a. F., Nr. 53 = ZfZ 1960 S. 343).

bb22) Sorgfalts- und Überwachungspflicht

Die Urteilsfeststellungen lassen keinen Zweifel darüber, daß der angeklagte Steuerberater die Voranmeldungen und Steuererklärungen lediglich an Hand der ihm zur Verfügung gestellten Bücher zu entwerfen, d. h. also, daß er auf Grund der ohne seine geistige Mitwirkung zustandegekommenen Unterlagen die Formulare rechnungsmäßig auszufüllen hatte.

Ein Verschulden im Sinne des § 402 RAO (jetzt § 378 AO) würde ihn nur dann treffen, wenn er bei einer pflichtgemäßen und ihm nach Lage der Sache möglichen Prüfung hätte erkennen können, daß die von ihm auf Grund der Bücher entworfenen Voranmeldungen und Steuererklärungen unrichtig und geeignet seien, eine Verkürzung der Steuereinnahmen des Reiches (jetzt Bundes) herbeizuführen. Wer von einem Steuerpflichtigen beauftragt ist, an Hand bestimmter ihm zur Verfügung gestellter Unterlagen, auf deren Inhalt er keinen Einfluß hat, die rechnerische Ausfüllung von Voranmeldungs- und Steuererklärungsformularen vorzunehmen, hat nicht die Pflicht zu einer Nachprüfung der Richtigkeit und Vollständigkeit der ihm gegebenen Unterlagen. Daß der Angeklagte etwa Anlaß gehabt hätte, auch ohne Nachprüfung der Unterlagen ihre Richtigkeit und Vollständigkeit und damit die Richtigkeit der von ihm entworfenen Voranmeldungen und Steuererklärungen in Zweifel zu ziehen, hat die Strafkammer ersichtlich nicht für nachweisbar erachtet (RG, Urt. v. 6. 6. 1932 — 2 D 567/32, EStZ, Coring/Vogel, § 402 AO a. F., Nr. 16).

Wer in der Vertrauensstellung eines Steuerberaters mit der Buchführung für einen Gewerbetreibenden beauftragt ist und die Buchführung durch seine Angestellten ausführen läßt, hat die Pflicht, seine Angestellten, insbesondere dann, wenn sie in der Buchführung nicht sonderlich erfahren sind, zu überwachen und die Richtigkeit und Ordnungsmäßigkeit der Buchführung persönlich nachzuprüfen. Das muß in der Strafsache um so mehr gelten, als der angeklagte Steuerberater nach seiner eigenen Darstellung seinen Angestellten den Rat gegeben hatte, bei einem Mißverhältnis zwischen Einnahmen und Ausgaben in den Büchern des Kunden einen Zusatzbetrag zu buchen. Da der Berater mit Rücksicht auf den erteilten Rat zu einer besonderen Sorgfalt gehalten war, hätte er sich durch Befragen seiner Angestellten darüber vergewissern müssen, ob die Eintragungen in die Bücher auf Grund ordnungsmäßiger Unterlagen erfolgt seien, ob Zusatzschätzungen stattgefunden hätten und in den Büchern kenntlich gemacht seien (RG, Urt. v. 13. 7. 1932 — 2 D 400/32, RStBl. 1932 S. 691 = EStZ, Coring/Vogel, § 402 AO a. F., Nr. 17).

Das Maß der Sorgfalt, das der Steuerberater bei Erfüllung seiner Aufgaben anzuwenden hat, bestimmt sich nach den allgemeinen Grundsätzen, wie sie auch für Steuerpflichtige selbst zu gelten haben. Danach hat der Steuerberater im Rahmen der ihm verfügbaren Möglichkeiten dafür Sorge zu tragen, daß die Steuern in voller Höhe entrichtet werden; erforderlichenfalls muß er den Steuerpflichtigen auf seine Verpflichtungen hinweisen, vgl. u. a. RG, Urt. 3 D 268/36 v. 12. 10. 1936, RStBl. 1937 S. 483.

Die Auffassung, ein Steuerhelfer dürfe in Kenntnis der Nichtordnungsmäßigkeit der Buchführung keine Erklärungen abgeben, die auf den Ergebnissen dieser Buchführung beruhen, ohne dem Finanzamt vom Zustand der Buchführung Kenntnis zu geben, trifft nicht zu. Mindestens in dieser Allgemeinheit besteht keine Verpflichtung des Steuerhelfers, dem Finanzamt davon Mitteilung zu machen, daß er nicht in der Lage gewesen sei, seinen Pflichten als Steuerberater nachzukommen; vgl. RG, Urt. 2 D 400/32 v. 13. 7. 1932 — s. zu oben — (BGH, Urt. v. 26. 1. 1954 — 5 StR 433/53, StRK, § 402 AO a. F., R. 1 = EStZ, Coring/Vogel, § 402 AO a. F., Nr. 44).

Die Übergabe unvollständiger Unterlagen an einen Steuerbevollmächtigten mit dem Auftrag, die Buchführung zu erstellen, entlastet diesen nicht von der Verpflichtung, eine nach den für ihn geltenden Berufsgrundsätzen und den Anforderungen des Finanzamts entsprechende Buchführung zu erstellen. Ist ihm dies nicht möglich, was einem Fachmann ohne weiteres erkennbar sein muß, so ist er verpflichtet, notfalls seine Arbeiten wegen Fehlens der erforderlichen sachlichen Mitwirkung des Auftraggebers einzustellen. Keinesfalls darf er durch fehlerhafte Buchungen einen Ausgleich zu schaffen suchen. Gegen den Auftraggeber sprechende Umstände entlasten ihn dabei nicht (OLG Hamburg, Urt. v. 20. 6. 1951 — 4 U 104/50, EStZ, Coring/Vogel, § 402 AO a. F., Nr. 34 = B 1961 S. 588).

Der Steuerberater hat wichtige Gemeinschaftsaufgaben zu erfüllen. Seine Tätigkeit darf sich nicht in einer schrankenlosen Wahrnehmung der Interessen des Auftraggebers erschöpfen. Er darf nichts tun, was seinem Auftraggeber einen im Gesetz nicht vorgesehenen Steuervorteil verschaffen könnte. Nötigenfalls muß er sich gegen seinen Auftraggeber durchzusetzen wissen. Erkennt er, daß sein Auftraggeber zur steuerlichen Unzuverlässigkeit neigt, muß er sich bemühen, ihn hiervon abzubringen und ihn gegebenenfalls zur Selbstanzeige veranlassen. Gelingt ihm dies nicht, so ist er unter Umständen gehalten, den Auftrag zurückzugeben. Er hat sich als Wahrer des Rechts zu fühlen. Sein Beruf kommt einem öffentlichen Amte nahe (OLG Celle, Urt. v. 2. 6. 1960 — 10 U 151/59, B 1960 S. 1181).

Weiteres Pfaff, § 392 AO a. F., Tze. 22, 105 ff.; § 404 AO a. F., Tze. 137 ff. S. auch zu c) (2) aa).

b) Vollendung, kein Versuch

Die Selbstanzeige nach § 378 Abs. 3 AO bezieht sich auf die vollendete leichtfertige Steuerverkürzung, nicht auf den Versuch. Zur Vollendung und zum Versuch, s. Teil 1 zu B III 1 b) und 1 c).

§ 411 Abs. 1 AO 1951 betraf die fahrlässige Steuerverkürzung, bei der der tatbestandsmäßige Erfolg dem in § 410 Abs. 3 RAO genannten glich und ein Versuch schon begrifflich nicht möglich war (OLG Celle, Urt. v. 19. 12. 1963 — 1 Ss 402/63, Slg. Henneberg, Teil A, Stichwort: „Selbstanzeige, Untersuchung, Einleitung“, S. 5 = DStZ/B 1964 S. 184 = NJW 1964 S. 989; auch OLG Hamm, Urt. v. 25. 3. 1960 — 3 Ss 1442/59, EStZ, Coring/Vogel, § 402 AO a. F., Nr. 62 = DStZ/B 1960 S. 173 = NJW 1960 S. 1830: Versuchte fahrlässige Steuerverkürzung nach § 402 RAO ist nicht strafbar).

Der Versuch einer Ordnungswidrigkeit ist nur dann ahndbar, wenn dies im Gesetz steht, § 13 Abs. 2 OWiG (s. auch BT-Drucks. V/1269 S. 47). Da § 378 AO eine derartige Regelung nicht vorsieht, ist der Versuch einer leichtfertigen Steuerverkürzung nicht ahndbar. Eine Selbstanzeige kann sonach nicht erstattet werden.

c) Täterkreis

(1) Steuerstrafrecht

Täter einer Steuerstraftat, etwa der Steuerhinterziehung (§ 370 AO) kann regelmäßig jeder sein, bei dem die Voraussetzungen vorliegen, an die das Gesetz die (Mit-)Täterschaft knüpft (BGH, Urt. v. 21. 1. 1964 — 1 StR 455/63, Slg. Henneberg, Teil A, Stichwort: „Täterschaft, Begriff“, S. 10). Liegt Täterschaft nicht vor, so kann Teilnahme gegeben sein. S. Teil 1 zu B IV 1 d).

(2) Steuerordnungswidrigkeitenrecht

Der Tatbestand der leichtfertigen Steuerverkürzung grenzt in § 378 Abs. 1 S. 1 AO (ebenso § 404 Abs. 1 S. 1 AO a. F.) den Täterbegriff ein auf den Steuerpflichtigen und den, der die Angelegenheiten eines Steuerpflichtigen wahrnimmt (s. dazu noch Erweiterung nach § 9 OWiG). Die Beteiligung gemäß § 14 OWiG als Täterschaft scheidet aus, da das Handeln Vorsatz voraussetzt. Führen mehrere Personen ohne bewußtes und gewolltes Zusammenwirken eine Verkürzung leichtfertig herbei, dann liegt fahrlässige Nebentäterschaft vor (Kohlmann, § 404 AO a. F., Rdnr. 9).

aa) Steuerpflichtiger, Person, die bei Wahrnehmung der Angelegenheiten eines Steuerpflichtigen handelt

§ 378 AO (§ 404 AO a. F.) zählt nur zwei Gruppen von möglichen Tätern auf: Der Steuerpflichtige und Personen, die bei Wahrnehmung der Angelegenheiten eines Steuerpflichtigen handeln (s. zu III 1). Vorher konnte auch der Vertreter des Steuerpflichtigen ein Täter sein (s. zu bb)).

Steuerpflichtiger, s. § 33 AO.

Der Begriff der „Wahrnehmung der Angelegenheiten eines Steuerpflichtigen“ ist weit auszulegen. Das ist auch die herrschende Meinung in Rechtsprechung und Schrifttum. So hat das RG bereits in seinem Urteil III 750/22 vom 12. 4. 1923 (RGSt Bd. 57 S. 218 = EStZ, Coring/Vogel, § 402 AO a. F., Nr. 2 = Slg. Henneberg, Teil A, Stichwort: „Wahrnehmung der Angelegenheiten eines Steuerpflichtigen“, S. 1) u. a. ausgeführt: „Es entspricht ... dem Sinn und Zweck des Gesetzes, den Begriff der ‚Wahrnehmung der Angelegenheiten‘ im Sinne von § 367 AO (jetzt § 378 AO) möglichst weitgehend auszulegen; es handelt sich bei dem § 367 AO um ein Finanzschutzgesetz, in dem die allgemein gehaltene Wendung ‚bei Wahrnehmung der Angelegenheiten eines Steuerpflichtigen' offenbar absichtlich gewählt worden ist, um ihm ein möglichst weites Anwendungsgebiet zu eröffnen und um seine Anwendung insbesondere auch auf die — nach außen regelmäßig nicht hervortretenden — bloßen Steuerberater zu ermöglichen". Gesetzestext des § 367 AO 1919, s. zu A. S. auch zu a) (2) bb) bb2). Weitere Rechtsprechung:

RG, Urt. v. 25. 11. 1926 — II 534/26, RGSt Bd. 61 S. 42 = EStZ, Coring/Vogel, § 402 AO a. F., Nr. 7:

Der mit der Beurkundung eines Grundstückskaufes beauftragte Notar macht sich durch ungenügendes Entgegenwirken gegen eine Kaufpreisverheimlichung einer fahrlässigen Steuerverkürzung nach § 367 AO (jetzt § 378 AO) „bei Wahrnehmung der Angelegenheiten" der steuerpflichtigen Vertragsparteien schuldig.

BGH, Urt. v. 25. 9. 1959 — 4 StR 332/59, StRK, § 411 AO a. F., R. 2 = EStZ, Coring/Vogel, § 411 AO a. F., Nr. 3 = Slg. Henneberg, Teil A, Stichwort: „Selbstanzeige, Materiallieferung", S. 8 = DStZ/B 1959 S. 499 = FR 1962 S. 295:

Der Mitangeklagte F hatte die steuerlichen Pflichten (Lohnkonten, Einbehaltung, Anmeldung und Abführung der Lohnsteuern) für A. B., den Chef des Betriebes, wahrzunehmen. Daß er als Buchhalter mit der „Wahrnehmung der Angelegenheiten eines Steuerpflichtigen" betraut war, wurde von der Vorinstanz festgestellt. Die Bestrafung ist zu Recht erfolgt.

Deutsches Obergericht, Urt. v. 5. 7. 1950 — I S 2/50, EStZ, Coring/Vogel, § 402 AO a. F., Nr. 33 = DStZ/B 1950 S. 431:

Wer in einem Fahrzeug Personen mitnimmt und mit ihnen durch den Amtsbereich einer vorgeschobenen Zollstelle — einschließlich der von der Zollgrenze zu ihr führenden Eisenbahnen — Land- und Wasserstraßen — fährt, nimmt die steuerlichen Angelegenheiten der mitgenommenen Personen im Sinne von § 402 RAO (jetzt § 378 AO) wahr.

OLG Bremen, Urt. v. 21. 1. 1953 — Ss 77/52, EStZ, Coring/Vogel, § 402 AO a. F., Nr. 42 = ZfZ 1953 S. 219:

Wer mit einem anderen, der Zollgut bei sich führt, an der Zollstelle vorfährt und die Frage nach zollbarem Gut verneint, handelt nur für seine Person und nimmt damit nicht die steuerlichen Angelegenheiten des anderen wahr.

OLG Hamm, Urt. v. 20. 11. 1958 — 2 Ss 839/58, EStZ, Coring/Vogel, § 402 AO a. F., Nr. 55 = ZfZ 1959 S. 122:

Der Familienvater, der bei Rückkehr von einer gemeinschaftlich unternommenen Auslandsfahrt als Besitzer und Fahrer des benutzten Kraftwagens im Zollamt die Zollformalitäten erledigt, während seine Angehörigen im Wagen bleiben, ist verpflichtet, die steuerlichen Angelegenheiten seiner Familie wahrzunehmen.

bb) Handeln für einen anderen (§ 9 OWiG)

In § 402 AO a. F. war von dem „Vertreter des Steuerpflichtigen" als Tätergruppe besonders die Rede. Diese Hervorhebung war in § 404 AO a. F. und ist zuletzt in § 378 AO nicht mehr enthalten. Zum Begriff des „Vertreters" im Sinne von § 402 AO a. F., s. BGH, Urt. v. 25. 9. 1959 — 4 StR 332/59, — s. zu aa) —.

§ 9 OWiG schließt die Lücke in den Fällen, in denen der Verflichtete seine Pflichten nicht selbst erfüllt, sondern von Vertretern erfüllen läßt. Abs. 1 der Vorschrift umfaßt die Fälle der gesetzlichen, Abs. 2 die der gewillkürten Vertretung. Neben den juristischen Personen des Privatrechts werden auch die des öffentlichen Rechts von der Vorschrift erfaßt. Bei den Personengesellschaften des Handelsrechts (OHG und KG) ist zu beachten, daß die besonderen Pflichten der Gesellschaft auch die vertretungsberechtigten Gesellschafter treffen. Unter die „sonstigen" gesetzlichen Vertreter fallen insbesondere die Eltern, Vormünder und Pfleger nach bürgerlichem Recht. Gewillkürte Vertreter nach § 9 Abs. 2 OWiG sind nur dann verantwortlich, wenn sie mit der Leitung eines Betriebs oder mit der Erfüllung einzelner sich aus dem Betrieb ergebenden Pflichten beauftragt sind. Entscheidend ist, daß sie ihre Pflichten in eigener Verantwortung ausüben, also nicht nur in untergeordneter Stellung sind. Wenn auch die Verantwortlichkeit des Betriebsinhabers beim Vorliegen der Voraussetzungen des § 9 OWiG stark gemindert ist, so ist sie doch nicht völlig ausgeschlossen. Er kann u. U. als Nebentäter neben seinem Vertreter ordnungswidrigkeitsrechtlich zur Verantwortung gezogen werden (s. auch Demuth/Schneider, BB 1970 S. 642; Henneberg, BB 1968 S. 906, 909; Leise, WK, § 404 AO a. F., Anm. 3 b; BT-Drucks. V/1812 S. 27).

2. Nicht selbstanzeigefähige Steuer-(Zoll-)Ordnungswidrigkeiten

a) Steuergefährdung (§ 379 AO)

(1) Wegfall der Selbstanzeige

Vorläufer des § 405 AO a. F. (jetzt § 379 AO, mit Ergänzungen) waren die §§ 406 und 413 Abs. 1 Nr. 3 AO (Kontenerrichtung) i. d. F. des Art. I Nr. 5, 6 des Gesetzes vom 11. 5. 1956 (BGBl. I S. 418). Durch Art. 1 Nr. 19 des 2. AOStrafÄndG vom 12. 8. 1968 (BGBl. I S. 953) wurde die Vorschrift des § 405 AO a. F. unter der Bezeichnung „Steuergefährdung“ als steuerlicher Bußgeldtatbestand neugefaßt.

Keine strafbefreiende Selbstanzeige konnte der Täter eines Steuervergehens im Sinne des § 413 AO a. F. erstatten (h. M., s. dazu Pfaff, DStR 1970 S. 554). § 406 Abs. 1 AO a. F. hatte — mit Wirkung ab 15. 5. 1956 — die Nicht- oder Falschverbuchung buchungspflichtiger Geschäftsvorfälle unter Strafe gestellt, wenn die Absicht bestand, dadurch eine spätere Steuerverkürzung zu ermöglichen. Nur die unvollständige (nicht auch die nichtordnungsmäßige, aber vollständige) Buchführung zog Bestrafung nach § 406 AO a. F. nach sich. Absatz 2 des § 406 AO a. F. sah die Straffreiheit für Steuervergehen im Sinne des Absatzes 1 vor, so wer durch Berichtigung von Belegen, Nachholen oder Berichtigen von Buchungen bewirkte, daß die beabsichtigte Steuerverkürzung unterblieb, oder wer dem Finanzamt Kenntnis von dem unter Strafe gestellten Sachverhalt gab. Keine Strafe gewährte das Gesetz, wenn der Täter oder Teilnehmer wußte oder damit rechnen mußte, daß das Finanzamt bereits Kenntnis vom Sachverhalt hatte (vgl. BGH, Urt. v. 11. 11. 1958 — 1 StR 370/58, BGHSt Bd. 12 S. 101 = BStBl. 1959 I S. 18 = StRK, § 410 AO a. F., R. 5 = ZfZ 1959 S. 78 = BB 1959 S. 104 = MDR 1959 S. 141 = NJW 1959 S. 205 = FR 1959 S. 479; auch Henneberg, BB 1968 S. 906; Leise, WT 1961 S. 243; Lohmeyer, FR 1962 S. 257; StBp 1965 S. 302; Maaßen, FR 1956 S. 460).

Im Gegensatz zu § 406 AO a. F. sind die Tatbestände der unrichtigen Belegausstellung und der Verletzung von Buchführungs- und Aufzeichnungspflichten im späteren § 405 AO a. F. dahingehend eingeschränkt worden, daß die Tathandlung objektiv geeignet sein muß, eine Verkürzung von Steuereinnahmen zu ermöglichen. Damit ist zum Ausdruck gebracht worden, daß solche Verstöße gegen Aufzeichnungspflichten, die für die Besteuerung ohne Bedeutung sind, nicht hierunter fallen.

Die Möglichkeit einer Selbstanzeige, wie sie im § 406 Abs. 2 AO 1956 gegeben war, sah das Gesetz dann nicht mehr vor, weil die Verwaltungsbehörde auf Grund des Opportunitätsprinzips (§ 47 OWiG) bei Beseitigung des ordnungswidrigen Zustandes vor Entstehung eines Steuerschadens jederzeit von einer Verfolgung absehen kann (Leise, WK, § 405 AO a. F., Anm. 8; Maaßen, B 1970 S. 853; BT-Drucks. V/ 1812 S. 27).

Beispiel:

Der Tankwart T verkauft dem Geschäftsmann G für eine Privatfahrt 30 l Benzin und erteilt G vorsätzlich unrichtig eine Quittung über 35 l Benzin.

T läßt sich aber kurz darauf von G den unrichtigen Beleg zurückgeben und erstellt eine neue, zutreffende Quittung. Hier kann, wenn die Tat offenbar wird, von der Verfolgung der Steuerordnungswidrigkeit sowohl gegen T, der sein Verhalten bereut hatte, als auch gegen G, der den Beleg auf Anforderung durch T ohne Zögern herausgegeben hat, abgesehen werden.

(2) Selbstanzeige bei §§ 370, 378 AO, keine Ahndung nach § 379 AO

Ist die Steuergefährdung als Vorbereitungshandlung in einen Verletzungstatbestand aufgegangen und hat der Steuerpflichtige wegen leichtfertiger Steuerverkürzung rechtswirksam Selbstanzeige erstattet (§ 378 Abs. 3 AO), so ist eine Ahndung aus § 379 AO nicht mehr möglich, weil dies auch dem Grundsatz der Subsidiarität (Aufzehrung des Bußgeldtatbestandes) widersprechen würde (auch H-H-Sp, vor §§ 405—408 a. F., Sp. 15; Suhr, NWB 1968, F. 13 S. 358; Suhr/Naumann, S. 238). Bei § 370 AO, s. Teil 1 zu B X 3 a).

b) Gefährdung der Abzugsteuern (§ 380 AO)

Der steuerliche Bußgeldtatbestand des § 380 AO entspricht dem früheren § 406 AO a. F. Danach handelt ordnungswidrig, wer seiner Verpflichtung, Steuerabzugsbeträge (vor allem Lohnsteuer) einzubehalten und abzuführen, nicht vollständig oder nicht rechtzeitig nachkommt.

(1) Nachträgliche Zahlung

Die Nichtabführung oder verspätete Abführung von Lohnsteuerbeträgen ist eine Steuerordnungswidrigkeit nach § 380 AO. Für den Täter ist die Erstattung einer Selbstanzeige nicht möglich. Da nur die Nichtbeachtung der Zahlungsfrist unter der Bußgelddrohung steht, ist die Selbstanzeige in Form einer Berichtigung oder Nachholung unterlassener Angaben ausgeschlossen (h. M., so auch Franzen/Gast, § 406 AO a. F., Tz. 27; Henke, DStZ/A 1966 S. 91; Leise, WK, § 406 AO a. F., Anm. 9; Pfaff, FR 1972 S. 252; Suhr, S. 115).

(2) Nachträgliche Einreichung der Lohnsteueranmeldung

Die Frage, ob bei rechtswirksamer Selbstanzeige wegen Nichtabgabe der Lohnsteueranmeldung und Nichtzahlung oder verspäteter Zahlung von Lohnsteuer (§ 378 Abs. 1 AO) ein Bußgeld wegen Lohnsteuergefährdung nach § 380 AO verhängt werden kann, wird in Schrifttum und Rechtsprechung nach wie vor unterschiedlich behandelt. Der Tatbestand des § 380 AO wird nach h. M. vom Verletzungstatbestand des § 378 AO nicht miterfaßt. S. dazu VIII 1 c). Bei § 370 AO, s. Teil 1 zu B X 3 b).

c) Verbrauchsteuergefährdung (§ 381 AO)

Durch § 407 AO i. d. F. des Art. 1 Nr. 19 des 2. AOStrafÄndG v. 12. 8. 1968 (BGBl. I S. 953) wurden bestimmte Zuwiderhandlungen, die vorher strafbar waren, als Zollordnungswidrigkeiten unter der neuen Bezeichnung „Verbrauchsteuergefährdung“ mit Geldbuße bedroht. Die Vorschrift ersetzte § 413 Abs. 1 Nr. 1 b AO a. F. mit der Einschränkung jedoch, daß der Täter mindestens leichtfertig gehandelt haben muß.

Die neue Vorschrift über die Verbrauchsteuergefährdung (§ 381 AO) entspricht sachlich dem vorherigen § 407 AO a. F. Mangels einer entsprechenden Verweisung auch in § 381 AO sind die Vorschriften über die bußgeldbefreiende Wirkung einer Selbstanzeige nicht anwendbar (s. auch Bauerle, S. 119; Hartung, § 413 AO a. F., Anm. IX; Franzen/Gast, § 407 AO a. F., Tz. 21; Pfaff, § 407 AO a. F., Tz. 42). Nach § 80 ZollG v. 14. 6. 1961 i. d. F. der Bekanntmachung v. 18. 5. 1970 (BGBl. I S. 529) mit Änderungen (BGBl. 1973 I S. 940) kann von der Verfolgung wegen Verbrauchsteuergefährdung abgesehen werden (dazu Kohlmann, § 407 AO a. F., Rdnr. 28).

d) Gefährdung der Eingangsabgaben (§ 382 AO)

§ 408 AO i. d. F. des Art. 1 Nr. 19 des 2. AOStrafÄndG v. 12. 8. 1968 (BGBl. I S. 953) unter der neuen Bezeichnung „Gefährdung der Eingangsabgaben" ersetzte ab 1. 10. 1968 die Strafvorschrift des § 413 Abs. 1 Nr. 1 c AO a. F. Zu ahnden waren bestimmte Zuwiderhandlungen gegen Zollgesetze mit Geldbuße.

§ 382 AO (mit Ergänzungen) entspricht sachlich dem vorherigen § 408 AO a. F. Auch hier fehlt ein Hinweis auf eine Selbstanzeige-Bestimmung. Es kann aber gem. § 80 ZollG von der Verfolgung wegen Gefährdung der Eingangsabgaben abgesehen werden. Dazu ZollG, EGAO 1977, Art. 33 Nr. 18.

e) Unzulässiger Erwerb von Steuererstattungs- und Vergütungsansprüchen (§ 383 AO)

Die Vorschrift des § 383 AO entspricht dem früheren § 409 a AO in der Fassung des Artikels 2 des Dritten Gesetzes zur Änderung des Steuerberatungsgesetzes vom 24. 6. 1975 (BGBl. I S. 1509). Hiernach ist der geschäftsmäßige Erwerb von Erstattungs- und Vergütungsansprüchen zum Zwecke der Einziehung oder sonstigen Verwertung auf eigene Rechnung nicht mehr zulässig (vgl. § 46 AO; 159 AO a. F.). Vom Handel mit Lohnsteuerkarten durch Abtretung der Ansprüche auf Lohnsteuerjahresausgleich waren in der Vergangenheit besonders ausländische Arbeitnehmer betroffen, die sich von fliegenden Lohnsteuer-„Helfern“ gegen Hergabe der Lohnsteuerkarte einen Bruchteil der Erstattung vorfinanzieren ließen.

Mit der steuerlichen Bußgeldvorschrift des § 383 AO soll die Bußgeld- und Strafsachenstelle des Finanzamts ein wirksames Instrument zur Bekämpfung des unerlaubten geschäftsmäßigen Erwerbs von Steuererstattungs- und Vergütungsansprüchen an die Hand gegeben werden.

Auch hier kann wie bei den anderen Steuer-(Zoll-)Ordnungswidrigkeiten (§§ 379 bis 382 AO) nicht durch Selbstanzeige Bußgeldfreiheit erlangt werden. Möglich ist ein Absehen von Verfolgung nach § 47 OWiG.

f) Unbefugte Hilfeleistung in Steuersachen (§ 160 StberG)

Der im EAO 1974 als § 367 enthaltene Bußgeldtatbestand über „Unbefugte Hilfeleistung in Steuersachen“ ist in die AO nicht übernommen worden, weil die vergleichbare Bestimmung im Rahmen des Dritten Gesetzes zur Änderung des Steuerberatungsgesetzes (StberG) vom 24. 6. 1975 (BGBl. I S. 1509) in das Steuerberatungsgesetz aufgenommen worden ist.

Durch die Übernahme der bisherigen Vorschriften über die Befugnis zur Hilfeleistung in Steuersachen aus der RAO (§ 107 Abs. 7 = § 9 StberG; § 107 a = §§ 3 bis 7, 11, 12 StberG; § 409 = § 160 StberG) in das StberG hat der Tatbestand der unbefugten Hilfeleistung in Steuersachen den Charakter einer *Steuer*ordnungswidrigkeit verloren. Gleichwohl ist den Finanzämtern die Verfolgung und Ahndung dieser Ordnungswidrigkeiten nach dem StberG durch § 164 übertragen worden. Das gilt auch für die neugeschaffenen Tatbestände der §§ 161 bis 163 StberG. Dazu Pfaff, StBp 1975 S. 197.

Eine Selbstanzeige-Bestimmung ist in das StberG nicht aufgenommen worden.
S. auch VIII 3 a).

III. Person des Anzeigeerstatters

1. Erstattung in eigener Person, Täter

Bußgeldfreiheit nach § 378 Abs. 3 AO kann jeder erlangen, der die Verkürzung von Steuern durch Leichtfertigkeit im Sinne des § 378 Abs. 1 AO bewirkt oder mitbewirkt hat (persönlicher Aufhebungsgrund). Zum Täterkreis, s. zu II 1 c) (2).

Bei Steuerhinterziehung, s. Teil 1 zu B IV 1.

2. Erstattung durch Dritte, Bevollmächtigter

a) Keine allgemeine Bevollmächtigung

Der Steuerpflichtige braucht eine Selbstanzeige nicht in Person zu erstatten; er kann sich dazu auch seines (ständigen) steuerlichen Bevollmächtigten bedienen. Die Vollmacht kann schriftlich oder mündlich erteilt werden; eine besondere Form ist nicht erforderlich.

Zur Erstattung der Selbstanzeige durch den Steuerpflichtigen bedarf es einer ausdrücklichen vorherigen Bevollmächtigung (Spezialvollmacht). Die allgemeine Bevollmächtigung zur Vertretung in Steuersachen genügt nicht. Für die leichtfertige Steuerverkürzung wird teils die Auffassung vertreten, daß die allgemeine Bevollmächtigung ausreicht (so Hartung, §§ 410, 411 AO a. F., Anm. III 1; Terstegen, S. 212). Dieser Auffassung kann nicht gefolgt werden. Auch in den Fällen des § 378 AO kommt es entscheidend auf den eigenen Beitrag des Steuerpflichtigen an. Der Auftrag muß nach der Tat und gerade mit Rücksicht auf sie erteilt sein (RG, Urt. v. 8. 1. 1942 — 5 D 430/41, RStBl. 1942 S. 35 = EStZ, Coring/Vogel, § 410 AO a. F., Nr. 18 = Slg. Henneberg, Teil A, Stichwort: „Selbstanzeige, Beauftragte", S. 3). Der Steuerpflichtige muß seinen Bevollmächtigten angewiesen oder ihm in sonstiger Weise zu erkennen gegeben haben, daß die unrichtigen oder unvollständigen Angaben berichtigt oder nachgeholt werden sollen. Die allgemein erklärte Bevollmächtigung zur Erledigung der steuerlichen Angelegenheiten eines Steuerpflichtigen reicht nicht aus, um eine Selbstanzeige nach § 378 Abs. 3 AO mit bußgeldrechtlicher Wirkung erstatten zu können (ebenso Firnhaber, S. 86).

b) Geschäftsführung ohne Auftrag

Von sich aus darf der steuerliche Berater ohne besondere Vollmacht des Mandanten keine Selbstanzeige erstatten. Eine Genehmigung der vom steuerlichen Berater ohne Auftrag erstatteten Selbstanzeige ist wirkungslos. Für den Fall der leichtfertigen Steuerverkürzung soll es ausreichen, wenn der Täter das Handeln des Dritten genehmigt.

Die Anhänger dieser Meinung stützen sich auf ein Urteil des RG III 148/30 vom 24. 3. 1930 (RGSt Bd. 64 S. 76 = EStZ, Coring/Vogel, § 410 AO a. F., Nr. 7 = Slg. Henneberg, Teil A, Stichwort: „Selbstanzeige, Beauftragte“, S. 2). In dem entschiedenen Fall hatte der Angeklagte seinen Bruder beauftragt, alle zur Erfüllung seiner steuerliche Verpflichtungen erforderlich und seinen Belangen entsprechenden Handlungen den Steuergesetzen gemäß vorzunehmen. „Gleich wie es unter diesen Umständen der von den Vorgängen nicht unterrichtete Angeklagte gegen sich gelten lassen muß, daß der Bruder durch Unterlassung der erforderlichen Zahlungen eine Steuerverkürzung herbeigeführt hat, so muß es ihm umgekehrt auch zustatten kommen, daß dieser Beauftragte im Rahmen des Auftrages die erforderlichen Berichtigungen rechtzeitig veranlaßt hat.“ Das RG kommt zu dem Ergebnis, daß eine Berichtigung, die der mit der Erledigung der Steuerangelegenheiten Beauftragte nach einer fahrlässigen Steuerverkürzung (jetzt leichtfertigen Steuerverkürzung) auch ohne besonderen Auftrag und ohne Vorwissen des Steuerschuldners vornimmt, diesem zugute kommt (so auch Barske/Gapp, S. 85; Troeger/Meyer, S. 258). Das RG stand auf dem Standpunkt, daß dem Steuerpflichtigen, der das Verhalten des Bevollmächtigten zu seinem Nachteil gegen sich gelten lassen müsse, andererseits auch dessen positives Verhalten zugute kommen müsse.

Die Auffassung ist abzulehnen. Die Entscheidung des RG III 148/30 kann nicht verallgemeinert werden. Da die Selbstanzeige ein ausdrückliches Tätigwerden des Täters zur Wiedergutmachung des Schadens erfordert, löst auch das Tätigwerden eines anderen, so des steuerlichen Bevollmächtigten an Stelle und ohne Wissen des Täters, die bußgeldrechtliche Wirkung der Selbstanzeige nicht aus (ebenso Kopacek, S. 72; List, S. 57; Lohmeyer, StB 1970 S. 61; ZfZ 1972 S. 173; DVR 1973 S. 179).

Bei Steuerhinterziehung, s. Teil 1 zu B IV 2 a), b).

3. Personenkreis nach §§ 378 Abs. 3 S. 2, 371 Abs. 4 AO

Für Personen, die gemäß § 153 AO zur Anzeige verpflichtet sind, gilt § 371 Abs. 4 AO entsprechend (§ 378 Abs. 3 S. 2 AO). Weiteres zu VII.

Bei Steuerhinterziehung, s. Teil 1 zu B IV 3; IX.

IV. Die einzelnen Selbstanzeigehandlungen (Abs. 3 S. 1 AO)

Eine Geldbuße wird nach § 378 Abs. 3 AO nicht festgesetzt, soweit der Täter unrichtige oder unvollständige Angaben bei der Finanzbehörde berichtigt oder ergänzt oder unterlassene Angaben nachholt. Das gilt nicht, wenn die Ausschließungsgründe der Bekanntgabe der Einleitung eines Straf- oder Bußgeldverfahrens (s. zu V 2) vorliegen (S. 1).

Zur Berichtigung (Ergänzung, Nachholung), s. zu V 1 a) (1) und zum Adressat der Selbstanzeige (Finanzbehörde), s. Teil 1 zu B V 1 a).

V. (Kein) Ausschluß der Bußgeldfreiheit

1. Keine Ausschlußgründe

a) Selbstanzeigehandlungen, Ausnahmen

(1) Berichtigung, Ergänzung, Nachholung

Nach dem Wortlaut des § 378 Abs. 3 AO sind an den Inhalt der Erklärung im Grunde die gleichen Anforderungen zu stellen wie bei § 371 AO. Dazu Teil 1 zu B VI. Der Täter hat dem Finanzamt auch „neues Material" zu liefern, wenngleich dies nicht zwingend ist (s. zu

b) (1) aa) aa1) und c)). Von der Berichtigungserklärung des Täters muß aber verlangt werden, daß der eigene, von der Ermittlungstätigkeit der Finanzbehörde unabhängige und auch wesentliche Beitrag objektiv geeignet ist, der Behörde eine sichere und einfache Zugriffsmöglichkeit auf die bisher verborgene Steuerquelle zu eröffnen.

Die zu berichtigenden, zu ergänzenden und nachzuholenden Angaben müssen richtig und vollständig sein. Durch die Vorschrift des § 378 Abs. 3 AO soll dem Steuerpflichtigen die Möglichkeit geboten werden, die Erklärung noch einmal mit bußgeldbefreiender Wirkung abzugeben. Durch die Nachholung einer ordnungsmäßigen Steuererklärung muß der Steuerpflichtige seine frühere unzutreffende Steuererklärung ersetzen. Eine solche Berichtigung kann und muß verlangt werden, wenn der Täter einer leichtfertigen Steuerverkürzung im Sinne des § 378 Abs. 3 AO bußgeldfrei werden will.

(2) Mitwirkungspflicht, keine Berichtigungshandlung

Eine Berichtigung liegt nicht vor, wenn bei Aufklärung des Sachverhalts dem Finanzamt im Veranlagungsverfahren dadurch Hilfe geleistet wird, daß der Steuerpflichtige auf Verlangen die Buchführung aushändigt oder Geschäftsunterlagen vorlegt. Der Steuerpflichtige erfüllt damit lediglich eine gesetzliche Pflicht (vgl. §§ 90, 92, 97 AO) und nimmt keine von einem Berichtigungswillen getragene, bestimmte Tatsachen aufklärende Handlung vor. Die Tätigkeit des Steuerpflichtigen muß ihrem Inhalt nach eine Berichtigung der früheren unrichtigen Angaben enthalten, die als Wiedergutmachung erkennbar sein muß.

Eine ausreichende Berichtigungshandlung kann nicht angenommen werden, wenn der Steuerpflichtige dem Finanzamt mitteilt, seine Bücher seien durch Arbeitsüberlastung oder unsachgemäße Arbeitsweise seiner Angestellten oder seines Beauftragten nicht in Ordnung. Es müßten dann mindestens ungefähre Zahlen über die Höhe der leichtfertig verkürzten Steuern gegeben werden, damit das Finanzamt die geschuldeten Steuern nunmehr zutreffend festsetzen könnte.

Weiteres zu b) (1) aa) aa2).

b) Erscheinen eines Amtsträgers

Die Ausschlußgründe, die einem Anspruch auf Bußgeldfreiheit entgegenstehen, sind abweichend von § 371 Abs. 2 AO auf die Bekanntgabe der Einleitung eines Straf- oder Bußgeldverfahrens beschränkt; denn eine ohne Vorsatz bewirkte Steuerverkürzung wird der Täter stets erst nach der Tat gewahr, und zwar in der Regel dann, wenn er sich nach dem Erscheinen eines Amtsträgers der Finanzbehörde an der Prüfung seiner Verhältnisse in vergangenen Zeiträumen beteiligt. Daher ist eine Selbstanzeige nach § 378 Abs. 3 AO — abweichend von § 371 Abs. 2 Nr. 1 a AO (s. Teil 1 zu B VII 1) — auch nach dem Erscheinen des Amtsträgers noch wirksam. Ebenso schließt das Erscheinen des Amtsträgers zur Ermittlung einer Steuerstraftat oder einer Steuerordnungswidrigkeit die Bußgeldfreiheit nicht aus (s. zu (2)).

Die Ausschlußgründe, die einem Anspruch auf Bußgeldfreiheit entgegenstehen, sind abweichend von § 371 Abs. 2 AO auf die Bekanntgabe der Einleitung eines Straf- oder Bußgeldverfahrens beschränkt.

(1) Steuerliche Prüfung

Im Außenprüfungsverfahren kommt der Bestimmung des § 378 Abs. 3 AO eine besondere Bedeutung zu. Die Möglichkeit, eine strafbefreiende Selbstanzeige nach § 371 AO zu erstatten, besteht nur, solange der Außenprüfer noch nicht zur steuerlichen Prüfung erschienen ist. Nach Erscheinen des Prüfers beim Steuerpflichtigen kann der etwa drohenden Gefahr eines Bußgeldverfahrens mit einer nach § 378 Abs. 3 AO zur Bußgeldfreiheit führenden Anzeige wirksam begegnet werden. Voraussetzung ist, daß nur der Verdacht eines leichtfertigen Verschuldens vorliegt.

Es ist klar, daß bei der Steuerordnungswidrigkeit der leichtfertigen Steuerverkürzung das Erscheinen des Prüfers nicht jene weitgehenden Folgen auslösen kann, wie bei einer Steuerhinterziehung nach § 370 AO. Man würde sonst den leichtfertig handelnden Steuerpflichtigen trotz geringerer Schuld verfahrensrechtlich schlechter stellen als den Vorsatztäter, insofern nämlich, als es gerade zum Wesen dieser Schuldform gehört, daß sich der Betreffende der Steuerverkürzung nicht bewußt war. Erst mit dem Aufdecken des Sachverhalts im Verlauf der Außenprüfung lebt für den Grobfahrlässigkeitstäter die Möglichkeit eines Handelns in Richtung auf die Bußgeldbefreiung auf, die ihm § 378 Abs. 3 AO bis zur Bekanntgabe der Verfahrenseinleitung offenhält.

aa) Berichtigende Mithilfe, Ausnahmen

Die Erfordernisse einer Berichtigung im Sinne des § 378 Abs. 3 AO sind streitig. So soll es für die Berichtigung bei einer leichtfertigen Steuerverkürzung — abweichend von der Berichtigung bei einer vorsätzlichen Steuerverkürzung nach § 371 Abs. 1 AO — genügen, wenn der Täter das Ergebnis einer Prüfung der Finanzbehörde anerkennt und dabei zum Ausdruck bringt, daß es richtig und vollständig sei, oder wenn er unrichtige Steuererklärungen „nach der Prüfung unter Verwertung der vom Prüfer ermittelten Ergebnisse“ durch richtige Steuererklärungen berichtigt (List, S. 56). Kohlmann (§ 404 AO a. F., Rdnr. 106) glaubt unter Heranziehung des BGH, Urteil 4 StR 332/59 vom 25. 9. 1959, StRK, § 411 AO a. F., R. 2 = EStZ, Coring/Vogel, § 411 AO a. F., Nr. 3 = Slg. Henneberg, Teil A, Stichwort: „Selbstanzeige, Materiallieferung“, S. 8 = DStZ/B 1959 S. 499 = FR 1962 S. 295, daß eine Selbstanzeige auch dann wirksam ist, wenn der Täter keinen wesentlichen Aufklärungsbeitrag leistet, sondern die Feststellungen des Prüfers zum Inhalt seiner — aus einer Steuererklärung bestehenden — Berichtigungserklärung macht.

aa1) Eigener und wesentlicher Beitrag

Der Steuerpflichtige kann das Ergebnis der Außenprüfung in seiner Anzeige nach § 378 Abs. 3 AO einarbeiten und berichtigte Steuererklärungen mit bußgeldbefreiender Wirkung abgeben. Er muß einen in der Richtung einer Berichtigung oder Ergänzung bisher unrichtiger oder unvollständiger Angaben zielenden eigenen Beitrag leisten. Nicht ausreichend ist, daß der Steuerpflichtige nur die Unrichtigkeit der von ihm abgegebenen Steuererklärung oder das vom Prüfer erarbeitete Ergebnis anerkennt. Notwendig ist vielmehr ein eigener Beitrag zur Aufklärung des Sachverhalts. Verlangt wird, daß der Steuerpflichtige allein oder im Zusammenwirken mit dem Prüfer eine gewisse Tätigkeit entfaltet, die eine Berichtigung oder Ergänzung der bisherigen Angaben darstellt. Der gute Wille allein kann eine solche „Materiallieferung“ nicht ersetzen; die Ermittlungsarbeiten des Prüfers zu unterstützen, kann weder als Berichtigung oder Ergänzung unrichtiger noch als Nachholung unterlassener Angaben gewertet werden.

Die Anzeige muß grundsätzlich dem zuständigen Finanzamt zugegangen sein (s. auch Teil 1 zu B V 2). Von der Rechtsprechung wird aber anerkannt, daß auch eine nur mündliche Erklärung des Steuerpflichtigen gegenüber dem Prüfer dann ausreicht, wenn ein wesentlicher Teil des sachlichen Inhalts des Berichts auf Tatsachen beruht, die der Steuerpflichtige oder sein steuerlicher Berater im Sinne einer Berichtigung oder Ergänzung beigebracht oder erschlossen hat. Eine Mithilfe kann somit nur dann rechtlich von Bedeutung sein, wenn ein nicht unwesentlicher Teil des sachlichen Inhalts des Außenprüfungsberichts auf den vom Steuerpflichtigen zwecks Berichtigung oder Ergänzung beigebrachten oder erschlossenen Tatsachen beruhen (vgl. BGH, Urte. v. 13. 11. 1952 — 3 StR 39/52, BStBl. 1953 I S. 109 = StRK, § 410 AO a. F., R. 2 = EStZ, Coring/Vogel, § 410 AO a. F., Nr. 26 = Slg. Henneberg, Teil A, Stichwort: „Selbstanzeige, Berichtigungserklärung, Anforderungen“, S. 7 = BB 1953 S. 225 = B 1953 S. 247 = JZ 1953 S. 402; v. 13. 11. 1952 — 3 StR 398/52, BGHSt Bd. 3 S. 373 = BStBl. 1953 I S. 107 = StRK, § 410 AO a. F., R. 1 = EStZ, Coring/Vogel, § 410 AO a. F., Nr. 27 = Slg. Henneberg, Teil A, Stichwort: „Selbstanzeige, Materiallieferung“, S. 6 = ZfZ 1953 S. 84 = NJW 1953 S. 475 — dazu auch Sachverhalt und Begründung, s. Teil 1 zu B VI 1 a) (1) aa) 2 —).

Das von Kohlmann zitierte BGH-Urteil 4 StR 332/59 vom 25. 9. 1959 spricht davon, daß „die Berichtigung im Sinne des § 411 RAO (jetzt § 378 AO) einen eigenen, von der Ermittlungstätigkeit des Prüfers unabhängigen Beitrag des Täters zur Richtigstellung bisher unrichtiger Angaben voraussetzt (vgl. BGHSt Bd. 3 S. 373, 375; BGH 2 StR 683/53 vom 24. 9. 1954 — BStBl. 1954 I S. 528), der hier — nach der Aufdeckung der Steuerverkürzungen durch die Betriebsprüfung — zumindest die Nachholung einer ordnungsgemäßen Lohnsteuer-Anmeldung erfordert hätte“. Wenn der BGH in seiner Entscheidung nicht direkt von einem wesentlichen Beitrag spricht, so besagt das nicht, daß ein solcher für die Selbstanzeige nach § 378 Abs. 3 AO nicht erforderlich wäre. BGHSt Bd. 3 S. 373, 375 ist auch im Urteil zitiert. Nach der weiter angeführten BGH-Entscheidung 2 StR 683/53 vom 24. 9. 1954, BStBl. 1954 I S. 528 = StRK, § 410 AO a. F., R. 3 = EStZ, Coring/Vogel, § 410 AO a. F., Nr. 37 = Slg. Henneberg, Teil A, Stichwort: „Selbstanzeige, Berichtigungserklärung, Anforderungen", S. 9 = B 1954 S. 1015 ist davon die Rede, daß es „nicht genügt, daß der Steuerpflichtige nur die Unrichtigkeit seiner Erklärungen oder das von einem amtlichen Betriebsprüfer erarbeitete Ergebnis anerkennt (RGSt Bd. 59 S. 115, 118; BGHSt Bd. 3 S. 373, 375). Er muß vielmehr — allein oder im Zusammenwirken mit dem amtlichen Prüfer — eine gewisse Tätigkeit entfalten, die in der Richtung einer Berichtigung und Ergänzung der bisherigen Angaben liegt". Die Entscheidungen sagen, was unter der „eigenen, vom Prüfer unabhängigen Berichtigungstätigkeit" zu verstehen ist: eine Mithilfe derart, daß dem Prüfer ein wesentlicher Teil seiner Forschungstätigkeit abgenommen wird, wobei hinsichtlich der Wesentlichkeit eines Beitrages der vom Beamten ersparte Zeitaufwand und die Intensität der vom Steuerpflichtigen entfalteten Mithilfe ein wichtiges Indiz bildet. Es gehört zwar nicht zu den Pflichten des Prüfers, den Leichtfertigkeitstäter zur Berichtigungsmithilfe zu drängen, wohl aber muß dem Täter, wenn sein Berichtigungswille offenbar wird, die Richtung gewiesen und — notfalls sogar durch angemessene Prüfungsunterbrechung — Zeit gelassen werden.

Weitere Mithilfe

Mit der Frage der Verwertung und Einarbeitung des Ergebnisses einer Außenprüfung in die Selbstanzeige eines Steuerpflichtigen als ausreichende Berichtigung im Sinne des § 378 Abs. 3 AO haben sich laufend Rechtsprechung und Schrifttum zu § 411 AO 1951 bzw. § 404 Abs. 3 AO 1968 befaßt, so daß sich eine einheitliche Meinung herausgebildet hat, die noch heute gilt.

Rechtsprechung

1. OLG Frankfurt, Urt. v. 17. 11. 1960 — 1 Ss 724/60, EStZ, Coring/Vogel, § 411 AO a. F., Nr. 4 = Slg. Henneberg, Teil A, Stichwort: „Selbstanzeige, Materiallieferung", S. 9 = DStR 1961 S. 33 = ZfZ 1961 S. 88 = BB 1961 S. 628:

Sachverhalt:

Der Angeklagte, seit 1. 4. 1951 Geschäftsführer der Firma B-GmbH, bearbeitete dort die Lohnsteuerangelegenheiten von 4 leitenden Angestellten, darunter auch seine eigenen. Bei der Berechnung der von ihm selbst zu tragenden Lohnsteuer und Abgaben setzte er von seinem Einkommen einen monatlichen Freibetrag von 200 DM ab, obwohl seitens des Finanzamts eine entsprechende Eintragung in seiner Lohnsteuerkarte nicht erfolgt war. Von einmaligen Zuwendungen der Firma an die leitenden Angestellten (Tantiemen, Gratifikationen usw.) zog er pauschal 10 bis 20 % ab und überwies diese Teilbeträge dem Finanzamt als Steuern. Anfang November 1954 ergab eine Steuerprüfung, daß die Firma B-GmbH infolge dieses Verhaltens des Angeklagten für die Zeit vom 10. 8. 1953 bis 10. 11. 1954 an Lohnsteuer 9669 DM und an „Notopfer Berlin" 1642 DM zu wenig an das Finanzamt abgeführt hatte.

Das Schöffengericht hat den Angeklagten deshalb wegen fahrlässiger Steuerverkürzung gemäß § 402 RAO (jetzt leichtfertiger Steuerverkürzung nach § 378 Abs. 1 AO) zu einer Geldstrafe von 1000 DM verurteilt. Hiergegen haben das Finanzamt und der Angeklagte Berufung eingelegt. Diejenige des Finanzamts ist durch das angefochtene Urteil verworfen worden, während der Angeklagte auf seine Berufung aus § 411 RAO (jetzt § 378 Abs. 3 AO) freigesprochen worden ist.

Aus den Gründen:

a) Hinweise des Steuerpflichtigen an den amtlichen Prüfer sind in der Regel schon deshalb nicht strafbefreiend (jetzt bußgeldbefreiend), weil die Anzeige grundsätzlich der zuständigen Finanzbehörde zugegangen sein muß.

b) Wenn ausnahmsweise die „Selbstanzeige" durch Ausweis der Angaben des Steuerpflichtigen als Erkenntnisgrundlage des amtlichen Prüfungsberichts über den amtlichen Prüfer zum Finanzamt gelangt ist, kann eine mündliche Erklärung dem Prüfer gegenüber nur ausreichen, wenn ein nicht unwesentlicher Teil des sachlichen Inhalts des Berichts auf Tatsachen beruht, die der Steuerpflichtige im Sinne einer Berichtigung oder Ergänzung beigebracht oder erschlossen hat (BGHSt Bd. 3 S. 376).

c) Das bloße Anerkenntnis der Richtigkeit eines Steuerhaftungsbescheids kann keine strafbefreiende Wirkung haben.

d) § 411 RAO soll dem Steuersünder die Rückkehr zur Steuerehrlichkeit erleichtern (BGHSt Bd. 3 S. 375). Es wird ihm deshalb die Möglichkeit geboten, die Steuererklärung noch einmal berichtigt mit strafbefreiender Wirkung abzugeben. Wenn der Angeklagte die unrichtigen Lohnsteueranmeldungen nach der Prüfung unter Verwertung der vom Prüfer ermittelten Ergebnisse durch nachgereichte Lohnsteueranmeldungen berichtigt hätte, käme ihm die Rechtswohltat des § 411 RAO zugute.

Ein Anerkenntnis allein ist aber weder eine „Berichtigung“ oder „Ergänzung“ noch ein „Nachholen unterlassener Angaben“ im Sinne dieser Rechtsnorm.

2. OLG Hamm, Urt. v. 24. 5. 1961 — 3 Ss 354/61, EStZ, Coring/Vogel, § 411 AO a. F., Nr. 5 = Slg. Henneberg, Teil A, Stichwort: „Selbstanzeige, Materiallieferung“, S. 11 = B 1961 S. 968 = StB 1966 S. 136:

a) Eine bloße — ausdrückliche oder stillschweigende — Anerkennung des Ergebnisses der Betriebsprüfung (jetzt Außenprüfung) oder die Zahlung der geschuldeten Steuer reicht allein für die Anwendung des § 411 RAO (jetzt § 378 Abs. 3 AO) nicht aus.

Die Berichtigung setzt vielmehr einen eigenen, von der Ermittlungstätigkeit der Prüfung unabhängigen Beitrag des Täters zur Richtigstellung der unrichtigen Angaben voraus (BGHSt Bd. 3 S. 373; BGH, Urt. 4 StR 332/59 v. 25. 9. 1959).

b) Hat der Angeklagte bei der Betriebsprüfung mitgewirkt und dabei geholfen, festgestellte Buchungsfehler aufzuklären und erkennt er die Besteuerungsgrundlagen in der Schlußbesprechung oder danach im Wege der eigenen Berichtigung an, so liegt eine wirksame Selbstanzeige vor.

c) Die Anerkennung braucht nicht schriftlich zu erfolgen.

3. OLG Oldenburg, Beschl. v. 12. 9. 1969 — 4 Ss (B) 328/69, Slg. Henneberg, Teil A, Stichwort: „Selbstanzeige, Materiallieferung“, S. 17:

Die allgemeine Behauptung des Anzeigeerstatters (Steuerbevollmächtigten), er habe bei der Betriebsprüfung (jetzt Außenprüfung) tatkräftig mitgewirkt und dem Betriebsprüfer Auskünfte und Hinweise gegeben, kann die Annahme einer Selbstanzeige im Sinne des § 404 Abs. 3 RAO (jetzt § 378 Abs. 3 AO) nicht rechtfertigen.

In der Sache fehlt es nach dem eigenen Vorbringen des Beschwerdeführers an einer Erklärung, die es dem Finanzamt ermöglicht hätte, seinen Auftraggeber so zu veranlagen, als ob die Steuererklärung von vornherein ordnungsmäßig abgegeben worden wäre (vgl. BGHSt Bd. 3 S. 373, 375; Bd. 12 S. 100 ff.). Das wäre bei dem Sachverhalt nur dann möglich gewesen, wenn der Beschwerdeführer dem Betriebsprüfer von vornherein mitgeteilt hätte, daß er die Differenz zwischen dem Rechnungsausgangsbuch und dem Debitorensachkonto festgestellt und auf dem Privatkonto gewinneutral als Einzahlungen des Betriebsinhabers verbucht habe. Nur eine Erklärung dieses Inhalts könnte als wesentlicher Beitrag des Beschwerdeführers zur Ermöglichung einer zutreffenden nachträglichen Steuerfestsetzung angesehen werden.

Die allgemeine Behauptung, bei der Betriebsprüfung tatkräftig mitgewirkt und dem Prüfer mündlich Auskünfte und Hinweise gegeben zu haben, kann die Annahme einer Selbstanzeige im Sinne des § 404 Abs. 3 RAO nicht rechtfertigen. Denn danach hat der Beschwerdeführer es darauf ankommen lassen, ob und was der Prüfer letztlich ermittelte; möglicherweise mit seiner Unterstützung. Ein solches Verhalten stellt ebensowenig wie die Anerkennung des Prüfungsergebnisses (vgl. OLG Frankfurt in BB 1961 S. 628) einen von der Ermittlungstätigkeit des Prüfers unabhängigen Beitrag zur Richtigstellung bisher unrichtiger Angaben dar. Der gute Wille allein, die Ermittlungsarbeiten des Prüfers zu unterstützen, kann weder als Berichtigung oder Ergänzung unrichtiger noch als Nachholung unterlassener Angaben gewertet werden (vgl. Franzen/Gast, § 404 AO, Tz. 63 m. w. Nachw.; Hartung, Steuerstrafrecht, §§ 410, 411 AO a. F., Anm. III 2 m. w. Nachw.).

4. OLG Oldenburg, Beschl. v. 14. 9. 1970 — 1 Ss (B) 199/70, Slg. Henneberg, Teil A, Stichwort: „Selbstanzeige, Materiallieferung“, S. 19:

Zur wirksamen Erstattung einer Selbstanzeige wegen leichtfertiger Steuerverkürzung reicht es aus, wenn der Betroffene das vom Betriebsprüfer ermittelte Mehrergebnis an nicht erfaßten Forderungen überprüft und von den vom Betriebsprüfer festgestellten Forderungen Abstriche für solche Forderungen macht, die tatsächlich nicht bestanden.

In der Sache konnte das Amtsgericht ohne Rechtsirrtum in der nach der Schlußbesprechung von dem Steuerberater für den Betroffenen entfalteten Tätigkeit eine wirksame Berichtigung sehen. Nach den Feststellungen hat der Steuerberater das Ergebnis der Betriebsprüfung selbst nachgeprüft, die darin enthaltenen Fehler im Gesamtbetrag von 2000—3000 DM ausgeschieden und ist danach zu dem zutreffenden — später auch von der Finanzbehörde als richtig anerkannten — Gesamtbetrag der ursprünglich nicht aktivierten Außenstände gelangt. Mit dieser dem Betroffenen zugute kommenden Tätigkeit hat der Steuerberater wesentlich dazu beigetragen, daß die Steuern richtig festgesetzt werden konnten (vgl. BGHSt Bd. 3 S. 373, 375; BGH, Urt. 2 StR 683/53, BStBl. 1954 I S. 528, 529; BGH, Urt. 4 StR 332/59 v. 25. 9. 1959).

Schrifttum

Stellt man die Vorschriften des § 371 AO und des § 378 Abs. 3 AO gegenüber, so sind Unterschiede zu erkennen. Ein wesentlicher Gesichtspunkt bei § 371 AO ist der, daß der Täter Angaben machen muß, die eine nachträgliche zutreffende Steuerfestsetzung ermöglichen und auch bestimmte Tatsachen zu machen hat, die der Finanzbehörde bisher unbekannt waren (s. Teil 1 zu B VI, insbes. 1 a) (1) aa)). Das paßt nicht auf Fälle des § 378 Abs. 3 AO, so insbesondere auf die der in den Entscheidungen zu oben 1—4 vorliegenden Art, wo alle Voraussetzungen für eine zutreffende Steuerfestsetzung bereits durch eine Betriebsprüfung — jetzt Außenprüfung —, allerdings durch Mithilfe des Steuerpflichtigen, erbracht worden sind. Die von der Rechtsprechung entwickelten Grundsätze können daher nicht ohne weiteres auf die ganz anders gelagerten tatsächlichen Voraussetzungen bei leichtfertigen Steuerverkürzungen übertragen werden. Der Vorteil, den der Gesetzgeber dem Leichtfertigkeitstäter gegenüber dem Vorsatztäter ausdrücklich einräumt, würde weitgehend wieder entzogen werden. Dazu:

1. Zeigt der Steuerpflichtige während der Außenprüfung, daß er zur restlosen Klärung beitragen will, so erscheint diese loyale Einstellung nicht weniger belohnenswert als die rechtzeitige Beichte des Vorsatztäters bei § 371 AO. Besteht für den Leichtfertigkeitstäter die Möglichkeit irgendeiner berichtigenden aktiven Mithilfe, tut er aber nichts, so geht er § 378 Abs. 3 AO verlustig.

   Die Rechtsprechung macht die Erlangung der Bußgeldfreiheit vom eigenen, von der Ermittlungstätigkeit des Prüfers unabhängigen Beitrag des Täters abhängig. So kann insbesondere nach BGH in BGHSt Bd. 3 S. 373 die Mitverwertung finanzamtlicher Feststellungen ausreichen, nicht aber eine bloße Übernahme des Prüfungsergebnisses. Es muß eine vom Berichtigungswillen getragene eigene Tätigkeit des Steuerpflichtigen vorliegen. Verlangt wird als Mindestmaß dessen, was billigerweise von dem Täter, der bußgeldfrei bleiben will, gefordert wird, der Ersatz inhaltlich falscher Steuererklärungen durch richtige Erklärungen unter Verwertung der vom Finanzamt oder Prüfer ermittelten Ergebnisse. Das ist auch die Meinung im Schrifttum.

2. Bei Prüfung der Frage, ob der Beitrag mehr als unwesentlich war, muß im Einzelfall festgestellt werden, wie der Prüfer die Unstimmigkeiten in der Buchführung ermittelt hat, bevor er den Steuerpflichtigen darüber befragte, und wie dieser im einzelnen von sich aus zur Aufklärung des Sachverhalts beigetragen hat. Eine die Voraussetzungen des § 378 Abs. 3 AO erfüllende Mitarbeit kann z. B. darin bestehen, daß der Steuerpflichtige wahrheitsgemäße und vollständige Angaben zur Feststellung der steuerlichen Tatbestände macht, durch die das Ermittlungsergebnis des Prüfers nicht nur unwesentlich ergänzt wird. Es können sachliche Einzelheiten der Prüfungsergebnisse gemeinsam erarbeitet, Inventuren richtiggestellt, bestimmte Vorgänge nachgebucht werden. Der Täter kann auch Kontoauszüge beibringen und auf diese Weise den Prüfer bei der Feststellung des Gewinns, der infolge leichtfertiger Nichtverbuchung einzelner Geschäftsvorfälle nicht in der richtigen Höhe angegeben worden ist, unterstützen.

3. Ein eigener und wesentlicher Beitrag und somit eine berichtigende Mithilfe kann gegeben sein, wenn der Steuerpflichtige von sich aus Feststellungen des Prüfers bezüglich der Vollständigkeit der gebuchten Provisionseinnahmen für einen noch nicht geprüften Zeitraum ergänzt und auf diese Weise dazu beiträgt, daß die Besteuerungsgrundlagen vollständig und richtig ermittelt werden.

4. Versagen die Hilfsmethoden, das Schätzungsergebnis (vgl. § 162 AO) indizienmäßig zu untermauern (Vermögenszuwachsrechnung, Rückschlüsse aus Geldbewegungen, Berechnung der mutmaßlichen Lebenshaltungskosten, Gewinnkalkulation an Hand des Umsatzes), werden dem Prüfer jedoch brauchbare Schätzungsgrundlagen, mindestens ungefähre Zahlen über die Höhe der leichtfertig verkürzten Steuern, geliefert, was zu einer Anerkennung des Schätzungsgewinns führt (Mehrergebnis an der oberen Richtsatzgrenze), so kann dieses aktive Tun bußgeldbefreiende Wirkung haben. Der Täter nimmt alle Schätzungsrisiken zu seinen Lasten auf sich, was über den normalerweise zu fordernden Beitrag der Ermittlung einzelner Schätzungsfaktoren noch hinausgeht.

   Zur Schätzung bei Steuerhinterziehung, s. Teil 1 zu B VI 1 a) (1) bb).

Weiteres dazu Coring, DStR 1963 S. 376; Hartung, §§ 410, 411 AO a. F., Anm. III 2; Kühn, § 411 a. F., Anm. 4; Leise, WT 1961 S. 239; Lohmeyer, FR 1963 S. 186; Inf 1964 S. 25; DStR 1964 S. 446; StB 1974 S. 205; Suhr, S. 143; abw. Mattern, NJW 1951 S. 941; DStR 1952 S. 76; 1954 S. 457.

aa2) Mitwirkungspflicht,
keine Mithilfe

§ 200 AO regelt in Anlehnung an die allgemeinen Verfahrensvorschriften die Mitwirkungspflichten des Steuerpflichtigen während der Außenprüfung (vgl. auch § 90 AO). Gerade in diesem Verfahren kann auf die weitgehende Mitwirkung und tätige Mithilfe des Steuerpflichtigen nicht verzichtet werden. Dabei ist dem Gesichtspunkt der Zumutbarkeit besondere Beachtung zu widmen. Die Mitwirkung an der

Aufklärung des Sachverhalts kann der Steuerpflichtige dann verweigern, wenn ein Steuerstraf- oder Bußgeldverfahren eingeleitet ist (vgl. § 397 AO).

Nach Absatz 1 des § 200 AO hat der Steuerpflichtige Bücher, Geschäftspapiere und andere Urkunden zur Einsicht und Prüfung vorzulegen und die zum Verständnis erforderlichen Erläuterungen zu geben. Der Steuerpflichtige braucht diese Pflicht nicht persönlich zu erfüllen. Er kann sich dabei anderer geeigneter Personen bedienen. Da die Außenprüfung gerade darauf gerichtet ist, eine umfassende Prüfung der steuerlichen Verhältnisse an Hand der Bücher und Aufzeichnungen sowie der sonstigen Unterlagen durchzuführen, entfällt die Einschränkung des § 97 Abs. 2 AO, daß zunächst die Auskunft des Steuerpflichtigen einzuholen ist. Absatz 2 des § 200 AO regelt den Ort der Vorlage der Unterlagen und Absatz 3 der Bestimmung den Zeitpunkt der Außenprüfung.

Erfüllt der Täter nur gesetzliche Pflichten, so etwa auf Verlangen des Prüfers die Vorlage von Lohnkonten, der Sachkonten und der Privatkonten, so liegt keine vom Berichtigungswillen getragene, bestimmte Tatsachen aufklärende Selbstanzeigehandlung im Sinne des § 378 Abs. 3 AO vor. Die höchstrichterliche Formel vom „eigenen Beitrag" kann nicht dahin ausgelegt werden, die Vorlage der Geschäftsbücher und Belege bzw. die rückhaltlose Bereitschaft (so Vogel, FR 1960 S. 443) hierzu stelle bereits ein solches berichtigendes Tun dar. Die Einsichtgestattung in Geschäftsbücher (Kontenkarten) und aller sie bekräftigenden Beweisunterlagen entspricht der ohnedies zu erfüllenden Pflicht des § 200 AO. Hätte der Gesetzgeber der Erfüllung dieser Vorlagepflichten bereits die Selbstanzeigewirkung zuerkennen wollen, so hätte eine Bezugnahme auf § 200 AO im Wortlaut des § 378 Abs. 3 AO genügt. Die berichtigende Tätigkeit muß eine solche außerhalb des Pflichtenbereichs nach § 200 AO sein.

Allgemeine Erklärungen gegenüber dem Prüfer, dieser möge durch eigene Ermittlungen den Sachverhalt aufklären, genügen nicht zur Annahme einer zur Bußgeldfreiheit führenden Anzeige nach § 378 Abs. 3 AO. Sie sind kein Ersatz für den vom Prüfer zu leistenden Beitrag oder für seine notwendige Hilfeleistung. Ihrem Inhalt nach muß die Tätigkeit des Steuerpflichtigen eine Berichtigung der früheren unrichtigen Angaben enthalten, die als Wiedergutmachung erkennbar sein muß.

Weiteres auch zu a) (2).

bb) Steuerlicher Berater

Der steuerliche Berater ist Parteivertreter, der ausschließlich Pflichten gegenüber Mandanten und Berufsstand, jedoch keinerlei eigene Pflichten gegenüber Verwaltung zu erfüllen hat. Sein gesetzlicher Auftrag ist die Wahrung der Belange seiner Mandanten. Das Maß der Pflichten des steuerlichen Beraters hängt davon ab, welche Verpflichtungen er dem Steuerpflichtigen gegenüber übernommen hat (Beratungsvertrag, s. auch Teil 1 zu B IV 2 c)).

Dem steuerlichen Berater obliegen bei der steuerlichen Prüfung keine besonderen Pflichten gegenüber dem Finanzamt, etwa unter dem Gesichtspunkt der Treuepflicht. Er kommt als Auskunftsperson allgemein nicht in Betracht, es sei denn, daß er Vertreter des Steuerpflichtigen ist. Wird dem Steuerpflichtigen die Prüfungsanordnung (§ 197 AO) bekanntgegeben, so wird sich der steuerliche Berater so früh wie möglich in die Außenprüfung einschalten. Hat sich der Berater dem Prüfer gegenüber als Bevollmächtigter des Steuerpflichtigen ausgewiesen, darf er von der Teilnahme an der Prüfung nicht ausgeschlossen werden. Bei der Schlußbesprechung (§ 201 AO) wird der Berater zugegen sein und mit dem Prüfer die Ergebnisse der Außenprüfung erörtern.

Stellt der steuerliche Berater vor Beginn der Außenprüfung irgendwelche Pflichtwidrigkeiten steuerlicher Art fest, so wird er dies sofort seinem Auftraggeber mitteilen und ihn zur Erstattung einer Selbstanzeige veranlassen. Ein Handeln als Geschäftsführer ohne Auftrag ist nicht wirksam, auch wenn der Steuerpflichtige dem nachträglich zustimmt.

Bei der Prüfungsankündigung tut der Berater gut daran, das steuerliche Gewissen seines Auftraggebers noch einmal zu durchleuchten. Entdeckt er Steuerstraftaten des Steuerpflichtigen, so soll er zwecks Erlangung der Straffreiheit nach § 371 AO alsbald zur Selbstanzeige raten (Maaßen, S. 113; dazu auch Teil 1 zu B VII 1 c) (2) dd) dd2). Das gleiche gilt während der Prüfung bei leichtfertigem Verhalten des Steuerpflichtigen. Wenngleich dies auch ein Risiko ist, diese Schuldform wird nicht anerkannt, Steuerhinterziehung wird vielmehr angenommen, so kann doch die Selbstanzeige strafmildernd berücksichtigt werden (Ehlers, DStR 1974 S. 695; dazu auch Teil 1 zu B VII 1 a)).

Erstattet der Steuerpflichtige keine Selbstanzeige, so hat das keine Folgen für den Berater. Dieser ist weder verpflichtet oder auch nur berechtigt, die Anzeige ohne die ausdrückliche Zustimmung des Steuerpflichtigen zu erstatten. Für seine Person trifft ihn auch nicht die Verpflichtung aus § 153 AO, Normadressat ist allein der Steuerpflichtige. Dazu VII 1 und Teil 1 zu B IX 2 a) (3) aa).

(2) Ermittlung einer Steuerstraftat oder einer Steuerordnungswidrigkeit

Verdacht einer Steuerzuwiderhandlung,
Vermutung

Während bei der Steuerhinterziehung das Erscheinen eines Amtsträgers zur Ermittlung einer Steuerstraftat oder einer Steuerordnungswidrigkeit nach § 371 Abs. 2 Nr. 1 a AO den Ausschluß der Selbstanzeige bedeutet (s. Teil 1 zu B VII 1 c) (2) cc)), ist das bei einer leichtfertigen Steuerverkürzung nicht der Fall. Eine vom Steuerpflichtigen während einer Außenprüfung erstattete Selbstanzeige wegen leichtfertige Steuerverkürzung ist aber wirkungslos, wenn sich herausstellt, daß Steuerhinterziehung vorliegt.

Ermittlungen wegen einer Steuerzuwiderhandlung werden durchgeführt, wenn ein Tatverdacht gegeben ist. Besonders bei Außenprüfungen ergeben sich oft mancherlei Verdachtsgründe, die zu Überlegungen Anlaß geben.

Der Außenprüfer ist verpflichtet, bei Verdacht einer Steuerzuwiderhandlung den Steuerpflichtigen darauf hinzuweisen, daß, soweit der Verdacht reicht, der Sachverhalt auch steuerstraf- bzw. bußgeldrechtlich erforscht wird. Bleibt in der Schlußbesprechung zweifelhaft, ob der Verdacht einer Zuwiderhandlung zu bejahen ist (Vermutung), so ist der Steuerpflichtige nach § 201 Abs. 2 AO darauf hinzuweisen, daß die straf- bzw. bußgeldrechtliche Würdigung der getroffenen Feststellungen einem besonderen Verfahren vorbehalten bleibt.

Der Außenprüfer wird aus naheliegenden Gründen oft versuchen, seine Feststellungen im Steuerermittlungsverfahren, in dem es kein Auskunftsverweigerungsrecht des Steuerpflichtigen gibt, zu treffen, insbesondere dann, wenn er während der Prüfung zwar den Verdacht einer Straftat bzw. einer Ordnungswidrigkeit geschöpft hat, aber Zweifel hegt, ob die ihm bekanntgewordenen Umstände aus tatsächlichen und rechtlichen Gründen zur Einleitung eines Steuerstraf- oder Bußgeldverfahrens ausreichen. Er wird dann meist von der Verfahrenseinleitung und Bekanntgabe absehen und seine Zweifel erst in der Schlußbesprechung äußern.

Es ist zu beachten, daß Handlungen des Prüfers die Einleitung des Verfahrens bedeuten können. Grundsätzlich liegt nicht in jeder auf die Aufklärung und Erforschung eines steuerlichen Sachverhalts gerichtete Tätigkeit des Prüfers die Einleitung eines Straf- bzw. Bußgeldverfahrens. Das Finanzamt hat eine Vielzahl gesetzlicher Prüfungspflichten, die mit der Vornahme von Ermittlungen verbunden sein können. Wendet sich aber der Prüfer im Rahmen des rechtlichen Gehörs an den Steuerpflichtigen mit Fragen, die sich auf straf- bzw. bußgeldrechtliche Tatbestände beziehen können und durch deren Beantwortung sich der Steuerpflichtige einer strafbaren Handlung bzw. einer Zuwiderhandlung gegen Steuergesetze, die mit einer Geldbuße geahndet werden kann, bezichtigen würde, gilt das Straf- bzw. Bußgeldverfahren als eingeleitet. Damit entfällt jede Auskunfts- und Mitwirkungspflicht innerhalb dieses Rahmens, d. h. soweit der Verdacht reicht. Die Mitteilung der Verfahrenseinleitung hat spätestens zu erfolgen, wenn der Beschuldigte (Betroffene) Tatsachen darlegen oder Unterlagen vorlegen soll (§ 397 Abs. 3 AO). Die Erstattung einer Selbstanzeige ist dann nicht mehr möglich. Weiteres zu 2.

c) Entdeckung der Tat und Wissen oder Wissenmüssen von der Entdeckung

Der Gesetzgeber hat verzichtet, den Tatbestand des § 371 Abs. 2 Nr. 2 AO in § 378 Abs. 3 AO als negative Wirksamkeitsgrenze anzuführen. Der Ausschließungsgrund ist gegeben, wenn die Tat im Zeitpunkt der Berichtigung, Ergänzung oder Nachholung ganz oder zum Teil bereits entdeckt war und der Täter dies wußte oder bei verständiger Würdigung der Sachlage damit rechnen mußte. Daß es in der Praxis bei der leichtfertigen Steuerverkürzung zu einer allzu starken Ausweitung des Selbstanzeigerechts kommen könnte, ist nicht anzunehmen. Auch die frühere Selbstanzeigevorschrift des § 404 Abs. 3 AO a. F. schloß die Bußgeldfreiheit bei Wissen von der Entdeckung oder Damit-rechnen-müssen mit der Entdeckung der Tat nicht aus; ebenso § 411 AO 1951 die Straffreiheit. Da der Gesetzgeber den Ausschließungsgrund des § 371 Abs. 2 Nr. 2 AO bei leichtfertigem Handeln des Steuerpflichtigen nicht übernommen hat, die Erstattung der Selbstanzeige somit möglich ist, braucht auf die teils schwierigen Fragen über Entdeckung der Tat und Wissen oder Wissenmüssen des Täters von der Entdeckung (s. Teil 1 zu B VII 3) hier nicht weiter eingegangen zu werden.

Die Bußgeldfreiheit bei leichtfertigen Steuerverkürzungen nach Tatentdeckung und Wissen von der Entdeckung oder Rechnenmüssen mit der Entdeckung ist aber vielfach unbekannt. Dabei hat sich auch hier in Rechtsprechung und Schrifttum eine einheitliche Meinung herausgebildet, die auch weiter anwendbar ist.

(1) Berichtigende Mithilfe

Auch nach Entdeckung der Tat durch das Finanzamt (oder den Prüfer) und Wissen oder Wissenmüssen des Täters von der Tatentdeckung ist ein aktives Handeln oder eine entsprechende Mithilfe seitens des Täters erforderlich. Dazu

Rechtsprechung

1. OLG Hamm, Urt. v. 24. 5. 1961 — 3 Ss 354/61, EStZ, Coring/Vogel, § 411 AO a. F., Nr. 5 = Slg. Henneberg, Teil A, Stichwort: „Selbstanzeige, Materiallieferung“, S. 11 = B 1961 S. 968 = StB 1966 S. 136:

Die Berichtigung nach § 411 RAO (jetzt § 378 Abs. 3 AO) setzt einen eigenen von der Ermittlungstätigkeit des Prüfers unabhängigen Beitrag des Täters zur Richtigstellung der bisher unrichtigen Angaben voraus. Er muß eine vom Berichtigungswillen getragene eigene Tätigkeit entfalten (BGHSt Bd. 3 S. 373; BStBl. 1954 I S. 528; 4 StR 332/59 vom 25. 9. 1959). Insoweit steht der Leichtfertige (§ 402 RAO; jetzt § 378 AO) dem Täter einer vorsätzlichen Steuerverkürzung (§ 396 RAO; jetzt § 370 AO) gleich. Der sachliche Unterschied besteht nur darin, daß es dieser nicht auf eine steuerliche Überprüfung ankommen lassen darf, sondern die Berichtigung erklären muß, bevor ihm das Finanzamt einen Prüfer ins Haus schickt (§ 410 Abs. 1 Satz 2; jetzt § 371 Abs. 2 Nr. 1 a AO) oder er sonst weiß bzw. damit rechnen muß, daß die Tat — wenn auch nur teilweise — bereits entdeckt ist (Abs. 2; jetzt § 371 Abs. 2 Nr. 2 AO). Dieses eigenen Beitrags zur Aufklärung einer Steuerstraftat (jetzt Steuerordnungswidrigkeit) bedarf es aber nicht mehr, wenn die in Frage kommende Verkürzung bereits von einem Prüfer entdeckt und in allen Einzelheiten festgestellt ist. Wer gleichwohl auch noch in diesem Zeitpunkt mit strafbefreiender (jetzt bußgeldbefreiender) Wirkung berichtigt, kann im Grunde nichts mehr richtigstellen, was der Behörde durch die Betriebsprüfung (jetzt Außenprüfung) nicht ohnehin auch ohne die Mitwirkung des Betroffenen bekannt geworden ist. Insoweit besteht ein wesentlicher Unterschied zwischen der Selbstanzeige nach § 410 RAO und der Berichtigung bei leichtfertigen Steuerverkürzungen.

2. OLG Celle, Urt. v. 19. 12. 1963 — 1 Ss 402/63, EStZ, Coring/Vogel, § 411 AO a. F., Nr. 6 = Slg. Henneberg, Teil A, Stichwort: „Selbstanzeige, Materiallieferung“, S. 16 = BB 1964 S. 872 = NJW 1964 S. 989 = DStZ/B 1965 S. 74:

Anders als nach § 410 Abs. 1 Satz 2 RAO (jetzt § 371 Abs. 2 Nr. 1 a AO) und Abs. 2 RAO (jetzt § 371 Abs. 2 Nr. 2 AO) ist es bei § 411 RAO (jetzt § 378 Abs. 3 AO) ohne Belang, ob ein Prüfer der Finanzbehörde zur Prüfung erschienen ist und ob der Täter bei Erstattung der

Selbstanzeige wußte oder damit rechnen mußte, daß die Tat ganz oder zum Teil bereits entdeckt war. Weil es auf den letztgenannten Gesichtspunkt nicht ankommt, kann das als Selbstanzeige zu wertende „Berichtigen“ hier nicht die gleiche Bedeutung haben, wie es im Schrifttum und Rechtsprechung für den Fall des § 410 RAO zuerkannt wird, indem man verlangt, der Täter müsse (wenigstens nach seiner Vorstellung) "neues steuerliches Material“ liefern (vgl. Hartung, Steuerstrafrecht, 2. Aufl., Anm. III 2 zu §§ 410, 411 RAO; Hübschmann/Hepp/Spitaler, 1.—4. Aufl., Randnr. 6 zu §§ 410, 411 RAO; Kühn, 7. Aufl., Anm. 4 zu § 410 RAO; vgl. ferner die zu einer anderen Gesetzesvorlage ergangenen Entscheidungen des Bundesgerichtshofes in BGHSt Bd. 3 S. 373 und in BStBl. 1954 I S. 528 und des OLG Frankfurt in BB 1952 S. 1006). Vielmehr muß der Täter hier auch noch „berichtigen“ können, wenn er weiß, daß die Tat von der Finanzbehörde voll entdeckt ist — es sei denn, ihm sei die Einleitung der steuerstrafrechtlichen Untersuchung eröffnet — jetzt Bekanntgabe der Verfahrenseinleitung — (Mattern, DStZ/A 1951 S. 413; vgl. auch Mattern in DStZ/A 1953 S. 113). Maßgebend dafür, ob bei fahrlässiger Steuerverkürzung (jetzt leichtfertiger Steuerverkürzung, § 378 AO) noch „Selbstanzeige“ geübt werden kann, ist also der Zeitpunkt der Eröffnung, die steuerstrafrechtliche Untersuchung sei eingeleitet. Bis dahin soll der Täter die Möglichkeit haben, durch Selbstanzeige Straffreiheit (jetzt Bußgeldfreiheit) zu erlangen. Genauer gesagt: Bis dahin soll der Täter die Möglichkeit haben, durch Selbstanzeige die Erlangung von Straffreiheit „anbahnen“ zu können (Hartung, Anm. 1V zu §§ 410, 411 RAO; Hübschmann/Hepp/Spitaler, Randnote 9 zu §§ 410, 411 RAO; Kühn, Anm. 5 zu § 410 RAO).

Schrifttum

1. Anders als nach § 371 AO ist es bei § 378 Abs. 3 AO ohne Belang, ob die Tat im Zeitpunkt der Selbstanzeigehandlungen bereits entdeckt war und der Täter bei Erstattung der Selbstanzeige dies wußte oder damit rechnen mußte, daß die Tat ganz oder teilweise bereits entdeckt war. Die Selbstanzeige nach § 378 Abs. 3 AO ist also enger als § 371 AO. Oft wird der Steuerpflichtige erst durch den Prüfer auf die steuerlichen Verfehlungen aufmerksam ge-

macht. Das dürfte auch der häufigste Anlaß zur Selbstanzeige sein (Kopacek, S. 41). Ein nicht vorsätzlich handelnder Täter weiß oft nicht, daß er etwas verkürzt hat; erst durch Aufdeckung und Hinweis wird seine Leichtfertigkeit festgestellt. Handelt er nunmehr sofort und gibt er weitgehend selbständige Auskunft, so ist die Bußgeldfreiheit auch ethisch gerechtfertigt.

Die Rechtsprechung, so bereits BGH in BGHSt Bd. 3 S. 373, hat zu Recht hervorgehoben, daß die Erlangung von Straffreiheit nach § 411 RAO (jetzt Bußgeldfreiheit nach § 378 Abs. 3 AO) vom „eigenen, von der Ermittlungstätigkeit des Prüfers unabhängigen Beitrag des Täters" abhängt. Der Leichtfertigkeitstäter muß aber, und gerade nach der Entdeckung der Tat, auch die Möglichkeit haben, aktiv und aufklärend tätig zu sein. Das führt oft zu Schwierigkeiten und ist vielfach gar nicht möglich (s. zu (2)).

Auch der jetzige Wortlaut des § 378 Abs. 3 AO erschwert die Bildung abstrakter Regeln. Die Entscheidung kann also nur im Einzelfall getroffen werden. Die Anforderungen des BGH hinsichtlich des „eigenen Beitrags" sind für den Steuerpflichtigen dann erfüllbar, wenn der Prüfer eine leichtfertig verursachte Verkürzung aufdeckt, die damit zwar „dem Grunde nach" feststeht, deren Ausmaß aber noch durch weiteres Forschen geklärt werden muß. Nur dann ist eine berichtigende Mithilfe überhaupt möglich.

Beispiel:

Der Prüfer stellt bei einem Kfz-Händler fest, daß während des ersten von ihm geprüften Jahres immer wieder Fahrzeuge unter Inanspruchnahme des Großhandelsprivilegs geliefert wurden, obwohl die fehlende Unternehmereigenschaft einer Vielzahl von Abnehmern und damit die private Verwendung unschwer erkennbar (etwa aus deren Berufsbezeichnung) war. Sofern der Steuerpflichtige (bzw. sein beauftragtes Personal) nunmehr selbst die übrigen Jahre des Prüfungszeitraums nach solchen fälschlicherweise nur mit geringerer statt höherer Umsatzsteuer belasteten Lieferungen durchforscht und dem Prüfer bekannt gibt, steht der Anwendung des § 378 Abs. 3 AO — unter Einschluß des einen vom Beamten ermittelten Jahres — nichts im Wege.

Dieser Fall zeigt, daß unter der „eigenen, vom Prüfer unabhängigen Tätigkeit" eine Mithilfe zu verstehen ist, und zwar derart, daß dem Prüfer ein wesentlicher Teil seiner Forschungstätigkeit abgenommen wird.

2. Es gibt Fälle, in denen der Prüfer zwar auf steuerliche Verfehlungen stößt, ihr volles Ausmaß jedoch nur mit Hilfe des Pflichtigen selbst feststellbar wird. Aktives, über die Erfüllung der gesetzlichen Hilfspflichten hinausgehendes Handeln ist dann erforderlich. So können Berechnungen angestellt und Material herbeigeschafft werden. Ohne diesen eigenen Beitrag des Steuerpflichtigen hätte der Prüfer überhaupt nicht oder nur unter erheblichen Schwierigkeiten die Steuer richtig festsetzen können (Bauerle, S. 130).

(2) Fehlen einer Berichtigung

Weil es bei der leichtfertigen Steuerverkürzung auf den Ausschlußgrund des § 371 Abs. 2 Nr. 2 AO nicht ankommt, kann die als Selbstanzeige zu wertende Berichtigung hier nicht die gleiche Bedeutung haben wie in Rechtsprechung und Schrifttum für den Fall des § 371 AO. Man verlangt dort, daß der Täter, wenigstens nach seiner Vorstellung, neues steuerliches Material liefern müsse. Bei der leichtfertigen Steuerverkürzung muß der Täter noch berichtigen können, wenn er von der Tatentdeckung des Finanzamts (Prüfers) weiß oder damit rechnen muß, daß die Tat ganz oder teilweise entdeckt ist. Bis zur Bekanntgabe der Verfahrenseinleitung besteht noch die Möglichkeit, durch Selbstanzeige Bußgeldfreiheit zu erlangen (vgl. Suhr, S. 144).

Gerade nach Tatentdeckung ist ein aktives Handeln oder eine berichtigende Mithilfe seitens des Täters oft schwer möglich. Nicht selten wird der Täter die Feststellungen des Finanzamts oder des Prüfers anerkennen und wiederholen und damit das Verfahren auch erleichtern.

Oft ist dem Leichtfertigkeitstäter nach der Aufdeckung des Sachverhalts die Möglichkeit zum aktiven Handeln überhaupt abgeschnitten. Vielfach wird dem Täter stillschweigend eine Selbstanzeige durch wörtliche Erklärung zugestanden, weil man glaubt, die Selbstanzeige wäre sonst von der Art der Beanstandung, mithin vom Zufall abhängig (so Coring, DStR 1963 S. 375, 376). Diese Meinung ist nicht vertretbar. Erforderlich ist als Voraussetzung einer Berichtigung auch nach § 378 Abs. 3 AO ein eigener und von der Tätigkeit des Prüfers unabhängiger Beitrag zur Richtigstellung der bisher unrichtigen Angaben. Ein eigener Beitrag zur Aufklärung der Steuerordnungswidrigkeit ist dann nicht mehr möglich, wenn die in Frage kommende Verkürzung bereits vom Finanzamt oder dem Prüfer entdeckt und in allen Einzelheiten festgestellt ist. Das, was der Prüfer bereits ohne Mitwirkung des Steuerpflichtigen berichtigt hat, kann dieser nicht nochmals durch eine bloße Anerkennung richtigstellen; eine „Berichtigung“ kann im Grunde nichts mehr richtigstellen (auch Bauerle, S. 129; Suhr/Naumann, S. 279; abw. Leise, WT 1961 S. 239).

2. Ausschlußgründe, Bekanntgabe der Verfahrenseinleitung

Das Gesetz enthält eine Reihe von Tatbeständen, die der Selbstanzeige die straf- bzw. bußgeldbefreiende Wirkung nehmen. Sowohl bei der vorsätzlichen (§ 371 Abs. 2 Nr. 1 b AO) als auch bei der leichtfertigen Steuerverkürzung (§ 378 Abs. 3 S. 1 AO) tritt Straf- bzw. Bußgeldfreiheit nicht ein, wenn dem Steuerpflichtigen oder seinem Vertreter die Einleitung eines Straf- oder Bußgeldverfahrens wegen der Tat bekanntgegeben worden ist. Der Amtsträger muß dem Steuerpflichtigen mitteilen, auf welche Steuerarten und -zeiträume sich das eingeleitete Verfahren erstreckt; hinsichtlich der anderen Steuerarten und -zeiträume ist die Erstattung der Selbstanzeige noch möglich. Von den negativen Voraussetzungen ist im Rahmen dieser Ausführungen auch nur der Ausschlußgrund der Bekanntgabe der Verfahrenseinleitung von Bedeutung, da er übereinstimmend für die §§ 371 und 378 Abs. 3 AO gilt. Dazu Teil 1 zu B VII 2, insbesondere Einleitung des Verfahrens, b); Bekanntgabe, d); wegen der Tat, d) (3); Wirkung, e).

Anders als nach § 371 Abs. 2 AO ist es unschädlich, ob vor Erstattung der Selbstanzeige bereits ein Amtsträger der Finanzbehörde zur steuerlichen Prüfung oder zur Ermittlung einer Steuerstraftat oder Steuerordnungswidrigkeit erschienen ist (s. zu 1 b)) oder die Tat im Zeitpunkt der Berichtigung, Ergänzung oder Nachholung ganz oder zum Teil bereits entdeckt war und der Täter dies wußte oder bei verständiger Würdigung der Sachlage damit rechnen mußte (s. zu 1 c)). Bei der leichtfertigen Steuerverkürzung ist die Erlangung der Bußgeldfreiheit sonach uneingeschränkt bis zur Bekanntgabe der Verfahrenseinleitung möglich. Bis dahin soll der Täter die Möglichkeit haben, durch Selbstanzeige die Erlangung der Bußgeldfreiheit „anbahnen" zu können.

Die ethische Rechtfertigung, die die Selbstanzeige nach § 378 Abs. 3 AO hat, und das Interesse an einem guten Verhältnis zwischen Finanzbehörden und den Steuerpflichtigen machen es zur Selbstverständlichkeit, daß dem leichtfertigen Täter im rechtlich vertretbaren Umfang ausreichende Gelegenheit gelassen wird, nach der Entdekkung der Tat den ungewollt bewirkten Schaden wiedergutzumachen. Deshalb ist der Anspruch auf Bußgeldfreiheit durch Selbstanzeige erst durch die Bekanntgabe der Verfahrenseinleitung ausgeschlossen. Es würde dem Sinn und Zweck des § 378 Abs. 3 AO widersprechen, wollte man durch übereilte Bekanntgabe von Einleitungen leichtfertigen Tätern die Erlangung von Bußgeldfreiheit erschweren oder unmöglich machen. Die Prüfung des Verschuldens setzt meist erst nach Festsetzung der verkürzten Steuern ein, die Maßnahmen kommen dann oft einer Bekanntgabe der Verfahrenseinleitung gleich. Doch sollte der Amtsträger solche Maßnahmen erst dann treffen, wenn der Verdacht einer Verletzung steuerlicher Pflichten greifbare Formen angenommen hat. Dann darf nicht gewartet werden, ob der Steuerpflichtige vielleicht eine zur Bußgeldfreiheit führende Anzeige erstatten und durch aktive Mithilfe zur richtigen Festsetzung der Steuern beitragen wird.

VI. Festsetzung und fristgerechte Entrichtung der verkürzten Steuern (Abs. 3 S. 2 iVm § 371 Abs. 3 AO)

Eine weitere Voraussetzung der bußgeldbefreienden Wirkung der Selbstanzeige ist wie durch die Bezugnahme in § 378 Abs. 3 Satz 2 AO auf § 371 Abs. 3 AO (dazu Teil 1 zu B VIII) die fristgemäße Nachentrichtung der verkürzten Steuern, wenn der Täter auch der Schuldner ist. Die Nachsteuern müssen innerhalb der von der Finanzbehörde gesetzten Frist tatsächlich bezahlt worden sein. Die Bußgeld- und Strafsachenstelle hat bei Steuerordnungswidrigkeiten die Funktion einer Verwaltungsbehörde. Dem Steuerpflichtigen wird zunächst nur ein bedingter Anspruch auf Bußgeldfreiheit gewährt. Erst mit der fristgerechten Zahlung der nacherhobenen Steuern tritt die Bußgeldfreiheit ein. Die Frist muß nicht nur bei Veranlagungs-, sondern auch bei Fälligkeitssteuern gesetzt werden (OFD Frankfurt, Vfg. v. 10. 3. 1972 — S 1149 A — 11 — St II 40, Inf 1972 S. 402; KStR, AO, 1973, Abt. 99 S. 4089).

Nach dem Urteil des OLG Celle 1 Ss 402/63 vom 19. 12. 1963, EStZ, Coring/Vogel, § 411 AO a. F., Nr. 6 = Slg. Henneberg, Teil A, Stichwort: „Selbstanzeige, Materiallieferung“, S. 16; „Untersuchung, Einleitung“, S. 3 = BB 1964 S. 872 = NJW 1964 S, 989 = DStZ/B 1965 S. 74 erlangt ein Selbstberichtigung übender Täter zwar auch dann noch Straffreiheit nach § 411 RAO (jetzt Bußgeldfreiheit nach § 378 Abs. 3 AO), wenn er zwar die ihm gesetzte Zahlungsfrist nicht einhält, aber noch bezahlt, bevor ihm eröffnet wird, daß eine steuerstrafrechtliche Untersuchung gegen ihn eingeleitet sei (jetzt Bekanntgabe der Verfahrenseinleitung); dazu Anm. in StQ, AO, 1965, §§ 391—477 a. F., Nr. 40. Die herrschende Meinung vertritt zu Recht einen anderen Standpunkt. Der Gesetzgeber verlangt bei § 371 Abs. 3 AO als gleichrangige objektive Straffreiheitsvoraussetzungen die Selbstanzeigehandlungen (Berichtigung, Ergänzung oder Nachholung) *und* die Zahlung der verkürzten Steuern innerhalb der gesetzten Frist. Durch die Bezugnahme auf § 371 Abs. 3 AO gilt das auch für § 378 Abs. 3 Satz 1 AO. Ist eine dieser Voraussetzungen nicht erfüllt, tritt Bußgeldfreiheit nicht ein. So ist bei verspäteter Zahlung oder Nichtzahlung der verkürzten Steuern die durch die Berichtigung zunächst nur angebahnte, noch in der Schwebe befindliche Bußgeldfreiheit verwirkt. Der leichtfertige Täter ist dann der weiteren Verfolgung ausgesetzt. Werden umgekehrt lediglich die verkürzten Steuern alsbald nach der Aufdeckung der Tat gezahlt, so liegt in dieser Zahlung keine Berichtigung i. S. des § 378 Abs. 3 AO, wenn hiermit eine ausdrückliche oder stillschweigende Anerkennung des Ergebnisses einer Außenprüfung verbunden sein sollte. Die Rspr. hat mehrfach, wie zu V 1 b) (1) aa) aa1); c) (1) ausgeführt, zum Ausdruck gebracht, daß eine Berichtigung i. S. der früheren §§ 411, 404 Abs. 3 AO a. F. (jetzt § 378 Abs. 3 AO) einen eigenen, von der Ermittlungstätigkeit des Prüfers unabhängigen Beitrag zur Richtigstellung der bisher unrichtigen Angaben voraussetzt (dazu auch Bauerle, S. 130; Leise, WT 1961 S. 236; Lohmeyer, DStR 1970 S. 558; Wolter, NJW 1964 S. 1735; Zinn, StBp 1965 S. 102).

VII. Bußgeldfreiheit nach Abs. 3 S. 2 iVm § 371 Abs. 4 AO

Die Vorschrift des § 378 Abs. 3 Satz 2 AO verweist auf § 371 Abs. 4 AO (§ 153 AO). Bezweckt wird der Schutz des Dritten vor bußgeldrechtlicher Verfolgung. Hierzu kann auf die Ausführungen in Teil 1 zu B IX und VI 3 c) verwiesen werden.

1. Nacherklärungspflicht nach § 153 AO

Eine Nacherklärungspflicht nach § 153 AO besteht nur für solche unrichtigen oder unvollständigen Steuererklärungen, deren Unrichtigkeit oder Unvollständigkeit erst nachträglich erkannt worden ist. § 153 AO erfordert unverzüglich (vgl. § 121 BGB) die Anzeige und die erforderliche Richtigstellung der unrichtigen oder unvollständigen Angaben, wenn der Steuerpflichtige sie fahrlässig oder ohne Verschulden in der Steuererklärung gemacht hat. Erkennt der Steuerpflichtige einen falschen Bilanzansatz, so sind bei der Bilanzberichtigung die erforderlichen Angaben zu machen. Der Steuerpflichtige muß auch erkennen, daß seine bisherigen mangelhaften Angaben zu einer Steuerverkürzung führen können oder geführt haben.

Den steuerlichen Berater trifft die Nacherklärungspflicht nicht. Wenn der von ihm auf die Pflicht zur Nachmeldung hingewiesene Steuerpflichtige seiner Anzeigepflicht nicht genügt, trifft ihn kein Vorwurf (s. zu V 1 b) (1) bb)).

2. Rechtsfolgen bei Verstoß gegen § 153 AO

Erlangt der Steuerpflichtige nachträglich Kenntnis von der Unrichtigkeit oder Unvollständigkeit der früher abgegebenen Erklärungen und kommt er unverzüglich der Pflicht zur Anzeige und Richtigstellung der Angaben leichtfertig oder vorsätzlich nicht nach, so kann der Tatbestand des § 378 Abs. 1 oder des § 370 AO gegeben sein. Selbstanzeige ist dann noch möglich.

VIII. Wirkung der Selbstanzeige

1. Anzeige des Arbeitgebers nach § 41 c Abs. 4 EStG

Meinungsverschiedenheiten bestehen darüber, ob bei der leichtfertigen Lohnsteuerverkürzung nach § 378 Abs. 1 AO der Arbeitgeber durch seine Anzeige nach § 41 c Abs. 1 Nr. 2 EStG iVm §§ 41 c Abs. 4, 42 d Abs. 2 Nr. 1 EStG auch Bußgeldfreiheit nach § 378 Abs. 3 AO erwirken kann.

a) Anzeigepflicht des Arbeitgebers

Der Arbeitgeber hat die Anzeigepflichten nach § 38 Abs. 4, § 41 c Abs. 4 EStG unverzüglich, d. h. ohne schuldhaftes Zögern (vgl. § 121 BGB), zu erfüllen. Sobald der Arbeitgeber erkennt, daß der Lohnsteuerabzug in zu geringer Höhe vorgenommen worden ist, hat er dies dem Betriebstättenfinanzamt anzuzeigen, wenn er die Lohnsteuer nicht nachträglich einbehalten kann oder von seiner Berechtigung hierzu keinen Gebrauch macht. Die Beschränkung von Lohnsteuer-Nachforderungen auf Beträge von mehr als 20 DM berührt die Anzeigepflicht nicht.

b) Haftung des Arbeitsgebers, Ausschluß

Der Arbeitnehmer ist Schuldner der Lohnsteuer (§ 38 Abs. 2 EStG). Für diese Schuld kann der Arbeitgeber als Haftender in Anspruch genommen werden, soweit seine Haftung reicht, § 42 d Abs. 1 und 2

EStG. So führt die Verletzung der Anzeigepflicht zur Haftung der nicht einbehaltenen und nicht abgeführten Lohnsteuer, § 42 d Abs. 1 Nr. 1 EStG.

Der Arbeitgeber, der leichtfertig Lohnsteuer nicht vorschriftsmäßig einbehalten hat, kann bei unverzüglicher Anzeige nach § 41 c Abs. 4 EStG von Anfang an die Haftung ausschließen, § 42 d Abs. 2 Nr. 1 EStG.

c) Anzeige als Selbstanzeige

Der Arbeitgeber erlangt durch die Anzeige nach § 41 c Abs. 4 EStG auch Bußgeldfreiheit nach § 378 Abs. 3 S. 2 AO iVm § 371 Abs. 3 AO, ohne die einbehaltene Lohnsteuer nachentrichten zu müssen. Die Worte in § 395 Abs. 3 AO a. F. „die er schuldet" bedeuteten nicht, daß Haftungsbescheid gegen den Arbeitgeber ergangen, der Arbeitgeber auch Steuerschuldner sein mußte. In der neuen Bestimmung über die Selbstanzeige bei Steuerhinterziehung nach § 371 Abs. 3 AO fehlen auch diese Worte. Hat der Arbeitgeber sonach keine Steuer zu zahlen, so kann ihm auch keine Frist zur Zahlung der verkürzten Beträge gesetzt werden (dazu Teil 1 zu B VIII 4). Die Erklärung, hier Anzeige nach § 41 c Abs. 4 EStG, gilt sonach als Selbstanzeige.

S. auch zu VII und Teil 1 zu B IX 2 a) (3) aa).

Entfällt durch die Selbstanzeige die Anwendung des § 378 Abs. 1 AO, so kann doch der Tatbestand der Gefährdung der Abzugsteuern nach § 380 AO gegeben sein, wie sich aus dem Wortlaut des Absatzes 2 der Bestimmung ergibt. Da § 380 AO eine Selbstanzeige nicht kennt, kann die nachträgliche Zahlung nicht von Ahndung befreien. Bei den §§ 378 bzw. 380 AO handelt es sich um Verletzungs- bzw. Gefährdungstatbestände. Verletzt wird jeweils nicht dasselbe Rechtsgut, § 380 AO kann sonach nicht von § 378 AO miterfaßt werden. Die Vorschrift des § 378 AO bezweckt mehr den Schutz des Steueraufkommens, § 380 AO dagegen den Schutz derjenigen Pflichten, die dritten Personen im Besteuerungsverfahren bezüglich fremder Steuerschulden obliegen. Wird bei Vorliegen des Verkürzungstatbestandes nach § 378 Abs. 1 AO rechtswirksam Selbstanzeige erstattet, so ist eine Ahndung wegen Nichtabführung der Lohnsteuer nach § 380 AO noch möglich (h. M., so bei Steuerhinterziehung nach § 370 AO, OLG

Frankfurt, Urt. v. 8. 11. 1967 — 1 Ss 1134/66, Slg. Henneberg, Teil A, Stichwort: „Selbstanzeige, Umfang“, S. 5 = NJW 1968 S. 263 — Sachverhalt und Gründe, s. Teil 1 zu B X 3 b) —; OFD Bremen, Vfg. v. 22. 2. 1968 — S 1261 — St 91, StEK, AO § 413 a. F., Nr. 5; dazu auch Ehlers/Lohmeyer, S. 93; Hartung, § 413 AO a. F., Anm. III 5; H-H-Sp, § 406 a. F., Sp. 13; Leise, WK, § 406 AO a. F., Anm. 9; a. M. Suhr, NWB 1970 F. 13 S. 457).

d) Beachtung in der Praxis

Ist Anzeige nach § 41 c Abs. 4 EStG erstattet worden, so hat das Betriebsstättenfinanzamt zunächst zu prüfen, ob von einer Haftung des Arbeitgebers Abstand zu nehmen ist und die Anzeige auch bußgeldbefreiende Wirkung hat. Der Arbeitgeber darf bei der Verletzung lohnsteuerlicher Pflichten nur leichtfertig (grobfahrlässig) gehandelt haben. Bei vorsätzlichem Tun gelten diese Überlegungen nicht.

Ist der Vorgang der Bußgeld- und Strafsachenstelle zur Weiterverfolgung zugeleitet worden, das Bußgeldverfahren somit eingeleitet (§ 397 AO) und erfolgt Anzeige nach § 41 c Abs. 4 EStG, so hat das Finanzamt diese unverzüglich weiterzuleiten. Liegen die bußgeldbefreienden Voraussetzungen vor, so erfolgt Einstellung des Verfahrens. Hinsichtlich § 380 AO kann § 47 OWiG zur Anwendung kommen.

2. (Nicht-)Ahndung anderer Steuerordnungswidrigkeiten

a) Keine Ahndung wegen § 379 AO

Auf die Ausführungen zu II 2 a) wird verwiesen.

Bei Steuerhinterziehung, s. Teil 1 zu B X 3 a).

b) Ahndung wegen § 380 AO

Auf die Ausführungen zu oben 1 c) sowie II 2 b) wird verwiesen.

Bei Steuerhinterziehung, s. Teil 1 zu B X 3 b).

3. Keine Auswirkung auf andere Taten

a) (Steuer-)Ordnungswidrigkeit

Die Selbstanzeige nach § 378 Abs. 3 AO hat keine Auswirkungen auf andere (Steuer-)Ordnungswidrigkeiten.

Beispiel:

A leistet seit Jahren für B unbefugte Hilfe in Steuersachen. Hierbei verkürzt er auch leichtfertig Steuern. A erstattet 1977 Selbstanzeige.

Wegen leichtfertiger Steuerverkürzung bleibt A bußgeldfrei, soweit die Steuerzahlungen fristgerecht geleistet werden (§ 378 Abs. 3 S. 2 AO iVm § 371 Abs. 3 AO). Für die tateinheitlich (tatmehrheitlich) damit begangene Ordnungswidrigkeit nach § 160 StberG bleibt A jedoch ahndbar, weil diese Tat nicht selbstanzeigefähig ist (s. dazu II 2 f)).

Zur Tateinheit, s. § 19 OWiG (Festsetzung *einer* Geldbuße); zur Tatmehrheit, s. § 20 OWiG (gesonderte Festsetzung der einzelnen Bußgelder).

b) Allgemeinstraftat, Steuerstraftat

Die Selbstanzeige nach § 378 Abs. 3 AO hat auch keine Auswirkungen auf andere Allgemeinstraftaten oder Steuerstraftaten.

Wer Selbstanzeige nach § 411 RAO (jetzt § 378 Abs. 3 AO) erstattet, erlangt Straffreiheit (jetzt Bußgeldfreiheit) nur für das dort bezeichnete Steuervergehen (jetzt Steuerordnungswidrigkeit), jedoch nicht Straffreiheit für andere mit ihm zusammenhängende (allgemeine oder Steuer-)Straftaten, die durch die Selbstanzeige aufgedeckt wurden (vgl. BGH, Urt. v. 11. 11. 1958 — 1 StR 370/58, BGHSt Bd. 12 S. 100 = BStBl. 1959 I S. 18 = Slg. Henneberg, Teil A, Stichwort: „Selbstanzeige, Umfang", S. 2 = DStZ/B 1959 S. 38 = ZfZ 1959 S. 78 = BB 1959 S. 104 = MDR 1959 S. 141 = NJW 1959 S. 205 = FR 1959 S. 479; dazu auch Hartung, §§ 410, 411 AO a. F., Anm. 2; Kulla, StWa 1965 S. 56; Leise, WT 1961 S. 240; Pfaff, § 395 AO a. F., Tz. 34; Vogel, FR 1959 S. 479). Die Voraussetzungen der Selbstanzeige bei Steuerhinterziehung ergeben sich aus § 371 AO (s. auch Teil 1 zu B III 1) und eines eventuellen strafbefreienden Rücktritts vom Versuch bei Allgemeindelikten aus § 24 StGB.

Zum Zusammentreffen von Straftat und (Steuer-)Ordnungswidrigkeit in Tateinheit, s. § 21 OWiG (Anwendung des Strafgesetzes — Subsidiaritätsklausel —). Bei Tatmehrheit zwischen Straftat und (Steuer-)Ordnungswidrigkeit bleibt die Anwendung der Bußgeldvorschrift unberührt. Auf Strafe und Geldbuße wird gesondert erkannt.

LITERATURÜBERSICHT

Ahrens: Selbstanzeige im Steuerstrafverfahren, SchlHA 1953 S. 180.

Baier/Fähnrich: Dte steuerliche Betriebsprüfung, 2. Aufl., Fachverlag für Wirtschafts- und Steuerrecht Schäffer & Co GmbH, Stuttgart 1963.

Barske: Selbstanzeige (tätige Reue) und Rücktritt vom Versuch, DStZ/A 1949 S. 60.

— Selbstanzeige und Erlaß der nachzuentrichtenden Steuer, FR 1951 S. 174.

— Zur Selbstanzeige, DStR 1952 S. 201.

Barske/Gapp: Steuerstrafrecht und Steuerstrafverfahrensrecht, 3. Aufl., Fachverlag für Wirtschafts- und Steuerrecht Schäffer & Co GmbH, Stuttgart 1959.

Bauerle: Die tätige Reue nach § 46 StGB im Steuerstrafrecht, BB 1953 S. 28.

— Selbstanzeige gemäß § 410 AO, DStZ/A 1956 S. 343.

— Selbstanzeige nach Abschluß der Betriebsprüfung, DStZ/A 1957 S. 161.

— Steuerstrafe droht, Kommentar, Rudolf Haufe Verlag, Freiburg i. Br. 1970.

Becker/Riewald/Koch (B-R-K): RAO, 9. Aufl., Bd. II, Carl Heymanns Verlag KG, Köln, 1968.

Berger: Die Anzeige („Nacherklärung") gemäß § 165 e AO und die Selbstanzeige gemäß § 410 AO im Verhältnis zueinander, BB 1951 S. 303.

— Selbstanzeige durch Abgabe der Jahressteuererklärung und bei Schätzung des Gewinns durch das Finanzamt, BB 1951 S. 919.

— Die strafbefreiende Selbstanzeige ab 1. Januar 1952, BB 1951 S. 931.

— Selbstanzeige; zuständiges Finanzamt bei gesonderter Feststellung der Besteuerungsgrundlagen, BB 1952 S. 105.

Bockelmann: Wann ist der Rücktritt vom Versuch freiwillig?, NJW 1955 S. 1417.

Bremer: Der gegenwärtige Stand der tätigen Reue nach § 410 AO n. F., B 1951 S. 730.

— Strafbefreiende Selbstanzeige bei Steuervergehen, B 1951 S. 989.

Bringewat: Kenntnis des Verletzten und tätige Reue (§ 46 Nr. 2 StGB), JuS 1971 S. 403.

Burhoff: Übersicht über die Abgabenordnung 1977, NWB 1976 F. 2 S. 2881.

Buschmann/Luthmann: Das neue Steuerstrafrecht, Hermann Luchterhand Verlag GmbH, Neuwied 1968.

Coring: Einzelfragen zur Selbstanzeige während der Betriebsprüfung, DStR 1963 S. 373.

Coring: Zahlungsfrist bei Selbstanzeige wegen Steuerhinterziehung, BB 1974 S. 1514.

Coring/Vogel: Entscheidungen zum Steuer- und Zollstrafrecht (EStZ) — Loseblattsammlung — Heidelberg.

Demuth/Schneider: Die Bedeutung des „Handelns für einen anderen" nach § 10 OWiG, BB 1970 S. 642.

Depiereux: Strafrechtliche Folgen der Nichtabgabe von Steuererklärungen, DStR 1970 S. 551.

— Keine Steuerunehrlichkeit bei verspäteter Abgabe bzw. Nichtabgabe von Steuererklärungen?, DStR 1971 S. 59.

— Ist die heutige Praxis des Steuerstrafverfahrens sinnvoll?, BB 1971 S. 1456.

Dreher: StGB, 36. Aufl., C. H. Beck Verlag, München 1976.

Ehlers: Strafbefreiende Selbstanzeige nach § 410 AO, DStZ/B 1951 S. 230.

— Einfluß der Selbstanzeige auf Steuermoral, StP 1951 S. 323.

— Strafverfolgung auch bei Zusicherung von Straffreiheit in der Schlußbesprechung, StBp 1962 S. 288.

— Praktische Hinweise zur Selbstanzeige, DStR 1974 S. 695.

Ehlers/Lohmeyer: Steuerstraf- und Steuerordnungswidrigkeitenrecht, 4. Aufl., Fachverlag für Wirtschafts- und Steuerrecht, Schäffer & Co GmbH, Stuttgart 1969.

Ehrhardt: Betriebsprüfungsordnung (Steuer) und Steuerstrafverfahren, DStZ/A 1966 S. 321.

Fincke: Kann die Aussage des nicht über sein Aussageverweigerungsrecht belehrten Beschuldigten verwertet werden?, NJW 1969 S. 1014.

Firnhaber: Die strafbefreiende Selbstanzeige im Steuerrecht, Verlagsbuchhandlung des Instituts der Wirtschaftsprüfer, Düsseldorf 1962.

Fischer: Kritik der strafrechtlichen Rechtsprechung bei Fälligkeitssteuern, DStZ/A 1965 S. 375.

— Ist die Nichtabgabe oder die verspätete Abgabe von Umsatzsteuervoranmeldungen und Lohnsteueranmeldungen strafbar?, StWa 1971 S. 1014.

Fließbach: Zur Frage des Rechtswegs bei Maßnahmen des Steuerfahndungsdienstes, B 1959 S. 1411.

Franzen: Zur schuldgerechten Aufteilung der Steuerverkürzung, DStR 1964 S. 380.

— Zum Begriff der Entdeckung der Tat im Steuerstrafrecht, NJW 1964 S. 1061.

— Zur Vollendung der Steuerverkürzung, DStR 1965 S. 187.

— Die Verzinsung der hinterzogenen Steuern, DStR 1965 S. 319.

— Das Steuerstrafverfahren nach dem AO-Strafrechts-Änderungsgesetz, DStR 1967 S. 536.

Franzen/Gast: Steuerstrafrecht, Kommentar, C. H. Beck Verlag, München 1969.

Gapp: Aktuelle Fragen zum § 410 AO, StWa 1951 S. 86.

Geiger: Wann ist ein Steuerstrafverfahren eingeleitet?, StBp 1965 S. 8.

Gerlach: Die Begründung der Beschuldigteneigenschaft, NJW 1969 S. 776.

Giese/Plath: Wirtschaftskommentar (WK), AO, Bd. 1, Verlag Kommentator GmbH, Frankfurt 1969.

Hartung: Steuerstrafrecht, Kommentar, 3. Aufl., Verlag Franz Vahlen GmbH, Berlin/Frankfurt/M 1962.

Haufen: Ist bei Steuerordnungswidrigkeiten eine Strafbefreiung durch Selbstanzeige möglich?, BB 1953 S. 351.

Heinitz: Streitfrage der Versuchslehre, JR 1956 S. 248.

Henke: Probleme des Versuchs der Steuerhinterziehung, DStZ/A 1958 S. 187.

— Ist, wer eine Betriebsprüfung beantragt, wirklich gedeckt in dem Sinne, daß er sich nicht strafbar gemacht hat?, DStZ/A 1960 S. 188.

— Zur Strafbarkeit der Verletzung der Anzeigepflicht nach § 165 e AO, NJW 1963 S. 1098.

— Wird bei einer vorläufigen Steuerfestsetzung nur eine versuchte Verkürzung von Steuereinnahmen bewirkt?, DStR 1965 S. 697.

— Zur Kritik der strafrechtlichen Rechtsprechung bei Fälligkeitssteuern, DStZ/A 1966 S. 88.

Henneberg: Die Neuregelung des Steuerstrafrechts, BB 1968 S. 906.

— Ist der Betriebsprüfer zur Einleitung der strafrechtlichen Untersuchung befugt?, B 1969 S. 1811.

— Übergang vom Besteuerungsverfahren zum Strafverfahren, BB 1970 S. 1128.

— Was hat der Betriebsprüfer bei Durchführung der Betriebsprüfung in strafrechtlicher Hinsicht zu beachten?, StBp 1971 S. 169.

— Verspätete Abgabe der Lohnsteueranmeldung als strafbefreiende Selbstanzeige, Inf 1971 S. 351.

— „Selbstanzeige dem Grunde nach“ und der Verlust der strafbefreienden Wirkung durch verspätete Ergänzung der Angaben, Inf 1972 S. 271.

— Sammlung, Entscheidungen zum Recht der Steuerverfehlungen, Teil A, Verlagsgesellschaft Recht und Wirtschaft mbH, Heidelberg 1972.

— Rechtsbehelf gegen die Fristsetzung der Nachzahlung nach Erstattung einer Selbstanzeige, BB 1973 S. 1301.

— Rechtsschutz gegen Maßnahmen der Steuerfahnung, des Betriebsprüfungsdienstes und der Gemeinsamen Strafsachenstellen im steuerstrafrechtlichen Ermittlungsverfahren, B 1973 S. 1468.

— Die Reform des Steuerstraf- und Ordnungswidrigkeitenrechts durch das Einführungsgesetz zum Strafgesetzbuch, BB 1974 S. 705.

Herdemerten: Ist infolge Selbstanzeige nach § 410 AO noch eine Bestrafung nach § 413 Abs. 1 AO möglich?, NJW 1968 S. 717.

— Welche Pflichten hat der Steuerberater bei einem Steuervergehen seines Mandanten?, StB 1970 S. 63.

Herdemerten: Zur Nichtstrafbarkeit der verspäteten Abgabe von Umsatzsteuervoranmeldungen, DStR 1970 S. 198.

— Verspätete Abgabe der Lohnsteueranmeldung als strafbefreiende Selbstanzeige, Inf 1971 S. 351.

— Löst der Verstoß gegen die Pflichten zur Bekanntgabe der Einleitung des strafrechtlichen Ermittlungsverfahrens nach § 432 Abs. 3 AO (§ 13 BpO(St)) ein Verwertungsverbot im Strafprozeß aus?, B 1971 S. 2438.

Herrmann: Die steuerliche Selbstanzeige ab 1. Januar 1952, FR 1952 S. 2.

Heumann: Strafbefreiende Selbstanzeige nach durchgeführter Betriebsprüfung als Schlußbesprechung wieder möglich?, StBp 1963 S. 296.

Hofstetter: Die Selbstanzeige im Steuerrecht, StWa 1965 S. 156; 169.

Horn: Steueramnestie ohne Sentiment, FR 1968 S. 499.

Hübschmann/Hepp/Spitaler (H-H-Sp): AO, 1.—6. Aufl., Verlag Dr. Otto Schmidt KG, Köln 1951/72.

Jescheck: Lehrbuch des Strafrechts, Allgemeiner Teil, 2. Aufl., Duncker & Humblot, Berlin 1972.

Kaatz: Zu Fragen der Auskunftsverweigerung im Steueraufsichtsverfahren, FR 1955 S. 378.

Kaiser: Was heißt „Tatverdacht"?, NJW 1965 S. 2380.

Koch: Steueramnestie nach Schweizer Muster?, FR 1968 S. 207; 499.

Kötter: Betriebsprüfung und Selbstanzeige, NWB 1966 F. 17 S. 546; 1972 F. 17 S. 709.

Kötting: BGH-Urteil zur Steuerverkürzung bei vorläufiger Steuerfestsetzung, DStZ/A 1967 S. 285.

Kohlmann: Steuerstrafrecht, Loseblattwerk, Verlag Dr. Otto Schmidt, Köln 1972.

Kopacek: Sind Steuerverkürzungen im Sinne der §§ 396 und 402 AO auch bei der vorläufigen Steuerfestsetzung bewirkt?, DStZ/A 1961 S. 90.

— Die Einleitung der steuerstrafrechtlichen Untersuchung, BB 1962 S. 674.

— Die Offenbarungsflicht und die Selbstanzeige bei leichtfertiger Verkürzung, BB 1962 S. 875.

— Die Selbstanzeige nach § 410 AO, DStR 1965 S. 105.

— Welche Bedeutung hat die Zahlungsfrist nach § 410 Abs. 3 AO?, DStR 1965 S. 164.

— Die Selbstanzeige nach §§ 410, 411 AO, DStR 1965 S. 201.

— Verspätete Abgabe der Steuererklärung als strafbefreiende Selbstanzeige, NJW 1970 S. 2098.

— Steuerstraf- und Bußgeldfreiheit, 2. Aufl., Dr. Erich Schmidt Verlag, Köln 1970.

— Die Nichteinleitung des Steuerstrafverfahrens durch den Betriebsprüfer, BB 1971 S. 1049.

Koppe: Steuerberatung bei Steuerhinterziehung, DStR 1965 S. 191.

Kosin: Selbstanzeige bei Steuervergehen, DStZ/A 1952 S. 367.

Kratzsch: Der strafrechtliche Aspekt der Selbstanzeige (§ 395 AO), StW 1974 S. 68.

— Aufweichung des § 395 AO durch Schrifttum und Finanzverwaltung?, StBp 1975 S. 260.

Kühn: AO, 9. Aufl., Fachverlag für Wirtschafts- und Steuerrecht Schäffer & Co GmbH, Stuttgart 1968.

Kühn/Kutter: AO, 11. Aufl., Fachverlag für Wirtschafts- und Steuerrecht Schäffer & Co GmbH, Stuttgart 1974.

Kulla: Der Umfang der Straffreiheit im Falle einer Selbstanzeige bei konkurrierenden Steuerdelikten, StWa 1965 S. 56.

— Erwiderung auf die Kritik der strafrechtlichen Rechtsprechung bei Fälligkeitssteuern, DStZ/A 1966 S. 42.

Kuller: Gedanken zu § 13 BpO(St), B 1968 S. 2236.

Längsfeld: Das Steueränderungsgesetz 1965, B 1965 S. 565.

Lammerding: Die Vollmacht im Steuerrecht, NWB 1971 F. 2 S. 2163.

Leise: Zur Problematik der Selbstanzeige, WT 1953 S. 81; 1954 S. 9.

— Die Nachzahlungsfrist bei Selbstanzeige, WT 1956 S. 59.

— „Tätige Reue" im Steuerrecht, BlStA 1958 S. 22.

— Die strafbefreiende Selbstanzeige bei Steuervergehen, WT 1961 S. 230.

— Die Nacherklärungspflicht gemäß § 165 e AO, BlStA 1965 S. 83.

— Zur Subsidiarität des § 413 Abs. 1 Nr. 1 Buchstabe a AO, NJW 1968 S. 265.

— Die Anfechtung der Fristsetzung, DStR 1970 S. 558.

— Der Wirtschaftskommentar (WK), AO, Verlag Kommentator GmbH, Frankfurt 1970.

— Ist die verspätete Abgabe von Umsatzsteuervoranmeldungen strafbar?, DStR 1971 S. 57.

— Zum Begriff der Tatentdeckung bei Selbstanzeige, BB 1972 S. 1500.

List: Die Selbstanzeige im Steuerrecht, 2. Aufl., Fachverlag für Wirtschafts- und Steuerrecht Schäffer & Co GmbH, Stuttgart 1963.

Lohmeyer: Zur Frage der Unzumutbarkeit im Strafrecht, NJW 1958 S. 1431.

— Die strafbefreiende Selbstanzeige, BlStA 1959 S. 630.

— Die Anzeigepflicht bei unrichtiger Steuererklärung im Verhältnis zur Selbstanzeige, Inf 1961 S. 62.

— § 410 AO im Verhältnis zu § 165 e AO, Wpg 1961 S. 176.

— Die Anwendung von Zwangsmitteln in den Fällen der §§ 410, 411 AO, NJW 1961 S. 2245.

— Erschleichen des Prüfers im Sinne des § 410 AO, BlStA 1962 S. 106.

— Abgabe der Umsatzsteuererklärung als Selbstanzeige, UStR 1962 S. 129.

Lohmeyer: Betriebsprüfung und Steuerstrafverfahren, Wpg 1962 S. 177.
— Selbstanzeige nach § 410 AO, FR 1962 S. 257.
— Schließen vorläufige Steuerbescheide die Annahme einer vollendeten Steuerverkürzung aus?, BlStA 1962 S. 340.
— Erstattung einer Selbstanzeige durch einen Bevollmächtigten, FR 1962 S. 498.
— Einzelheiten zur Einleitung der strafrechtlichen Untersuchung, Stbg 1963 S. 54.
— Zu den Ausschließungsgründen bei der Selbstanzeige, StB 1963 S. 146.
— Aus der Rechtsprechung zum Steuerstrafrecht, FR 1963 S. 185.
— Die Bedeutung des Prüfungsauftrags für die wirksame Erstattung einer Selbstanzeige, StBp 1963 S. 298.
— Die Pflicht zur Berichtigung einer Steuererklärung nach § 165 e AO, Wpg 1963 S. 442.
— Die Frist nach § 410 Abs. 3 AO, FR 1963 S. 567.
— Einzelheiten zur Erlangung von Straffreiheit durch Selbstanzeige bei Steuervergehen, Inf 1964 S. 23.
— Die Bilanzberichtigung nach § 4 Abs. 2 EStG im Verhältnis zur Anzeigepflicht nach § 165 e AO und zur Selbstanzeige, StBp 1964 S. 39.
— Anfechtung der Fristsetzung nach § 410 Abs. 3 AO, FR 1964 S. 171.
— Aktuelle Fragen aus der Praxis der Betriebsprüfung, StBp 1964 S. 266.
— Erstattung der Selbstanzeige durch Bevollmächtigte, DStR 1964 S. 446.
— Die strafbefreiende Selbstanzeige, StBp 1965 S. 302.
— Steuerverkürzung bei Nichtabgabe der Steuerverkürzung und nachfolgender Schätzung, FR 1965 S. 329.
— Die nachträgliche Änderung der Berichtigungserklärung in den Fällen der Selbstanzeige (§§ 410, 411 AO), FR 1965 S. 485.
— Die strafbefreiende Selbstanzeige bei Umsatzsteuer-Vergehen, KStR 1966, Abt. 02 a S. 61.
— Betriebsprüfung und Steuerstrafverfahren, Inf 1966 S. 174.
— Ist die Verletzung der Anzeigepflicht nach § 165 e AO strafbar?, Stbg 1966 S. 282.
— Schätzung vor Abschluß der Veranlagungsarbeiten, NWB 1966 F. 13 S. 298.
— Aktuelle Fragen aus dem steuerlichen Betriebsprüfungsverfahren, StW 1967 S. 262.
— Die Bedeutung vorläufiger Steuerfestsetzungen, Stbg 1968 S. 129.
— Die Anfechtung der Fristsetzung nach § 395 Abs. 3 AO, StB 1968 S. 192.
— Das Verhältnis der Bilanzberichtigung zur Anzeigepflicht nach § 165 e AO und zur Selbstanzeige, DStR 1968 S. 274.
— Die Bedeutung der Anzeigepflicht nach § 165 e AO, ZfZ 1968 S. 299.

Lohmeyer: Betriebsprüfung und Steuerstrafverfahren, RWP 1968, 14 (D „Betriebsprüfung II B 3"). S. 13.
— Die Selbstanzeige im Steuerstrafrecht, GA 1969 S. 262.
— Die rechtliche Stellung des steuerlichen Beraters im Betriebsprüfungsverfahren, NWB 1969 F. 17 S. 621.
— Zum Verdacht strafbarer Handlungen bei der Betriebsprüfung, B 1969 S. 719.
— Die Feststellung von Steuerzuwiderhandlungen bei Betriebsprüfungen, KStR 1970 Abt. 02 b S. 37.
— Welche Pflichten hat der Steuerberater bei einem Steuervergehen seines Mandanten?, StB 1970 S. 63.
— Prüfungsanordnung und strafbefreiende Selbstanzeige, StB 1970 S. 165.
— Die Anfechtung der Fristsetzung nach § 395 Abs. 3 AO, DStR 1970 S. 558.
— Rechte und Pflichten des steuerlichen Beraters bei der Betriebsprüfung, KStR 1971, Abt. 88 c S. 31.
— Selbstanzeige bei verspäteter Abgabe von Umsatzsteuer-Voranmeldungen, Inf 1971 S. 57.
— Prüfungsanordnung und Prüfungsauftrag, StB 1971 S. 163.
— Erstattung einer Selbstanzeige durch den steuerlichen Berater, StW 1972 S. 15.
— Einzelheiten zur strafbefreienden Selbstanzeige im Sinne des § 395 AO, ZfZ 1972 S. 173.
— Nacherklärungspflicht nach vorausgegangener Umsatzsteuerprüfung, UStR 1972 S. 200.
— Zur Wirksamkeit einer Selbstanzeige nach § 404 Abs. 3 AO im Falle der leichtfertigen Steuerverkürzung, DVR 1973 S. 22.
— Zum strafrechtlichen Vorbehalt des § 14 Abs. 4 BpO(St), DGStZ 1973 S. 163.
— Was ist bei der Erstattung der Selbstanzeige durch den steuerlichen Berater zu beachten?, DVR 1973 S. 178.
— Die Selbstanzeige bei leichtfertiger Steuerverkürzung, StB 1974 S. 205.
— Einleitung des Strafverfahrens bei Verdacht von Steuervergehen, Inf 1974 S. 469.
— Nachträgliche Änderung der Berichtigungserklärung bei Selbstanzeige (§§ 395, 404 Abs. 3 AO), B 1974 S. 1838.
— Rechtsprechung zur Selbstanzeige, NWB 1976 F. 13 S. 555.

Loose: Die Verzinsung der hinterzogenen Steuern, DStZ/A 1965 S. 151.
— Das neue Steuerstrafrecht, DStZ/A 1967 S. 277.

Maaßen: Die Bedeutung der Zahlungsfrist in den Fällen der Selbstanzeige nach §§ 410, 411 AO, DStZ/A 1952 S. 237.
— Neue Rechtsprechung in Steuerstrafsachen, FR 1954, S. 127.
— Negative Wirksamkeitsvoraussetzungen der Selbstanzeige nach § 410 AO, FR 1954 S. 293.

Maaßen: Selbstanzeige und Auskunftspflicht bei OR-Geschäften. FR 1956 S. 460.

— Betriebsprüfung und Steuerstrafverfahren, FR 1958 S. 26.

— Das Recht der Steuerberatung, Fachverlag für Wirtschafts- und Steuerrecht Schäffer & Co GmbH, Stuttgart 1963.

— Das strafrechtliche Verwertungsverbot des § 136 a StPO, FR 1970 S. 233.

Malchus: Kann der Betriebsprüfer ein steuerstrafrechtliches Ermittlungsverfahren bzw. ein Bußgeldverfahren einleiten?, DStR 1970 S. 541.

— Zur Einleitung des Steuerstraf- bzw. Bußgeldverfahrens durch den Betriebsprüfer, DStR 1971 S. 82.

Mattern: Die Selbstanzeige (§ 410 AO), DStZ/A 1950 S. 134.

— Die Berichtigung im Sinne des § 410 AO, DStZ/A 1950 S. 353.

— Die neuen Vorschriften über die Selbstanzeige, DStZ/A 1951 S. 413.

— Steuerliche Selbstanzeige und Steuermoral, NJW 1951 S. 937.

— Grundsätzliches zur Selbstanzeige, DStR 1952 S. 76.

— Steuerliche Selbstanzeige und Betriebsprüfung, NJW 1952 S. 492.

— Die Rechtsprechung zum Steuerstraf- und Strafverfahrensrecht, JZ 1954 S. 432; 494.

— Grundsätzliches zur strafbefreienden Selbstanzeige, DStR 1954 S. 457.

— Steuerrecht und Steuermoral, StW 1958 S. 257.

Mattern/Meßmer: AO, Wilhelm Stollfuß Verlag, Bonn 1964.

Muuß: Steueranmeldungen im Sinne der AO 1977, NWB 1976 F. 2 S. 2955.

Oswald: Zur Berichtigungspflicht bei § 410 AO, StP 1953 S. 182.

— Neuregelung des Steuerstrafrechts, StW 1968 S. 145.

— Praktische Fragen der Betriebsprüfung, StW 1970 S. 83.

Paulick: Fehler des Finanzamts zugunsten des Steuerpflichtigen (Ist der Steuerberater zur Richtigstellung verpflichtet?), StB 1964 S. 57.

Peters: Zur Lehre von den persönlichen Strafaufhebungsgründen, JR 1949 S. 496.

Petersen: Strafbefreiende Selbstanzeige bei Erschleichung einer Steuerstundung, B 1954 S. 966.

Pfaff: Betriebsprüfung i. S. des § 222 Abs. 1 Ziffer 2 AO durch einen Steuerfahndungsbeamten, FR 1961 S. 438.

— Zur Einleitung des Steuerstrafverfahrens, insbesondere bei Nichtabgabe von Steuererklärungen, Inf 1962 S. 455.

— Verdacht eines Steuervergehens oder einer Steuerordnungswidrigkeit bei der steuerlichen Betriebsprüfung und Einleitung eines Steuerstraf- oder Bußgeldverfahrens, BlStA 1970 S. 49.

— Was hat der Betriebsprüfer bei Durchführung der Betriebsprüfung in strafrechtlicher Hinsicht zu beachten?, StBp 1970 S. 187.

— Ermittlungspflicht des Finanzamts sowie Auskunftspflicht und Auskunftsverweigerungsrecht des Steuerpflichtigen und Dritten im Steuerermittlungs-(Steueraufsichts-)Verfahren, StW 1970 S. 399.

Pfaff: Die Selbstanzeige im Steuerrecht, DStR 1970 S. 554.
— Die Anwendung der §§ 13, 14 Abs. 4 BpO(St), StW 1970 S. 627.
— Pflichtwidrige Handlungen des Betriebsprüfers, StW 1970 S. 640.
— Folgen bei rechtswidrigen Handlungen des Betriebsprüfers, Inf 1971 S. 312.
— Aktuelle Fragen aus dem Steuerstrafrecht, Inf 1971 S. 539.
— Selbstanzeige im Lohnsteuerverfahren, FR 1972 S. 252.
— Entdeckung der Tat bei der Selbstanzeige, FR 1972 S. 415.
— Irrtum im Steuerstraf- und Bußgeldrecht, NWB 1972 F. 13 S. 509.
— Entdeckung der Tat nach § 395 AO, StBp 1974 S. 186.
— Handbuch der Rechtsprechung zum Steuerstrafrecht, Verlag Neue Wirtschafts-Briefe, Herne/Berlin 1974 — Einleger, Stand: 1. 1. 1975.
— Das neue Steuerberatungsgesetz, StBp 1975 S. 197.
— Das Steuergeheimnis, Kommentar, Duncker & Humblot, Berlin 1974/77

Piesker: Einleitung eines Steuerstrafverfahrens wegen Steuerhinterziehung, BB 1962 S. 212.

Quenzer: Zur Auslegung des § 410 AO (n. F.), StW 1953 S. 666.

Rath: „Tätige Reue" im Steuerrecht, BlStA 1957 S. 308; 374.

Reichel: Bedeutung des § 13 BpO(St), Inf 1974 S. 313.

Reinisch: Zur Kritik der Strafpraxis bei Fälligkeitssteuern, DStZ/A 1966 S. 72.
— Betriebsprüfung im Strafgewand, StBp 1966 S. 135.

Richter: Der Verdacht strafbarer Handlung bei der Betriebsprüfung, B 1967 S. 697.
— Verwertbarkeit von Aussagen des nicht belehrten Beschuldigten, NJW 1969 S. 1014.

Rößler: Das neue Steuerstrafverfahrensrecht, StW 1968 S. 142.

Salch: Prüfungsanordnung und Prüfungsauftrag, StBp 1970 S. 1.
— Betriebsprüfung und Tatverdacht, StW 1970 S. 627.
— Zur Einleitung des Straf- bzw. Bußgeldverfahrens durch den Betriebsprüfer, DStR 1971 S. 81.

Schirp: Vollendung der Steuerverkürzung, StB 1963 S. 142.

Schleeh: Vollendung der Steuerverkürzung bei Fälligkeitssteuern, StQ AO 1971, §§ 391—449 Nr. 419.

Schmidtmann: Selbstanzeige und Betriebsprüfung, StBp 1970 S. 11.

Schönke/Schröder: StGB, 16. Aufl., C. H. Beck Verlag, München 1972.

Schröder: Die Selbstanzeige im Steuerrecht, MDR 1956 S. 249.

Schröder/Delhey: Betriebsprüfungsordnung(Steuer), Kommentar, Erich Schmidt Verlag, Berlin 1970.

Schulze: Steuerhinterziehung durch Unterlassen der Abgabe von Steuererklärungen, DStR 1964 S. 384.

Schulze/Brachmann: Steuerliche Selbstanzeige und Betriebsprüfung, BB 1952 S. 773.

Schwarz: StPO, 29. Aufl., C. H. Beck Verlag, München 1970.

Seltmann: Pflicht zur Selbstanzeige, StB 1972 S. 234.

Spitaler: Zur Frage der Selbstanzeige nach durchgeführter Betriebsprüfung, FR 1952 S. 324.

— Auskunftspflicht und Auskunftsverweigerungsrecht bei OR-Geschäften, FR 1955 S. 75.

— Selbstanzeige und Mandantentreue, StB 1962 S. 65.

Spörlein: Steuerstrafrecht und Steuerstrafverfahrensrecht, Holzmann Verlag, Bad Wörishofen 1953.

Stobbe: Die Auswirkungen der neuen Betriebsprüfungsordnung(Steuer) auf die Arbeit des Betriebsprüfungs-Dienstes, StBp 1969 S. 153.

Stumpe: Zur Fristsetzung nach § 410 Abs. 3 AO bei strafbefreiender Selbstanzeige, StBp 1964 S. 197.

Sudau: Steuerstrafrecht und Steuerordnungswidrigkeiten, Steuerbeamten Verlag, Düsseldorf 1970.

Suhr: Verwirkung des Rechts auf Straffreiheit nach § 410 AO bei nicht fristgemäßer Zahlung, BB 1951 S. 221.

— Das materielle Steuerstrafrecht, NWB 1958 F. 13 S. 137 ff.; 175 ff.

— Die strafbefreiende Selbstanzeige nach §§ 410, 411 AO, NWB 1959 F. 13 S. 203 ff.

— Verletzung der Anzeigepflicht als Steuerstraftatbestand und Selbstanzeige, NWB 1961 F. 13 S. 235 ff.

— Steuerstrafrecht, Kommentar, Verlag Neue Wirtschafts-Briefe GmbH, Herne/Berlin 1961.

— Steuerstrafverfahren auch bei Zusicherung von Straffreiheit in der Schlußbesprechung?, StBp 1962 S. 290.

— Strafbefreiende Selbstanzeige nach durchgeführter Betriebsprüfung ab Schlußbesprechung wieder möglich?, StBp 1964 S. 19.

— Zur Einleitung des Steuerstrafverfahrens, StBp 1965 S. 11.

— Die straf- und bußgeldbefreiende Selbstanzeige, NWB 1969 F. 13 S. 365 ff.

— Die rechtliche Stellung des steuerlichen Beraters im Betriebsprüfungsverfahren, NWB 1969 F. 17 S. 621 ff.

— Materielles Steuerstraf- und Bußgeldrecht, NWB 1970 F. 13 S. 423 ff.

— Besteuerungsverfahren und Strafverfahren bei Betriebsprüfungen, StBp 1971 S. 121.

— Rechtsprechung zum Steuerstraf- und Steuerordnungswidrigkeitenrecht, NWB 1972 F. 13 S. 511 ff.

Suhr/Naumann: Steuerstrafrecht, Kommentar, 2. Aufl., Verlag Neue Wirtschafts-Briefe GmbH, Herne/Berlin 1971.

Susat: Die Stellung des § 410 AO im Rechtssystem, DStR 1951 S. 397.

— Neue Probleme der steuerstrafrechtlichen Selbstanzeige, DStR 1952 S. 32.

Teichner: Nacherklärungspflicht des Konkursverwalters im Besteuerungsverfahren?, NJW 1968 S. 688.

Terstegen: Die Frist nach § 410 Abs. 3 AO, StW 1954 S. 382.

— Das steuerliche Ermittlungs- und das steuerstrafrechtliche Untersuchungsverfahren, Inf 1956 S. 243.

— Steuerstrafrecht, Kommentar, Verlag Dr. Otto Schmidt KG, Köln 1956.

Tipke/Kruse (T-K): AO, 2.—5. Aufl., Verlag Dr. Otto Schmidt KG, Köln 1965/72.

Troeger: Steuerstrafrecht, Kommentar, 2. Aufl., Fachverlag für Wirtschafts- und Steuerrecht Schäffer & Co GmbH, Stuttgart 1950.

Troeger/Meyer: Steuerstrafrecht, Kommentar, 3. Aufl., Fachverlag für Wirtschafts- und Steuerrecht Schäffer & Co GmbH, Stuttgart 1957.

Vogel: Straffreiheit nach §§ 410, 411 AO, FR 1959 S. 479.

— Die Selbstanzeige, FR 1960 S. 443.

Vogt: Formlose tätige Reue, FR 1951 S. 44.

Wegemer: Die Nachzahlung bei der Selbstanzeige, StP 1952 S. 576.

v. Witten: Steuerverkürzung bei vorläufiger Steuerfestsetzung, DStZ/A 1954 S. 232.

— Zur Strafbarkeit der Verletzung der Anzeigepflicht nach § 165 e AO, NJW 1963 S. 567.

Wolter: Die Strafverfolgungsaufgaben der Finanzverwaltung und der „strafrechtliche Hinweis“ nach § 14 Abs. 4 BpO(St), StBp 19792 S. 224; 257.

Zinn: Keine Straffreiheit bei Eröffnung der Einleitung der strafrechtlichen Untersuchung gegenüber dem Vertreter des Täters?, Stbg 1963 S. 209.

— Ist bei einer Selbstanzeige wegen Steuerverkürzung trotz Versäumung der Frist zur Zahlung der Nachsteuern noch Straffreiheit möglich?, StBp 1965 S. 102.

STICHWORTVERZEICHNIS

(Die Zahlen bedeuten die Seiten)

PAUL PFAFF

Kommentar zum Steuergeheimnis

XL, 246 S., 1974. DM 48,—

Der neuartige Kommentar bringt eine vollständige Zusammenfassung der Themen über das Steuergeheimnis. Die fast unübersichtliche Fülle der Einzelprobleme ist in einer alphabetischen Übersicht zusammengestellt, um so ein zeitraubendes Suchen zu ersparen. Das Schema zur Ordnung der umfangreichen Rechtsprechung ist so angelegt, daß die für den Einzelfall gesuchte Entscheidung leicht aufzufinden ist, und zwar nicht nur vom Spezialisten, sondern von jedermann. Auch der Steuerpflichtige, der nicht allzusehr mit der Materie vertraut ist, erhält durch das Buch wichtige Anhaltspunkte für sein Verhalten im Besteuerungs- und Steuerstrafverfahren. Die übersichtliche Zusammenstellung und die klare Darstellung der Strafrechtsvorschriften verschaffen ihm die Möglichkeit, sich in Kürze in die Materie einzuarbeiten.

Steuerbriefe für Unternehmer

Bei der Auswahl und Behandlung des Stoffes ist besonderer Wert darauf gelegt worden, nicht nur die Erfordernisse der Verwaltung zu beachten, sondern auch den Interessen anderer Berufe Rechnung zu tragen. Angehörige der Finanzverwaltung, Strafrichter, Staatsanwälte, Rechtsanwälte, Steuerberater und Steuerbevollmächtigte, die auf diesem Gebiet tätig sind, werden auf diesen Kommentar nicht verzichten können, wenn sie rationell arbeiten und die einschlägigen Entscheidungen, übrigens auch die einschlägige Literatur, schnell finden wollen.

Die Information über Steuer und Wirtschaft

DUNCKER & HUMBLOT / BERLIN

Schriften zum Steuerrecht

1 **Die objektiven Grenzen der materiellen Rechtskraft steuerlicher Urteile.** Von H. Müffelmann. 207 S. 1965. DM 47,60

2 **Auskünfte und Zusagen von Finanzbehörden.** Von A. Monreal. 218 S. 1967. DM 34,80

3 **Die Zulässigkeit des Finanzrechtsweges in Abgrenzung zu den anderen Verwaltungsrechtswegen.** Von K. F. Vogel. 240 S. 1969. DM 48,60

4 **Zur Lehre vom Wirtschaftsgut.** Von M. Weber. 127 S. 1969. DM 28,80

5 **Erbschaftssteuer und Unternehmung.** Von D. Frank. 256 S. 1969. DM 52,—

6 **Verfassungsrechtliche Grenzen der Erbschaftsbesteuerung.** Von W. Leisner. 129 S. 1970. DM 28,60

7 **Die Zusage im öffentlichen Recht.** Von N. Pfander. 305 S. 1970. DM 64,—

8 **Die Wirkung für nichtig erklärte Steuerrechtsnormen auf bestehende Steuerverwaltungsakte.** Von D. Latzel. 149 S. 1971. DM 29,60

9 **Der Streitgegenstand der Anfechtungsklage gegen Steuerbescheide.** Von H.-G. Gorski. 138 S. 1974. DM 33,60

10 **Umwandlung und Verschmelzung im Verkehrssteuerrecht.** Von H. Schaumburg. 102 S. 1974. DM 28,60

11 **Systematisierung der Steuervergünstigungen.** Von J. Lang. 171 S. 1974. DM 46,80

12 **Die Bewertung von immateriellen Wirtschaftsgütern und von Rückstellungen im Rahmen der Einheitsbewertung des Betriebsvermögens.** Von J. Pelka. 124 S. 1975. DM 33,60

13 **Der Streitgegenstand im Steuerprozeß.** Von H. H. Mösbauer. XX, 290 S. 1975. DM 68,—

14 **Das Verständigungsverfahren im deutschen internationalen Steuerrecht.** Von D. Mühlhausen. 243 S. 1976. DM 66,60

15 **Der Firmenwert in der Handels- und Steuerbilanz.** Von W. Doralt. 146 S. 1976. DM 44,—

DUNCKER & HUMBLOT / BERLIN

Schriften zum Wirtschaftsrecht

Seit 1968 sind erschienen:

7 **Das Ausscheiden aus der Doppelgesellschaft.** Von J. Treeck. 169 S. 1968. DM 35,60

8 **Die Behandlung unzulässiger Wettbewerbsverbote.** Von D. Löffl. 73 S. 1968. DM 14,80

9 **Schaden und Interesseneinbuße.** Von H. Reinecke. 242 S. 1968. DM 52,80

10 **Grundsätze der Gewinnhaftung.** Von Chr. Kellmann. 167 S. 1969. DM 35,60

11 **Ausgleich von Verkehrsunfallschäden im Licht internationaler Reformprojekte.** Von D. Güllemann. 176 S. 1969. DM 38,60

12 **Nachträgliche Anforderungen an Gewerbebetriebe.** Von H. Adler. 145 S. 1970. DM 35,60

13 **Werkfrachtführer und Werkspediteur im Güterfrachtverkehrsrecht.** Von R. Höfel. 166 S. 1972. DM 34,80

14 **Die Ausweitung des Gutglaubensschutzes beim Kauf beweglicher Sachen im amerikanischen Recht durch den Uniform Commercial Code.** Von R. Pfetch. 187 S. 1973. DM 36,60

15 **Der Benutzungszwang im Markenrecht.** Von K.-H. Fezer. 198 S. 1974. DM 44,60

16 **Rechtsberatung durch Juristen und Nichtjuristen, insbesondere durch Wirtschaftsprüfer.** Von W. B. v. Schweinitz. 243 S. 1975. DM 64,60

17 **Die „Verwässerung" berühmter Kennzeichen.** Von H. Kohl. 142 S. 1975. DM 38,60

18 **Die Patentierbarkeit von Computerprogrammen.** Von O. Kienzle. 92 S. 1975. DM 24,60

19 **Der Gesellschaftszusatz in der Handelsfirma.** Von D. Sternberg. 161 S. 1975. DM 44,60

20 **Territorialitätsprinzip im Patentrecht und Gemeinsamer Markt.** Von J. Andermann. 176 S. 1975. DM 44,60

21 **Die Unterbeteiligung an einem OHG-Anteil.** Von U. Wagner. 156 S. 1975. DM 39,80

22 **Summenversicherung und Schadensersatz.** Von I. Rokas. 185 S. 1975. DM 56,60

23 **Die Firma der GmbH & Co. KG.** Von Ch. Aschenbrenner. 116 S. 1976. DM 29,80

24 **Qualitätsrecht.** Von Th. Brendel. 184 S. 1976. DM 56,—

DUNCKER & HUMBLOT / BERLIN

Schriften zum Bürgerlichen Recht

Seit Frühjahr 1975 sind erschienen:

22 **Der Vergütungsanspruch gemäß § 951 Absatz I Satz 1 BGB.** Von P. Götz. 21 S. 1975. DM 54,—

23 **Das Vorkaufsrecht im Privatrecht.** Von K. Schurig. 200 S. 1975. DM 58,—

24 **Die relative Unwirksamkeit.** Von H. Beer. 277 S. 1975. DM 56,—

25 **Der Entlastungsbeweis des Schuldners (§ 1298 ABGB).** Von R. Reischauer. 320 S. 1975. DM 76,—

26 **Regreßkonstruktionen in Schadensfällen.** Von W. Münchbach. 142 S. 1976. DM 39,80

27 **„Unbewußte Vorstellungen" als erbrechtlicher Anfechtungsgrund.** Von K.-W. Pohl. 146 S. 1976. DM 32,60

28 **Die Beweislastverteilung im Bürgerlichen Recht und im Arbeitsrecht als rechtspolitische Regelungsaufgaben.** Von G. Reinecke. 206 S. 1976. DM 56,—

29 **Leistungsstörungen durch Gläubigerhandeln.** Von U. Hüffer. XVI, 284 S. 1976. DM 68,—

30 **Haftpflichtfunktionen und Immaterialschaden.** Von J. Köndgen. 159 S. 1976. DM 44,60

31 **Schadensersatz bei Tötung oder Verletzung der im Haushalt tätigen oder im Beruf oder Geschäft des Mannes mitarbeitenden Ehefrau.** Von G. Maier. 155 S. 1976. DM 44,60

32 **Die Vertretung des minderjährigen Kommanditisten in der Familien-KG.** Von L. Fastrich. 74 S. 1976. DM 24,80

33 **Das Sondervermögen der Gesamthand.** Von B. Hennecke. 155 S. 1976. DM 44,60

34 **Die Geschäftsführung ohne Auftrag.** Von Ch. Wollschläger. 357 S. 1976. DM 78,—

35 **Bestellung und Abberufung des Verwalters nach § 26 des Wohnungseigentumsgesetzes.** Von W. Merle. 114 S. 1977. DM 33,60

36 **Der Frustrierungsgedanke und die Kommerzialisierung immaterieller Schäden.** Von M. Tolk. 128 S. 1977. DM 44,60

37 **Schlechterfüllung beim Vertrag zugunsten Dritter.** Von P. A. Papanikolaou. 99 S. 1977. DM 33,60

DUNCKER & HUMBLOT / BERLIN